近代出版史探索外伝Ⅱ

小田光雄

論創社

近代出版史探索外伝Ⅱ　目次

本を読む

近代出版史探索外伝Ⅱ

本を読む

本書は論創社のホームページの連載コラム「本を読む」（二〇一六年二月〜二〇二四年六月）を書籍化したもの。101〜110は未掲載分、111〜113は初出を文末に記した。

1　ホルモン焼きとゴルフ

馬齢を重ねて早六十有余年、本を読み始めたのはこれも半世紀前のことで、思い起こせば、それは一九六〇年代半ばだった。

ここでいう「本」とは時代小説や推理小説を始めとする当時の「大衆文学」をさし、時代がそうだったように、出版業界もまた、それらの多くが出された高度成長期であった。だが現在と異なり、文庫全盛期ではなく、新潮文庫や角川文庫のセレクションには多く入っておらず、光文社のカッパ・ノベルスや講談社のロマン・ブックスといった新書が主たる供給源といえた。例えば、これはロマン・ブックスではなかったけれど、山田風太郎の〈忍法帖〉シリーズにしても、講談社から新書で出されていたのである。ロマン・ブックスに関しては、原田裕『戦後の講談社と東都書房』（「出版人に聞く」14、論創社）を参照されたい。

大藪春彦を読んだのも新書判で、徳間書店から『諜報局破壊班員』を第一巻とする「オーヤブ・ホットノベル・シリーズ」が刊行され始めるのは一九六五年のことで、このシリーズで大藪を読むようになったと思われる。だがここでその大藪の『蘇える金狼』のことを書くつもりで確認すると、この作品はそれにラインナップされておらず、六四年に徳間書店の前身にあたるアサヒ芸能出版の平和新書として刊行されたことを知らされた。それ以前にも以後も単行本としては刊行されていないはずだから、その装丁などは記憶していないが、私もこの平和新書で読んだのであろう。なおアサヒ芸能出版と徳間書店の関係は、宮下和夫『弓立社という出版思想』（同前19）で言及されている。

それはともかく、何よりも大藪の小説群が若年の読者にとってインパクトをもたらしたのは、それらがクライムノベルそのものとして提出されていたからだ。主人公たちは国家や社会に敢然と抗する存在に他ならず、しかも殺人や犯罪を犯しながらも、『野獣死すべし』の伊達邦彦のように捕らわれることなく、海外へと留学し、そして何もなかったように帰国してくるのだ。

一方で、同じ頃読んでいたカッパ・ノベルスの松本清張に代表される社会派推理小説において、犯罪者たちは常に裁かれる運命にあり、主として刑事たちによって殺人などの動機も解明され、大半の物語は予定調和的に終わっていた。そうした当時の流行の物語群に対して、大藪の小説は明らかに異形のものとして出現したのである。当時私は中学生だったので、ドストエフスキーの『罪と罰』などと異なる圧倒的なインパクトを受けたことを思い出すが、現在の地点でそれをトータルに、しかも正確に伝えることは難しいだろう。

何よりも五十年も前のことだし、まだ高度成長期が始まったばかりで、産業構造は変わろうとしていたが、都市と地方の格差は激しく、私が暮らしていた地方の道路は舗装されておらず、電信柱も木だったし、まだモータリーゼーション化の波も押し寄せていなかった。今となってみれば、そうした過去は異国のようでもあるし、時代と社会状況を背景にして、私は大藪の『蘇える金狼』を読んだのである。それは間違いなく「悪書」に分類されていたはずだし、そこに読書の快楽も秘められていた。

このクライムノベルを初めて読んだ時、イントロダクションのところだけで、強いインプレッションをもたらすふたつのシーンに出会ったのである。主人公の朝倉は京橋の大手樹脂会社の社員だが、真面目なサラリーマンをよそおいながら、会社乗っ取りを企み、雌伏の時を過ごす一方で、ボクシングジムで肉体を鍛え、拳銃も秘かに入手し、資金調達のための銀行の現金運搬人を襲う計画を立てていた。

そこに至るプロセスにおいて、ふたつシーンが挿入されていた。ひとつは二人の同僚に出世コースを進んでいるのだから、一杯おごれといわれ、朝倉は彼らを渋谷の狭い通りへ連れていく。そこはホルモン焼きの薄汚い店で、朝倉は三人前のホルモンを頼んだ。それは次のように続いている。

やがて炭火の熾った七輪と共に注文の品が運ばれた。(中略)大きな容器に入れられているのは、朝倉の言葉通りに本物であった。赤や紫の臓物が血の泡のなかでのたくり、それには唐ガラシの粉がへばりついている。タレは強烈なニンニクの匂いがした。

それを見て、二人の同僚は蒼ざめ、用事を思い出したと言い訳し、逃げるように店から出ていった。これで彼らは自分を飲みに誘わなくなるだろうと思い、朝倉は体力を養うために三人前の臓物を一人で平らげるのだった。

もちろん当時の私がこれらのホルモンを食した経験があったわけではないけれど、それが数年前になくなった駅前の闇市マーケットで出されていたものと同じではないかと思った。そこを通るとアルコールに混じり、独特の強烈な匂いがしていたからだ。

現在のようにどこにでも焼肉屋があった時代ではなかったし、私が焼肉を口にしたのは上京し、深夜まで営業している焼肉屋に出入りするようになってからだった。さらに初めてホルモンを食べたのは、名古屋の友人が郊外の七輪で焼く焼肉店へ連れていってくれたことによっている。まだ二十歳になっていなかったかもしれないが、ビールを飲みながらホルモン焼きを食べ、中学生の頃に『蘇える金狼』を読み、そのシーンをよく覚えていると話した。するとその友人も同じだといった。

もうひとつは会社の屋上のシーンである。かつて屋上は運動場として使えたが、現在ではその三分の二が巨大な金網の籠で覆われたゴルフ練習場となっていた。ちっぽけな球の行方に一喜一憂する重役と取り巻きたちがいる風景。繁栄を伴う戦後の企業社会のありふれた風景となりつつあったのだろう。

朝倉は彼らに背を向け、屋上の囲いの鉄柵に手をかけて、ビル街のむこうへ雑然と拡がる

街に、憎悪と嘲笑をむきだしにした、燃えるような瞳を放つ。空は鈍く曇り、雨雲が足早に流れていた。（中略）

ゴルフの練習場にいた薄汚い連中は、罵声や嬌声をあげて降りていった。しかし、朝倉は雨に搏たれたまま動かない。押さえていた暗い怒りの血が騒ぎ、目的のためには殺人も辞さない気分になってきた。

このシーンを読んだ時、ホルモン焼きと同様に、ゴルフのこともよくわからなかったけれど、私は絶対にゴルフはやるまいと決めた。そして実際に、現在に至るまでゴルフは一度もしていない。

2　時代小説と挿絵

中里介山の『大菩薩峠』を読み始めたのも一九六〇年代で、それは角川文庫版だった。ちなみに『角川書店図書目録（昭和二〇－五〇年）』に目を通してみると、角川文庫版『大菩薩峠』は一九五五年七月に第一、二巻が出され、以後は毎月続刊で、翌年のやはり七月に第二十七巻が刊行となり、ほぼ一年で完結したとわかる。おそらく当時『大菩薩峠』を全巻揃いで読むことができたのはこの角川文庫版だけだったかもしれない。それにこの時代の文庫は定番でもあり、

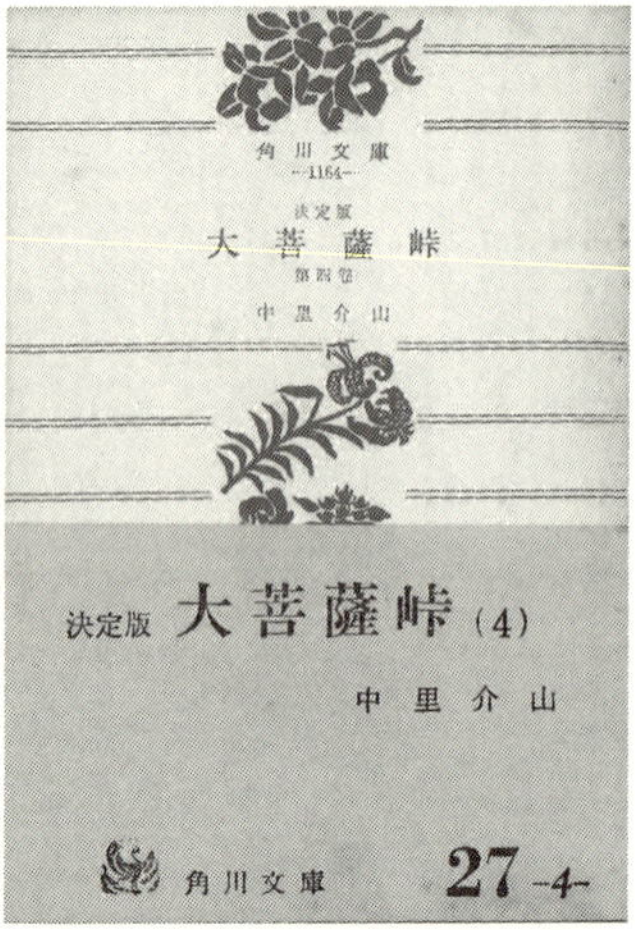

ロングセラー化していたことから、私も六〇年代半ばに読むようになったと思われる。ただ町の書店には見当たらず、隣の市の大きな書店で一冊ずつ買い、何ヵ月もかけて読んでいったのだが、第二十巻ほどで挫折してしまい、残念ながら現在に至るまで、最後まで読み通していない。

まだ文庫にほとんどカバーがかかっていなかった時代なので、それにはグラシン紙と「現代日本文学」分類を示す緑帯が巻かれていただけだった。しかし長い巻数ゆえもあってか、文庫としてはめずらしく、挿絵入りだった。これは今になって考えれば、活字だけで終始することを危惧した事情もあろうが、それよりも『大菩薩峠』の新聞連載の挿絵入り原型、及び同様の戦前の春秋社版を考慮したことに起因しているのだろう。

後に気紛れに古本屋の均一台で何冊かを再購入したことを思い出し、それらを探してみたら、第四、五、六巻が出てきた。挿絵を見てみると、巻によって異なり、第四巻は正宗得三郎、第五巻は野口昂明、第六巻は光安浩行で、各巻に六、七枚の掲載があった。一ページを占めるようなものではなく、三分の一ほどの小さな挿絵だが、それを目にして、かつて主人公の机龍之助ばかりでなく、間の山の芸人のお玉＝お君や宇治山田の米友のイメージを確認しながら読み進めていったことも思い出された。そしてお君が歌う間の山節を覚えてしまったことも。この歌に関しては「三省堂と『図解現代百科辞典』」(『古本探究』所収)でもふれたが、それは次のような歌である。

夕べあしたの鐘の声
寂滅為楽と響けども
聞いて驚く人もなし
花は散りても春は咲く
鳥は古巣に帰れども
行きて帰らぬ死出の旅

私はまだとても若く、少年だったのに、時代もまた高度成長期だったのに、『大菩薩峠』のような物語とこのような歌に引き寄せられていったことになる。
角川文庫版のすべての挿絵家を確認できないけれど、おそらく全巻にわたって挿絵があったはずで、龍之助が信州の白骨温泉に滞在しているシーンも描かれ、それで白骨温泉という奇妙な地名を覚えたこと、ぜひ一度行ってみたいと夢想したことも、記憶の中から浮かんできた。もっとも白骨温泉行きが実現したのは、それから四十年近く経ってのことであったが。

この当時、一〇〇円から一三〇円の定価だった角川文庫版は目次裏の注記によれば、挿絵家とともに、編輯顧問として白井喬二、中里幸作の名前が挙げられている。前者はいうまでもないが、後者は「中里」の奥付検印を押している介山の実弟の著作権継承者であり、まだこの時代までは介山の血縁も健在で、文庫ですらも検印が必要とされていたことを教えてくれる。それに加え、編輯として南波武男と笹本寅の名前が記されている。これは笹本が前述の春秋社版の編集者だったことから、角川文庫版の企画編集、全巻解説に携わったという経緯と事情を問わず語りで伝えているし、同じく南波もその関係者だと推測される。

この角川文庫版は一九八〇年代を迎えて、角川書店の子会社富士見書房の「時代小説文庫」として、装いも新たにカラー表紙がかかり、合本復刊されるのだが、それにはもはや挿絵も編集にまつわる注も省かれ、同じ文庫でも別の印象を与えるものとなってしまったのである。それゆえに同じ『大菩薩峠』ではあっても、まさに異版のような感触をもたらし、物語もまた最初に読んだ版によってイメージも確立されると実感したことを思い出す。

ここまでくれば、当然のことながら、論創社が二〇一四年から一五年にかけて刊行した『大菩薩峠［都新聞版］』全九巻に言及しなければならない。この論創社版は、従来の『大菩薩峠』の単行本が中里介山による三〇％の削除を施したものであるという校訂者伊東祐吏の発見に基づき、初出の『都新聞』連載に、井川洗厓の挿絵をそのまま付しての出版である。

私も以前に「同じく出版者としての中里介山」（『古本探究Ⅱ』所収）を書き、その『都新聞』の記念すべき書き出しが単行本と異なることを指摘し、それを引用しておいた。だがまさかその連載分に三〇%の削除があるとは想像もしておらず、今回の論創社版の刊行によってようやくそれを知ったことになる。

ただ最初の単行本である玉流堂版は、介山自身が編集や印刷などすべて手がけているので、その削除がどうして生じたのかはわかるように思われた。またそれだけでなく、連載時の挿絵もそのまま収録されたことで、私たちは大正時代の読者と同じように『大菩薩峠』を読むという体験が可能になったのだ。春秋社版を企画した木村毅の回想によれば、『都新聞』連載時には多くの女性読者がいたとされ、玉流堂版に関しても、読み巧者である菊池寛や直木三十五の絶賛を受けていたという。そして春秋社の円本普及版としての『大菩薩峠』が出されたことで、新しい時代小説、大衆文学として多くの読者を獲得していったのであろう。

なお先述したお玉＝お君の姿と間の山節の歌は『大菩薩峠［都新聞版］』第三巻の二三三ページに出てきている。それを見て、もし最初にこの論創社版を読んだならば、物語としても登場人物のイメージにしても、やはり角川文庫体験とは大きく異なっていたように思われる。

またこの拙文と関連するのだが、たまたま『日本古書通信』二〇一六年三月号の連載「古本屋散策」168の「昭和三十年代の新潮社の時代小説」でも、十点ばかりの装丁と挿絵について言及しているので、興味のある読者は参照されたい。(『古本屋散策』論創社刊)

それと同様に、「出版人に聞く」シリーズ12『『奇譚クラブ』から『裏窓』へ』においても、飯田豊一がアブノーマル雑誌における挿絵の重要性について語っていたことにもふれて頂ければと思う。日本の近代出版史や文学史にあって、挿絵の問題はとても重要で、日本の出版のオリジナルな分野のコミックの誕生も、挿絵をその揺籃の地としているように見える。本連載でも少しずつそのことをたどってみたい。

3　知られざる貸本マンガ研究家

白土三平の『カムイ伝』を読んでいたのも中学時代で、それは一九六四年に青林堂から『月刊漫画ガロ』(以降『ガロ』)が創刊され、そこで連載が始まっていたからである。ただもはや関心は小説などの活字のほうに移り、所謂「マンガ雑誌」からは卒業していたこともあって、商店街の書店での立ち読みだったけれど。

それをどこまで読んだのかは記憶していないが、一九六六年に小学館の「ゴールデン・コミックス」として、白土の『忍者武芸帳　影丸伝』とともに六七年からは『カムイ伝』も刊行され始め、これを機として、この小学館版で両者を読むことになった。それに私は小学生の時に貸本屋で、『忍者武芸帳』を途中までしか読んでいなかったので、ここでようやく「影丸伝」の終わりまでを見届けたのである。それは私だけでなく、戦後世代に共通する体験だと思われる。

しかし私の貸本屋体験といっても、それは農村の駄菓子屋を兼ねた商店の一角に置かれていた数本の棚に他ならず、せいぜい数百冊の世界だったはずだ。そうした私的事柄も影響し、また現在のように貸本マンガ研究や復刻もなされていなかったので、白土三平がプロレタリア画家の岡本唐貴を父とすることは知っていたけれど、『忍者武芸帳』や『カムイ伝』に至る前史にそれほど関心を払ってこなかった。

だがこれも十年以上前のことになるのだが、浜松の古本屋時代舎で、ほぼ同世代の高木宏という貸本マンガ研究家を紹介されたことがあった。時代舎の田村和典の言によれば、高木は戦後の貸本マンガに最も精通している人物で、姉妹がいたこともあって、少女マンガにもすべて目を通していて、まさにその分野では比類なき知識を有しているとのことだった。またその研究の成果として、以前に自費出版の刊行物も出しているけれど、少部数のために、もはや入手できないとの話も聞いていた。後にこれが貸本マンガ史研究会編・著『貸本マンガRETURNS』（ポプラ社、二〇〇六年）の「参考資料」として一冊だけ挙がっている、高木宏「貸本マンガ本発行資料『大一大万大吉』」であることを知った。

さてそれらはともかく、この高木と時代舎で立ち話をし、ふとしたことで『忍者武芸帳』のことに話が及んだ。すると高木はたちどころに、その原型は手塚治虫の『エンゼルの丘』だと断言したのである。それを聞き、たまたま時代舎に『手塚治虫漫画全集』版の『エンゼルの丘』全二巻があったので、購入してきて読んだのだが、『忍者武芸帳』との関連やアナロジーを確認することはできなかった。そこでもう一度会うことがあれば、そのことを尋ねてみたいと思っているうちに、もはや十年以上が過ぎてしまったのである。

そのような次第もあって、野上暁『小学館の学年誌と児童書』（「出版人に聞く」18）の中でも、高木とその指摘にふれておいた。それは野上が同書でも語っているように、彼は白土の貸本マンガデビュー作『こがらし剣士』などを始めとする復刻を手がけた小学館クリエイティブの企画編集者兼経営者でもあったし、また貸本マンガ史研究会のリトルマガジン『貸本マンガ史研究』（シナプス）の関係者だったからだ。それゆえに私の発言は、野上の周辺の読者も含めての教示を期待してのものだったけれど、残念ながら何の情報ももたらされなかった。

そこで高木のことに関して、もう少し書いておきたい。これも先の田村から聞いているのだが、貸本マンガについての高木の知識は、コミック出版関係者や研究者をはるかに上回っていて、それは彼らだけでなく、当のマンガ家の琴線にもふれてしまうようなことがよく起き、それゆえに高木が敬遠される要因と事情となっているという。そうした典型が、『忍者武芸帳』の原型は『エンゼルの丘』にあるとの発言で、それは白土にとっても予期せぬ煩わしい洞察だったとされ、この指摘をきっかけにして、白土はその高木をモデルにして『カムイ外伝』の一作を書いたと伝えられている。

その作品は『カムイ外伝16』所収の「遠州」（『ビッグコミック』一九八五年一一月一〇日号から八六年一月一〇日号）である。すなわちこの遠州という人物は、当の人物に似てはいないが、浜松の高木をメタファーにしたとされ、同巻の表紙には大きく描かれている。このストーリーを簡略にたどってみる。抜忍のカムイはサブと称し、土木工事の現場で働いている。そこに遠州と名乗る男が現れ、一緒に組むことになる。その遠州がいう。「サブ、おめえ誰かに狙われてるんじゃねえのか……」と。ほぼ同時に、山の上に積まれていた丸太が崩れ落ち、カムイを直撃するが、それをかわした後も、カムイを狙う旗本や浪人たちが暗躍し、襲ってくる。そのような状況の中で、遠州はカムイの味方となって動き回っているが、「カムイにもこの男の正体は全く見当がつかないのである」。

そうしているうちに、遠州は策謀をめぐらし、旗本や浪人たちを夜釣りの海へとおびき出し、彼らを全滅させる。またしても遠州はいう。「だがなあ、ものにはけじめってものをつけとかなきゃなあ」と。その後二人は現場の仲間を引き抜きにきた無頼者を撃退したことで、稲葉屋という口入屋に雇われ、敵対する岩戸屋との構想に巻きこまれていく。そのようなプロセスの中から、遠州が稲葉屋に父親を殺され、仇と狙っていたことが明らかになる。結局のところ、遠州はカムイに倒されて簀巻きにされ、川へと放りこまれるが、カムイに助けられる。そこでの二人の会話は次のようなものである。

「サブ！　おめって奴は……一体……」
「フフフ、人間なんてわけのわからないものさ……あんたは遠州、おれはサブ、それでいいんじゃねえのかい」

「ちげえねえ……」

まだこの「遠州」という一作は終ったわけではないけれど、高木の詮索に似た発言を受けての作品と見なせる「遠州」の落としどころが、ここに表出しているようにも思われる。

もちろんこうした読みが正解であるのかわからないが、このように解釈してみるのもまた一興ではないだろうか。

4 コミック、民俗学、異神論

前回は白土三平の『カムイ伝』と『忍者武芸帳』にふれた。私はかつて『カムイ伝』に関して、高橋貞樹の先駆的労作『被差別部落一千年史』（岩波文庫）、及び村岡素一郎の『史疑――徳川家康事蹟』（『明治文学全集』77所収、筑摩書房）に端を発する、南條範夫『三百年のベール――異伝徳川家康』（学研M文庫）や榛葉英治編『史疑徳川家康』（雄山閣）の影響下に成立したのではないかという推論「『カムイ伝』と『被差別部落一千年史』」（『文庫、新書の海を泳ぐ』所収、編書房）を書いたことがあった。

それに関連して、小池一夫原作、小島剛夕作画『子連れ狼』もまた徳川武士階級の差別構造が物語のパラダイムを形成していることから、こちらにも言及したいと考えていたが、果たせないままに時も過ぎ、小島剛夕も鬼籍に入ってしまった。しかも彼は長きにわたって『カムイ伝』のペン描きも務めていたのである。だがそれは『子連れ狼』のストーリーにはリンクしておらず、ひとえに小池一夫の原作者センスによっているはずだ。小池が山手樹一郎に師事したことは承知しているけれど、その白樺派的時代小説の系譜からは、『子連れ狼』の差別構造テーマが立ち上がってこない。そうではない流れから物語が構想されたのではないかと思うのだが、その核心にたどりつけないでいる。

その一方で、諸星大二郎は自ら作品のよってきたるところを語り始めていた。それを最初に読んだのは「礎」(『アダムの肋骨』所収、奇想天外社、一九七八年)であった。この作品は都内の地震研究所の庶務課に勤める地方公務員の贅田を主人公とし、一年以内に関東大震災級の大地震が起きるのではないかと発表される中で、彼はそれまで知らなかった地震予防課勤務を命じられる。研究所の人たちはその存在を承知しているようで、贅田の移動を祝するが、彼の片目がおかしくなり始め、眼帯をかけて地震予防課に通うことになる。ところがそこには課長がいるだけで、以前と変わらない単調な書類作りの日々だったけれど、給料だけは驚くほど増えていた。それゆえに「ある時は片目の公務員、またある時は高額所得の平サラリーマン」として、バーに通い出し、そのマダムと愛人関係を結ぶようになる。だが目はいっこうによくならず、眼医者にいくと、角膜が傷ついていると診断される。

そのような中で、贅田は角川文庫の柳田國男『一目小僧その他』に出会う。そこには次のように書かれていた。

ずっと昔の大昔には、祭のたびごとに一人ずつ神主を殺す風習があって、その用にあてられるべき神主は前年度の祭の時から、籤または神託によって定まっており、これを常の人と弁別せしむるために、片目だけ傷つけておいたのではないか。この神聖なる役を務める人には、ある限りの款待と尊敬をつくし……

また「イケニエ」とは「これを世の常の使途から隔離しておく」との一節も引用されている。そう、まさに贄田は「片目」「款待」「隔離」という条件を備えた「イケニエ」であり、大地震から東京都を守るための「神聖なる人身御供」に選ばれたのだ。そして都庁の地下の聖所において、神の用に供されるのである。

この諸星の「礎」に至って、コミックは柳田民俗学ともダイレクトにつながるようになっていく。そして八〇年代を迎えると、民俗学を経由してマンガ家になった近藤ようこが出現してくる。その『水鏡綺譚』（青林工芸舎）は八八年から雑誌連載され、二〇〇四年に書き下ろしも含めて、単行本化された連作集で、中世を舞台とし、狼に育てられた捨て子のワタルと家を探し求める鏡子の修行と探索の旅を描いている。

同書の奥付の片隅にひっそりと一冊の参考文献が挙げられていて、それは山本ひろ子の『異神

─中世日本の秘教的世界』（平凡社）である。その理由は『水鏡綺譚』の第十一話の「宇賀の御玉」が、山本の著書の第三章「宇賀神─異貌の弁才天女」をベースにして編まれた物語であることによっている。ある城下に入ったワタルと鏡子は、城主が悪い病にかかり、それを治すために娘の生き血を飲んでいるので、若い娘がいなくなってしまったという話を聞く。その城主は鎧と頬当をまとい、何か悪しき影のようなものに取り憑かれているようだった。ワタルと鏡子は城主に見つかり、ワタルは負傷し、鏡子は捕らわれてしまった。ワタルは気を失う中で、「観音さま」のお告げを聞く。

鏡子はわたしの申し子じゃ、鏡子を助けてくれ。
あの男には飢渇神、貪欲神、障礙神という三悪神がとりついている。
私の変化身、宇賀神王がおまえに如意宝珠をさずける。それを用いて三悪神をとりはらえ。

ワタルは乾の方角にいけという指示に従い、宇賀神王と出会い、その「如意宝珠」を得て、城主と三悪神を退治し、鏡子を救出する。

これが「宇賀の御玉」のストーリーだが、そのコアとなる宇賀神、三悪神、如意宝珠のコンセプトは、いずれも山本の「宇賀神─異貌の弁才天女」に由来している。宇賀神とは日本中世に出現した異神たちの一人で、それは天女のようにエピファニーしているが、その頭に戴く宝冠の中には眉毛の白い老人の顔をした白蛇がいるという奇怪な像容、まさに「異形の尊」なのだ。それが口絵写真や図像として山本の著に掲載されている。それらを範として、近藤は三六五ページに自らの宇賀神王をクローズアップさせて召喚し、異神を配置することによって、「観音さま」＝宇賀神＝鏡子という関係性を暗示させ、『水鏡綺譚』の物語の奥行の深さを伝えようとしている。

ただそうでありながらも、近藤は「あとがき」で、『カムイ外伝』を読むことで、体験したこともない「山奥の川霧の中で木を切る男たちの歓声、薪がくすぶる匂い、旅の夜風」を知り、「大人になって柳田國男を読み折口信夫を読み宮本常一を読んで、懐しく思い出すのはこういう漫画」だと書いている。私も同じような思いに捉われる。近年になって時代コミックと民俗学の関係は、想像する以上に接近してきているのかもしれない。

5　澁澤龍彥、山手樹一郎、柳田民俗学

今になって考えてみると、私が様々なジャンルの本を読むようになった一九六〇年代は、どのような分野にも「優しい入口」的役割を果たす著者や作品、シリーズ類があった。シリーズ類は挙げていくときりがないので、ここでは著者と作品だけにとどめる。

その組み合わせとして、アンバランスな印象を与えるかもしれないが、澁澤龍彥の『秘密結社の手帖』と山手樹一郎の『又四郎行状記』にふれてみたい。それは一九六四、五年頃、これらの

二作を続けて読んでいたからだ。なぜ時代が特定できるかというと、澁澤の『秘密結社の手帖』が新書判で早川書房から刊行されるのは六六年で、それが『エラリー・クイーンズ・ミステリ・マガジン』に連載されていたのは、その前年だったはずであり、今はなき商店街の書店で、欠かすことなく立ち読みしていたことによっている。

それがきっかけとなって、後にフランスの先端文学や神秘思想などに馴染んでいくようになるのである。澁澤の死後、彼の著作の大半の出典が明らかになり、オリジナルなものではないことも判明したけれど、それは優れた編集者にして翻訳者だったという証になろう。それゆえにこそ、サドやバタイユ、オカルティスムといった、当時はマージナルな文学や思想に関する「優しい入口」たりえたように思われる。私と同様の読者も多くいたと考えられるし、平凡社で『西洋思想大事典』の企画編集に携わった故二宮隆洋こそは、澁澤を「優しい入口」として最も深く異端的西洋思想へと迎えた不世出の同世代編集者だったように思える。

さてここで澁澤とはまったく異なる時代小説家の山手樹一郎に移るわけだが、私が彼の作品を読み始めたのは、ひとえに当時の新潮文庫に収録されていたことによっている。『新潮文庫全作品目録一九二四〜二〇〇〇』を繰ってみると、『又四郎行状記』全三冊は一九五九年、それから『桃太郎侍』も六二年に刊行されているとわかる。当時収録されていたのはこの二作品と『朝晴れ鷹』、後者も新潮文庫で読んだのだろう。しかし当然のことながら、それらは絶版であるけれど、四十年ぶりの再読のために探してみると、古本で春陽文庫の『又四郎行状記』上下を入手することができた。これは初版が一九七八年の『山手樹一郎長編時代小説全集』5、6に当たり、入手した上巻は二〇〇二年第三九刷、下巻は二〇〇五年第四三刷とあり、新潮文庫版が絶えた後も、今世紀に至るまでロングセラーとして版を重ねていたとわかる。それは山手の時代小説が長きにわたって、私のいうところの「優しい入口」であることを物語っていよう。このニュアンスをわかってほしいので、「さかだち芸者」と題する冒頭の一文を示してみる。

秋めいて、空がまだ桔梗色に澄んでいる宵の口、名にしおう辰巳といわれる深川の色まちだから、軒をならべる大小の茶屋になまめかしい灯がはいって、表通りといわず、横丁路地といわず、浮き立つような弦歌の声に、通人酔客ぞめき客があふれるごとく、その間を、浅脂薄粉水もしたたる島田まげに、仕掛けというむぞり一文字のくしをいただき、無地小紋すそ模様のこつまをとって、博多の下げ帯、ひと目で辰巳仕入れとわかるいきであだっぽい女たちが、ひぢりめんのすそさばきもあざやかに、お座敷の行き帰りにいそがしい。

このように始まっていく『又四郎行状記』を再読していくと、舞台は江戸時代にもかかわらず、初めて読んだ一九六〇年代の社会や時間の流れの中に戻っていくような感慨に捉われた。山手ならではの明朗型のヒーローとヒロインたち、両者をめぐる脇役と市井の人々、それらにまつわるお家騒動、明快な勧善懲悪ストーリーはほとんどが記憶に残っていて、それを読んでいた少年の私の姿が重なってくる。もちろん過去の読書に関しての羞恥の念も禁じ得ないけれど、このような「優しい入口」から時代小説を読み始めたのは、後のことを考えると僥倖だったと思う。

そうした読書体験がなければ、塩澤実信『倶楽部雑誌探究』（「出版人に聞く」13）は成立しなかったであろう。塩澤が語っているように、山手は戦後の大衆文学のヒーローとも称すべき存在で、当時の貸本屋のベストセラー作家でもあり、その時代小説群は戦後というひとつの時代を表象していたと見なせるだろう。そして私のような読者も多くいたはずで、かつて「山手樹一郎と『桃太郎侍』」なる一文を収録した『文庫、新書の海を泳ぐ』（編書房）を上梓した時、実際に同世代の女性から、私も同じような読書の道を歩んだとの告白を聞いた。おそらくそうした読者による春陽堂文庫の再読が、そのロングセラー化を支えたといえるかもしれない。

ここでさらに話を転じてみよう。それは時代小説と民俗学の関係で、柳田國男研究においてはまったくふれられていないし、また中里介山についても同様だと思われるが、柳田民俗学と『大菩薩峠』の始まりは軌を一にしている。つまり日本の民俗学と時代小説の誕生は、ほぼ同時期に出来しているのだ。柳田が『後狩詞記』と『遠野物語』を出版するのは一九〇九年、介山が『大菩薩峠』の連載を始めるは一三年である。そして『大菩薩峠』が書き継がれていくかたわらで、柳田は「『イタカ』及び『サンカ』」に続いて、「巫女考」や「毛坊主考」といった論考を発表し、『山島民譚集』や『山の人生』などを刊行している。これらの同時代性から考えても、介山が柳田の著作や論考を読み、柳田民俗学の初期エキスを、時代小説の始まりとしての『大菩薩峠』に取り込んでいたように思われてならない。

それは山手にあっても同じで、柳田の『桃太郎の誕生』の刊行は一九三三年、山手の『桃太郎侍』は四〇年であることからすれば、柳田による昔話研究が広く伝播した時期を受けての時代小説化だったとも考えられる。とすれば、時代小説もまた柳田民俗学と併走していたことになるし、これからの柳田や介山の双方の研究は、その検証を課題とすべきかもしれない。

またこれは余談かもしれないが、一九七五年に始まる菅原文太の映画「トラック野郎」シリーズの主人公の名前が桃太郎であることは、山手の『桃太郎侍』からの命名と見なしてかまわないだろう。

なお柳田民俗学と江馬修『山の民』、及び小山勝清『それからの武蔵』の関係については、拙ブログ「古本夜話」488と490を参照されたい。

6 角田喜久雄と山中共古

時代小説を読み始めた頃に、それらを多く収録した春陽文庫の存在を知った。しかし当時の商店街の書店には春陽文庫があまり並んでおらず、幸いなことに深入りしなかった。それにカバー表紙はかかっていたものの、見るからに垢抜けなく、魅力的でなかったからだ。これは後になって考えれば、最も広範な大衆小説群の世界ともいうべき春陽文庫は、一九六〇年代の出版業界において、社会科学や思想の岩波文庫、文学中心の新潮文庫や角川文庫などに比べて、評価が高くなかったこと、それから春陽堂の営業力が欠けていたことによっているのだろう。

それに確か春陽文庫目録もなかったはずで、一九九一年に『春陽堂書店発行図書総目録（一八七九年～一九八八年）』が出されるまではその明細も定かでなかった。その代わりといっていいのか、六〇年代には『春陽文庫の作家たち』という、作家と作品の紹介を兼ねた目録が発行されていた。もちろん、これを入手したのはずっと後の今世紀に入ってのことで、塩澤実信『倶楽部雑誌探究』（「出版人に聞く」13）の資料として必要とされたからだ。そこには角田喜久雄の「伝奇時代小説の傑作」として、『どくろ銭』も書影入りで紹介されている。時代小説史などでこの作品は『髑髏銭』と表記されているが、ここでは春陽文庫名に従うし、この表記そのものが読者層を浮かび上がらせていよう。

この角田に関しては、原田裕『戦後の講談社と東都書房』（同前14）でも言及されていて、五〇年代には角田が当代の人気作家で、原稿料が最も高かったという。それはまだ戦前の角田の「伝奇時代小説」の人気が保たれていたことを示している。そのような時代に私も『どくろ銭』を読んだことになる。手元に古本屋で再入手した同書の一九七一年版第一八

刷があるが、初版は五二年で、戦前の三七年に春陽堂が単行本を出版していることから、当代の人気作家として文庫化されたと推測される。第一八刷とは殆んど毎年の重版を意味し、前回の山手樹一郎『又四郎行状記』もそうだったけれど、春陽文庫の固定読者層の存在を伝えている。

『どくろ銭』の伝奇時代小説の謎と怪奇に包まれた波乱万丈のストーリーは、大衆文学研究会編『歴史・時代小説ベスト113』（中公文庫）などに紹介されているので、そちらに譲り、ここではそのタイトルに象徴される謎の核心としての古銭に触れてみたい。その部分を引用してみる。

そもそも浮田兵衛古銭を愛し数多収集ありしが、中にも皇朝十二銭ならびに開基勝宝大平元宝の奇銭を加えたる十四枚をかたく秘蔵し歴代これを伝う。いずれも裏面にどくろの刻印を打つがゆえにこれをどくろ銭と通称し、いわゆる浮田の八宝が所在を尋ぬるかぎなりと称す。

浮田の八宝とはなんぞ。尾瀬大納言頼国卿尾瀬の地にありて再挙をはかり志ある者と通じひそかに集積せる金銀武具のたぐいなりと伝え、その埋蔵の地は広く関八州に及ぶという。

これらの事実が物語内テキストとしての『精撰皇朝銭譜』に書かれていて、このどくろ銭が物語を支えるコアに他ならない。

最初に読んだ時は当然のことながら、古銭に関しての知識もなく、どくろ銭も単なるこのような時代小説特有のフィクションと考えていた。しかし柳田國男から民俗学の先達として敬われた、旧幕臣でメソジスト教会牧師の山中共古を読み、『共古日録抄／見付次第』（パピルス）を編纂するに及んで、共古が古銭の専門家でもあることを知った。そして『集古会誌』などに「雁首銭」や「古銭の話」などを書き、やはり旧幕臣の成島柳北も古銭研究者で、『明治新撰泉譜』なる一冊を上梓していることを教えられた。そこで前回の柳田民俗学と『大菩薩峠』の関係ではないけれど、角田もこれらを読んでいて、「雁首銭」から「どくろ銭」のヒントを得たのではないか、先述の『精撰皇朝銭譜』というタイトルは、これも共古がふれている江戸時代の銭書『皇朝銭図』と柳北の一緒からとられたのではないかと思ったのである。

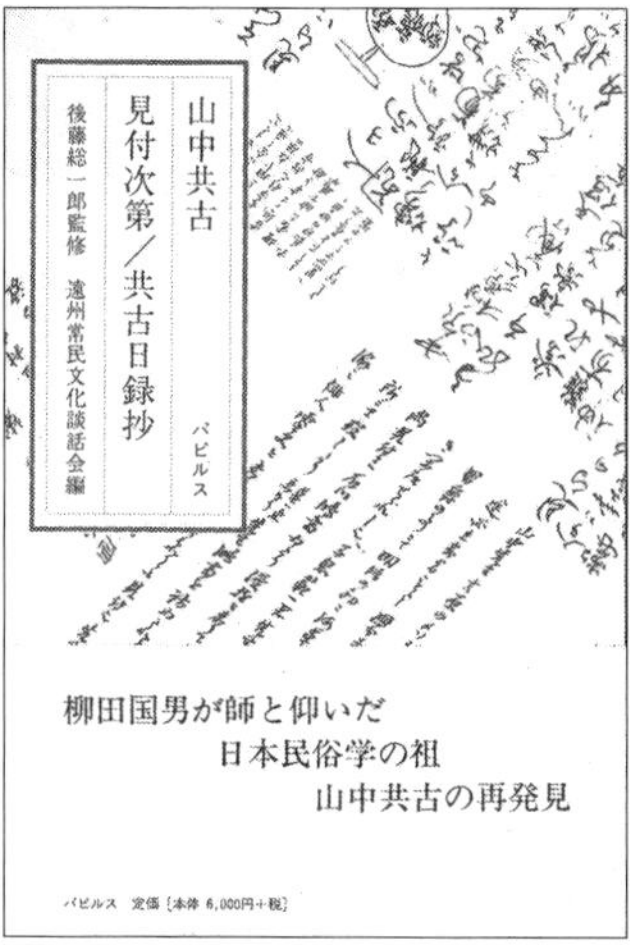

また山口昌男は『内田魯庵山脈』（晶文社）を高浜虚子の「杏の落ちる音」（『定本高浜虚子全集』7所収、毎日新聞社）から始めていて、この主人公の平岡緑雨は古銭家として設定されている。緑雨は作品中においても、支那から大量に持ちこまれた古銭を購入している。そのモデルは集古会のメンバーだった岡田紫男で、実際に代々の古銭家であり、この小説と紫男をめぐって、魯庵は「『杏の落ちる音』の主人公」（『内田魯庵集』『明治文学全集』24所収、筑摩書房）を書いている。

共古の古銭論や虚子の小説は明治末期から昭和初期にかけて書かれているが、たまたま昭和十年前後に出された好古斎道人編『趣味の古銭』(近代文芸社)、中橋掬泉編『新撰古銭大鑑』(成光館書店)を入手しているので、角田が『どくろ銭』を書いた時代はまさに古銭が趣味のひとつとして語られていたことになろう、それゆえに古銭と伝奇時代小説が結びつき、『どくろ銭』という特異な作品が生まれ、好評を博したのであろう。

『戦後の講談社と東都書房』において、角田は将棋狂として語られ、『どくろ銭』と並ぶ昭和三大傑作『妖棋伝』や『風雲将棋谷』(いずれも春陽文庫)の作者の由来を彷彿させてくれる。だがおそらく角田は将棋だけでなく、様々な趣味の世界を巡歴したはずで、そうした意味において、集古会には属していなかったにしても、山中共古や岡田紫男と同様の趣味を有し、集古会的精神の近傍にいたと思われる。このように考えてみると、共古の古銭論や『集古会誌』『集古』などを角田が読んでいて、それを『どくろ銭』などの作品へと投影させていたという私の仮説は、あながち間違っていないのではないだろうか。

なお共古の古銭論は、青裳堂書店の『山中共古全集』4に収録されている。

7　時代小説、探偵小説、民俗学

前々回、中里介山の『大菩薩峠』を嚆矢とする時代小説と柳田國男の民俗学の誕生が軌を一にしていることから、時代小説と民俗学はリンクしていて、山手樹一郎の『桃太郎侍』も、柳田の『桃太郎の誕生』と関係があるのではないかという推論を提出しておいた。

先日も必要があって、一九二八年に創刊され、柳田が昔話や伝説論を寄稿した『旅と伝説』（復刻岩崎美術社）を読んでいたら、長谷川伸のエッセイに続いて、三〇年一月号に戯曲として、『関の弥太ッぺ（序幕）』が掲載されていた。東映による六三年の中村錦之助主演、山下耕作監督の同映画は名作として名高い。だがこのような異例の戯曲の掲載に関するコメントは同号に付されておらず、それに至る経緯や事情は明らかでない。

八木昇の『大衆文芸図誌』（新人物往来社）を見てみると、『関の弥太ッぺ』の単行本は一九三〇年九月に新潮社から刊行されている。これはおそらく慎重な長谷川のことだから、『旅と伝説』に「序幕」を掲載した時点で、すでに『関の弥太ッぺ』は完成していて、その反響を探るために、あえて『旅と伝説』のような雑誌に、自ら命名した「股旅物」の「序幕」だけを発表したのではないだろうか。

このように考えてみると、時代小説と柳田民俗学の関係の一端がわかるようにも思われる。柳田は『後狩詞記』『石神問答』『遠野物語』の初期三部作を刊行した後、大正時代に入って、民俗学の雑誌『郷土研究』から始めて、『民族』『民俗芸術』を立ち上げ、『旅と伝説』に関わり、昭和十年には『民間伝承』を創刊する。これらは柳田が直接、または深くかかわったリトルマガジンであり、寄稿誌、関係誌はまだ他にも存在することはいうまでもないだろう。

長谷川伸が『旅と伝説』を通じて、柳田に接近したと見なしていいように、時代小説家たちも、それぞれ柳田の初期三部作やそうした雑誌を媒介にして、柳田民俗学にふれていったと思われる。それを具体的に指摘すれば、『それからの武蔵』の小山勝清は『後狩詞記』を読み、柳田の門下に入っている。『それからの武蔵』全六巻は一九六〇年代に東都書房から新書判で出されていたが、原田裕『戦後の講談社と東都書房』(「出版人に聞く」14)において、その出版事情を聞きそびれてしまったことが悔まれる。

また小山は故郷の熊本で、小学校教師の橋本憲三とその恋人高群逸枝と親交を結んでいる。高群についてはいうまでもないが、橋本は後に平凡社に入り、円本の代表とされる『現代大衆文学全集』を企画するに至る。このことは拙著「平凡社と円本時代」(『古本探究』所収)などで言及しているけれど、この同時代の新しい文学としての時代小説や探偵小説を集成した『現代大衆文学全集』の編集者と柳田の関係が気にかかる。

これは柳田が出版者や編集者を「本屋風情」と見なしていたゆえなのか、出版社に関する証言をほとんど残していない。柳田の周辺には多くの出版者や編集者がいたはずなのに、それらについての言及は少なく、現在でも判明していないことが多い。それは出版者や編集者のほうも同様で、柳田に当てつけた『本屋風情』(中公文庫)というタイトルで、岡書院を残した岡茂雄は例外に属する。それを後藤総一郎監修、柳田国男研究会編著『柳田國男伝』(三一書房)も踏襲しているので、同様の記述となっている。

そのことはさておき、『山の民』の江馬修の場合は妻の江馬三枝子を、先の『民間伝承』に送りこみ、それを範とし、『ひだびと』(飛騨考古土俗学会)創刊に至ったと思われる。そして江馬はそこに『山の民』を連載し、三枝子のほうは柳田の序文のある『飛騨の女たち』や『白川村の大家族たち』(いずれも三国書房「女性叢書」)を出版している。

これらの時代小説家の小山勝清や江馬修の柳田民俗学へのアプローチは、彼らが左翼であったこと、評伝や自伝が残されていることから判明しているし、転向したマルキストたちと柳田の関係は、これも拙稿「橋浦泰雄と『民間伝承』」(『古本探究Ⅲ』所収)でも既述している。

ところでもう一方の探偵小説家たちだが、こちらはそこに至る回路は不明であるけれど、作品の中に投影されることになる。例えば、江戸川乱歩は昭和一二年刊行の『緑衣の鬼』において、紀伊半島の田舎町に隠棲している世界的な粘菌類研究者を登場させているが、このモデルは明らかに南方熊楠である。それだけでなく、緑一色の怪紳士の名前は柳田、探偵作家の友人の新聞記者は折口で、これらも柳田國男や折口信夫から命名されていることは歴然だ。乱歩は熊楠を尊敬し、その正続『南方随筆』を愛読していたし、折口の『古代研究』も蔵書にあったことは判明しているが、柳田との関係は定かではない。しかも『緑衣の鬼』の柳田はトランクの中に「若い美しい女」を詰め込んでいて、熊楠や探偵小説ファンの折口はモデルにされても怒らないだろうが、柳田であれば、激怒するようなキャラクターに仕立てられている。乱歩の探偵小説と柳田民俗学には何らかの因縁が秘められているのだろうか。

その乱歩と異なり、横溝正史の場合は戦後の『獄門島』『八つ墓村』といったタイトルからうかがわれるように、民俗学の影響は明らかだが、『悪魔の手毬唄』に至って、横溝が『民間伝承』を参照していたことが伝わってくる。作品中に「柳田先生」を後ろ盾とする『民間承伝』なる雑誌が出てきて、そこに「鬼首村手毬歌考」が掲載され、その紹介から物語が始まっていくのである。『民間伝承』（復刻国書刊行会）を繰っても、そのような論稿は見出せないけれど、横溝が『民間伝承』を読んでいたことは確実だと思われる。

なおこれらについての詳細は、『近代出版史探索』87「探偵小説、民俗学、横溝正史『悪魔の手毬唄』」、同88「六人社版『真珠郎』と『民間伝承』」を参照されたい。

8　中島河太郎と柳田國男

続けて、時代小説や探偵小説と民俗学の、まだ解明されていない密通的関係にふれてきたが、柳田國男とミステリーの関係を象徴する人物がいる。その人物について、かつて「ある図書館長の死」（新版『図書館逍遥』所収、論創社）という一文を書いたことがあった。これは一九九九年に亡くなったミステリー文学資料館初代館長の中島河太郎を追悼したものだった。

この資料館は日本で唯一のミステリー専門図書館で、その蔵書は中島が長年にわたって収集してきた三万冊を中心として成立し、開館に至っている。彼の蔵書の貴重な内容に関しては、ミステリー文学資料館編の光文社文庫版「幻の探偵雑誌」（全一〇巻）などから、その一端が想像できるであろう。

中島は戦後に江戸川乱歩の勧めによって推理小説の研究に入り、『宝石』に連載した「探偵小説辞典」（後に『日本推理小説辞典』、東京堂）で、一九五五年に第一回江戸川乱歩賞、六六年に『推理小説展望』（東京創元社）で、第一九回日本推理作家協会賞を受賞している。これらの受賞や蔵書からわかるように、中島の推理小説研究は豊富な文献収集と書誌学に基づく実証的なものであり、その収集にしても、文学作品よりもはるかに労力を必要としたことはいうまでもないだろう。

これは原田裕『戦後の講談社と東都書房』（「出版人に聞く」14）でも言及されているが、中島はそうした評論、研究のかたわらで、多くの全集、大系、編集、監修に参画し、それらの代表的なものとして、『日本推理小説大系』『世界推理小説大系』（いずれも東都書房）、『現代推理小説大系』『大衆文学大系』（いずれも講談社）がある。

しかし中島の文献収集や研究対象は推理小説だけでなく、柳田國男や正宗白鳥に関しても同様で、新潮社や福武書店のふたつの『正宗白鳥全集』の実質的編集者だった。だが筑摩書房の『定本柳田國男集』の編集や資料提供にはなぜか関わっていなかったようで、その索引にも中島の名前を見出すことができない。それは後藤総一郎、柳田国男研究会編著『柳田國男伝』も同様である。それでいて、『定本柳田國男集』完結後に出された神島二郎編『柳田國男研究』（筑摩書房）の「柳田國男研究文献目録」は中島編となっている。この事実は中島以外にこのような「目録」

を編める研究者がいなかったことを示している。

ところが中島の死に際して、柳田の側からも、推理小説や文学研究の分野からも、追悼の言葉はなきに等しかったといっていい。管見の限り、目にしたのは福武書店版『正宗白鳥全集』の共同編纂者だった紅野敏郎の「中島河太郎氏と正宗白鳥」(『文学界』一九九九年六月号所収)という回想の小文が出ただけであったように思う。

同年には江藤淳が自死し、辻邦生や後藤明生も亡くなり、またミステリー関係でも、稲葉明雄や瀬戸川猛資といった翻訳者や評論家の死があり、彼らは文芸誌やミステリー雑誌などで丁重に追悼されていた。それなのにどうして中島だけは紅野の追悼しかなかったのだろうか。紅野によれば、中島が東大国文科の出身であり、同窓の研究者が多いのにもかかわらず、中島の名前と仕事はまったく語られたことがなかったという。推理小説研究という事柄をもって、アカデミズムから排除されていたようで、それは柳田民俗学の周辺にあっても同じだったと思われる。

そのことがずっと気にかかっていたのだが、しばらくして中島の柳田に関するいくつかの回想と論考を読むに至って、中島の置かれた研究者としての位置がわかるように思われたので、ここでそれを書いてみたい。ちなみに中島の回想と論考は「柳田学の命運」「海とニイルピト」「『定本柳田國男集』」(『柳田國男研究資料集成』5所収、日本図書センター)「『海南小説』」(同9所収)である。この『資料集成』コンセプトにしても、前述の中島の「研究文献目録」に由来していることは明白だ。中島の先の三編は『定本柳田國男集』が刊行される以前の一九六〇年代の初めに書かれたもので、中島の個人史と柳田の関係を語っていて、とても興味深い。それらをトレースしてみる。

中島は小学生の時にアルスの円本『日本児童文庫』収録の、柳田による『日本神話伝説集』や『日本昔話集』で、その名前を覚えた。そして中学生になってから『海南小説』(大岡山書店)や『秋風帖』を読み、高校時代に『民間伝承論』(共立社)や『郷土生活の研究法』(刀江書院)で、柳田民俗学の体系に接したのである。また中島によれば、柳田の随筆論文が『昔話と文学』や『木綿以前の事』などを始めとして、「創元選書」(昭和十三年創刊)に収録されるようになってから、その読者が激増したという。

そして戦後まもなく、中島は成城の柳田を訪ね、民間伝承研究のための木曜会、その後身の談話会にも加わったが、柳田の読者であっても、民俗学研究者ではないことを自覚し、足が遠くなってしまったと述べている。それはおそらく柳田ではなく、彼を取り巻く民俗学者や研究者人脈と肌が合わなかったことにあるのだろう。そのことを示唆するように、中島は『定本柳田國男集』の中で、「在野の学問として独力で開拓し、建設する」に至った柳田とその民俗学について、次のように書いている。

昭和四十年来、学会の冷嘲と黙殺に耐えながら、日本全土の探訪のかたわら、着実な成果を積み重ねられた。欧米学会の糟粕をなめるにすぎなかったわが国の学者にとっては、まことに気味悪い存在であった。外国の物さしを、しいて日本にあてはめて疑わなかった連中も、その実証主義の前には脱帽せざるをえなくなった。そしていわゆる民俗的研究法が、欠くべからざるものとして認識されたのは、ようやく戦後のことである。

これを読むと、三島由紀夫が『遠野物語』にふれ、民俗学は発祥からして死臭の漂う学問であったといったことを想起する。そして図らずもここで、中島は柳田に重ねて自分のことを語っているように思える。民俗学や近代文学研究者から見れば、柳田と正宗と推理小説を三位一体として、「実証主義」的文献収集に励む中島は「まことに気味悪い存在」であったにちがいない。それゆえにアカデミズムからも、またミステリーの分野からも、追悼の言葉が出されなかったのではないだろうか。このことは二〇世紀末において、ミステリーもまた、江戸川乱歩的な「まことに気味悪い存在」ではなくなっていたことを意味していよう。

9 吉川英治『鳴門秘帖』と『世界聖典全集』

今回は少年時代の読書の記憶があてにならないことを書いてみよう。

私は母がクリスチャンだったので、家で茨の冠をまとって血を流しているキリスト像の絵を見て育ち、教会に通っていたこともあり、時代小説を読み始めた頃にはキリシタンが出てくる作品に愛着を覚えた。その筆頭に挙がるのは柴田錬三郎の眠狂四郎シリーズで、彼は幕府大目付の娘と転び伴天連の間に生まれた混血児という設定であった。もちろん眠狂四郎はキリシタンではないのだが、その物語は最初からキリスト教的貴種流離譚のニュアンスを漂わせていた。

一九六〇年に新潮文庫化された『眠狂四郎無頼控』の最初の「雛の首」において、「異人の血でも混っているのではないかと疑われる程彫のふかい、どことなく虚無的な翳を刷いた風貌」を持つ「黒羽二重着流しの浪人者」として登場してきた。そして第二話「霧人亭異変」へと展開されていく。このような冒頭のシーンからして、時代小説であるにもかかわらず、ヨーロッパ文学ともつながっているというイメージを喚起するものだった。それを表象するのはとりわけこの『眠狂四郎無頼控』全体を覆っているキリシタン色であったといえよう。またフォークナーやジョイスを読む前に、そこで試みられていた「内的独白」や「人称の転換」という手法にふれていたことも付け加えておこう。

この柴田の眠狂四郎シリーズから始めて、私は様々に時代小説を渉猟し、島原の乱へと引き寄せられ、それをテーマとした作品群に向かうことになるのだが、そのことに関してはここでは言及しない。別稿で論じたほうがいいと思われるからだ。

そのようにして時代小説に出会った最初の頃に吉川英治の『鳴門秘帖』を読み、ずっとこの作品にもキリシタンが出てくると思いこんでいたのである。ただ吉川とは相性が悪く、その後内田吐夢監督、中村錦之助主演の東映映画を見たことから、『宮本武蔵』に手を出したが、このような求道小説は好みに合わず、読了していない。そうした事情もあって、『鳴門秘帖』も再読していなかった。ところがたまたま古本屋で、一九六二年に中央公論社から刊行された「その雄大奔放、波乱万丈の物語の魅力に、はじめて連載時の全挿絵を加えた愛読愛蔵版」という帯文の上下巻を見つけ、購入してきたのである。

中身を確認してみると、この作品は一九二六年から二七年にかけて、岩田専太郎の挿絵入りで、『大阪毎日新聞』に連載されたものであり、中央公論社版はそれを二ページ毎に配し、まさに論創社版『大菩薩峠』の趣があった。ほぼ同時代に図書館から借りて単行本で『鳴門秘帖』を読んでいたけれど、この挿絵入り本ではなかった。それにまだ講談社文庫も創刊されておらず、吉川の作品は文庫化されていなかったはずだ。

この中公版で半世紀ぶりに『鳴門秘帖』を読み進めていくと、最初のところに「異人墓」のシーンが出てきて、その挿絵も付されていた。それでキリシタンも登場してくるはずだと考えていたのだが、最後までキリシタンは出てこなかった。とすれば、この「異人墓」のことが記憶に残っていて、それがキリシタンと結びつき、『鳴門秘帖』にも登場してくるものと思いこんでいたのだろうか。

そこでもう一度考えてみると、吉川の自伝『忘れ残りの記』（吉川英治文庫、講談社）収録の「自筆年譜」のことが想起された。それを確認してみると、やはり「大正八年（一九一九）」に「松宮春一郎、水野葉舟氏らの世界文庫刊行会へ、筆耕仕事に通う」という一説があった。これだけでは何を意味しているのか、わからないだろうし、注釈を必要とする。そこで補足してみる。

松宮春一郎は人名事典などには立項されていないが、学習院大学を出て、中央大学の運営に携わり、昭和五年から同事務部長を務めたとされ、世界文庫刊行会の発行人となっている。水野葉舟は佐々木喜善を柳田國男のところに伴い、『遠野物語』を送り出した触媒ともいうべき文学者であり、彼の作品は『明治文学全集』72（筑摩書房）に収録されている。この二人の関係もよくわからないし、どうして世界文庫刊行会なるものが設立されたかも不明である。

ただこの版元は『世界聖典全集』を刊行したことによって、大正時代の出版社として重要な存在で、それ以後の日本の文学、宗教、哲学シーンなどに大きな影響を及ぼしたと考えられる。この『世界聖典全集』は『中央公論』の命名者で宗教学者の高楠順次郎によって推進された企画で、その全三〇巻のうちの九巻は高楠訳『ウパニシャット全書』で占められている。『世界聖典全集』は高楠の恩師である英国の宗教、言語学者のマックス・ミューラーが編纂した東洋諸宗教の経典の英訳集大成『東方聖典』*The Sacred Books of the East*（全五〇巻、一八七九～一九一〇）を範とし、その日本版を意図したと思われる。

この『世界聖典全集』全三〇巻は大正九年から一二年にかけて、世界文庫刊行会から予約出版システムで出されている。その全巻明細は拙ブログ古本夜話１０４「『世界聖典全集』と世界文庫刊行会」に掲載しておいたので、興味のある読者はぜひ参照してほしい。その前輯全一五巻には『新訳全書解題』も含まれているし、大正八年に吉川が世界文庫刊行会において、携わっていた「筆耕仕事」とは、これにまつわる編集や校正のことをさしているのではないだろうか。私の場合、どこかで吉川がそれを通じてキリスト教にふれ、『鳴門秘帖』の物語にキリシタンとして取り入れたと勝手に思いこんでしまったのかもしれない。

しかし吉川と松宮や水野の関係はまったくわからないし、これまで書いてきたように、『世界聖典全集』は出版社、発行者、訳者たち、それに内容も含めて多くの謎が秘められている。すでに刊行から一世紀近くが経とうとしているが、まだ本格的な研究を見ていない。

10 清水俊二、吉川英治、吉川晋

前回、『世界聖典全集』を刊行した世界文庫刊行会と吉川英治の定かでない関係にふれたが、それとは異なり、戦後の一時期、吉川と最も親密な関係にあった出版社について言及してみたい。

その版元は六興出版社で、私などが知った一九七〇年頃には六興出版となっていたはずである。その社名変更がいつだったかを確認していないけれど、戦後の六興出版社の清算と新社への移行の問題が絡んでいたにちがいない。しかし九〇年代になって、出版業界から退場してしまったように見受けられる。

だがこの六興出版社にも栄光の時代があり、戦後の一九四八年から五一年にかけて刊行した吉川英治の『新書太閤記』と『宮本武蔵』がベストセラーとなっていたのである。これには少し説明が必要だろう。戦前に『新書太閤記』は新潮社、『宮本武蔵』は大日本雄弁会講談社から刊行されていた。ところが戦後になって、吉川と新潮社、講談社の間に正式な出版契約が交わされていなかったことから、六興出版社が両社と交渉し、刊行に至ったのである。

それらの交渉に当たったのは、後のレイモンド・チャンドラーの『長いお別れ』などの訳者となる清水俊二で、吉川の両書の出版によって、「六興出版社が戦後の出版業界に旋風をまきおこすことになった」のである。だがこれはフィリップ・マーロウと宮本武蔵の出会いのようで、出版シーンに起きる意外性を浮かび上がらせている。

清水は『映画字幕五十年』（早川書房）の中で、その「旋風」に関して、次のように記している。

吉川の『宮本武蔵』を手に入れたことで、六興出版社はにわかに業界の注目を浴びることになった。刷れば刷るだけ売れる。むりをして闇の金を都合しても、たちまち売り切れる。こんなうまい商売はない。取次店も六興出版社をだいじにする。当然の成り行きとして、『宮本武蔵』の次は『新書太閤記』ということになった。

ただ先にこの清水の回想の間違いを指摘しておくと、『新書太閤記』が先で、『宮本武蔵』が後なので、順序が逆である。それはともかく、『出版データブック』所収の「ベスト・セラーズ」リストには一九四八年の三位が『新書太閤記』、四九年の七位、五〇年の六位が『宮本武蔵』で占められていることからすれば、確かに「こんなうまい商売はない」と清水にいわしめたのも無理はないと実感してしまう。既存の作品の著作権移動だけによるベストセラーともいえるからだ。

しかしこれらの六興出版社の吉川作品の出版は、清水個人のネゴシエーションの力量によるものではない。それには吉川英治の実弟吉川晋が深く関与していると考えるべきだろう。吉川晋は戦前に文藝春秋社に入社し、『オール讀物』編集部に在籍していたが、編集長の香坂昇、同じく編集者の石井英之助ともども六興出版社の強力なブレーンでもあった。清水の言によれば、「この三人は天下の文春にいて、どんな不満があったのだろう。三人とも、六興出版社に異常なほどの肩入れをしていた」という。

戦前の六興出版部＝六興出版社の設立事情は他でも書いているので簡略に記すと、清水の友人の大門一男によって担われ、一九四一年に清水は編集部長に就任した。そして大門が召集された後の戦時下の出版に携わったのである。その一冊は清水自身が翻訳したウィリアム・サロイヤンの『わが名はアラム』で、これは七六年になって晶文社の「文学のおくりもの」シリーズに収録されたことになる。また吉川晋たちの協力もあったことから考えれば、四四年刊行の吉川英治のエッセイ集『草莽寸心』は晋が持ちこんだ企画であり、これが戦後の六興出版社による『宮本武蔵』や『新書太閤記』刊行の伏線となっているのだろう。

これも吉川英治の『忘れ残りの記』所収の「自筆年譜」で知ったのだが、彼が世界文庫刊行会の筆耕仕事に通っていたほぼ同時期に、晋が興文社に勤めていたことが記されている。興文社といえば、昭和円本時代に文藝春秋社とジョイントして『小学生全集』を刊行し、アルスの『日本児童文庫』と競合した出版社である。これは奇しくも、アルスの北原鉄雄は北原白秋の実弟に当たり、文春の菊池寛と白秋の戦いの様相を呈するに至った。つまりここで興文社は、文藝春秋社の別働隊の立場に置かれていたといっていい。

それればかりか、興文社は雑誌『犯罪科学』の創刊者柳沼沢介、同じく『犯罪公論』の田中直樹も輩出し、田中のほうは菊池の弟子と見なしていい。吉川晋は興文社から逓信省通信学校に入り、一九三三年に雑誌『衆文』を創刊し、翌年日本青年文化協会総務部長となり、機関誌『青年太陽』の主幹を務め、三八年に文藝春秋社に入社している。これらの彼の軌跡のかたわらには見だけでなく、菊池や興文社人脈が控えていたように思われる。

そのような軌跡の延長線上に、『宮本武蔵』や『新書太閤記』の出版もあったのではないだろうか。もはや菊池の設立した文藝春秋社は解散し、四六年に文藝春秋新社として再発足していた。そこで吉川晋は菊池の代理のようなかたちで、新潮社と講談社の眼玉商品を六興出版社が奪うことによって、菊池の果たせなかった夢を実現させたのではないだろうか。それはまた作家としての吉川の秘かな願いであったのかもしれない。

このようにして六興出版社は社運ますます隆盛というところで、世間からもひとかどの出版社として認められていたが、金回りがよくなったことは、清水と吉川たちの間に隙間風を生じさせた。清水は自らが手がけた雑誌『野球日本』の廃刊をきっかけにして、一九五〇年に会社を辞め、字幕スーパーと翻訳者の道を歩んでいくことになる。

11　柴田錬三郎『江戸群盗伝』と山田風太郎『風眼抄』

六興出版社に関して、もう一編書いておきたい。六興出版社は『風雪』や『小説公園』といった文芸雑誌とともに、多くの小説、文学書などを刊行している。その一端は前回も示しておいたが、全出版目録が編まれていないために、それらの全貌を把握することが困難である。

最近も古本屋で柴田錬三郎の『江戸群盗伝』を入手している。これは「新・時代小説選集」と銘打たれているので、シリーズとしての刊行だと思われるが、何冊出たのかはわからない。一九五八年刊行で、定価は三六〇円、発行者は吉川英治の実弟吉川晋、発行所はまだ六興出版部のままだ。しかも装幀は後に三浦綾子の『氷点』の挿絵を担う福田豊四郎による箱入で、異色の「解説」は翌年に『ちゃんばら芸術史』（実業之日本社）を著す大井広介である。私が六〇年代半ばに読んだのは新潮文庫版だったから、これがその前版ということになるのだろうか。そこには『続江戸群盗伝』も収録されていて、それも新潮文庫になっていたからだ。

この『江戸群盗伝』を読み返していると、最初に読んだ時に、物語やトリックが、今はそのタイトルが浮かんでこないのだけれど、小学生時代に愛読していたポプラ社の「怪盗ルパン」シリーズの一冊と同じだと連想したことを思い出した。また「新・時代小説選集」のような出版があったことで、後の山田風太郎の『風眼抄』の刊行へとつながっていったのではないかと考えたりもした。

風太郎の初めてのエッセイ集ともいえる『風眼抄』は一九七九年に六興出版から出されている。これは四六判より一回り小さい判型で、発行者は賀來壽一とあり、社名も経営者もすでに代わってしまったことを伝えていよう。しかし時代小説を出版していた時代の編集者はまだ残っていて、それがこの一冊へと結実していったのではないだろうか。

私はかつて拙稿「江戸時代の書店」（『書店の近代』所収、平凡社新書）において、山田風太郎の『八犬伝』（朝日文庫）と柴田錬三郎の『江戸群盗伝』（集英社文庫）などを並べて言及している。それもあって、六興出版社＝六興出版の柴田や山田の編集者が同じであればと夢想したことにも

よっているのだが、私のような読者のつながりから考えても、そうした編集者の存在を想定することも許されるであろう。

私見によれば、この大津絵を配した田村義也による装幀の『風眼抄』は風太郎にとっても、読者にとっても、また近代エッセイ史においても、画期的な一冊だった。この四十八編のエッセイ集はまさに風太郎の人柄とその物語の出自をも伝えるもので、この一冊を触媒として、彼の『警視庁草紙』に始まる「明治開化物」は新たな照明と評価を得ることになったと思われる。

夏目漱石の『硝子戸の中』や『思い出すことなど』を彷彿させるそれらのエッセイは、いずれも感銘を与えてくれるが、冒頭の「わが家は幻の中」という一編こそは、『風眼抄』のみならず、風太郎の核心といえるので、それを紹介してみる。そこでは風太郎の「大した歴史」ではないとの断わりをふった「わが家の歴史」が述べられている。それは父も母も幼少時に亡くなった風太郎の遠いきれぎれの記憶であり、若かった父と母だけでなく、雑誌や本、大神楽の獅子舞い、大演習の兵隊たち、大地震のことなどが「生家略図」とともに語られていく。そして「私の人生のうちでも、いつも春の日が照っているような気がする、一番愉しく、なつかしい想い出」に関しても。

（……）近くのれんげ畑で子犬といっしょに転がりまわっていたことや、五月の節句に幟を立ててもらって、酔うような白い初夏の光の中で、その柱が、ギイ、ギイ、とものうく鳴るのを聴いていたことや、また庭の桜の下にむしろを敷いてもらって、そこでひとりで遊んでいて、「ああ幸福だ！」と、心の底から感じたことや――それは、それ以後、一見どんな幸福な状態にあっても、いちども心の底からそんな感じをいだいたことがないから、ふしぎにそのことを記憶しているのである。

ただ風太郎のことだから、これが単なる「なつかしい想い出」だけで終わるわけではない。そうして彼は次のように考えるのである。

もし人間が、文字通りどんなことでもやれる、という空想的な独裁者になったとしたら、そのやりたいことの一つに、自分が子どものころの世の中を再現させる、ということがありはしないか。だから、いまもしある地方のある町を、タイムトラベル的にすべて昭和初年の風景、服装、行事で復活させたら、五十男はみんな涙をながしながら馳せ集まるのではないか――ついでにこの着想はさらに飛躍するのだが、それはただ空想ではなく、現実に、ひょっとしたらあの毛沢東は、同じ心理で中国の歩みをとめてしまったのではあるまいか。

風太郎は毛沢東の名前を挙げているが、この着想は一九七三年のジョージ・ルーカスによる「ある地方のある町」を舞台とした映画『アメリカン・グラフィティ』でも試みられていた。この映画を評して、論創社から『サルトル』も出されているフレデリック・ジェイムソンはノスタルジアこそが後期資本主義の商品に他ならないと述べている。それが日本においても九〇年代以後、顕著になっていったことはいうまでもないし、二一世紀を迎えて、ノスタルジアという商品はさらに広範に拡がっていったと見るべきだろう。

それゆえに風太郎の「わが家は幻の中」というエッセイは、来たるべき時代を予見していたのかもしれない。彼がこのエッセイを書いたのは『風眼抄』刊行と同年の一九七九年なので、同書を企画した編集者にしても、これを読んだことがきっかけになったと考えられる。その「あとがき」で、この一冊が「私という人間のすべてが、散乱したかたちながら、まんべんなく浮かび出すようになっている」とし、それは「編集の方で、そうなるように配慮されたに相違ない」と記していることはそれを裏づけていよう。風太郎の「あとがき」に「編集の方」の名前が記されなかったのも、その「配慮」があったからだろうし、本当に編集者は誰だったのだろうか。

なお、これを書いた後、賀來が吉川英治の女婿であることを知った。

12 『縄炎』を見る

私が『裏窓』を目にしたのは、やはり中学生だった一九六〇年代半ばである。それは商店街の書店で、拙著『古雑誌探究』でふれている早川書房の『エラリイ・クイーンズ・ミステリ・マガジン』の隣に置かれていたからだ。その隠花植物的なニュアンスは記憶に残っていたが、まさか私がその『裏窓』編集長にインタビューすることになるとは思ってもいなかったのである。

ここで「出版人に聞く」12の飯田豊一『『奇譚クラブ』から『裏窓』へ』に関する補遺の一編を書いておきたい。

飯田＝濡木痴夢男は『「奇譚クラブ」の絵師たち』（河出・i文庫）の最終章「縄炎そして終焉」において、須磨利之が病に倒れ、半身不随となり、神奈川県の温泉療養所で、リハビリの毎日を送っていたと記している。そこから須磨は濡木によく手紙を書いてきた。それは同じ病で亡くなった画家の中川彩子の葉書の字とまったく同じだったそうで、「須磨のペン字もふるえ、乱れていた。その字をみただけで、こみあげてくるものがあって、私は泣いた」と書かれている。

そして濡木は六ページにわたって、「文字はふるえていても、文章に乱れはない」美濃村晃名で出された手紙をそのまま転載している。その一通には須磨がずっと「斯道のお守り」にしてきた伊藤晴雨の手作りの名刺が同封され、これは「斯道にとっては神秘的な霊力を持っている護符だ」と思っているので、「これを現代の斯道の最前衛に居る貴兄に贈ります」としたためられていた。つまり病に倒れた須磨は、飯田を自分の正統な後継者と見な

し、「斯道のお守り」としての伊藤晴雨の名刺を贈与したのであろう。

この須磨の「斯道のお守り」の贈与に対する濡木の返礼と須磨の顕彰、及び彼への病気見舞いと激励をこめた一本のビデオが一九九九年に製作された。それについての説明を濡木の言葉で示そう。

シネマジックという映像製作販売会社から「縄炎」というタイトルの、六〇分間のビデオテープが発売されている。いまはもうＤＶＤになっているであろう。これは「奇譚クラブ」の実質的創始者である須磨利之の風貌を知るには最も具体的で正確な映像であり、いまとなっては貴重な資料となっている。くわしくは「縄炎―美濃村晃の世界」（製作・横畠邦彦、監督・雪村春樹）である。

さらに『縄炎』には半身不随の美濃村も出演していて、「須磨の自伝的ドラマの映像」にして、「映像による『奇譚クラブ』」だと濡木は付け加え、『縄炎』のカット四枚も添えられていた。

ここまで書かれれば、何としても見てみたくなるではないか。十年ほど前にレンタル店に中古ビデオが大放出された時期もあり、かなり注意して探してみたが、『縄炎』には行き当たらなかった。その後、「出版人に聞く」を始めるにあたり、資料としての必要性から、ネット検索をかけてみると、アマゾンの「お宝プレミア館」で『縄炎』を発見したのである。値段も高くなく、二千円ほどだった。カバーの惹句には「SM界、伝説の絵師美濃村晃。その半生を様々な角度から追求して描く、本格ドキュメンタリー」とあり、税込み一万六千円弱の定価と、送られてきたレンタル商品との説明から考えれば、マニアというよりもレンタル市場に向けて企画された一本と見なせるだろう。世紀末にあって、SMはもはやタブーではなく、広く商品化され、消費的なセックスコードに組みこまれてしまっていたからだ。

しかしそのような時代状況を迎えても、『縄炎』は「映像による『奇譚クラブ』」を表出させ、SMの世界の原点を示してくれるだろうという期待のもとに、このビデオを見始めた。

最初に喜多玲子＝須磨の絵が大きく登場し、同じ構図で緊縛された女性の姿が映し出され、須磨が語り始める。自分のSMの原点は土蔵の中で母が縛られていたのを見たこと、戦争での女性とのSM体験だったと、もつれた言葉が映像にかぶさる。このふたつのエピソードは北原童夢と早乙女宏美の『「奇譚クラブ」の人々』（河出文庫）の中で、須磨が詳細に述べていたものである。そして自分の欲求を実現させるために雑誌を作るようになり、それが『奇譚クラブ』だった。求道者にして、職人のような須磨の顔がクローズアップされる。

濡木も登場し、須磨との対話が進められ、『奇譚クラブ』創刊時のことが語られていく。自分は『奇譚クラブ』の編集をしながら、色街の「責められ女郎」の調教を手がけ、それを見世物にする仕事に携わっていた。高い金を払ってそれを見にくる客が大勢いたこともあって、発行人の吉田稔もそこに連れていった。吉田はノーマルな人だったので、そのような読者がかならずいることを見せてやりたかったからだ。このようなプロセスを経て、『奇譚クラブ』はカストリ雑誌的なものから、アブノーマルなSM雑誌へと変貌していった。

団鬼六も姿を見せ、須磨のことを語っている。『裏窓』編集長時代に団に会いにきたという。団は須磨について、先天的なサディスト性癖の持主で、SM雑誌の水先案内人であり、商売ではなく、自らの性癖に基づき、マニアの読者が喜ぶ雑誌を作る人だ。そして女性を縛ったとしても、痛くない縛り方をするロマン的緊縛主義者だと述べている。また編集者たちも須磨について、様々に証言している。

そして濡木が実際に女体の縛りを実践し、女性の身体が縛ることによって、妖しい魅力を放つことをリアルに示す。それに須磨も加わり、モデルに言葉責めを加えたり、女体をなぶったりして、セックスそのもの以上のいやらしさを見せつけようとする。それがSMの芸だとする二人のうれしそうな顔といったらない。須磨も半身不随の身を忘れているかのようで、濡木も須磨にこれで寿命が十年延びたでしょうと語りかけている。だからこの『縄炎』は須磨へのオマージュであると同時に、彼の病を癒そうとする秘儀のようにも思えてくる。その秘儀の効果を濡木は撮影後の出来事として、「最終章」の末尾に記し、須磨＝喜多玲子の生と性に対する執着に尊敬の念を表明している。

しかしそれからしばらくして、須磨の訃報が届いた。濡木は自分の信念から、葬式に赴かなかった。二人のつき合いは三十年に及び、須磨は七十二歳になっていた。そして濡木は『「奇譚クラブ」の絵師たち』を「須磨が死んだとき、私の中の『奇譚クラブ』も、ようやく終焉した」と書き、閉じている。

その他にも『縄炎』にはＳＭ小説の原典としての子母澤寛の「天狗の安」、縛り絵の巨匠としての椋陽児、コミックとの関係、ＳＭ小説の時代劇映画やテレビへの影響なども話題に挙がっていることを記しておこう。

13　消費社会、ＳＭ雑誌、仙田弘『総天然色の夢』

前回、ＳＭビデオ『縄炎』にふれたので、続けてやはり飯田豊一『『奇譚クラブ』から『裏窓』へ』（「出版人に聞く」12）の補編としての一編を書いておきたい。それは団鬼六が、大崎善生の『赦す人』（新潮社）を始めとして様々に顕彰されていることに比べ、飯田たちは文学史にも記載されず、忘れられていくであろうからだ。

敗戦後のカストリ雑誌全盛時代を背景として、一九四七年に大阪で軍属の新聞記者だった吉田稔によって曙書房が発足し、世界の珍談奇談を集めた読物雑誌『奇譚クラブ』が創刊される。そこに戦時中に知り合った須磨利之が加わり、彼が実質的な初代編集長となることで、『奇譚クラブ』は本格的なアブノーマル雑誌へと変貌していった。

しかし一九五三年に須磨は『奇譚クラブ』から離れ、上京して久保書店へ入社後、創刊されたばかりの『裏窓』（創刊当初の雑誌名は『かっぱ』）の編集に携わり、『奇譚クラブ』の投稿者だった飯田豊一とともに、大阪ではなく東京でアブノーマルな夢想を発信するに至る。それ以後、この二人を中心にして、七〇年代から続々とSM雑誌が創刊されるようになり、サドやマゾや変態も大衆化され、消費の対象と化していった。そのような中で、『奇譚クラブ』連載の沼正三『家畜人ヤプー』が都市出版社から単行本として刊行され、この特異な奇書は広く注目を浴びることになった。その延長線上に団鬼六の『花と蛇』の文庫化が推進され、村上龍の『トパーズ』や山田詠美の『ひざまずいて足をお舐め』が出現したと考えていいだろう。

そのような出版史の経緯と進行はまったく不明なままであったけれど、新たな世紀を迎えた年に仙田弘の『総天然色の夢』（本の雑誌社）が出版され、通常の雑誌と異なるSM雑誌の編集事情と人脈が明らかになった。仙田は一九七〇年に東京三世社に入り、四半世紀にわたって在社し、『奇譚クラブ』や『裏窓』以後のSM雑誌の創刊に立ち会っている。同書は七三年までの記録だが、知られざる出版史の貴重な証言となっているので、それをたどってみる。この東京三世社も近年廃業に至っている。

仙田は新聞の出版社社員募集広告を見て、御徒町にあった東京三世社に入社する。彼は東京三世社の出版物を知らなかったが、面接で『実話雑誌』を見せられ、自分が入ろうとしている会社が「エロ出版社」で、所謂「エロ雑誌業界」に属していることに気づく。そして彼の「エロ雑誌編集部」での仕事が始まる。当時の主たる出版物は『実話雑誌』の他に『読切クラブ』『グラマーフォト』、隔月刊誌『MEN』『PINKY』であり、それらの編集は新人の仙田たちを含め、十人で担われることになった。しかし『読切クラブ』は老編集長、『グラマーフォト』は中年編集長がそれぞれ一人で担当していた。

ただ両誌はともに休刊寸前の売れ行き状況で、主力は『実話雑誌』、ヌード誌『MEN』、ピンク映画『PINKY』に置かれていて、これらを総括するのは宮坂信というヴェテラン編集者だった。「エロ雑誌業界」ならではの配慮のせいか、『総天然色の夢』の中で実名で登場する東京三世社の人間は宮坂だけである。仙田はこの宮坂が総括する『MEN』や『PINKY』の編集に加わり、売れなければただちに休刊になってしまうゆえに、全力投球で売れそうな企画を求め続ける「エロ雑誌」の編集に、次第にのめりこんでいく。そして『MEN』の誌面刷新をきっかけにして、ほとんど無名だが、才能のあるイラストレーターが集まり始めた。これは蛇足かもしれないが、仙田はシャイで韜晦的記述にまぎらわしていても、かなり文学に通じた映画青年だったと推測できる。

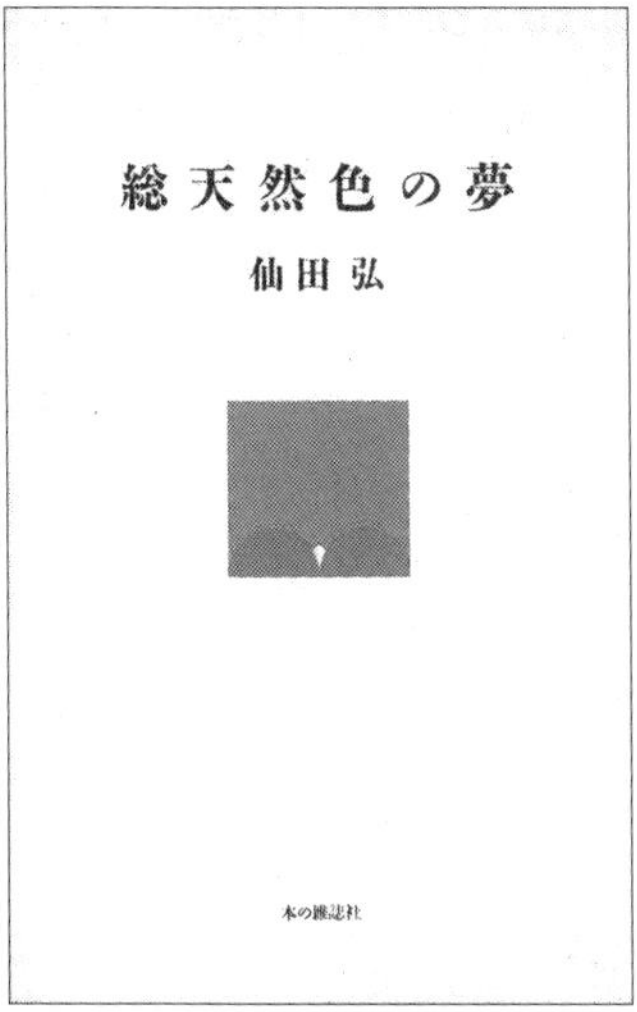

そこに社長からSM雑誌の創刊告知が下される。それは須磨と飯田が久保書店から独立し、『あぶめんと』を創刊したが、六号で休刊となり、集

まってきた原稿が宙に浮いてしまい、東京三世社に持ちこまれたことがきっかけだった。仙田は創刊のための資料として、古本屋で一〇万円の古書価がついた『裏窓』のほぼ全揃いを見つける。この時代に『奇譚クラブ』や『裏窓』は一冊が二、三千円、号によっては五千円か一万円の値段になっていたので、それでもお買い得価格であり、彼は会社の許可を得て購入する。そして『裏窓』を読み初め、多彩な挿絵画家たちに魅せられる。

お洒落で、挿絵もきれいで、卑猥だった。
小説を読む前に、この挿絵を見ただけで買ってしまう読者がいるのではないかと思う出来ばえの雑誌だった。

その一方で、仙田は『奇譚クラブ』も読み、団鬼六の『花と蛇』のピカレスクにも引きこまれ、『奇譚クラブ』から『裏窓』へ』にも出てくる画家の藤野一友や鹿野はるおまで視野に入れていた。そこで須磨と団の協力、及び若手イラストレーターの参加を得て、一九七一年に『実話雑誌』増刊号として、『SMセレクト』の創刊にこぎつける。ようやく発売になった創刊号は、それまで『奇譚クラブ』などが自粛していた緊縛カラー写真を掲載し、口絵ページも多く、ヴィジュアル性を訴求したためか、売れ行きもよく、たちまち月刊化されることになった。
するとほどなく、石川精亭たちが東京三世社を退社し、桃園書房が設立した子会社司書房に移り、同年に『ＳＭファン』『別冊ＳＭファン』を創刊する。続いて「編集の天才」といわれる宮坂も同様に新会社のサン出版を興し、七二年に作家やイラストレーターも同じであるグラフィックな雑誌『Ｓ＆Ｍコレクター』を創刊し、三社でＳＭ雑誌が競合する中で、仙田のほうは続けて『小説ＳＭセレクト』を立ち上げる。

それでもさらに創刊は続き、清風書房から『ＳＭトップ』、団鬼六の鬼プロから『ＳＭキング』（大洋図書発売）、サン出版から『アブハンター』（後に『ＳＭ奇譚』に改題）、桃園書房のもうひとつの子会社三和出版から『ＳＭフロンティア』『ＳＭマニア』『ＳＭ秘小説』、大洋図書系のミリオン出版から『Ｓ＆Ｍスナイパー』などが刊行された。仙田はその出版状況について。次のように書いている。

七〇年代はまさにＳＭ雑誌が狂瀾すると同時に、エロ系出版社が続々と創刊していった。ＳＭ雑誌なんて徒花。すぐに消えてなくなると巷間で思われていたにもかかわず、部数は毎号増え続け、『ＳＭセレクト』は七五年には十万部を越えて、完全に一つの雑誌のジャンルを形成してしまった。

一九七〇年代こそは、それまで隠花植物のように見なされてきたＳＭ雑誌がグラフィック化され、従来のピンク映画的な「パートカラー」ではなく、ＳＭをめぐる「総天然色の夢」が氾濫した時代だったということになる。

14　矢牧一宏と七曜社

これも「出版人に聞く」シリーズ10の内藤三津子『薔薇十字社とその軌跡』の補遺として、何編か書いてみる。

本多正一編『幻影城の時代　完全版』（講談社）に、内藤が「薔薇十字社と島崎さん」という一文を寄せている。彼女はそこで渡辺温の『アンドロギュノスの裔』や『大坪砂男全集』の編集に際し、探偵小説誌『幻影城』を創刊することになる島崎博の助力を得たこと、彼と『三島由紀夫書誌』を製作したこと、薔薇十字社の資金が潤沢で存続していれば、『幻影城』も出したかもしれないこと、手形で引き受けてくれる印刷所を紹介したことなどを語っている。

そうした意味で島崎も内藤の出版に寄り添った一人だが、本来の彼女のパートナーは矢牧一宏であった。彼は文芸書出版において、いくつもの出版社遍歴を重ね、刊行した本は三〇〇冊を超えるであろうし、私たちの記憶に残る何冊もの書物をもたらしている。その矢牧は出版社遍歴の果てに、一九八二年に亡くなり、「遺稿追悼集」として『脱毛の秋』（社会評論社）が刊行されている。そのタイトルは彼が十九歳で発表した小説からとられ、それも含めた遺稿の他に、六〇余の人々が追悼文を寄せ、各人から見られた矢牧の軌跡が語られている。残念なことに年譜は収録されていないが、それらの追悼文の集成からは矢牧の出版人生といっていいほどの軌跡が浮かび上がってくるので、それらをたどってみたい。

矢牧は一九四六年創刊の文芸誌『世代』の同人で、先述の小説もそこに発表されている。『世代』同人は吉行淳之介やいいだもも の他に、後に弁護士や経済学者となる大野正男、中村稔、日高普を配し、矢牧の編集と著者人脈もこの時代に培われたし、これらの同人たちの出版代行人でもあったと考えられる。彼は旧制成蹊高校を中退し、『世代』編集に携わり、その発売元であった目黒書店から出版人生を始めている。だが『世代』は五三年に終刊となる。

様々な追悼文をつなぎ合わせると、その後、矢牧はある教科書出版社や河出書房を経て、おそらく一九五五年前後に七曜社を設立する。私はこの事実を『脱毛の秋』で初めて知ったのだが、確かに七曜社の本があるはずだと探してみると、河野典生の『憎悪のかたち』が出てきた。四六判上製のカバー装丁は小林泰彦によるもので、当時のミステリーの表紙としては垢抜けていたと思われる。奥付には刊行者として矢牧の名前が記載され、六二年四月の出版であるから、七曜社がかなり長く存続していたとわかる。彼が七曜社以後に設立した出版社はそれよりも寿命が短かったからだ。それ以後の出版社とは天声出版、都市出版社、出帆社であり、これらについては断片的だとしても、他でも証言されているが、七曜社に関してはここでしか語られていないので、それをトレースしてみる。

七曜社時代について、『世代』の同人だった宇根元基と都留晃が追悼文の中で回想している。

宇根元は矢牧の金策相手であり、都留は七曜社に参画していた。七曜社の出版物の全容は判明していないけれど、宇根元が記しているところによれば、岩崎呉夫『芸術餓鬼　岡本かの子伝』、中村稔『定本宮澤賢治』、太田文平『寺田寅彦の作品と生涯』、立原えりか『ちいさい妖精のちいさいギター』などが刊行されていたようだ。

そして矢牧は「こうした返本の山に囲まれて」いた。それゆえに「彼の発行者としての悩みも勿論お金のことばかりでした」と宇根元は書いている。資金繰りは融通手形を乱発していたらしく、宇根元もスポンサーとして資金を調達しただけでなく、手形割引や裏書にも応じていた。しかし最終的には高利の出版金融にも手を出してしまったようで、在庫はゾッキ本として流出してしまう。同様に追悼文を寄せている芳賀章は七曜社が倒産した時、在庫処理を引き受けたことから矢牧と知り合い、それがきっかけとなり、矢牧の企画編集による『田中英光全集』や『原民喜全集』を芳賀書店から出版したと述べている。二人の全集と芳賀書店のイメージはうまく重ならないでいたが、これで納得がいくのである。

また矢牧に誘われ、創立期の七曜社に加わった都留も次のように証言している。それによれば、当時の七曜社は当てこんで二万部も刷った経営理論の本が売れず、事務所は返本で埋まり、「水ものといわれる出版の難しさと資金力のない出版社の頼りなさ」が露出し、「自転車操業と借金の言い訳」の毎日だった。そのような中でも、矢牧に対する印刷屋や製本屋の信頼は厚く、しかも彼は「資金繰りの苦しさを楽しんでいるかのように見えた」という。

先の河野典生の『憎悪のかたち』に示された「ミステリー・シリーズ」は矢牧の企画で、都留が編集したが、資金不足のために中絶してしまったらしい。七曜社から始まる矢牧のあきれるほどの出版社設立と倒産を回顧し、安岡章太郎の「矢牧は最後の編集者、もう彼のような編集者はいない」との言を引きながら、都留は矢牧が「天性の編集者」であったことを認めつつも、当然のことながら出版社の経営者にふさわしくなかったと述べ、次のような言葉で追悼文を結んでいる。

今にして思えば、七曜社時代、経営者として、資金繰りの苦しさと取組み、その妙味を知ったばかりに、時に道を違えて出版社を経営しようと思い立つ誤りを犯したのではないだろうか。

だが矢牧にしてみれば、どのような資金繰りが待ちかまえていようとも、出版者として生きるしか他に道がなかったように思われる。

15　1960年代の河野典生と『殺意という名の家畜』

前回、矢牧一宏の七曜社から河野典生のミステリーが刊行されていたことにふれたが、その河野も近年鬼籍に入ってしまった。彼の作品を愛読していた時期もあったし、そればかりでなく一九六〇年代の河野の単行本が手元にあるので、これらも挙げておきたい。年代順に出版社も含め、リストアップしてみる。

1『陽光の下、若者は死ぬ』(荒地出版社、一九六〇年)
2『アスファルトの上』(光風社、六一年)
3『殺人群集』(光風社、六一年)
4『黒い陽の下で』(浪速書房、六一年)
5『憎悪のかたち』(七曜社、六二年)
6『殺意という名の家畜』(宝石社、六三年)
7『他人の城』(三一書房、六九年)

さらに、やはり六〇年代に『群青』(早川書房、六三年)、『ザ・サムライ』(桃源社、六三年)、『三匹の野良犬』(芸文社、六四年)、『残酷なブルース』(芸文社、六四年)、『ガラスの街』(三一書房、六九年)が出されている。

さて、ここにリストアップした作品にふれると、1とタイトルは同じだが、内容は異なる短編集『陽光の下、若者は死ぬ』、同『狂熱のデュエット』、長編小説『群青』などが角川文庫化されるのは七〇年代に入ってからなので、それ以前に河野の六〇年代の作品を読もうとすれば、これらを古本屋で見つけるしかなかった。6の『殺意という名の家畜』は六四年に第一七回日本推理作家協会賞を受賞しているが、この宝石社版でしか読むことができなかったと思う。だが意図して集めたというよりも、目にすると買っていたといっていいし、七〇年代前半において、これらの河野の著作の古書価は安かったのである。

しかしこのように取り出してみると、7の新書判を除いて、裸本だったりもするけれど、B6判上製で、装丁もシックなものに仕上がり、作品と同時に新しい造本の息吹きを感じさせてくれる。2の『アスファルトの上』は箱入で、その箱は大倉舜二の写真を小林泰彦が構成していて、斬新なイメージを伝えている。それに加えて、河野を取り巻いていた編集者たちが荒地出版社、光風社、七曜社、浪速書房、宝石社、三一書房といった、どちらかといえば、リトルプレスに属していたことも示している。これらの出版社は実質的に退場してしまっているが、六〇年代には戦後の出版も、その苦難の状況は変わっていないにしても、まだ若かったといえるだろう。

それに出版物販売金額は一九六一年の一〇七八億円から七〇年には四三四七億円へと高度成長していたし、そのことは「文壇という余計者の村落」にも反映されていた。この言葉は『殺意という名の家畜』に見えているものだが、それは次のように続いている。

この一年の間、私はほとんど作品らしい作品は書かなかった。だが、文壇という村落の中にも、さまざまな格式の異なる部落があり、一度、この村落に登録された人間には、格式さえ気にしなければ、口を糊するだけの仕事は、向こうからやって来るものである。とうていしらふでは書けないような種類の、時には別名で書き飛ばす仕事を、いとわなければの話なのだが。

これはこの作品の主人公の小説家岡田晨一の独白である。岡田のように一年間「ほとんど作品らしい作品は書かなかった」小説家であっても、「口を糊するだけの仕事は、向こうからやって来る」ことが語られている。そのことによって「文壇」という「さまざまな格式の異なる部落」も支えられていたことも。ミステリーもそのようにしてあったのだ。それがこの時代の出版状況であり、それは一九五六年の『週刊新潮』創刊に始まる週刊誌ブームと雑誌のめざましい成長によっているのだろう。現在とはまったく異なる出版と文学環境に他ならず、もはや「文壇という村落」も消滅してしまったと見なしていい。

そうした現在のことはともかく、この独白をイントロダクションとして岡田は一九六〇年代初頭の小説家として、「私の今書こうとしている物語」、「小説ではなく手記」、「商品として売られるもの」を始めようとしている。彼は三年前にちょっとしたきっかけから、自分の小説の出版の機会を得た。それは犯罪小説で、初版六〇〇〇部のうち四〇〇〇部が売れたとされる。それは岡田に託した河野の当時のポジションだったのであろう。

このように始められた『殺意という名の家畜』は知り合いの娘の失踪、それをめぐって彼女の人間関係がたどられ、四国での無理心中という事件の流れがまず提出される。その中で時代世相と都市風俗が描かれ、それとコントラストな地方の権力と犯罪にまつわる殺人事件が浮上してくる。岡田は自分の作品に関し、「私は、紙の上で、自分の持っている欲望の飛翔を描き、自我の勝利を描いた。そして自分の発見した文体に酔い、なれ合いになった」と自嘲している。だがそれはおそらく河野の『陽光の下、若者は死ぬ』などの初期作品をさしていて、『殺意という名の家畜』には当てはまらず、明らかに新しい日本のハードボイルドを志向する文体の確立をめざしているし、それはひとつの達成だったと見なしていいだろう。

河野は「あとがき」において、この作品が「推理小説のジャンルの一つである正統派ハードボイルドを、我が国の風土の中に、定着させる試み」であり、それがハードボイルド派特有の「個人の倫理を背骨としている」と述べている。そのために、社会派推理小説の探偵役としての警察官や新聞記者ではなく、「我が国の風土」の中からハードボイルド派の探偵として、小説家の「私」が設定されたのだと。ここでいう「正統ハードボイルド派」とはダシール・ハメット、レイモンド・チャンドラー、ロス・マクドナルドの系譜をさしていることはいうまでもあるまい。

そしてこの系譜上に、姓は高田と異なるが、名前を晨一とする小説家を主人公にすえた7の『他人の城』が書かれたとわかる。また名前のことで付け加えておけば、ここで『殺意という名の家畜』を取り上げたのは、無理心中の男の名前が「森下光夫」であることによっている。この種明かしはしないけれど、それは論創社の奥付を参照されたい。

16　天声出版と『血と薔薇』

矢牧一宏が天声出版で創刊した『血と薔薇』については忘れられない思い出がある。それは上京した一九六九年末から七〇年代にかけてのことだったと記憶しているが、早稲田のどこの古本屋でも『血と薔薇』が平積みのゾッキ本として売られていた。『血と薔薇』は商店街の書店で見ていたけれど、高校生が気軽に買える定価ではなかったし、地方の古本屋ではそのようにして売られてはいなかった。

それは「澁澤龍彥責任編集」とある第一号から三号までで、平岡正明編集の第四号は数が少なかったと思う。この「エロティシズムと残酷の綜合研究誌」と銘打たれたビジュアルな雑誌はまだ十代だった私にとっても新鮮で、定価千円のところが、ゾッキ本のために三百円であり、まさに必然的に買い求めた。それは私ばかりでなく、友人の多くが同様であったためか、一年ほどすると古本屋の店頭から姿を消していった。この体験から、出版社が倒産、もしくは資金繰りに窮した場合、在庫が古書市場に流出し、それがゾッキ本と呼ばれることを知った。

それから半世紀近く経つのだが、『血と薔薇』三冊を書棚からとり出し、ページを繰っているうちに、そうした記憶が蘇ってきたのである。あらためて確認すると、Ｂ５変型判の表紙や背に

LE SANG ET LA ROSE のタイトルに加えて、この雑誌がテーマとするサディズムがフランス語で表記され、これまでなかったハイブロウなエロティシズム雑誌を志向し、創刊されたことが伝わってくる。その意気込みは巻頭の「血と薔薇」宣言に示され、「私たちは、あらゆる倒錯者の快楽追求を是認し、インファンティリズム（退行的幼児性）を讃美する」という文言もある。

今になって思えば、この宣言は本書12、13の『奇譚クラブ』や『裏窓』に代表される隠花植物のようなアブノーマル雑誌とは異なる、文化芸術誌としての『血と薔薇』の創刊を謳っていたのであろう。具体的にいえば、「あらゆる倒錯」をマニアの手から、文学や芸術の領域へと奪還しようとする試み、雑誌闘争の幕開けと見なすこともできる。これは奇妙な偶然だが、『奇譚クラブ』は一時期天星社名義で刊行されていたし、『血と薔薇』の天声出版と相通じてもいる。

ここで創刊号の奥付を見てみると、編集内藤三津子、製作矢牧一宏、発行神彰となっている。神に関しては「『呼び屋』神彰の生涯」のサブタイトルが付された大島幹雄の『虚業成れり』（岩波書店）が出ているので、視点を変え、神の側から天声出版と『血と薔薇』の経緯をたどってみる。といっても、それは内藤の証言によるのだが。それによれば、矢牧は神がドン・コサックと呼び、「呼び屋」として名をはせる前からの知り合いで、神が「呼び屋」になってからも一緒に飲む仲だった。当時矢牧は芳賀書店に勤めていたが、神は彼の作家や詩人たちとの豊富な人脈と出版に関心を示し、矢牧を誘って天声出版を興し、出版事業を始めることになる。

その資金は、神が有吉佐和子と別れた後の二番目の夫人の義兄が日光の寺の要職にあり、そこから調達されたようだ。内藤は新書館の編集者で、寺山修司、白石かずこ、立原えりかなどの「フォア・レディース・シリーズ」を送り出していた。彼女もそこに加わり、ずっと懸案だった澁澤龍彥を編集長とするビジュアルな雑誌の企画を神に持ちかけた。前々回の『脱毛の秋』（社会評論社）の追悼文にあるように、澁澤も「なにか新しい分野で自分の可能性をためしてみたいという気がないこともない時期だったから、この新雑誌の企画には二つ返事」で乗り、一九六六年一〇月に創刊号が出されたのである。下世話なことを付け加えておけば、澁澤は矢川澄子が谷川雁のもとに走り、離婚したばかりで、手持無沙汰だったことも参画理由に挙げられるだろう。

そして澁澤、矢牧、内藤のトリオによって、創刊号に続き、第二、三号も斬新で充実した編集で刊行され、神もその内容についてはほとんど口をはさまなかった。しかし第三号を出した時点で、発行者の神にはもはや続刊する資金が残されていなかった。かくして神と矢牧の関係は金のことが原因で破局に至り、内藤も天声出版から去り、澁澤も編集から降りてしまう。

ところが神はそのような状況であるにもかかわらず、『血と薔薇』を続けることを望み、天声出版を「呼び屋」の後継者ともいうべき康芳夫に託すのである。康は第四号の編集を平岡正明に依頼する。その後の「『血と薔薇』四号の敗戦処理」については、平岡が「神彰の大いなる遺産」（『スラップスティック快人伝』所収、白川書院）で、次のように証言している。

神彰が二度目の倒産をし、天声出版もつぶれた。できあがった四号は印刷屋に押さえられ、俺の手元に残ったのは製本前の見本刷り一冊だった。原稿料は未払いのままだ。（中略）作品を依頼した人々に顔向け出来なかったが、俺も貧乏なので、手のうちようがなかった。

これで神と『血と薔薇』の関係は終わるのだが、『血と薔薇』をめぐる出版の物語はさらに続いていく。内藤は薔薇十字社、矢牧は都市出版社を設立し、両社が倒産した後、二人は出帆社を立ち上げる。この二人の他にも、康は創魂出版を興し、第四号を平岡と編集した田辺肇は白川書院の東京支社を発足させ、前述の平岡の著作に加え、竹中労の『聞書アラカン一代・鞍馬天狗のおじさんは嵐寛寿郎』を始めとする映画書などを出版していく。白川書院設立経緯は、これも「出版人に聞く」シリーズ16の井家上隆幸『三一新書の時代』に詳しい。したがってこれらの出版の起源はわずか四冊しか出されなかったが、『血と薔薇』に求めることができる。なお内藤の肝煎りで二〇〇五年に白順社から幻の雑誌と化していた『血と薔薇』三冊が復刻されるに至っている。

17 『都市』と吉本隆明「都市はなぜ都市であるか」

前回の『血と薔薇』から離れた後、矢牧一宏は都市出版社を設立し、一九六九年に「詩を中心とする文学・芸術季刊誌」である『都市』の創刊に至る。

このリトルマガジンは『薔薇十字社とその軌跡』（「出版人に聞く」10）で、内藤三津子が語っていたように、デザイナーや執筆者も共通していたけれど、田村隆一を編集長とするもので、「荒地」に連なる詩人たちが中心となっていた。また判型も異なり、A5変型判で別冊以外に四冊が出された。その判型と厚さ、ビジュアルな造本は、一九七五年に朝日出版社が創刊した『エピステーメー』の範となったように思われる。

しかしこの『都市』への言及はほとんど見られず、赤田祐一／ばるぼら『20世紀エディトリアル・オデッセイ—時代を創った雑誌たち』（誠文堂新光社、二〇一四年）においても、巻末の「雑誌曼陀羅1901→2000」のところに、第二号の表紙が収録されているだけである。

それでも私にとって『都市』、とりわけ第一号は愛着が深いものであり、そこには吉本隆明の「都市はなぜ都市であるか—都市にのこる民家覚え書」（以下「民家覚え書」）が掲載されていたからだ。しかもそこには吉本自身が作成した谷中地帯の地図と一八枚に及ぶ民家の写真が付され、露地出身者の視点だけでなく、思いがけずに地図製作者兼写真家としての吉本の一端にふれることもできた。そこで吉本は都市の民家の「〈格子〉戸や窓の存在は、家屋の占めている空間と戸外の空間を連結する意識を象徴するもの」で、「家屋はおなじ露地にあるすべての別の家屋に〈格子〉戸をとおして連帯の手をさしだしていた」と始めている。

だが現在の都市では〈格子〉戸や出窓を持つ民家は数が少なくなっている。それはすでにプリミティヴな文様である〈格子〉の意識が無意味になりつつあること、及びせまい〈格子〉戸を拭いたり磨いたりする余裕がなくなったことによっている。その一方で、民家の玄関先や軒端に置かれた植込みや鉢は、露地自体を庭と見なす住民の知恵に他ならず、それは古都の寺院の離宮の名園に拮抗するものだとも述べられている。しかし都市の膨張と機能化の進展は、「愛惜すべき地域の民家の様式をローラーで押しつぶし」てしまうだろう。そして吉本は問う。「だが、都市の民家が、高層ビルの窓の一個または数個に転化してしまうことをきみは肯定するか?」と。そこに添えられた地図と写真がオーバーラップしてくる。

私の要約はぎこちなく単純化しているので、吉本が民家に関しての「懐古的探訪者」として受け止められることをおそれる。もう少し補足すれば、吉本は懐古でも伝統再発見でもなく、民家に「思想の基底」を見ているのだ。この吉本の「民家覚え書」は二〇のセクションに分かれ、民家と「ヤシキ」の歴史、都市と東京がたどり着いた現在、都市政治家と建築設計家たちの関係などにも及び、その言及は重層的に絡み合っている。そして最後のセクションは「みづからは何ものをも意味しないのに、存在すること自体が価値であるものがこの世界にたしかにありうる」という一文だけで閉じられている。なお、この論稿は後に吉本の『詩的乾坤』(国文社、一九七四年)に収録されている。

それからほぼ四十年後に、私は『民家を改修する』(論創社、二〇〇七年)を上梓することになる。拙書は吉本の「民家覚え書」を念頭に置きながら、都市ならぬ地方の民家の改修のプロセスを詳細に記録したものである。その口絵写真には、玄関とその内部の格子戸が写っている。残念ながら前者は吉本のいう「民家の孤立」を示すようになった「裏ガラスとしていわゆる〈スリガラス〉を総張り」するしかなかったけれど、後者は六十年前に職人によって作られた、吉本が好む「せまく組みこまれた〈格子〉戸」を再利用したものだ。これはすでに一九六〇年代後半において、現在の都市では見つけ出すのが困難になったと彼がいう、民家の格子戸と同じもののように思われる。それゆえに私はこの一冊を吉本に送ることにした。かつての自著を読んでくれたことは人づてに聞いていたが、『民家を改修する』、とりわけ口絵写真を目にしてくれたであろうか。

これが私の、吉本の「民家覚え書」に関する残響と後日譚ということになるのだが、私以外にもやはりその影響下に一冊を書いた著者がいたと思われる。それは四方田犬彦の『月島物語』(集英社、一九九二年)である。これは彼が「ドウェリング・ライター(居住作家)」として、月島に五年間暮らした記録をベースとするエッセイ集である。しかし月島こそは吉本が生まれた町であり、四方田が住んだのも露地の奥に位置する格子戸の家で、露地と家の写真も収録され、それらは吉本の「民家覚え書」を彷彿とさせる。

しかも四方田は『月島物語』の第十六回の章を「エリアンの島」と題し、「少年は路地で生まれた。細い格子戸と、所狭しと並べられた植木鉢と、防火用水の水槽のある風景のなかで育った」と書き出している。この「エリアン」と「少年」が吉本をさすことはいうまでもないだろう。そして一九九〇年暮れに「ぶらりと吉本さんがわが家に来られ」、「食卓のうえに月島の地図を展げ、午後いっぱいいろいろと昔話を楽しく聞」き、少し散歩して、吉本が少年時代をすごした新佃の家の跡を見にいった。その「二軒の家はどちらも現在は消滅しており、ガレージや倉庫になってい」た。それから西仲商店街のレバカツ屋で、「吉本さんはなんと六枚をぺろりと平げてしまった」エピソードも語られている。この章こそは四方田も引用している吉本の詩「佃渡しで」へのオマージュであり、四方田版「佃渡しで」と見なせよう。それと同時に「民家覚え書」の木霊のように思える。

18 寺山修司と新書館「フォア・レディース」

本の整理をしていたら、寺山修司の『ひとりぼっちのあなたに』が出てきた。これは私が購入したものではなく、妻が若かりし頃に買い求めた新書館の「フォア・レディース」シリーズの一冊で、A5変型版、表紙デザイン・イラストレーションは宇野亜喜良が担当している。

最初のセクションは「自己紹介」と題され、「海について」という章から始まり、「ぼく」の十七歳の時の一首がまず提出される。それは次のような歌だ。

海を知らぬ少女の前に麦藁帽のわれは両手をひろげていたり

そして十八歳になった時に、海が La Mer で女性名詞であることを知り、海が女であれば、水泳は自分がその女に弄ばれる一方的な愛撫にすぎないではないかと思い始めたことが告白される。それから二十七歳までの海と「ぼく」との関係がたどられていく。そこには浅川マキの「カモメ」の歌詩の原型すらも見出せる。

そして「読まなくてもいいあとがき」で、「この本に収めた感傷的なぼくのエッセイやコント」や「気恥ずかしいことを書いたもの」に愛着があり、その理由として、「人は嘘を言っているときに一番ほんとの自分をさらけだしているものだから」との断わりも入れ、次のように書いている。


人は誰でも、一生の内に一度位は「詩人」になるものである。

だが、大抵は「詩人」であることを止めたときから自分本来の人生を生きはじめる。

そして、かつて詩を書いた少年時代や少女時代に憎悪と郷愁を感じながら、逞ましい生活者の地歩を固めていくのである。

だが、稀には「詩人」であることを止め損なう者もいる。

彼はまるで、満員電車に乗りそこなったように、いつまでも詩人のままで年を経てゆくのである。

彼―すなわち、ぼくももう二十九才である。

懐かしい寺山節であり、まさに一九六〇年代の「フォア・レディース」の嚆矢というべき一冊となっていて、「この本は、新書館の内藤三津子さんとデザイナーの宇野亜喜良さんの協力によって生まれた」との謝辞も記されている。

『ひとりぼっちのあなたに』は『血と薔薇』を創刊する以前に、新書館に在籍していた内藤三津子が手がけたものだったのである。『薔薇十字社とその軌跡』（「出版人に聞く」10）の中で、内藤も「フォア・レディース」シリーズの最初の七、八冊を担当したことを語っている。『ひとりぼっちのあなたに』、それに続く寺山の『さよならの城』と『はだしの恋唄』の三部作がこのシリーズのブランドを確立したといっていいだろう。それは驚くほど版を重ねていることが証明となろうし、これなくして「フォア・レディース」は語れないとして、二〇〇四年には復刻されてもいる。

私の推測では「フォア・レディース」の成功があり、その年少版としての集英社の「コバルト文庫」が成立し、平凡出版の『ａｎ・ａｎ』創刊へとリンクしていったのである。内藤はそのような感性の起源に関し、昔の吉屋信子などの少女小説を読んだ最後の世代で、一九六〇年代にはそういった少女小説もなくなりつつあった。それでも女の子たちの気持の中にはやはり少女小説を読みたいという願望が根づいていて、それが寺山修司や立原えりかの物語として、女の子たちに浸透していったのではないかと述べている。

それを裏づけるのが、二〇〇五年に河出書房新社から刊行された近代ナリコの『本と女の子―

おもいでの1960-70年代』（「らんぷの本」シリーズ）である。サブタイトルに示されているように、同書には六〇年代から七〇年代にかけて「女の子たち／女性たちと蜜月をすごした四つの読み物」のひとつとして、「新書館フォア・レディース」が取り上げられてられている。

これは姉妹を有していない私などにとって、とても啓発的な企画編集の書であり、あらためて六〇年代から七〇年代にかけての「女の子たち／女性たち」の読書史と出版史を認識することになったといえよう。ここでは寺山を始めとする「フォア・レディース」が書影入りで紹介され、その世界への誘いとなっている。確かにそのような時代があったし、大学生協でも売られていたことや、電車の中で「女の子たち／女性たち」が読んでいたことも思い出されてくる。

それに加えて、寺山修司編『ハイティーン詩集』（高校生新書）の書影も挙げられている。これは井家上隆幸『三一新書の時代』（「出版人に聞く」16）でも言及しているが、私が高校生の時に愛読していた一冊で、今になって考えれば、「フォア・レディース」シリーズと通底していることになろう。

内藤三津子が新書館を退社した後、このシリーズでの編集を引き継いだのは白石征で、彼は近代ナリコのインタビューに応じている。彼は寺山と宇野の組み合わせが、北原白秋や西條八十の詩と蕗谷虹児、高畠華宵、竹久夢二の絵のアイテムに求められ、それが「フォア・レディース」に流れこんでいるとも述べている。そういえば、この「らんぷの本」シリーズもまた、それをトレースした企画のようにも思えてくる。

白石は寺山の周辺にいた編集者だが、数年前にイタリア文学者の田之倉稔から、彼がその解説を担当している『寺山修司著作集』（第二巻、クインテッセンス出版）を恵投された。その監修者名に山口昌男と並んで、白石征の名前もあった。この著作集は完結したのだろうか。

19　薔薇十字社と「ルート版の会」

本書16で、少しばかりふれておいたように、矢牧一宏と内藤三津子は天声出版で『血と薔薇』を刊行した後、都市出版社、薔薇十字社、出帆社として出版を続けていくことになる。

その経緯は元薔薇十字社の社員の川口秀彦が「七〇年代零細版元の潰れ方の研究あるいは薔薇十字社外伝」（『彷書月刊』二〇〇二年三月号所収）の中で証言しているように、「会社としては別のものだが、矢牧・内藤両氏とそれに付随する人の流れがあり、先行会社の書目を後続会社が刊行したりという流れがあるので誤解が生じるのは無理もない」ほど、外部から見ると、錯綜している。一例を挙げれば、薔薇十字社が『血と薔薇』の版元だったとの誤解も多く生じているらしい。

ちなみに付け加えておけば、川口は神田で古書りぶる・りべろを営んでいる。

ここでもう一度その「流れ」を整理しておけば、天声出版から去った後、内藤三津子は薔薇十字社を設立し、矢牧一宏は都市出版社を始めた。だが後者は一九七二年春に倒産したので、矢牧は営業担当役員として、前者に加わった。しかし翌年夏に薔薇十字社も倒産し、その後二人は出帆社を興すことになる。このようなプロセスがあることから、天声出版の書籍が都市出版社、薔薇十字社の書籍が出帆社へと移されたりしている。そうした例として、薔薇十字社の最初の本である澁澤龍彥訳のコクトオ『ポトマック』は出帆社からも刊行されている。

これらの事情は断片的に伝えられていたが、「出版人に聞く」10の内藤三津子『薔薇十字社とその軌跡』によって、天声出版から出帆社への「流れ」を明確にたどることができるようになった。それによれば、『血と薔薇』創刊号は一万部で、大変な評判と反響を呼んだようだ。天声出版を辞めた後、内藤は澁澤に社名を告げ、賛同を得て、薔薇十字社をスタートさせる。処女出版は前述の『ポトマック』だった。

内藤の編集方針としては『血と薔薇』連載のものを単行本化することにあり、それらは塚本邦雄『悦楽園園丁辞典』、種村季弘『吸血鬼幻想』、堂本正樹『男色演劇史』などで、私もこれらの本を持っている。それらの装丁や造本に関して、内藤は澁澤の著書や訳書を出していた現代思潮社や桃源社の構えた感じではなく、おしゃれできれいな本として出版したかったと語っている。

このような内藤の編集センスは少女時代に吉屋信子の読者だったことから始まり、前回の新書館の「フォア・レディース」シリーズなどの出版物を通じて体得されたものだったように思われる。またあえていうならば、その男性の著者であっても、汎用される内藤のたおやめぶりの装丁と造本は、これから増えていくであろう澁澤の女性読者を想定していたのかもしれない。近代ナリコは「おもいでの1960-70年代」のサブタイトルを付した『本と女の子』（河出書房新社。「らんぷの本」シリーズ）において、「フォア・レディース」シリーズが「ちょうど少女と大人のあわいにいるような女の子たち」に向けて出されていたと書いている。

その一方で、内藤は出版企画や翻訳に関して、澁澤が薔薇十字社のブレーン的存在だったと述べている。だが澁澤の側から見れば、内藤が企画した『血と薔薇』における編集経験とブレーンの役割は、三島由紀夫から堀内誠一に至るまでの所謂「澁澤エコール」の形成を促す要因になったと思われる。それはアカデミズムや左翼のようなヒエラルキーを伴わない、横に連鎖していた人脈であったゆえに、様々な出版企画に結びつき、多くの書物となって結晶化した。もちろん澁澤の多くの著訳書もさることながら、彼が担った目に見えない出版への貢献を記憶しておくべきだろう。その触媒を内藤は先駆的に務めていたことになる。薔薇十字社の活動はわずか四年、出版物は三七点、刷り部数は一五〇〇部から二〇〇〇部にすぎなかったが、私たちの世代に強い印象を残しているのは、内藤と著者たちが出版物にこめていた独特のアウラに起因している。そしてそれらは再生不可能で、その後の出帆社の書物からはまったく感じられないのである。三島由紀夫の死とともに、そのような時代も終わろうとしていたのだろうか。

さて薔薇十字社の倒産についてだが、内藤は主たる原因として、社員が増えすぎたことと組合問題を上げている。その一方で、前述の川口文において、内藤の回顧は経営者として率直なものだし、正当な社史資料だと断わった上で、当時の零細出版社の資金繰りの内幕を示し、倒産の実態を明かしている。

川口によれば、この時期に文芸書出版社の営業グループ「ルート版の会」があり、加盟社は薔薇十字社の他に都市出版社、濤書房、れんが書房、イザラ書房、審美社などで、取次や書店への共同営業を目的としていたが、次第に経営者の融通手形の交換の場になってしまったという。本書15で、矢牧が融通手形による資金繰りを行っていたことにふれたけれど、それは「ルート版の会」加盟の全社に及んでいたようだ。だから都市出版社の倒産によって、薔薇十字社も予想外の負債の急増、それに伴う資金繰りの悪化をこうむり、他の数社同様に翌年の倒産の直接の原因になったのである。川口文のタイトル「七〇年代零細版元の潰れ方の研究」とはこの事実をさし、当時の零細出版社の内情を知らしめている。

20 『風から水へ』と同人誌『はやにえ』

「出版人に聞く」シリーズ番外編として、鈴木宏『風から水へ—ある小出版社の三十五年』(論創社、二〇一七年)がようやく刊行されたので、その補遺を何編か書いておきたい。その前に断わっておけば、この一冊を「番外編」としたのは、著者の鈴木が時間をかけて大幅に加筆したために、「出版人に聞く」のフォーマットをはみ出してしまう分量になったことによっている。

それもあって、鈴木は大学時代における「同人雑誌」のことにもかなり詳細にふれている。その同人メンバーは一〇人以上いて、都立大の学生か、前橋在住ないしは出身で、福間健二、中島治之、桑原喜一といった名前が挙げられ、クラスメートだった福間だけが社会的な意味で「詩人」と認知されたと語っている。そして鈴木もまた『凶区』や『ドラムカン』によった詩人たちを読んでいたので、いわゆる「現代詩」ふうのものを書いていたと述べているけれど、その同人誌名や詩に関しては具体的に言及されていない。

最初に私がインタビューした際にはこの同人誌のタイトルを確かめることをしなかったのだが、しばらくして、ひょっとすると『はやにえ』ではないかと思い、探してみると出てきた。タイプ印刷のA5判八四ページ、一九七〇年二月に出された第三号で頒価は二〇〇円、発行所は前橋市の中島気付集団はやにえである。編集人には長田徹、鈴木宏、福間健二の名前が記されている。これは裏表紙の下の記載だが、そこには印刷所として、東京都千代田区三崎町の千曲タイプも併記され、七〇年代には、映画の『男はつらいよ』シリーズのタコ社長の印刷屋ではないけれど、学生街にはタイプ印刷所がよくあったことを思い出させる。ただここで付け加えておくと、当時の同人誌は誤植がつきもので、鈴木宏が範木宏、中島治之が治元となっていた。

それでも目次にはなく、二人を含めた十数人の詩と、福間の詩編とシナリオからなる「青春伝説序論ノート」が収録され、『はやにえ』が詩誌だとわかる。それは七〇年代までは詩の時代だったことを物語ってもいる。鈴木宏はそこに詩「非在の朝・夢の河」と評論「幻惑の土地を越えて」を寄せている。前者は明らかに「現代詩」ふうのもので、『凶区』の詩人たちの作品を彷彿とさせるし、後者は「〈書く〉への接近のための短い覚え書き」とのサブタイトルが付され、モーリス・ブランショが引用されているように、『文学空間』や『来るべき書物』（いずれも現代思潮社）の影響下に書かれている。また宮川淳の『鏡・空間・イマージュ』（美術出版社）を挙げてもいいのかもしれない。それゆえに、後に水声社からクリストフ・ビダンの評伝『モーリス・ブランショ』が刊行されるのも、このような鈴木宏の同人誌時代と無縁ではなかったのである。

しかし『風から水へ』にこの『はやにえ』のことを挿入する機会があったにもかかわらず、私があえてそれをしなかったのは、若書きのものへの言及は彼にとって恥ずかしいものだとわかっていたからだ。それは同じような同人誌時代を送ったことがある私にしても、まったく同様だからだ。それに所持していたこの『はやにえ』にしても、失念してしまったけれど、『はやにえ』の周辺にいた人物から贈られたものだったにちがいない。もはや半世紀前のことなので、現在から想像することは難しいと思われるが、同人誌圏は、それこそ出版社の文芸誌と異なる磁場を形成し、そこでは様々な同人誌が交感し合っていたのである。

それに『風から水へ』にも語られているように、高校の文芸部で鈴木宏と笠井潔が一緒だったという事実は、手術台でのミシンと洋傘の出会いではないけれど、意外な組み合わせで、何となくおかしい。ところがこの『はやにえ』を間に置いてみると、「出版人に聞く」シリーズの人脈ともリンクしていくのである。すでに福間健二に関しては井家上隆幸『三一新書の時代』（「出版人に聞く」16）で、三一書房の高校生新書の『明後日は十七歳』の著者としてふれている。

さらにまたそれに重なるのだが、『風から水へ』への刊行後に、榎本香菜子という女性から葉書が届いた。そこには何と『はやにえ』の表紙を高校三年生の自分が担当したことで、鈴木宏と知り合い、風の薔薇を立ち上げる時にはわずかながら出資もしたと書かれていたのである。あらためて『はやにえ』を見てみると、その表紙は香月泰男を彷彿させるもので、確かに目次に「表紙　榎本香菜子」と記されていた。そして彼女と面識はないのだけれど、今泉正光『「今泉棚」とリブロの時代』（「出版人に聞く」1）を出した時にも葉書をもらい、そこには今泉が最初に勤めていた関内のキディランドでアルバイトしていて、それがとても楽しい青春の日々だったことが書かれていた。

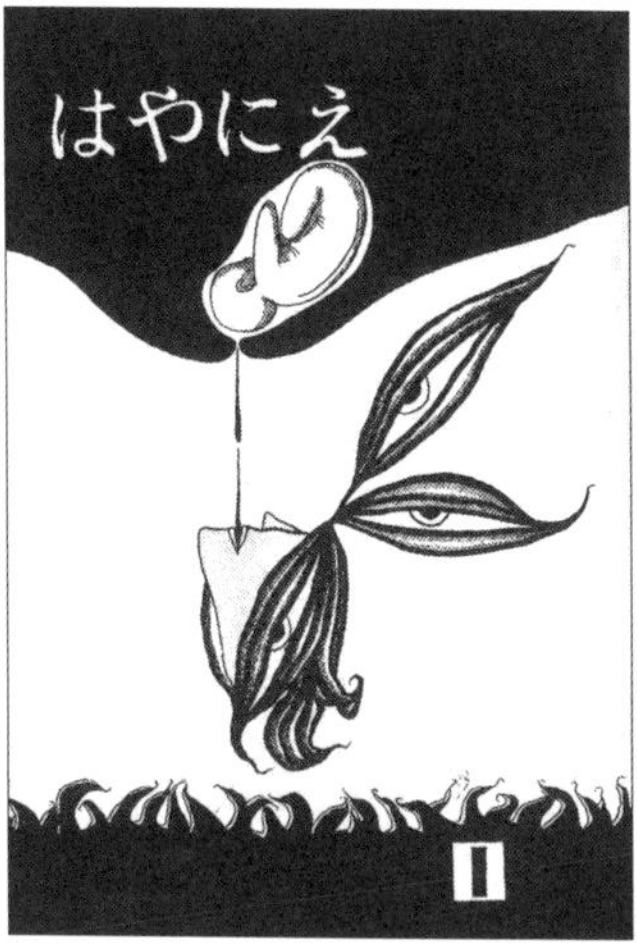

そして今回の葉書には、今泉を鈴木に紹介したのは彼女だったことも記され、毎晩『風から水へ』を少しずつ読むのを楽しみにしているし、ここに出てくる中島治之や桑原喜一にもメールをしてみるとしたためられていた。『風から水へ』への刊行によって、忘れられていた『はやにえ』が出てきて、福間にリンクし、それを誘い水のようにして、榎本が表紙を担当していたこと、関内のキディランドにいて、今泉を鈴木に紹介したことが明らかになった。

おそらくすべては伝わってこないけれど、この「出版人に聞く」シリーズは『風から水へ』で二一冊を数えていることからすれば、今回のような思いがけない出会いや記憶の回想と結びつく役割を果たしているのかもしれない。それらのことについて、もう何編か続けてみるつもりだ。

21 再びの丸山猛と須賀敦子

前回、鈴木宏の『風から水へ』の刊行に際し、榎本香菜子という女性から葉書をもらったことを既述した。また彼女が一九七〇年代に関内のキディランドでアルバイトを務め、そこにいた今泉正光を鈴木に紹介したことも。

今回はやはりその関内のキディランドにいた丸山猛のことにふれてみたい。それは榎本も「丸山猛は須賀敦子さんと親しく、ユニークな人生を歩み仲良しだったので、どこにいるのかもわからなくなり淋しいかぎりです」としたためていたからだ。実は二〇〇九年に拙ブログ「出版・読書メモランダム」の「出版メモ」(二〇〇九年一〇月一一日)で、「丸山猛と須賀敦子」を書いている。それゆえに本タイトルを「再びの丸山猛と須賀敦子」としたのである、後半は重複してしまうが、それは避けられないことを承知してほしい。

一九七〇年代のキディランドの書店人脈に関しては、今泉の『「今泉棚」とリブロの時代』(「出版人に聞く」1)に語られている。彼によれば、一緒に仕事をしたことはなかったけれど、丸山はICU出身で、社員としては抜きんでた本読みで、自分とはウマが合い、仲がよかった。それに奇妙な関係というか、後の丸山夫人が今泉の部下、同じく今泉夫人が丸山の下でアルバイトをしていたという。それからキディランドが会社更生法下にあり、丸山と異なり、今泉は組合運動に携わっていたことから、七七年には西友に入社する。また個別の選択であり、一緒ではなかったけれど、丸山も西友に入ることになった。これは余談だが、『営業と経営から見た筑摩書房』(「出版人に聞く」7)の菊池明郎もＩＣＵだから、当然のことながら丸山と面識があったにちがいない。

私が丸山と知り合ったのは一九八〇年前後で、彼は清水の西友の書籍売場にいたが、まだリブロという名称にはなっていなかったと思う。当時の西友は静岡の古本屋とコラボし、古本催事を静岡東部で盛んに展開しつつあった。その背景にはいくつかの事情が絡んでいたのだが、それは本稿の目的とずれてしまうこともあり、別の機会に譲ることにする。

丸山はこの時代にその古本屋と親しくしていたので、催事などを通じて、古本のノウハウを学んだはずだ。その後丸山は西友を退社して東京に戻り、祐天寺に新しい古本屋をコンセプトとする、「あるご書店」を立ち上げ、そこを中心として、コミューン的グループを目論む「自由フォーラム」を結成に至る。それは八〇年代半ば頃のことで、特異な古本屋チェーンとして評価され、チェーン化も順調だと伝えられていた。そこまでの丸山の軌跡は知っていたが、その後の消息は聞こえてこなかったし、九〇年代の動向は不明のままだった。

ところが前世紀も押しせまった一九九八年に意外なところに丸山を見出したのである。それは

『文藝別冊』として出された『追悼特集須賀敦子』においてで、丸山は「須賀さんは『パワフルな子供』だった」と題するインタビューに答え、須賀の知られざる「もうひとつの顔」を語っている。そしてそこに描かれた丸山による須賀像は、『同特集』の著者になってから交流した人々とは異なるもので、まさにサブタイトルの「霧のむこうに」潜んでいる彼女の実像を浮かび上がらせている。

私も御多分にもれず、一九九〇年刊行の『ミラノ 霧の風景』（白水社）を読み、その記憶と想起の綾なす素晴しい文章に魅せられた読者の一人だった。しかしその一方で、こうした「美文」は須賀の本質をカモフラージュするように機能していくのではないか、また彼女の経歴とその時代状況ゆえに、文芸ジャーナリズムのスターとなり、消費されていく対象となるのではないかとも思われた。後者については前書で、九一年に女流文学賞と講談社エッセイ賞を受賞し、そのような道を歩み出していく。やはり同年に翻訳もタブッキ『インド夜想曲』（白水社）などの三冊を刊行し、九二年には『コルシア書店の仲間たち』（文藝春秋）を上梓する。同書の読後感も前書と変わらなかったし、それに加え、これから「書店」のイメージも女性誌などを始めとして、従来と異なった方向に転換されていくのではないかと予感させられた。そのような須賀体験ゆえに、もはや私が読者に加わる必要もないだろうと考え、それ以後の彼女の著書を読んでいない。

やはり須賀は予想どおり、六十歳を過ぎた遅咲きのデビューだったにもかかわらず、エッセイスト、イタリア文学者として注目を浴びた。そして一九九八年に死去という短い文学活動だったが、没後に河出書房新社によって『須賀敦子全集』全八巻が編まれ、彼女に関する特集や読本類の出版も多くを見ている。そうした意味において、彼女はエッセイスト、イタリア文学者として栄光に包まれ死去し、死後もまたオマージュを捧げられる存在であり続けているといえよう。

しかし丸山が語る須賀の姿はそれらとまったく隔たっている。彼が彼女と知り合った頃、彼女はイタリアから帰ったばかりで、まだ安定した職にもついておらず、『同特集』にも三編の記事と自らの紹介が収録されている「エマウス運動」に携わっていた。「エマウス運動」については、彼女の「エマウス・ワーク・キャンプ」の記述を引いておこう。

エマウス運動というのは、一九四九年、第二次世界大戦が終ったばかりのパリで、通称アベ・ピエールとよばれる神父さんが、当時、巷に溢れていた浮浪者の救済、更生対策として、かれらと共に廃品回収をはじめたのに端を発している。なにかの理由で社会の歩みからはみ出してしまった人たちが集まって、廃品回収をしながら共同生活を営み、その労働から得た収益の一部を、自分たちよりも更に貧しい人たちの役に立てようと努力しているのが、この運動の主体となっているエマウス・コミュニティーである。

このワーク・キャンプが一九七三年に清瀬で一ヶ月間開かれ、彼女はそれに参加している。須賀は丸山の店に客としてやってきて、色々と話をするようになったという。丸山は戦後の混乱の中でスポイルされた子供たちを支援する「子供会」にかかわり、その「子供会」グループが須賀の友人たちだったことにもよっている。後の「自由フォーラム」の社員は、この「子供会」出身者が中心メンバーとなっている。

丸山へのインタビューを抽出しながら、彼から見た須賀敦子の生活者のイメージを追ってみる。

たぶん、コルシア書店のイメージとだぶらしていたんじゃないかとぼくは思っています。うちの会社は、運命共同体というかコミューンみたいなかたちで運営しているんです。あの人は生活者としての原点みたいなものを常に持ち合わせていた人ですが、それをぼくらに見ていたのじゃないかと思います。

そして彼女は丸山の古本屋のコミューン的グループに接近し、ずっとその近傍にいた。入院後の世話や連絡係もそれらのメンバーが担ったようだ。

須賀さんとも約束していたんです。あの人がもしすごく長生きして、書けなくなったら、うちのグループにおいでよって。株主にしてあげるから全財産出せい、と（笑）。「たくさんあるよ」っていうから、「知ってるよ」って（笑）。

あの人は惜しげもなく、たぶんほんとうに出したと思います。ぼくたちのコミューンを成功させたいと、そういうふうに彼女自身は思っていました。けっこうお気に入りでした。

丸山の視線は絶えず彼女の生活者の側面に向けられていた。

須賀さんの、文学者と生活者の両方の顔を、ぼくは見ていましたが、ぼくらといるときは生活者のかわいい面を見せていました。

そういう中で彼女がかわいらしくしていられるというんですか、安心していられる。逆にいうと、文学者のほうですと、やはりつらそうだなというのが見えました。

また生活者としての須賀は「うろうろする人」で、「自信のない人」だった。それがデビューしたことで変わり始める。

作家デビューというか、世の中に認められはじめたころの彼女は、満足感というんですか、ちょうど変わり目、巣立っていくなという感じがありました。

少しは自信がついてきたんでしょうね。賞をもらったり、まわりの方たちの扱いとかで。

その変わり目というのが、人格が二つできちゃったような感じがしましたね。

だから、彼女はちがう二つの世界に分かれている。どっちが本当かぼくにはわからないですけれども、ふつうの文学者とはちがって、五十歳ぐらいまでは生活者でいたわけですからね。

このような丸山の語りは、「子供がそのまま大きくなったような人」須賀敦子の核心にふれていく。少し長くなってしまうが、これは須賀の内面に深くふれ、また丸山と彼女の関係を物語っていると思われるので、省略しないで引用しておく。

あの人は、自分の自由を抑えるものは何者も許さないというような、自分の美意識がはっきりありましたね。美意識の鋭い子供。そしてパワフルであるから、人に被害を与えることもある。

ただ、あの人はおそろしく悲しい人だなと思ったのは、そのような自分を、よく知っているんですよね。常にぼくにこぼしていたのは、「友だち少ないんだよ」という言い方で、「そうだよな、あなたの性格だとね」というと、「そうなんだよ」と。結局、自分のおそろしいほどのわがままとか、そういうのをよく知っているんですよね。孤独というんですか、ものすごくありましたね。それから、老後に向かっていくときの女一人の頼りなさとか。でも、あの人はそういうことを対外的には口が裂けてもいわない。自分で立っていくんだ、と。強過ぎる人ですからね。

しかし日本のコルシア書店と出会えたことで、彼女の「孤独」も多少なりとも癒されたのではないだろうか。書店からも古本屋からも様々な物語が消え去ろうとしていた九〇年代にあって、須賀敦子と丸山猛たちが演じていた未公開のドラマは、彼女たち固有のものであったにしても、出版史の記憶にとどめられる出来事だったのではないだろうか。

これは『同特集』で知ったのだが、須賀は祐天寺に住んでいたことから、「あるご書店」の客となり、丸山とそのグループに接近していったのだろう。丸山の証言にもあるように、須賀にとって、イタリアのコルシア書店ばかりでなく、古本屋チェーン「自由フォーラム」を体験することによって、『コルシア書店の仲間たち』も書かれるにいたったのではないだろうか。いや、きっとそうにちがいない。そしてコルシア書店がそうだったように、丸山の「自由フォーラム」も須賀亡き後、「霧のむこうに」消えてしまったのだろう。冒頭に紹介した丸山が行方不明というのも、そのことを告げているのように思われる。

なお最後にひとつだけ私の後日譚を付け加えておけば、今世紀に入って、リサイクル店でオリベッティのタイプライターを見つけ、それを買った。もちろんタイプライターなど打てはしないのだが、『ミラノ 霧の風景』がオリベッティの『SPAZIO』に連載されたことを記憶していたからである。須賀もこれを使っていただろうか。

22 自販機本の時代

鈴木宏は『風から水へ』の中で、出版の仕事をするようになったのは佐山哲郎に声をかけられたのがきっかけだったと語っている。その佐山は鈴木と東京都立大学の同窓で、同人誌仲間だった。その一方で、鈴木によれば、佐山は一部で注目を浴びていた歌人であり、サブカルチャー系の出版社に出入りし、漫画原作者も兼ねていた。佐山原作、高橋千鶴『コクリコ坂から』（講談社コミックスなかよし、現在は角川文庫）が四十年後に、スタジオ・ジブリによってアニメ化されている。

この佐山が大学院の修士課程にいた鈴木を、リトルマガジン『幻想と怪奇』の編集へと誘った。それを契機として、鈴木は国書刊行会に入り、『世界幻想文学大系』の編集に携わり、それから「風から水へ」という自らのリトルプレスの道を歩んでいくことになったのである。そうした意味において、もし佐山という出版への媒介がいなかったならば、鈴木はそのままアカデミズムの道を歩み、大学教師、研究者としての人生を送っていたかもしれない。

その佐山が編集発行人を務めていた『NOISE 1999』という雑誌が三冊手元にある。これは一九八〇年に創刊された自販機雑誌で、それを示すように、月刊と謳われているにもかかわらず、雑誌コードがなく、その代わりに「KYODO」というマークが印刷されていた。

ちなみに、これももはや四十年近く前の雑誌であり、一連の自販機雑誌のことを説明しておく必要があるだろう。一九七〇年代後半から八〇年代は、大手出版社を中心とする雑誌創刊ブーム、及び地方・小出版流通センターによる『本の雑誌』や『広告批評』などのリトルマガジンの出現といった出版状況の中にあった。そうした雑誌動向と併走するように自販機雑誌も生まれてきたと考えられるが、異なっていたのは流通販売ルートに他ならない。

それは通常の出版物が出版社・取次・書店という流通販売ルートをたどっていることに対して、そのルートを経由しない自販機雑誌を誕生させたのは、東京雑誌販売、大阪の日本雑誌販売、大阪特価、名古屋の三協社などのスタンド販売業者だった。念のために、一九七一年刊行の『出版事典』（出版ニュース社）を繰ってみると、思いがけずにそれが立項されていたので、そのまま引いてみる。

スタンドはんばい――販売　週刊誌その他、大量販売をめざす大衆誌の増大に伴い、それに適した簡便な販売方法として特選の売台（stand）を設け、ここに陳列して販売すること。書籍・雑誌の類を販売する小売書店以外の売場として、薬屋、たばこ屋、雑貨店など、他の商品の販売店の店頭を利用して行われるものが多い。戦後アメリカで著しく発達した例にならい、わが国においても一九六五（昭和四〇）年ころから急激に発展し、さらに増加の勢いにある。ほとんどは一般の小売書店と違い、即売ルートを通じ、しかも、再販売価格雑誌契約を結んでいないため、この進出はとかく小売書店との競合を招き、とくに発売日等をめぐって問題を《ママ》生じている。

ここで「卸売ルート」と呼ばれているのは、主として大手新聞社の週刊誌などを取次を通さず、直接卸しでスタンドなどで販売する雑誌の流通経路をさす。これは一九七〇年代のスタンド販売業者の実態をリアルに伝えているといえよう。この立項からわかるように、スタンド販売業者は出版業界からすれば、アウトサイダーに位置づけられ、販売環境と利益率からして、劇画を含んだポルノ雑誌の比重が大きく、そこは次代を担う漫画家たちの揺籃の地でもあった。

そのスタンド販売業者が自販機で雑誌を売り出したのは七〇年代半ばだと推定され、先の東京雑誌販売グループは七〇年代に七千台、全業者でピーク時には二万台に及んだと伝えられている。そして無数に刊行された雑誌類は平均して数万部は売れたという。それもあって、七千台を有する最大の自販機業者の東京雑誌販売グループは、自販機雑誌専門の出版社を傘下に抱えることになり、アリス出版やエルシー企画を始めとする多くの版元が誕生する。自販機本の時代の到来である。

かくして自販機雑誌の制作と編集のために、従来の出版とは異なる様々な分野から優れた人材が集まり、自販機ならではの特有なポルノ雑誌群を送り出すに至った。そのうちの一社がセルフ出版であり、後に白夜書房として、八一年に末井昭によって『写真時代』が創刊されるのである。

そのような自販機雑誌の集成版、もしくは過渡期を告げる一冊として、アリス出版から『NOISE 1999』は創刊されたようにも思える。それは従来の自販機雑誌が丸背で、ほとんど編集人も不明だったことに比べ、同誌は角背で、そこに編集発行人と発行所と住所、電話番号も明記されていたことに表出していた。しかも第二号には編集長の佐山をはじめとするスタッフ名が挙げられ、そこには編集者だけでなく、写真家、スタイリスト、モデル、デザイナー、イラストレーターなども含まれ、いちいち名前を挙げないけれど、三〇人を超え、自販機雑誌関係者が総動員されているようだ。それは執筆者たちも同様である。

スタッフ構成からしても、もはや『NOISE 1999』は自販機雑誌ではなく、内容にしても、巻頭の八ページに及ぶカラーグラビアは「李礼仙熟撮行」としての「状況劇場ブラジル公演」、それにエッセイを寄せているのは「ゆうじょうぼうひであきサラリーマン」＝嵐山光三郎、同じく巻末一〇ページは「神代辰巳の誌上映画館」を掲載し、演劇、映画雑誌を錯覚させる。また表紙の表裏と中ほどの四ページグラビアは、「人形人格」と稲垣足穂の『人間人形時代』（工作舎）を想起させ、グラビアだけでも、同誌が雑誌の異なる地平を出現させようとしていたことを示唆している。

しかしどのように考えても、自販機雑誌としての『NOISE 1999』が成功を収めるはずもなく、所謂三号雑誌として終わってしまったのであり、それは自販機による流通販売の限界を告げていたことになろう。

23　明石賢生と群雄社出版

二〇一七年になって、前回ふれた自販機本などのキイパーソンとして浮かび上がってきた人物がいる。それは明石賢生で、そのプロフィルはエディトリアル・デパートメントの『スペクテイター』三九号の特集「パンクマガジン『Ｊａｍ』の神話」において、コミック化され、また写真も掲載され、山崎春美の「Ｘ人名辞典」でも立項されるに至っている。それらによれば、明石は一九四七年大分県生まれで、九六年に亡くなり、享年四十八だった。

この『スペクテイター』は一九九九年五月の刊行だったが、おそらく同誌の企画とは異なるプロセスを経て、八月に人間社から池田俊秀の『エロ本水滸伝』が出版されている。そこにも明石が出てくる。「序文　エロを究めて」を寄せている伊藤裕作は、七七年明石の自販機本出版社のエルシー企画に出入りし、エロ本業界の仕事をするようになったのである。それは著者の池田も同じような回路をたどり、七六年にセルフ出版、後の白夜書房に入り、映画雑誌『ズームアップ』などの編集長を経て、八一年に明石に誘われ、群雄社に移り、『マザー』や『スクリュー』を創刊する。だが池田も明石の死の翌年の九七年に四十九歳で亡くなってしまった。それは鈴木義昭が巻末の「評伝　早すぎたエロ本編集者、池田俊秀の生と死」で記しているように、後に『エロ本水滸伝』となる、ダイヤ出版の巨乳雑誌『ギャルズＤ』連載の「極私的エロメディア懐古録」

を遺稿としてである。

この『スペクテイター』と『エロ本水滸伝』から、明石賢生の軌跡を簡略にたどってみる。彼は早稲田大学を中退し、一九七六年に自販機本のエルシー企画を設立し、社長、及び武蔵野大門というヌードカメラマンも兼ねる。それからエルシー企画は、これも同じく自販機本の『劇画アリス』などを出していたアリス出版と合併し、その副社長となり、八〇年には群雄社出版を創業し、自販機ルートではなく、通常の取次を経由する書店市場に向けての出版にも挑んでいったのである。そうした明石のオマージュとして、『スペクテイター』は「エロ本出版史に残る偉大な人物」、『エロ本水滸伝』は「エロ本梁山泊」の主として位置づけている。

しかしこの明石は、生前に白夜書房の『ビリー』のインタビューに出たり、どのような経緯と

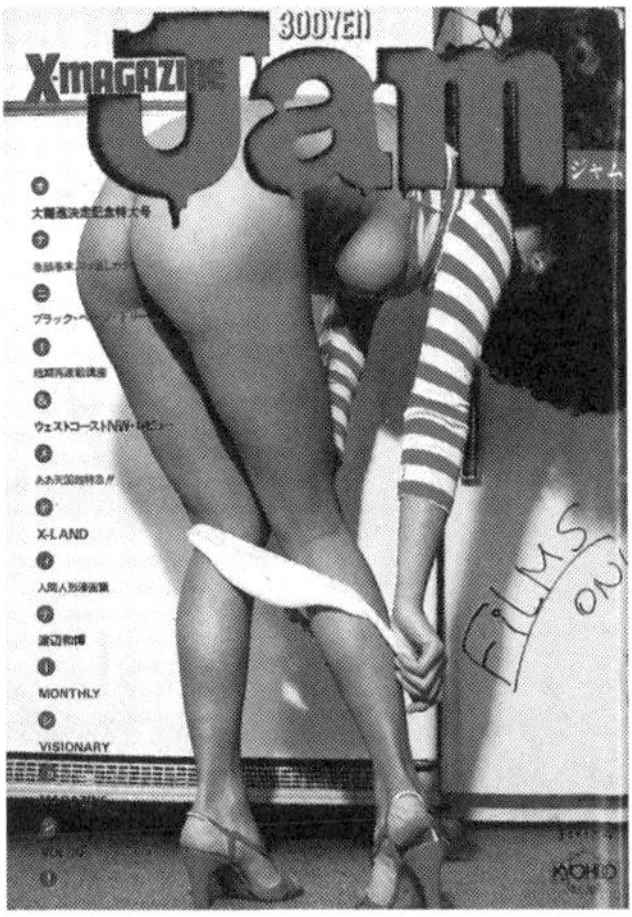

事情だったか失念してしまったけれど、新潮社の『フォーカス』に写真を撮られたり、また太田篤哉の『新宿池林坊物語』(本の雑誌社)に姿を見せたりしていたが、出版業界で知られている存在ではなかった。それが四十年ほど前の自販機本やエロ本をめぐる回想の中で、あらためて言及される特異なキャラクターとして、あるいは大藪春彦の小説タイトル「蘇える金狼」のように再登場してきたといっていいだろう。なおこれは蛇足かもしれないが、明石は『書評紙と共に歩んだ五〇年』(「出版人に聞く」9)の井出彰と学生運動セクトを同じくしている。

現在でもほとんど知られていないと思われる明石のことにふれてきたのは、『風から水へ』の鈴木宏にとっても、明石の人脈を通じて編集者の道を歩み出したからである。つまりそれは意識せざるバックヤードといえるし、エロ本業界や明石の存在が無縁ではなく、時代と出版状況がそのようにしてあったのだ。鈴木も前回の佐山哲郎との関係から、五、六回会っているようだ。私は一度だけだが、群雄社を始めた一九八〇年頃に会い、取次口座の開設と正味条件などを話したことを覚えている。それにこれは後に知ったのだが、明石がエルシー企画を始める前に、雇われ店長をしていたというスナック「クレジオ」にもいったことがある。このスナックの店名は当時のフランスのヌーヴォーロマンの旗手だったル・クレジオからとられたとのことで、「ル」がついていたような気もするし、まさに来日したご当人が訪れたというエピソードが噂として語られていた。

それらはともかく、ここではその群雄社出版の刊行物に関してふれておきたい。当時の鈴木清

順は十年間の映画監督としてのブランクを経て、シネマ・プラセット製作による一九八〇年の『ツィゴイネルワイゼン』と、翌年の『陽炎座』で復活し、多くの映画賞を受けていた。群雄社の処女単行本として刊行されたのは後者の写真集で、その配本をめぐって相談を受けた。それは採算を度外視した豪華本のような仕上がりだったし、実際にそのとおりだとの話も聞いた。そこで広く撒くのはリスクもあり、弓立社が特約店としている書店などにDMを打ち、できるだけ返品を抑え、広く映画雑誌などにパブリシティを仕掛け、客注中心の売り方を試みるべきだとの助言をした。その結果がどうであったのか、確認していないけれど、映画の評価とは別で、定価二八〇〇〇円、初版三〇〇〇部の販売は難しかったと思われる。

それもあってか、一九八二年には所謂軽装ムック本、定価一二〇〇円として、『略称俗物図鑑の本』を出している。これは筒井康隆の『俗物図鑑』の映画をめぐる一冊で、出演者の一人である上杉清文の写真からなる表紙を開くと、扉に次のような文言がしたためられている。

> 最初の、おことわり
> この本は、筒井康隆原作・内藤誠監督作品、映画「俗物図鑑」から生まれた本であります。この本は、

映画を見なくても、原作を知らなくても、楽しく読むことができます。この本の執筆者は、のべ四六人に及ぶ人数です。アンケート部分を集めれば、九〇人近くの人間がこの本に何かを書いていることになります。また、この本の予定発行部数は一万五千部です。一万五千人の読者と九〇人の執筆者に、あーりーがたや、ありがたや。ということでお楽しみ下さい。

「九〇人の執筆者」ということで推測されるように、自販機本とエロ本業界、及びそれらの執筆者たちが総出演しているといっても過言ではない。しかし問題なのはムック本体裁であるけれど、雑誌コードがとれずに書籍として発行されたことである。実際に「一万五千部」刊行したかはわからないが、それに近い部数をつくってしまったにちがいない。私は映画もビデオで見ている。だが主役を平岡正明とする『俗物図鑑』はその出演者と内容からして、内輪受けしても、同じく『略称俗物図鑑の本』も「一万五千人の読者」を得ることは、これも困難だと判断するしかない。二冊の映画書しかふれられなかったが、自販機本から一般書への転換は難しく、群雄社出版は数年後に倒産するしかなかったのである。

24　林宗宏、三崎書房、『えろちか』

鈴木宏は『風から水へ』の中で、佐山哲郎の誘いにより、「H・Mさん」という出版人に出会い、『幻想と怪奇』の編集に携わることになったと語っている。

どうして鈴木が「H・Mさん」とイニシャルで呼ぶようにしたのかの理由は確認していない。だが鈴木はそれだけにとどまらず、彼が三崎書房の社長で、『えろちか』を出していたこと、そこが倒産し、またポルノ系出版をめぐって裁判を抱えていたこと、京大法学部出身なので法律や裁判に強いことなどにふれている。

ここまで明かされれば、「H・Mさん」が林宗宏であることは歴然だろう。林は内藤三津子『薔薇十字社とその軌跡』(「出版人に聞く」10)の中にも姿を見せている。林の三崎書房と内藤の薔薇十字社は資金繰りのために融通手形を交換するような関係となり、他の出版社も巻きこみながら、一九七三年に両社は連鎖倒産してしまうのである。

さてその『えろちか』は、『風から水へ』に『大衆文化事典』(弘文堂)の立項を引いておいたが、七〇年代前半には三崎書房の倒産もあって、どこの古本屋でも安く売られていたことを記憶している。しかし内藤が天声出版で編集していた文学的な『血と薔薇』のほうに関心があったので、性風俗の色彩を強く感じさせる『えろちか』には興味を覚えず、購入していなかった。

それを入手したのは五、六年前で、浜松の時代舎から大揃いではないけれど、まとまって入荷したので買わないかという知らせがあったからだ。

その四〇冊ほどの中には一九六九年七月の創刊号も含まれ、表紙にはクリムトの絵が使われ、帯付きで、「エロティシズムの総合的研究誌」と謳われ、「えろちか創刊!」と記されていた。それは前年に創刊の『血と薔薇』を意識していたことをうかがわせている。巻末には「発刊にあたって」が林名で、次のように述べられている。

〈性〉に対する社会の概念が現代ほど広汎な角度から問われている時代はない。〈性〉は人間とともにあり、人間社会の成立とともにそのタブーが発生した。人間性の解放は、あらゆるタブーからの解放を意味するが、そうした点では、不断かつ執拗な努力にもかかわらず、人間は真の自由をかちえていないのである。

本誌創刊の意図は、いつにかかってそこにある。わたくしたちは究極的な自由を目ざし、ひとりひとり微妙に異なるであろうタブーへの働きかけを、ここにおいて果たそうとする。

それに続いて、『えろちか』の主旨が「〈性〉に関する文献・資料・美術」を取り上げることだとも記されている。このことを示すように、創刊号には枕絵や欧米のポルノグラフィの紹介、本邦初公開の「我が秘密の生涯」、マーク・トゥエインの奇書「一六〇一年」の翻訳、永井荷風の「四畳半襖の下張」の研究などが掲載されている。これらは現在の春画やポルノグラフィ解禁状況から見れば、何の驚きもないかもしれないけれど、一九六〇年代の「〈性〉に関する文献・資料・美術」紹介となるので、それなりに画期的な試みだったといえるであろう。

その創刊号の表3広告には三崎書房刊として、ポルノグラフィにして江戸三大奇書と称される

『藐姑射秘言《はこやのひめごと》』『阿奈遠加志《あなおかし》』『逸著聞集《いっちょもんしゅう》』の既刊、近刊が掲載され、三崎書房の出版志向を伝えている。

それから『えろちか』のプランニングには久保書店の『マンハント』編集長だった中田雅久が加わり、それに合流するようなかたちで、『マンハント』の執筆者である山下諭一、小鷹信光、片岡義男たちも『えろちか』の常連寄稿者となっていったのである。いってみれば、ここで飯田豊一『『奇譚クラブ』から『裏窓』へ』(「出版人に聞く」12)もリンクしていくことになる。それに関しては同書を読んでもらうしかない。

そしてまたこの三崎書房と『えろちか』編集部にいたのが前回の明石賢生、前々回の佐山哲郎で、その後の二人がエルシー企画、アリス出版、群雄社出版へとシフトしていったのはそれらで既述したとおりだ。

ここで林に戻ると、彼は戦後に京大を出て創元社に入り、出版人としての道を歩み始める。それからの経緯と事情は不明だけれど、一九六〇年代半ばに林書店を立ち上げ、マルクーゼ『工業社会とマルクス主義』(片岡啓治訳)、岩田弘編『マルクス主義の今日的課題』といった社会科学書を出版する。私も一冊だけだが、ヴォーリン『一九一七年・裏切られた

革命』（野田茂徳他訳）を持っている。本稿とはまったく関係ないけれど、このタイトルはまさに現代がその百年後であることを告げている。

それはともかく、これは私の推測だが、社会科学書の林書店はそれほど続かず、おそらく林は特価本業界の支援を受け、六〇年代後半に三崎書房設立に至ったのではないだろうか。そして『えろちか』を四年間刊行し、先述したように、一九七三年に倒産してしまう。その時に三崎書房は紀田順一郎と荒俣宏が編集していた『幻想と怪奇』の発売所でもあり、発行元はスポンサーを兼ねる印刷所の歳月社だった。その創刊号は三崎書房から発売され、一万部を超える売れ行きで、三崎書房は倒産したけれど、廃刊するのは惜しいということで歳月社が設立されたのかもしれない。ただ編集者が辞めてしまったので、その代わりに東京都立大の大学院生だった鈴木宏が佐山を通じて、林に紹介され、鈴木は「三号分の特集企画」を提出し、『幻想と怪奇』の編集に関わっていくことになったのである。

その後の林は絃映社を設立し、『幻影城』や『地球ロマン』も創刊していくが、これらについては拙稿「絃映社と三崎書房」（『古本屋散策』159、『日本古書通信』二〇一五年六月号）を参照されたい。

25　追悼としての井家上隆幸『三一新書の時代』補遺

『三一新書の時代』(「出版人に聞く」16)の井家上隆幸が亡くなった。彼への追悼は『出版状況クロニクルⅥ』①―⑮でも記しているし、本連載は鈴木宏『風から水へ』の補遺の半ばでもあるけれど、ここでもその一編を挿入しておきたい。

同書で井家上は一九六〇年代において、自分たちが三一新書で模索していたのは、反アカデミズム、反啓蒙主義に基づく思想とカウンターカルチャーによる「風俗左翼路線」だったと語っている。それに加えて、三一新書は五味川純平の『人間の條件』がミリオンセラーとなったこともあって、他の新書と異なり、小説も多く刊行している。

それらの中で特筆すべきは一九六六年の清水一行のデビュー作『小説 兜町《しま》』で、これは経済小説の走りといっていい。現在ではそうした経済小説やビジネス小説が氾濫しているが、六〇年代にあっては先駆けのような出版だったのである。さらに当時は山一証券の危機も起きていて、そうした証券会社と株を巡る社会状況も作用し、『小説 兜町』は二〇万部を超えるベストセラーとなった。

これを手がけたのはもちろん井家上で、その経緯と事情は次のようなものだった。週刊誌で株式評論などを描いていた清水は、まず河出書房の著名な文芸編集者坂本一亀のところに持ちこんだが、色よい返事がもらえなかったので、講談社にも頼んだ。ところが編集者がその風呂敷包みの原稿を机の足台にして、いつまで経っても読んでくれない。

それで人を介して、井家上に読んでくれないかと打診した。そこで井家上はすぐに読み、三一新書での刊行を決め、それを清水に伝えた。だが問題は分量で、新書判には収まらない倍くらいの生原稿だった。そのままでは出せないので、削るしかない。その仕事は清水には無理だと思い、井家上が担当し、フィクションの部分、とりわけ女性絡みの部分を削り、株をめぐるシンプルな欲望のドラマに特化させ、清水の作家としての新しさを強調するようにした。それに合わせ、井家上は清水が初稿を別に一式保存しているはずだと思い、削除した原稿を捨ててしまった。しかしそうではなく、完全な初稿は失われてしまったことになる。

その『小説 兜町《しま》』のベストセラー化の後日譚として、ひとつは二作目の『東証第二部』も三一新書から出される一方で、河出書房新社からも『買占め』が刊行される。それからもうひとつ、三一書房の竹村一社長が佐高信の『経済小説のモデルたち』（社会思想社）のインタビューで、「『小説兜町』は俺が手掛けた」と発言し、佐高はその出版事情を知っているはずなのに、それをそのまま掲載に及んでいる。これはベストセラーをめぐる経営者の功名争いの色彩もあるけれど、佐高の責任も見逃すわけにはいかない。そのことに関し、井家上は「それ以来、佐高のインタビューや本はなんか信用できないという気分」だと述べている。

実はそれに類する事柄として、佐高は『メディアの怪人 徳間康快』（講談社＋α文庫、改題『飲

水思源　メディアの仕掛人、徳間康快』、金曜日）で、「自分が手掛けた」小説にふれている。それは徳間の「敗戦」に関するところで、梶山季之の『生贄』の絶版化に続いて、ゲラが出ていたにもかかわらず、刊行できなかった安田二郎の『マネー・ハンター』に関してである。これは『問題小説』の一九七九年二月号から一二月号にかけて連載され、徳間書店から刊行されるはずだったが、佐高によれば、その中に出てくる野村証券を思わせる「M証券」から圧力がかかり、刊行がストップしてしまった。

そのことから、大学時代のゼミの同級生で、徳間書店の編集者の守屋弘がそのゲラの束を持ち、佐高を訪ねてきた。以下は佐高の証言である。

そのころ、経済小説についての評論家の看板を掲げ始めていた私は、これを読んで衝撃を受け、小さいながら硬派の出版社である亜紀書房に持ち込んだ。同社の棗田金治社長も感心し、一九八〇年暮れに『経済小説　兜町《しま》の狩人《ハンター》』と改題されて刊行され、話題を呼んだのである。

そして佐高は「これから数年して、総会屋に食い込まれていた野村証券はトップが一斉に失脚することになる」と加え、自らの先見を誇示しているように見える。確かにこの小説が「話題を呼んだ」ことは事実で、手元にある同書は一九八〇年一二月第一刷、八一年二月第三刷で、それを裏づけている。だがこの出版に関する証言は本当なのだろうか。

安田二郎は『兜町の狩人』の巻頭に、「著者」として「まえがき」に当たる一文を掲載し、「単行本として発行するにあたり、一部改稿し、版元の示唆により題名を変更した」と記し、次のように続けている。

改めてお断りするまでもないが、物語は想像と虚構の上に築かれたのであって、すべて架空のものとしてお楽しみいただきたい。仮に作品の中に真実の残映を読みとられるとすれば、それは読者自身の記憶の中に知識や体験としてあったものが甦ったにすぎない。

この小説を字義通り文学作品として評価し公刊に踏み切られた亜紀書房の英断に謝意を表する。

ここには「文学作品として評価し公刊」に至った版元への謝意が見えるだけで、「経済小説」として「持ち込んだ」とされる佐高の存在はうかがわれない。それに佐高はそのことを「当の守屋は忘れてしまった」と書いているが、編集者として自社で刊行できなくなった作品の、他社からの発売を忘れてしまうはずがないと考えるほうが妥当であろう。またこのことに関して安田はすでに故人となり、棗田も引退して久しい。いってみれば、肝心の編集者に記憶はないとされ、著者や出版者にしてもすでに不在で、確かめるすべもない。とすれば、佐高が「持ち込んだ」という言にしても、「想像と虚構の上に築かれて」いるのかもしれない。いずれ棗田に会う機会があったら、それを確認してみたい。

井家上の死によって、これらのことが想起されたので、追悼に代える一編として草してみた。なおこれは余談だが、私は以前に「『アサヒ芸能』と梶山季之『生贄』」(『古本屋散策』69、『日本古書通信』二〇〇七年一二月号)を書いていることも付記しておこう。

26　エパーヴ、白倉敬彦、『même/borges』

前々回は鈴木宏が『幻想と怪奇』のための「三号分の特集企画」を提出するところで終わってしまったので、その続きを書かなければならない。

その最初の号は「ボルヘス特集」で、鈴木はラテンアメリカ文学の研究、翻訳者である鼓直を訪ね、協力と関係者の紹介を依頼し、特集の内容も固まっていった。ところがスポンサーの歳月社が『幻想と怪奇』の休刊、すなわち廃刊を決めてしまったのである。そこで困ったのは編集者としての仕事を始め、特集のための原稿を集めていた鈴木で、自力で刊行するしかないと考えるようになった。

しかし鈴木にしてみれば、同人雑誌体験しかないわけだから、師事していた宮川淳に相談することにした。すると宮川は自分の知っている「小さい出版社」を紹介してくれた。それは社員が

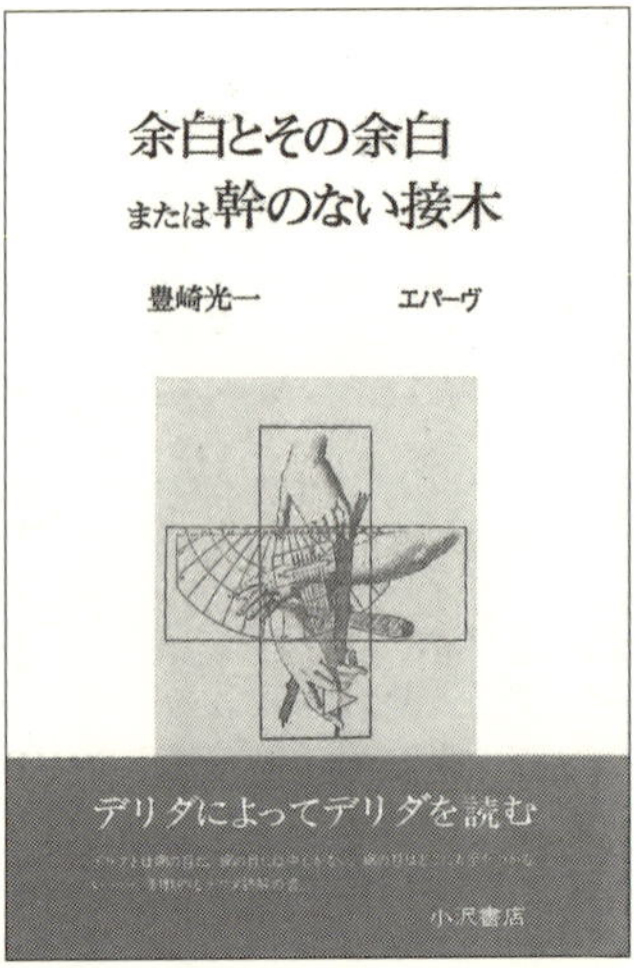

数人の零細出版社のエパーヴで、当時現代美術専門としてよく知られていた南画廊のカタログ制作を主な仕事とし、宮川はこの出版社の企画に協力していたのである。

　鈴木はその企画の内容にふれていないが、それは「叢書エパーヴ」のことで、一九七四年から七七年にかけて、六冊が刊行されている。それらをリストアップしてみる。

1　宮川淳『紙片と眼差とのあいだに』
2　豊崎光一『余白とその余白または幹のない接木』
3　清水徹編『これは本ではない』
4　豊崎光一『砂の顔』
5　フーコー・ドゥルーズ、蓮實重彦訳『フーコーそして／あるいはドゥルーズ』
6　清水徹＝宮川淳『どこにもない都市 どこにもない書物』

これらのうちの3は未見だが、すべてがフランス装のＢ６判で、新たなフランス現代思想を送り出そうとする意気込みが造本にもうかがわれる。鈴木は『風から水へ』で、エパーヴの経営者を「Sさん」と呼んでいるけれど、これらの1と2の発行所はエディシオン・エパーヴ、発行者は白倉敬彦と明記されているので、「Sさん」は白倉と見なしていいだろう。白倉との話を鈴木は書いている。

二、三回話し合っているうちに、この「ボルヘス特集」は一応、雑誌の特集のスタイルになっているので、ともかく雑誌の創刊号ないしは創刊準備号のようなものをだして、ひきつづいて、その雑誌の本格的特集号の第一弾としてこの「ボルヘス特集」をだそう、ということになりました。

誌名は〝même〟(メーム)ということになりました。私の案です。

この「même」に関して、英語の「even」にあたるフランス語の副詞で、マラルメやシュルレアリスムに淵源が求められると鈴木は説明している。

その第一号は目にしていないが、一九七五年に刊行された『même/borges』が手元にあり、これが「季刊第二号」と銘打たれている事情を了承することになる。扉には「ホルへ・ルイス・ボルヘスへのオマージュ」というタイトルが置かれ、ボルヘスの「パスカルの球体」を始めとして、一八本の作品や論考が並び、日本で初めての「ボルヘス特集」にふさわしい仕上がりになっ

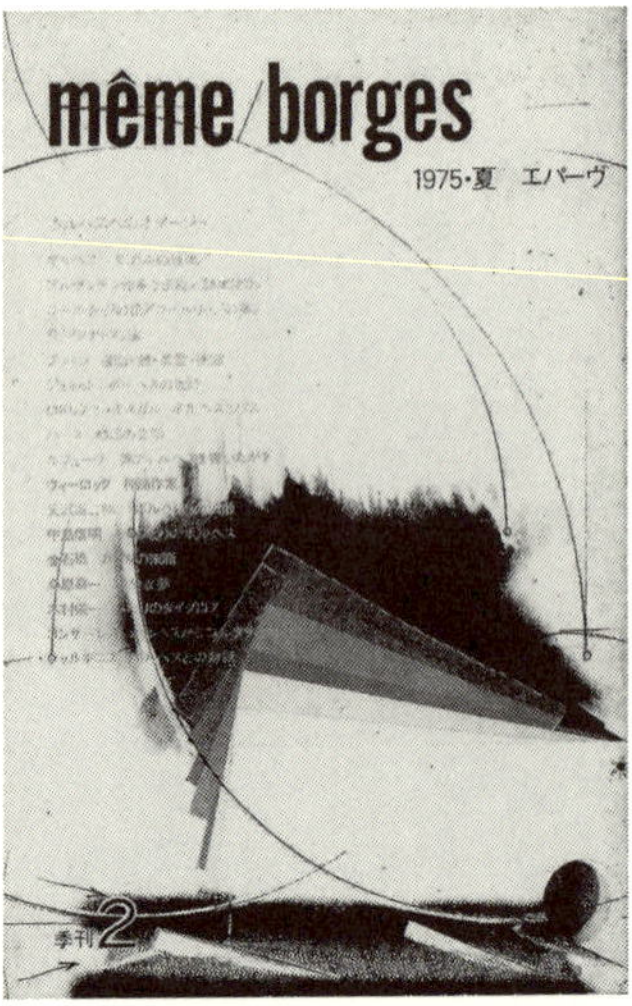

ている。奥付の編集は鼓直、牛島信明、土岐恒二と並んで、「鈴木宏（紅い花工房）」とある。この「紅い花工房」は『漫画的』という同人誌の発行として命名した「書肆紅い花」の「後継組織（？）」のつもりだったとされ、そのメンバーだった藤田豊も制作として名前を連ねている。

また付け加えておけば、鈴木は国書刊行会に入って、「ラテンアメリカ文学叢書」を企画編集するが、この「ボルヘス特集」がベースになっているとわかる

そのようにして鈴木が製作費を負担し、できあがった『même/borges』は宮川からほめられ、エパーヴは取次の注文口座しかなかったけれど、都内の大型書店の店頭に並び、少しは売れたように思われた。だがその後しばらくして、エパーヴは事実上倒産してしまい、鈴木は製作費の回収が不可能になってしまったのである。

それ以後のエパーヴと白倉の詳らかな事情はわからないのだが、「叢書エパーヴ」はそのまま編集を白倉とし、小沢書店に引き継がれ、4以降の奥付発行者は長谷川郁夫、発行所は小沢書店との記載が見えている。これに伴い、『même/borges』も小沢書店経由で書店に出回り、私もそのルートで、同誌の刊行を知ったのである。それを鈴木に伝えたところ、彼は驚き、自分は了承

していないとの言をもらしたが、その真意までは尋ねなかった。だが『風から水へ』での証言において、四十年ほど前の出版事情を理解したことになる。

それとほぼ時を同じくして、その白倉敬彦の名前にも出会ったのである。このことについては拙稿「白倉敬彦とエディシオン・エパーヴ」(『古本屋散策』177、『日本古書通信』二〇一六年一二月号)でも既述しているが、これは白倉側からのものなので、要約してもう一度ふれてみる。

二〇一六年にたまたま出たばかりの吉増剛造の『我が詩的自伝』(講談社現代新書)を読んでいると、吉増が一九七〇年に彫刻家の若林奮との「リーブル・オブジェの共同作業」の試みにふれ、次のように発言していたのである。

それを仕掛けたのは、北海道から出てきた、早稲田で哲学をやった白倉敬彦さんね。あとでは春画のほうで有名になって、去年(二〇一四年)に亡くなったけどね。

これはまったく思いもかけない指摘で、所持している正続『春画』(「別冊太陽」、平凡社)の編集者白倉が同一人物だとは想像すらしていなかった。だが確認してみると、本当に白倉敬彦であり、まさに本人だったのだ。吉増によれば、白倉はイザラ書房から谷川雁のテックに移り、平岡正明と親しく、それからエディシオン・エパーヴを始めたとされている。またこれもたまたま手元にあった田中優子の『春画のからくり』(ちくま文庫)を繰ってみると、その「はじめに」において、一九九三年の大英博物館での春画ワークショップにふれ、「今は春画研究の第一人者で、当時は浮世絵専門の編集者であった白倉敬彦が加わっていた」との一文が記されていた。フランス現代思想の「叢書エパーヴ」から、どのようにして白倉は浮世絵と春画に向かったのであろうか。それは春画以上に関心をそそられるというしかないように思われる。

27　松田哲夫、筑摩書房「現代漫画」、『つげ義春集』

『風から水へ』の鈴木宏が編集者となる一九七〇年代の出版のバックヤードにずっとふれてきたが、漫画も抜きにするわけにはいかないだろう。実際に鈴木は詩を中心とするいくつかの同人雑誌を経て、前回も挙げておいた「書肆紅い花」という出版社名で、『漫画的』なる漫画批評雑誌を始めたと語っている。ちなみにこのタイトルは、当時まだ邦訳されていなかったレヴィ＝ストロースの *Mythologiques*（『神話論理』早水洋太郎他訳、みすず書房）をもじって、自ら命名したとされる。

鈴木の「お気に入り」漫画家は長谷邦夫、滝田ゆう、東海林さだおだったことから、『漫画的』創刊号は一種の「漫画批評宣言」、第二号は「滝田ゆう特集」、第三号は「長谷邦夫特集」が組まれたものとなった。それから第四号は「東海林さだお特集」、第五号は「漫画の構造分析」の予定だったが、三号までしか出ない同人雑誌の例にもれず、続かなかったという。

ただ少し年下の私にしてみれば、これらの漫画家たちがどうして鈴木の「お気に入り」だったのか、わかりかねるところもある。それは彼が大学に入るまでほとんど漫画を読んだことがなかったことに起因する、特異な漫画的理解ということになるのかもしれない。そのような鈴木の「漫画熱」「漫画批評熱」を高めたのは、東京都立大の同窓の松田哲夫の影響で、彼は高校生の頃から『ガロ』を読み、その編集部にも出入りしているらしいといわれ、仲間でも有名な漫画フリークだった。

そこで鈴木が松田に戦後漫画ベスト1を尋ねると、即座に水木しげるの『悪魔くん』という答えが返ってきて、その「貸本版」をわざわざ貸してくれたので読んでみた。一読して衝撃を受け、「暗い情念におおわれた、ペシミスティックな、ないしはニヒリスティックな傑作」で、三島由紀夫の『鏡子の家』（新潮文庫）を彷彿とさせたのである。私の手元にあるのは『定本・悪魔くん』（太田出版）だが、同じ作品だろうか。それを機として鈴木は漫画を読むようになり、白土三平、つげ義春、赤塚不二夫を面白いと思い、先に三人の「お気に入り」の漫画家たちとも出会うことになる。いうまでもないけれど「紅い花」はつげの作品である。

さてここで鈴木から離れて、松田と漫画のほうも見てみたい。それに松田は前述のように青林堂に出入りするようになり、鈴木と同じく編集者の道を歩んでいくのである。そして私は高校生の時に、彼が手がけた一冊を読むことになったからだ。

松田は一九九四年に『編集狂時代』（本の雑誌社、後に新潮文庫）を上梓し、やはり都立大での野次馬的街頭闘争と留置場体験を語っている。そこには鈴木も必然的に登場し、「この鈴木宏くんは、今は個性的な小出版社水声社を経営している。しばらくあっていないが、元気だろうか」と言及されている。

それはともかく、松田のほうは都立大近くのスナックで、筑摩書房の雑誌『展望』の編集者に紹介され、青林堂での「門前の小僧」としての経験によって編集の仕事の誘いを受け、一九六九年に嘱託社員の毎日が始まっていく。その経緯と事情は、筑摩書房が「現代漫画」という全一五巻のシリーズを刊行することになっていたが、当然のことながら漫画に詳しい編集者がおらず、松田が適任のように見なされたからである。

ここまできて、ようやく私も鈴木や松田と重なる漫画の個人的体験を語ることができる。それも一九六〇年代の地方の貸本屋や書店を通じてのものなので、現在とはまったく異なるコミックインフラであったことをふまえてほしい。確認してみると、青林堂の『ガロ』が創刊されたのは六四年で、私は中学生になったばかりだった。今でもよく覚えているが、学校の検診で耳鼻科にいくようにいわれ、耳の検査を終えてから、商店街の書店に立ち寄ったところ、『ガロ』が平積みになっていたのである。それは白土三平の『カムイ伝』が半分以上を占めていて、出版界や漫画のことは何も知らなかったけれど、小学生の頃に出され始めた『週刊少年マガジン』や『週刊少年サンデー』とはちがう漫画雑誌を見たように思った。

幸いなことに立ち読みできたのだが、長いことと興奮したことが相乗してか、その間に治療のために耳の奥に塗られた薬が口内へと逆流してきたのである。だから『ガロ』と『カムイ伝』との出会いの記憶は美しくもないし、このことを抜きにしては語れない。でもそのほうがふさわしいようにも思える。そうして半年ほど立ち読みを続けたが、いつの間にかその書店から『ガロ』が見えなくなり、読めなくなってしまった。これは余談だが、文庫を買うようになり、雑誌は立ち読みですますようになっていたからだ。今になって考えれば、『ガロ』も創刊した当初だったから部数も多く、広く撒いた。ところが返品率も高く、書店配本を見直されたことで、取次によって切られてしまったのであろう。

それと関連していえば、小学生の時に貸本屋で、やはり白土三平の『忍者武芸帳 影丸伝』を読んでいたが、それは農村の駄菓子兼貸本屋だったことから、最初の数巻しかなく、その後見つけた町の貸本屋でも半分ほどだったので、最後まで読み終えていなかった。それが実現したのは『ガロ』創刊の二年後の一九六六年に、小学館から全一二巻が刊行されたことによっている。このように漫画を読むことも、大げさにいえば、この時代は一期一会の感もあった。

そうして六〇年代後半を迎え、『ガロ』につげ義春という漫画家が「ねじ式」などの短編を発表し、それは地方の高校生だった私の耳にも届いていたし、確かどこかに転載された「沼」という作品にはふれていた。しかしその『ガロ』はもはやずっとその書店には置かれていなかったし、つげの他の作品を読みたいと思ったけれど、雑誌のバックナンバーを注文したことがなかったこともあり、どのようにして入手すべきかもわからなかった。それもあって、つげに出会えたのは一九七〇年初頭に刊行された『つげ義春集』においてだった。これはいうまでもなく、筑摩書房の「現代漫画」第一二巻で、この巻を担当したのが他ならぬ松田だったのである。

今でもこの巻を手元に置いているが、ここには「ねじ式」を始めとして一八編が収録され、期待にたがわない新しい漫画の世界に入っていく思いを味わった。もちろん「沼」や「紅い花」もある。いずれも感銘を受けたけれど、その中で一作を挙げれば、「海辺の叙景」ということになろう。だがそれは半世紀も前のことだった。そして『ガロ』を立ち読みし、『つげ義春集』を見つけた書店も、商店街ごと消えてしまったも同然で、すでに二十年近くが過ぎようとしている。あらためて「海辺の叙景」を開くと、主人公たちはそのままの姿で変わっていないけれど、読者の私は「ほんやら洞のべんさん」のように年をとってしまったことを実感してしまう。

28　岡崎英生『劇画狂時代』と「シリーズ《現代まんがの挑戦》」

前回に一九六〇年代後半から七〇年代にかけての新しい漫画の出現、及び鈴木宏と『風から水へ』の周辺の人々の漫画との関係にふれた。しかしこの新しい漫画のムーブメントをリアルタイムで実感できたのは、コミックインフラともいうべき書店が充実していた都市部の若い人々だったのではないだろうか。小さな町の書店からは『ガロ』も消えてしまっていたし、『COM』も目にすることがなかった。当時の雑誌や書籍などの出版物にしても、映画にしても、地方と都市ではそれらの享受に関しての文化的環境に落差があり、私の岩波文庫体験が少なかったのは、商店街の書店に置かれていなかったことにもよっている。

それは漫画にしても同様である。私が漫画雑誌や新しい漫画を日常的に読むようになったのも上京してからだし、入手しやすくなったことに加え、喫茶店や食堂などにも必ず置かれていたからだ。山上たつひこの『喜劇新思想大系』の連載を読んだのも、酒場にあった『マンガストーリー』で、それが双葉社から出されていたことを、山上の自伝『大阪弁の犬』（フリースタイル）であらためて教えられた。作品は覚えていても、その掲載誌を記憶していないのは、それだけ多くの漫画雑誌が発行されていたことになろう。実際に新しい出版分野としての漫画に参入を試みた版元も増えていたようだ。

実は本書24の三崎書房も例外ではなく、七〇年代初頭にA５判の「シリーズ《現代まんがの挑戦》」を八冊出している。それらは次のような作品である。

1　真崎・守『ジロがゆく』１
2　真崎・守『ジロがゆく』２
3　上村一夫『密猟記』
4　真崎・守『錆びついた命』
5　上村一夫『怨獄紅』

6　宮谷一彦『俺たちの季節』
7　真崎・守『はみだし野郎の挽歌』
8　宮谷一彦『ジャンピン ジャック フラッシュ』

手元にあるのは4と6だけだが、他社の異版を加えれば、すべてを読んでいると思う。これはもはや半世紀前のシリーズであり、現在からみれば、このような三人の漫画家が重なる組み合わせは奇異に映るだろう。しかしそれに少年画報社から出されていた『ヤングコミック』を置いてみると、このラインナップの意味がわかる。幸いにして『ヤングコミック』の編集者だった岡崎英生によって、その『劇画狂時代――「ヤングコミック」の神話』（飛鳥新社、二〇〇二年）が回想され、そこに三人の漫画家への言及が見える。

宮谷一彦、上村一夫、真崎・守というヤングコミックの代表的な劇画家三人の特徴を一言でいうと、七〇年頃は、最も社会的な知名度が高く広範囲な読者を持っていたのが真崎、少数だが熱狂的なファンを持っていたのが宮谷、そして知名度もファンの数もまださほどではなかったが、その人柄で周囲から最も愛されていたのが上村だったといえる。

この証言を「シリーズ《現代まんがの挑戦》」のかたわらに置けば、これが当時の「ヤングコミックの代表的な劇画家三人」からなる先進的な企画で、「NOW COMICS」というキャプションが付されていた事情がわかる。しかもそれゆえにこそ、少年画報社からは単行本化されていなかったからだ。また鈴木の『風から水へ』における全集や叢書表記と同様に、このシリーズに山型二重カギが付されていたのは、岡崎も同じく仏文科出身だったことによっている。

それではどうして、このシリーズが三崎書房から刊行されることになったのだろうか。その前に奥付についてふれておくと、発売所は三崎書房だが、企画製作はタッチ社とある。これらのことも岡崎の回想を読んでいくと判明してくる。一九六七年に岡崎は少年画報社に入社し、その夏に青年劇画誌『ヤングコミック』が創刊され、編集部に配属となる。彼も証言しているように、もはや今では劇画という言葉は死滅してしまっているが、この時代に漫画に代わって劇画という新しい言葉が使われ始めたのである。

そして『ヤングコミック』は、編集者の交代に伴う新しい漫画家たちの発掘と採用によって部数を伸ばしていった。ところがその一方で、当時の少年画報社の労働環境はあまりにも劣悪だったことから、一九七〇年六月に岡崎たちを中心として労働組合が結成された。その組合闘争の渦中で、岡崎は会社側の理不尽さと組合内の混乱による徒労感が生じていた。そこに初代の執行委員長高橋肇を通じて、「三崎書房という小さな出版社が青年劇画誌を出したがっている。編集プロダクションを作ってその劇画誌の編集をやろうと思うが、キミもどうだ」という話が『少年キング』の編集者から伝えられてきた。高橋は『ヤングコミック』編集部の同僚で、真崎・守の担当者だった。
少年画報社を退社後、岡崎は高橋とともにタッチという新会社に参加し、青年劇画誌『月刊タッチ』を編集刊行していくが、四号で廃刊になってしまう。私はこれを見ているかもしれないが、残念ながら記憶にない。その内容と廃刊事情について、岡崎は次のように述べている。

宮谷一彦、上村一夫、真崎・守の三人を中心的な執筆者にすえたこの雑誌は、高橋と私がヤングコミックにいたころから作りたいと思っていたやり方で作った、いわば思いの丈を傾けた青年劇画誌だったが、実売率は毎号六割程度と苦戦していた。版元の三崎書房が経営規模が小さかったこともあり、四号を出した後、「もうこれ以上は発行できない」と通告してきた。

岡崎は『劇画狂時代』において、「シリーズ《現代まんがの挑戦》」には一言もふれていないけれど、この『月刊タッチ』とともに刊行された単行本企画で、同様のプロセスをたどったと見なしていいだろう。また彼は三崎書房が「劇画ブームに便乗してひと山あてようとした」と述べ、当時は劇画や漫画に縁のなかった出版社も続々と参入し、新雑誌が次々と創刊されたけれど、三崎書房と自分たちの目論見も外れ、「短い夢が終わり」を告げたと書いている。
三人の劇画家と作品についてふれられなかったし、まだコミックに関しては続けたいのだが、この連載は鈴木宏『風から水へ』と関連するものに限っているので、それらは別の機会に譲ろう。

29　安原顕、竹内書店、『パイディア』

鈴木宏は『風から水へ』の中で、その一章を割き、「安原顕さんのこと」を語っている。それは同書における三人の先輩編集者への言及でも最も長いもので、安原の自称スーパーエディターとしての立ち位置を表象しているし、鈴木ならではの「敬愛」をうかがわせている。また水声社の『書物の現在』は安原と鈴木夫人による企画編集で、安原の『カルチャー・スクラップ』の刊行も作用しているのだろう。

安原が鈴木を訪ねてきたのは一九七七年のことだった。それは「ラテンアメリカ文学叢書」の紹介のための献本依頼で、当時、安原は中央公論社の文芸雑誌『海』の編集者であった。ちなみに私もこの「叢書」で初めてバルガス＝リョサ『小犬たち／ボスたち』（鈴木恵子、野谷文昭訳）やフリオ・コルタサル『遊戯の終わり』（木村榮一訳）を読んだ。それで鈴木と出会うことになったのである。本を読むことを通じて友人となる時代が、一九七〇年代までは続いていた。

それからの二人の関係については『風から水へ』に譲るが、安原のほうでも、『決定版「編集者」の仕事』（マガジンハウス、一九九九年、旧版白地社、一九九一年）において、一九七九年の日記を収録していて、そこに鈴木が出てくるので、その部分を引いてみる。

国書刊行会の鈴木宏君、来社。竹葉亭の鰻定食を食べるが、高くてまずいのには呆れる。彼は会社を辞めたいと話す［後に書肆風の薔薇社《ママ》（現・水声社を興す）］。彼が手がけた『ボルヘスを読む』と、バーセルミ『眠れ、カリガリ博士』をもらう。ボルヘスの口絵写真に、彼が来日時『海』でインタヴューした折小生の撮った写真が使われており、クレジットまで入っているので照れる。

このボルヘスへのインタビューのことは鈴木も同席したこともあって、『風から水へ』にも出てくるし、やはり二人にとっても記念すべきものだったとわかる。

しかし私にしてみれば、これらのことよりも、安原が竹内書店から出されていた特集主義の季刊雑誌『パイディア』の創刊編集者だったことが重要なのである。実際に鈴木にしても「『パイディア』のそこそこ熱心な読者」で、恩師となる宮川淳の「ジャック・デリダ論―あるいは声と鏡」もその第五号に掲載されていたからだ。私にとっては一九七〇年刊行の第八号で、これは「ジョルジュ・バタイユ」特集で、二見書房から著作集が出始めていたものの、まだその全貌がつかめていなかった思想家のバックヤードを教示してくれたように思われた。

それは現在でも手元にあるが、とりわけ注視したのはバタイユが一九三八年に社会学研究会設立のために書いた「魔法使いの弟子」、及びそれに付された「R・C」（ロジェ・カイヨワ）による

「『社会学研究会』のために序」であった。それをきっかけにして、私は社会学研究会のメンバーたちの著作を読んでいくことになる。それらはこの二人の他に、ミシェル・レリス、ピエール・クロソフスキー、レーモン・クノーなどだったが、その社会学研究会の全貌がほぼ明らかになるのは、ドゥニ・オリエ編『聖社会学』（兼子正勝他訳、工作舎、一九八七年）を待たなければならなかった。ちなみに水声社からも、オリエの『ジョルジュ・バタイユの反建築』（岩野卓司他訳、二〇一五年）が出されている。

安原も若かりし頃に企画創刊した『パイディア』に愛着があったようで、前掲書に自分がかかわった創刊号から第一一号までの全目次を収録している。また彼はその仕事を認められ、中央公論社の新しい文芸誌『海』へとリクルートされるのである。それからのことは安原自身も書いているけれど、彼の死後、そこに出てくる『海』の同僚編集者だった村松友視が『ヤスケンの海』（幻冬舎）という一冊を出し、安原のことを追悼している。

それはさておき、ここで『パイディア』の他にも多くの翻訳書を刊行していた竹内書店のことにもふれておこう。一九六〇年代後半に、当時でしか出版できなかったと思われる『ゴダール全集』

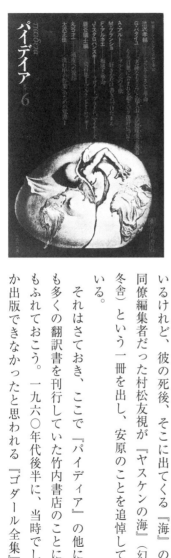

『デュラス戯曲集』『マクルーハン著作集』なども並んでいたからだ。そのことに加え、たまたま『出版人物事典』（出版ニュース社）の中に、創業者が立項されていたのである。

［竹内博　たけうち・ひろし］一九一三〜一九九二（大正二〜平成四）竹内書店創業者。東大法学部卒。日本興業銀行、戦時企業金庫を経て紀伊國屋書店に入社、専務取締役に就任、田辺茂一社長をたすけ、敗戦後の混乱期の紀伊国屋書店の再建に努力、書籍・雑誌のほか、四八年（昭和二三）から米・英・独・仏など海外出版物の輸入販売をはじめるなど、同書店発展の基礎づくりに大きく貢献した。六二年（昭和三七）竹内書店を創業、歴史・社会科学書を出版、ことに海外の話題の本を数多く出版した。フランスから芸術文学勲章を受章した。

「ことに海外の話題の本」とは先の全集類などを含め、安原がリストアップしている「AL選書」（Art & Literature）をさしているのであろう。

この竹内の経歴を知り、どうして竹内書店が洋書の販売まで手がけていたのかという事情を理解できる。実は先の『パイディア』第八号に「竹内書店洋書部からのご案内」という一ページがあり、そこにバタイユの三〇冊近いフランス語の原書が挙げられていたからだ。

しかし竹内書店は安原退社後、ほどなくして倒産してしまったようだ。そういえば、その頃「AL選書」が特価本として、古本屋でよく売られていたのを見ている。

30　中野幹隆、『現代思想』、『エピステーメー』

前回の安原顕が企画し、創刊した特集主義の季刊雑誌『パイディア』は、彼も『決定版「編集者」の仕事』で述べているように、多くのスタッフや協力者たちに支えられていた。例えば、第六号までは編集者が安原となっていたけれど、第八号は鈴木道子、第一一号は中野幹隆の名前が掲載されている。鈴木道子も安原が竹内書店を退社後、ほどなく辞めたようだ。それからどこへ移ったかは不明である。

中野幹隆は井出彰『書評紙と共に歩んだ五〇年』（出版人に聞く」9）に出てくる『日本読書新聞』編集長で、第一一号の「特集 ミシェル・フーコー」を手がけたのである。鈴木宏の『風から水へ』においても、弓立社の宮下和夫、中央公論社の安原顕と並んで、三人の先輩編集者の一人として登場している。宮下に関して、すでに宮下和夫『弓立社という出版思想』（「出版人に聞く」19）が刊行されているので、ここでは言及しない。

鈴木にとって中野が先の二人と異なるのは、彼が駆け出しの「研究者」として出会ったことである。当時中野は『現代思想』編集長で、鈴木は大学院生だった。その修士論文の指導教官の三宅徳嘉から、鈴木が言語学とデリダの両方を「やっている」こともあり、『現代思想』がルソーの特集をするので、その『言語起源論』について書いてみないかと勧められたのである。デリダのことを中心とし、ルソーは『言語起源論』だけを読めばいいという提案だった。それで鈴木は引き受けることにした。

これを補足しておくと、東京都立大に赴任してきた足立和浩がデリダの『グラマトロジーについて』（現代思潮社）を翻訳し、これはルソーの『言語起源論』を論じていて、こちらも現代思潮社の小林善彦訳で、「古典文庫」の一冊として刊行されたばかりだったはずだ。

鈴木は原稿を仕上げ、締切の当日に中野を訪ねた。初対面で、原稿を差し出した。すると中野はその場で読み始め、それが終わると、いくつかの質問が出されたが、その時間が「試験」を受けたているような気分だったと鈴木は述べている。そして原稿は書き直しを要求されず、『現代思想』（一九七四年五月号）に掲載されたのである。そのこととは別に、鈴木は中野が亡くなった時に、ほとんど誰もいわなかったけれど、「エピステーメーが交換した」「日本の一九七〇年代以降の哲学・思想の動向に非常におおきな影響を与えた編集者だ」と語っている。

これは私見だが、その中野の転回点になったのは、先述の『パイディア』の「特集 ミシェル・フーコー」の企画編集だったのではないだろうか。実際にフーコーから送られてきたタイプ原稿の写真も収録した「デリダへの回答」も含めて、この特集に添えられた「〈思想史を超えて〉」というコピーは、これからの中野の向かう地平を告げているようにも思われるし、一九八〇年代のニューアカデミズムへの回路の扉を開いたとも考えられる。この企画には豊崎光一と清水徹が深く協力したようで、前者は巻頭にフーコー論として、「砂の顔―アルシーヴと文学」を寄せている。その経緯と事情は不明だが、この論稿は本書26で見たように、エディション・エパーヴから単行本化される。この「叢書エパーヴ」は豊崎と清水の他に宮川淳も加わっていたことから、後に鈴木もそこに誘われていく。

そして中野もこの一冊で竹内書店を去り、青土社へ移り、『パイディア』と同じ特集主義の『現代思想』を一九七三年に創刊し、翌年に鈴木のデリダとルソーに関する論稿を掲載するのである。それからさらに中野は朝日出版社で、一九七五年に『エピステーメー』の創刊に至る。その創刊準備号が手元にある。確かにこの一冊は映画を見にいき、まだ時間があったので、書店に立ち寄るとこれが見つかり〇号ゆえか二八〇円だったこともあり買い求めたことを記憶している。

しかしこれは表紙からして、ミシェル・フーコー特集だとわかり、すでに何年か経っていたけ

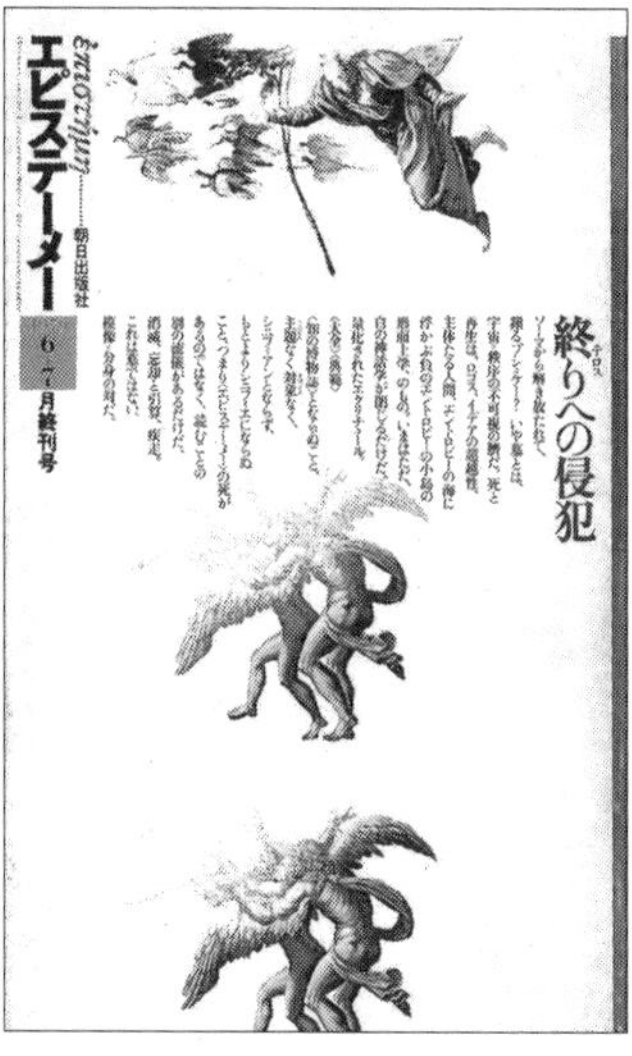

れど、たちどころに『パイディア』のそれを想起させた。それに判型は一回り大きくなっていたが、デザインはともに杉浦康平が担当していたし、同じ編集者によると思われた。奥付を見ると、中野幹隆とあり、当時は『ユリイカ』のほうを読んでいたことから、彼が『現代思想』を経てきたことは認識せずにいた。内容はフーコーの「エピステーメーとアルケオロジー」(白井健三郎訳)、『言葉と物』を読むと付された、蓮実重彦による「ディスクールの廃墟と分身」で、同じフーコー特集でも「〈思想史〉を超えて」が「エピステーメーからアルケオロジー」へと移行していることが想像された。だが私にはこの雑誌が肌に合わず、時々関心のある号を買っただけで、終刊となった感が強い。

それは鈴木と中野の関係も同様だったようで、これは中野が哲学書房を創業してからだと推測されるが、二回ほど何の連洛もなく、鈴木を訪ねてきて、飲んだことが『風から水へ』の中で語られている。鈴木は自らを、中野における「特別な利害関係のない、適当な距離にある友人」と定義し、中野も「たわいのない話をする」ことを必要としていたのかもしれないと述べている。その時期に中野は独立して経営の問題で苦しんでいたと仄聞している。きっとそんな時に、中野は鈴木を訪ねていたにちがいない。

31 「二十世紀の文学」としての集英社『世界文学全集』

本書29と30で、安原顕と中野幹隆が特集主義の季刊雑誌『パイディア』の編集者だったことを既述しておいた。しかしその後、安原が文芸誌『海』や書評誌『リテレール』に携わり、中野が『現代思想』や『エピステーメー』を創刊していくように、前者は文学系、後者は思想系の編集者に位置づけられるであろう。

こうした出版関係者の分類に関して、中村文孝『リブロが本屋であったころ』(『出版人に聞く』4)で、具体的にふれたことがあり、水声社の鈴木宏、中村と私は安原と同じく文学系、『今泉棚』とリブロの時代』(『出版人に聞く』1)の今泉は、中野と同様の思想系だという認識だった。それは一九七〇年代の雑誌パラダイムでいえば、青土社の『ユリイカ』と『現代思想』のどちらの読者かという視点へとつながるものであった。

だがそこには読書体験前史が認められ、私たち戦後世代読者の視座からすると、各社の文学全集派と中央公論社の『世界の名著』派に分かれるという構図であった。多くの文学全集に関しては矢口進也の『世界文学全集』(トパーズプレス)や田坂憲二の『日本文学全集の時代』(慶応義塾大学出版会)に詳しい。それに比べ、思想関連は『世界の名著』の他に、平凡社の『現代人の思想』や河出書房新社の『世界の大思想』などで、種類が少ないゆえか、まとまった研究と詳細なリストも提出されていないと思われる。

しかし一九六六年に刊行を始めた『世界の名著』全六六巻はベストセラーとなり、確実に多くの思想や哲学の読者を獲得したはずだ。その第一回配本は確か『ニーチェ』だったはずで、中学生の私にしてもそれを購入している。

少しばかり『世界の名著』のことにこだわってしまったけれど、ここで取り上げたいのは世界文学全集についてなのである。鈴木宏の『風から水へ』において、国書刊行会の『世界幻想文学大系』と同様に、集英社の一九六〇年代後半の『世界文学全集』が果たした役割はとても大きなものではなかったかと私は問うている。それは同時に国書刊行会の編集者となる以前の鈴木の世界文学全集体験を語ってもらうつもりだったのだが、彼は集英社の『世界文学全集』の成立に際し、篠田一士の存在が大きかったのではないかと応じ、個人的な世界文学全集観にふれてくれなかった。そのことについて、私の判断を加えれば、彼は私のような一般的な外国文学の読者ではなく、専門的な英文学や仏文学の研究者の道を進んだために、早くから外国文学の雑読から離脱していたのであろう。

それゆえに、馬齢と雑読を重ねてきた私個人の世界文学全集体験を語るしかない。前掲の矢口の『世界文学全集』に挙げられた各社のリストを見てもわかるように、一九六〇年代にはいくつもの様々な世界文学全集が競合するように刊行されていたし、それらは中・高図書館や公共図書館にも必ず置かれていて、読むことを誘っているように思われた。その中のひとつに、一九六五年から六八年にかけて出された集英社の『世界文学全集』があり、そこには「二十世紀の文学」というキャッチコピーが付されていた。それは他の世界文学全集がシェイクスピア、ドストエフスキー、トルストイ、スタンダール、ゲーテなどの古典を中心にすえていることに対し、新しい作家たちをコアとすることを告げていた。

今でもよく覚えているけれども、その巻末には全三八巻の明細な作品リストが掲載され、「本邦初訳を原則に二〇世紀のベストセラーを集めたいま話題の文学全集!」とあり、本邦初訳には☆が付されていた。この見開き二ページを転載すれば、そのすべてが伝わるはずで、その誘惑に駆られるのだが、紙幅のこともあり、断念するしかないのが残念だ。興味のある読者はその一冊でいいから、ぜひ直接見てほしい。私はまだ高校生になったばかりだったので、アメリカ文学の

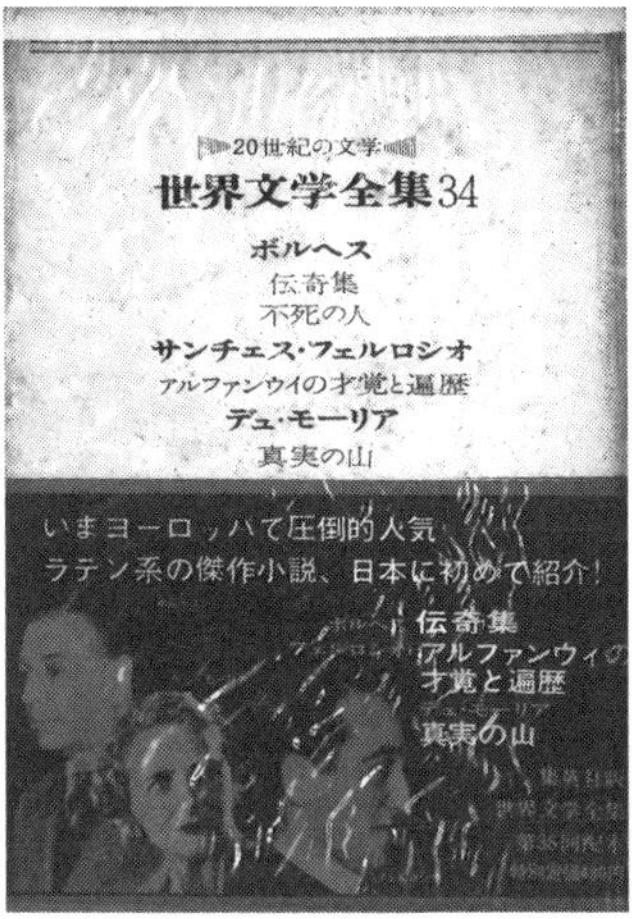

短編のほうから読んでいった。それらは4のフォークナー「エミリーへの薔薇」(高橋正雄訳)、5のヘミングウェイ「殺し屋」(西川正身訳)、6のヘンリー・ミラー「暗い春」(吉田健一訳)、18の「孤独な娘」(丸谷才一訳)などで、従来の世界文学と異なる現代の文学の水脈にふれたように思われた。

だがこの『世界文学全集』の本領ともいうべきものを自覚したのは、大学生になってからであった。それ

はこの全集が時期尚早だったことも相乗し、どこの古本屋でも特価本として二〇〇円ほどで売られていたので、初訳の巻を一冊ずつ買い、読んでいったのである。現在であれば、断裁処分にされてしまうだろうが、そのような時代でなかったことに感謝しよう。

それらの主な巻と作品を示す。

7 ヘルマン・ブロッホ『ウェルギリウスの死』（川村二郎訳）
9 ギュンター・グラス『ブリキの太鼓』（高本研一訳）
10 ドリュ・ラ・ロッシェル『ジル』（若林眞訳）
16 フォースター『ハワーズ・エンド』（吉田健一訳）、ゴールディング『蠅の王』（平井正穂訳）
19 J・ボールドウィン『もう一つの国』（野崎孝訳）、フィリップ・ロス『さようならコロンバス』（佐伯彰一訳）
23 ジロドゥ『天使とのたたかい／シュザンヌと太平洋』（中村真一郎訳）、クノー『人生の日曜日／きびしい冬』（白井浩司訳）
26 グラック『シルトの岸辺』（安藤元雄訳）、ブランショ『アミナダブ』（清水徹訳）
27 ベケット『モロイ』（三輪秀彦訳）、クロード・シモン『ル・パラス』（平岡篤頼訳）
32 ズベーボ『ゼーノの苦悶』（清水三郎治訳）、ホフマンスタール『影のない女』（高橋英夫訳）
34 ボルヘス『伝奇集』（篠田一士訳）

35『現代詩集』(篠田一士他訳)
36『現代評論集』(川村二郎他訳)

もちろん若かりし頃の読書体験で、これらの「本邦初訳」をどこまで理解できたかは心許ないが、ここで新しい文学の息吹きにふれていたと断言していいだろう。

『集英社70年の歴史』によれば、この『世界文学全集』は一九六二年の『世界短篇文学全集』に端を発し、実質的にその編集に携わった若手学者の川村二郎、菅野昭正、篠田一士、原卓也、丸谷才一、渡辺一民たちとの親交を通じて、企画が成立したようだ。これらの人々のほとんどが訳者として加わっていることはその証明となろう。なおその後の集英社の世界文学関係の企画編集には綜合社が関与していくのだが、それについては拙稿「綜合社、森一祐」(『古本屋散策』77、『日本古書通信』二〇〇八年三月号)と、井家上隆幸『三一新書の時代』(「出版人に聞く」16)を参照されたい。

32 森一祐、綜合社、集英社『世界の文学』

前回の最後のところで、綜合社にふれたが、そこでの森祐一の仕事は、鈴木宏の手がけた「ゴシック叢書」や「ラテンアメリカ文学叢書」とコレスポンデンスしていると思われる。

とりあえず、先に『風から水へ』での両叢書に関する鈴木の証言を引く。

《ゴシック叢書》は、今日の幻想文学の源流のひとつであるイギリスのゴシック・ロマンスの代表的な作品と、当時は「ニューライターズ」と呼ばれていた現代アメリカの小説家たちの作品をまとめて出版しようとしたものです。

《ラテンアメリカ文学叢書》の方は、（中略）六〇年代に欧米の読書界にときならぬ「ブーム」を巻き起こしたラテンアメリカの現代文学をある程度まとめて紹介しようとしたものです。

前者の「ニューライターズ」の名前と作品を挙げれば、J・バース『やぎ少年ジャイルズ』（渋谷雄三郎、上村宗平訳）、ドナルド・バーセルミ『帰れ、カリガリ博士』（志村正雄訳）、トマス・ピンチョン『V』（三宅卓雄他訳）などで、もちろん後者もそうだったけれど、これらも本邦初訳だったのである。

ほぼ同時期にゴシック・ロマンスは別にして、各国の「ニューライターズ」とラテンアメリカ文学を目玉とする世界文学全集が企画されていた。それは一九七六年から七九年にかけて出された集英社の『世界の文学』全三八巻で、綜合社の森一祐の編集によるものだった。この『世界の文学』は前回の「20世紀の文学」としての『世界文学全集』のバージョンアップ版とでも評すべきもので、新たに収録された主な著者と作品を挙げてみる。

ベールイ『銀の鳩』（小平武訳）、セリーヌ『なしくずしの死』（滝田文彦訳）、ガッダ『アダルジーザ』（千種堅訳）、サングィネーティ『イタリア綺想曲』（河島英昭訳）、カルペンティエール『失われた足跡』（牛島信明訳）、『大佐に手紙は来ない』（内田吉彦訳）、コルターサル『石蹴り遊び』（土岐恒二訳）、バルガス＝ジョサ『ラ・カテドラルでの対話』（桑名一博訳）、ドノソの『夜のみだらな鳥』（鼓直訳）、バース『酔いどれ草の仲買人』（野崎孝訳）などで、ここに初めてラテンアメリカ文学の長編が揃って翻訳されたことになる。

私の個人的読書体験を語れば、ガルシア・マルケス『百年の孤独』（鼓直訳）やボルヘス『伝奇集』などはともかく、「ラテンアメリカ文学叢書」で、先にコルタサル『遊戯の終わり』やバルガス＝リョサ『小犬たち／ボスたち』などを読み、それから『石蹴り遊び』や『ラ・カテドラルでの対話』へと導かれていったのである。これらも刺激的だったが、最も衝撃を受けたのはドノソの『夜のみだらな鳥』で、エピグラフに挙げられ、タイトルの由来となったヘンリー・ジェイムズの人生は「狼が吠え、夜のみだらな鳥が啼く、騒然たる森なのだ」という言葉とともに、忘れられない作品となった。これが近年まさに水声社から復刊されたことも付け加えておこう。

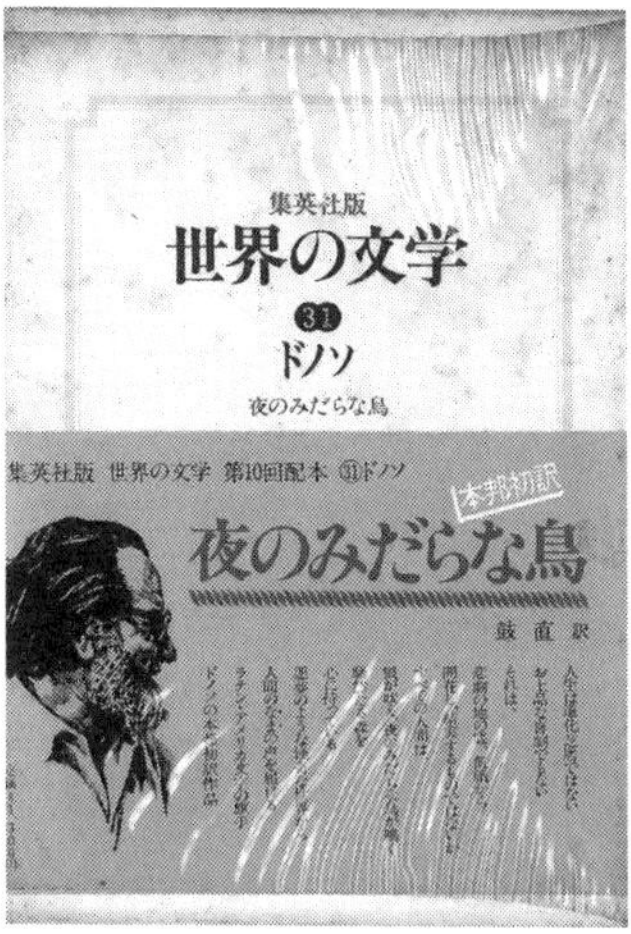

それならば、このような『世界の文学』を企画編集した森とはどのような人物なのか。幸いにして、『回想の森一祐』（追悼録編集委員会編、綜合社、一九八五年）が残され、多くの人々がその思い出を語っている。それらの中から、集英社社長の堀内末男の「弔辞」を引いてみる。その前に森の簡略なプロフィルを示す。

森は一九三一年ピョンヤンに生まれ、敗戦によって九州に引き揚げ、五六年に東大仏文科を卒業し、映画のプロデュース、フリーのライター、出版関連の仕事を続け、六七年に綜合社を設立している。

それから十六年に及ぶ、小学館と集英社との深いつながりの中で、出版史を飾るような仕事を、次々と結実された足跡は、感動的といえます。綜合社設立の年に打ち出した「ヴェルヌ全集」全二四巻、翌々年の「シムノン選集」全一二巻はやがてプレイボーイブックスのエンターテインメント路線にもつながったのでしょうが、何といっても最初の業績は、昭和四十三年「デュエット版世界文学全集」に始まる、質量共に日本一といえる世界文学全集の金字塔でしょう。昭和四十七年の「愛蔵版世界文学全集」全四十五巻。昭和五十一年の「世界の文学」全三十八巻。そして昭和五十二年の「世界文学全集ベラージュ」全八十八巻の成果は、当然綜合社の編集スタッフの努力で生まれたものですが、それを整然としかも愛情をこめて推進されたのは、森さん、あなたのお仕事でした。

この証言によって、どうして集英社から『ヴェルヌ全集』や『シムノン選集』が出されていたのかを了承するのである。また同書にはその編集史とともに「森一祐・略年譜」も収録され、それによれば、一九八三年に五十一歳で亡くなっている。さらに巻末には堀内が挙げている各全集などの明細を記した「刊行図書目録」も付され、死後の刊行ではあるけれど、『ラテンアメリカの文学』全一八巻も見えている。それはこの『ラテンアメリカの文学』も森の企画によっていることを伝えていよう。

集英社の外国文学書の奥付のところに編集綜合社を見出すことがあるにしても、それが森によって設立され、集英社の企画翻訳書の編集の大半を担ってきたことは、もはやほとんど知られていないと思われるので、ここに一編を記してみた。

33 河出書房新社「人間の文学」「今日の海外小説」と白水社「新しい世界の文学」

二回続けて、集英社の一九六〇年代から七〇年代にかけての『世界の文学』と『世界文学全集』を取り上げ、集英社がこの時代に新しい世界の文学の翻訳紹介に取り組んでいた事実にふれておいた。

しかしそれは集英社だけの試みではなく、鈴木宏の『風から水へ』で提示しておいたように、やはり同時代にそれぞれの出版社がいくつものシリーズを刊行していたのである。それらを挙げてみよう。河出書房新社はポルノグラフィを主とする「人間の文学」、新しい世界文学の潮流をリードする作家、作品としての「今日の海外小説」、幻の名作の復権を謳う「モダン・クラシックス」、白水社からは『ライ麦畑でつかまえて』（野崎孝訳）を始めとする「新しい世界の文学」、新潮社はシリーズ名は付されていなかったが、ガルシア・マルケス『百年の孤独』（鼓直訳）などの翻訳小説群、その他にも小出版社による新旧の未知の世界文学が翻訳されていた。

ただこれらはトータルすれば、数百冊に及ぶであろうけれど、集英社のような『世界文学全集』というかたちではなかったので、単行本としての読書の記憶が強い。それらの中から記憶に残っている一冊を取り出してみる。

「人間の文学」は三六判の造本と相俟って、ピエール・ドリュ・ラ・ロシェル『ゆらめく炎』（菅野昭正、細田直孝訳）、ジュネ『葬儀』（生田耕作訳）、バタイユ『マダム・エドワルダ』（同前）、『O嬢の物語』（澁澤龍彥訳）などのフランス文学が異彩を放っていた。だがその中で一冊を挙げるとすれば、ここでは最初の『ゆらめく炎』になろう。

実はこれを読んで七、八年後に、ルイ・マルによるこの小説の映画化『鬼火』（一九六三）をようやく観ることができたからだ。現在ではDVDを入手すれば、自宅でも容易に観られるけれど、一九七〇年代までは映画の旧作、名作の上映とめぐり合うのも、本との出会いと同様に一期一会のような感もあったのだ。

主人公のアランを演じるのはモーリス・ロネで、かつて社交界の花形だったが、現在ではアル中患者として療養所で暮している。そして明日死ぬつもりで、かつての友人たちを訪ね、自らの絶望感を確認し、「祭は終わった」として、銃を左胸に当て、その引き金をひくのである。モノクロのスクリーンにエリック・サティのピアノ曲が流れ、その不安と精神の飢餓の緊迫度は比類なく、『死刑台のエレベーター』と並んで、ルイ・マルの代表作と断言することに躊躇しない。原作に忠実な映画化といっていい。ドリュ・ラ・ロシェルも戦時下の対独協力もあり、戦後にアランと同様に自殺を遂げている。

続けてふたつのシリーズで翻訳されたイギリス文学に属するジョン・ファウルズに言及したい。ちなみに彼は白水社の「新しい世界の文学」に『コレクター』、河出書房新社の「今日の海外小説」に『魔術師』上下が収録され、訳者はいずれも小笠原豊樹である。前者に関しては拙稿「郊外のストーカー」(『郊外の果てへの旅／混住社会論』所収)で、すでに論じていることもあり、ここでは『魔術師』のことを書いてみたい。

『魔術師』の主人公ニコラスはイギリスの中産階級出身で、オックスフォード大学を出て、アリスンというオーストラリア娘との恋に破局後、英語教師としてエーゲ海の孤島に渡る。そしてそこで不思議な老人コンヒスに出会う。それからニコラスは次々と起きる複雑怪奇な出来事に巻きこまれていく。この『魔術師』という物語はミステリーにして恋愛小説、冒険小説にしてオカルティスムの様相を呈し、コンヒスに表象されるのはヨーロッパの精神的彷徨史そのもの、もしくはそれらを暗示しているようにも思われるのである。ファウルズはこの物語を、達意の散文をあやつり、さらにストーリーテラーぶりを充全に発揮し、思索の痕跡を揺曳させながら進めていく。
　それらを示す一節を引用したいと思って探してみたが、結局のところ、物語が閉じられ、別れを告げるクロージングシーンが最もふさわしいと考えられる。それを引いて、『魔術師』の世界を幻視し、また想像してほしい。

うなだれている彼女に最後の視線を注いでから、私は歩き出した。オルフェウスよりも確かな足どりで。いつかの別れの日のアリスンと同じくらいに確かな足どりで、決して振り返らずに。秋の芝生、秋の空。一羽の愚かな鶫が池のほとりの柳の木で季節外れの歌を歌った。灰色の鳩たちが建物の上を飛んだ。自由の断片、生きた文字謎《アナグラム》。そしてどこかで落葉を焚く強烈な匂い。

　この一九七二年の『魔術師』の読書を頂点とするファウルズと私との関係はそれで終わったのではなく、まだ続きがある。ファウルズは一九六三年に『コレクター』、六四年に哲学的アフォリズム集『アリストス』を刊行し、六五年に『魔術師』へと至るのだが、この『アリストス』こそはファウルズの創作ノートといっていいし、そこに見られる哲学的命題や詩的断言は『魔術師』の中に散見できる。「アリストス」とはギリシア語で、「最上、最上の者」を意味し、ファウルズは「ある状況における最良の者」として使っている。

実はこの『アリストス』（パピルス、一九九二年）をやはり小笠原訳で、他ならぬ私が刊行することになったのである。そして本書29の安原顕が創刊した『リテレール』において、これも同17の吉本隆明により、一九九二年のベスト1に選ばれるという結果を迎えたことも付記しておこう。これも六〇年代の「新しい世界の文学」や「今日の海外小説」の読書の果てにもたらされたひとつの固有の出版ドラマということになろう。

34　美術出版社「美術選書」、宮川淳『鏡・空間・イマージュ』、広末保『もう一つの日本美』

前々回の「二十世紀の文学」としての集英社『世界文学全集』とパラレルに、一九六〇年代後半には様々なシリーズや叢書が刊行され、私たちはそれらを個人的に相互クロスさせるかたちで読み、その向こう側に出現してくる新たな世界を模索していたといえるであろう。

時代は一九六〇年代後半で、戦後も若く、私や鈴木宏もまだ若かったのだ。鈴木は世界文学全集体験に関して語ってくれなかったけれども、フランスの現代文学、批評、理論をめぐって同時代の美術出版社の「美術選書」の一冊には言及している。『風から水へ』のその部分を引こう。

（……）宮川淳先生にも大きな衝撃をうけました。当時は、『鏡・空間・イマージュ』という宮川先生の最初の本が公刊されたばかりのころで、この本は、一部の学生たちのあいだではかなり読まれていました。それで私も読んだわけですが、これまた、一読、圧倒的な衝撃をうけました。当時の批評家、研究者たちが書き散らしていたフランスの現代文学、批評、哲学についての紹介記事などとはまったく違う透明感のある独特の文体による、きわめて独創的な本でした。（……）構造主義、ポスト構造主義の「紹介」ではなく、それらを消化したうえでの、日本語による、新しい独創的な思考の誕生、私にはそのように感じられました。宮川先生（……）の志向がいわゆる「美術批評」の枠に収まるものではないというのは、一読して明らかでした。しかし、美術評論ではないとしたら、それはいったい何なのでしょうか。（……）

『鏡・空間・イマージュ』の「あとがき」には、「作品とか批評とかいったジャンルをこえて、単にディスクールと呼ばれるようなジャンルは存在しないだろうか」という一文があります。宮川先生の「夢」は、あるいはそうしたものだったのかも知れません。（……）

そのままの引用だと長くなってしまうので、省略したところもあるけれど、『鏡・空間・イマージュ』を通じての宮川の「ディスクール」と鈴木のコレスポンダンスというか、もしくはコミュニカシオンの位相を正確に伝えられたであろうか。それが気がかりである。だがこのレクチュールがきっかけとなり、鈴木は宮川の直接の教えをうける僥倖にも恵まれる。それらの詳細な事柄は『風から水へ』を読んでほしい。この宮川の著書も「美術選書」の一冊に他ならず、私も読んでいた「一部の学生たち」の一人だったので、今でも手元にあり、奥付には一九六七年の発行と記載されている。

そうしてあらためて巻末収録の「美術選書」リストを見ていると、半世紀前に自分にとっての「美術選書」の一冊は澁澤龍彦の『夢の宇宙誌』だといった友人の言葉が思い出される。それとともに『鏡・空間・イマージュ』に添えられた宮川の写真と同様に、澁澤のバスタオル姿の写真も印象的だったことを想起してしまう。

またシリーズは異なるが、同じ美術出版社のA5判箱入りの翻訳書の懐かしい記憶がよみがえってくる。ルネ・ホッケ『迷宮としての世界』（矢川澄子他訳）、ホーフシュテッター『象徴主義と世紀末芸術』（種村季弘訳）、パノフスキー『イコノロジー研究』（浅野徹他訳）、

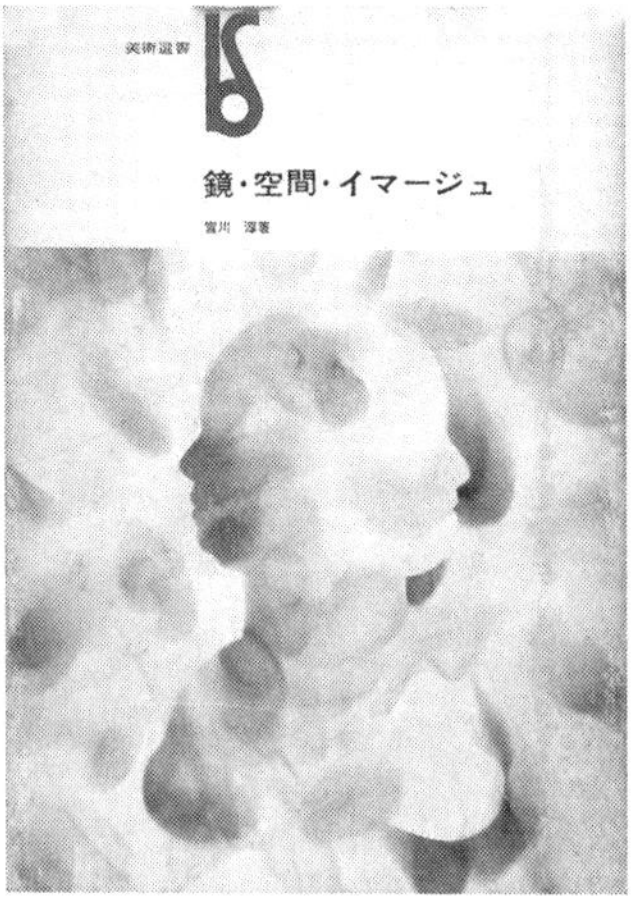

34 美術出版社「美術選書」、宮川淳『鏡・空間・イマージュ』、広末保『もう一つの日本美』

プラーツ『記憶の女神ムネモシュネ』（前川祐一訳）、ドールス『バロック論』（神吉敬三訳）などで、これらは名著として、造本も含め、忘れ難い。

それならば、「美術選書」の私の一冊は何かということになるのだが、私としてはここで広末保の『もう一つの日本美』を挙げておきたい。これは一九六五年に初版が出され、私が所持するのは六九年の三版で、続いて七〇年刊行の『悪場所の発想』（三省堂ブックス）と対で読んだことを覚えている。『もう一つの日本美』は「前近代の悪と死」というサブタイトルが付されているように、歌舞伎や人形浄瑠璃などに象徴される悪、及び「悪所」としての劇場のイメージを論じている。それは宮川ではないけれど、ひとつの「ディスクール」だと思われたし、上京して変化した自分の環境を考えるうえでも、大きな示唆を与えるものであった。

そこで広末は次のように語っていた。農耕民を始めとする定住民は、浮遊する死霊や怨念に対する恐怖や信仰があり、それを御霊信仰というかたちに組織したのが、共同体的な秩序の外部から定住民を対岸視する呪術宗教家、遊行芸能民だった。彼ら／彼女たちは巫女や神人や遊行宗教家で、定住民はそれらの人々を非定住性ゆえに賤民視しながらも、その呪術宗教的なものを畏敬し、それが近世における劇場のような「悪場所」を成立させた。つまり定住民は悪を、彼ら／彼女たちに担わせ、そうすることで生活共同体の秩序を維持し、逆に彼ら／彼女たちは共同体的日常性を有さないことで、定住民を精神的に支配しようとした。そしてそうした関係は「さらに明治以後も、作家と読者のあいだにおいてしばしばみられたもの」にも似ているのではないかと。

それは上京して大学生になる以前は、農村、すなわち農業を主とする生産社会の定住民であった自分が、そうではない、他ならぬ浮遊する非定住民としての都市型生活者になったことを自覚させた。それに加えて、当時の東京は劇場ばかりでなく、「悪場所」に満ちていた。大学や学生街もそれに他ならなかったし、そのようなトポスを見つけたり、それらの人々に必然的に出会ったりした。そうした運命の果てに何が待ち受けているのかも、何となく想起できるように思われた。

しかしその一方で、一九七〇年代前半において、戦後の日本は生産社会から消費社会へと移行し、それは社会の主人公が生産者や定住民ではなく、消費者や非定住民へと逆転していく時代へと入りつつあった。そして「悪場所」のイメージも変容し始める。かつてであれば、八〇年代に開園したディズニーランドは「悪場所」と呼ばれたであろうに、それは消費者たちの「聖地」とされるようになった。

そうした事実は現在の高度資本主義消費社会において、同じ建物や形式はそのまま残っているにしても、「前近代の悪と死」を象徴する「悪場所」が消滅してしまったことを告げているのだろう。そうした二一世紀の現実の中で、私たちは生きているのだ。

34　美術出版社「美術選書」、宮川淳『鏡・空間・イマージュ』、広末保『もう一つの日本美』

35　『幻想と怪奇』創刊号と紀田順一郎『幻想と怪奇の時代』

鈴木宏『風から水へ』で語られ、本書24でも示しておいたように、鈴木は三崎書房の林宗宏から『幻想と怪奇』のリニューアル編集を依頼され、ボルヘス、クロソウスキー、幻想文学の構造分析という三号分の特集企画を提出したが、休刊になってしまったのである。

鈴木によれば、『幻想と怪奇』創刊号は三崎書房から出されたが、その直後に三崎書房は倒産してしまった。ところが創刊号は「『万』単位で売れたので、このまま廃刊にするのは『もったいない』」こともあり、印刷屋がスポンサーとなり、歳月社の名前で刊行を継続していた。ただこの頃には三千部前後に落ち込み、それでリニューアルが必要とされた。この雑誌の編集責任者が紀田順一郎だったことは承知していたけれど、鈴木は「若さ故の『蛮勇』」から、それを引き受けることになった。だが休刊となってしまったので、これも本書26のエパーヴからの『même/borges』の刊行へとリンクしていく。

それはともかく、この『幻想と怪奇』の創刊号が手元にあり、一九七三年四月号の「魔女特集」で、隔月刊と銘打たれ、巻末には紀田と荒俣の両名による「創刊の辞」がしたためられている。それを引いてみる。

> 欧米の怪奇幻想文学は、小説形式のうちでも最も特異かつ純粋なジャンルであるが、これまでわが国への紹介は必ずしも満足なものではなかった。
> じつに、端をゴシックロマンスに発して、レ・ファニュ、マッケン、ブラックウッドから、現代のコスミック・ホラーやファンタジーにまで延々と絶たれぬ怪奇幻想文学の系譜は、今日までその九牛の一毛にもみたぬ部分が翻訳されたのみで、無限に豊穣なる沃野はほとんど未開拓のままにうち棄てられてきた。（中略）
> われわれはここに多年の探求と豊富な資料を背景に、このジャンルに理解ある人々の助力を得て読者に〝もう一つの世界像〟を提供したい。埋れた文献の発掘や研究評論、日本の作家の育成にも力をつくしたいと念願している。
> たとえばマッケンの孤塁にも比すべき近代の憂思、M・R・ジェイムズの鏤心彫琢《ママ》ほとんどその類を見ぬ怪異談の技巧、H・P・ラブクラフトにおける恐怖の詩情、デ・ラ・メアにおける魔道の感受性が、闇の彼方からいまや全貌をあらわそうとしている。（後略）

長い引用になってしまったが、この「創刊の辞」は「我国最初の幻想怪奇文学研究誌」の内容にふさわしいもので、マッケンは「白い人」（饗庭善積訳）、ジェイムズは「魔女の樹」（紀田順一郎訳）、ラブクラフトは「妖犬」（団精二訳）、ブラックウッドは「焔の丘」（竹下昭訳）として掲載されている。

それゆえに図らずも「創刊の辞」は創刊号の「魔女特集」の内容紹介ともなっていて、さらに紀田は江戸川乱歩の怪奇小説をめぐって、「人でなしの世界」を寄せている。また荒俣は編として「世界幻想文学作家名鑑」、同じくこれも連載のジャーク・カゾットの『悪魔の恋』（渡辺一夫、平岡昇訳）も始まっている。ちなみに前者は国書刊行会の『世界幻想作家事典』、後者は『世界幻想文学大系』の第一巻として刊行されることになる。

『幻想と怪奇』創刊に至る経緯と事情は、紀田順一郎の『幻想と怪奇の時代』（松籟社、二〇〇七年）で語られている。それによれば、紀田は早くから幻想怪奇小説専門誌を出したいと思っていたが、一九七二年初秋、神田神保町の三崎書房からオファーが出され、タイトルは『幻想と怪奇』、販売部数は一万部以上で、優秀な専従編集者をつけてもらうことになった。それが創刊号の編集兼発行人早川佳克だとわかる。創刊号は一万部がすぐに売り切れ、そのことで荒俣の他に瀬戸川猛資や鏡明も編集同人に加わることになったのだが、三崎書房から第二号以降は『幻想と怪奇』の専門の小出版社から出したいという提案が出された。紀田はその社名を歳月社としたけれど、その新社長は照井彦兵衛といって、かつての『チャタレイ夫人の恋人』の版元小山書店の役員だったのである。

しかし小出版社ゆえに広告も打てないし、内容も大衆受けするものではなく、部数はじり貧となり、隔月刊としてページ数を減少し、長編の訳載はできなくなり、初期の同人も去り、編集者も交代したが、焼け石に水で、ついに一二号でお手上げとなり、『幻想と怪奇』は二年足らずの生命であった。

この雑誌の挫折は紀田を意気阻喪させたけれど、経験的にエンターテインメント路線はたちまち消費されてしまうことに気づいていたので、さらなる異端性をめざす「もう一つの文学全集」の企画、すなわち『世界幻想文学大系』の原型となる書目リスト「世界怪奇幻想文学大系」全三七巻に向かったのである。そして紀田はこの企画を手にして出版社回りを始め、それは大手出版社を含め、十社以上に及んだという。

その「最後ヤケ半分」で訪問したのが国書刊行会で、佐藤社長はその企画書に目を通すや、こともなげに「いつからやれますか（中略）うちは即決なんだから。もう翻訳はできているんでしょうね（中略）じゃ、やってください」。それを受けて紀田は書いている。


私は編集者を一人入れるよう約束してもらうと、急な階段をころげ落ちんばかりに駆け下りた。ぐずぐずしていると、社長の気が変わるかもしれないと思ったからだ。

編集者というのは、雑誌「幻想と怪奇」の末期に後任として現れた鈴木宏（現水声社代表）

である。翻訳出版物の編集に関しては、非常に有能な人だった。このころは私にしても荒俣宏にしても多忙をきわめ、(中略)編集作業に従うことは時間的に不可能だった。その後の数年間、個性の強い訳者、執筆者をなだめすかしながら、裏方としてこの出版を支えてくれた鈴木宏の労を多としなければならない。

ようやくここにきて、鈴木宏が登場することになったのである。

36 『澁澤龍彥集成Ⅶ』、ルイス『マンク』、『世界幻想文学大系』

鈴木宏が国書刊行会に入り、編集に携わった『世界幻想文学大系』を私も架蔵しているけれど、一冊だけ欠けている。それは第二巻のM・G・ルイス『マンク』で、その理由は一九六〇年に井上一夫訳で刊行された東京創元社の上下本を所持し、すでに読んでいたからである。『世界幻想文学大系』の全作品にふれたい誘惑に駆られるが、それは本連載では無理なので、この一冊に代えることにしよう。

この作品を知ったのは一九七〇年に出された『澁澤龍彥集成Ⅶ』(桃源社)における『マンク(破戒僧)』の書評文によってだった。そこで澁澤は『マンク』が英国ゴシック・ロマンスの先蹤で、フランス暗黒小説の発端であるサドの『ジュスチイヌ』の刊行から五年目の一七九六年に出版され、両者の相互の影響を指摘していた。またアンドレ・ブルトンが絶賛し、アントナン・アルトーが『マンク』を仏訳していることも記され、次のような内容紹介もなされていた。

　高徳の修道僧アンブロシオを堕落の道にひきずりこむ悪魔の美女マチルダは、ゴシック小説の典型的人物となって、後の十九世紀ロマン派の作家たちに永遠の魅惑をおよぼしており、そのはるかな二十世紀における文学的投影というべき人物は、私見によれば、ナボコフのロリータであり、ロレンス・ダレルのジュスチイヌであろう。

そしてさらにこの古典の翻訳が「そこらの大学教授」ではなく、「推理小説のベテラン翻訳家井上一夫氏の闊達な訳文によって、ここに日の目を見たことを、同好の士とともに喜びたい」ともあった。内容紹介もさることながら、井上はイアン・フレミングの「007」シリーズなどの訳者として、中学生の頃から馴染んでいたこともあり、すっかり読んでみようという気にさせられた。

　しかしこの『マンク』は早稲田のいくつかの古本屋で見つけることができたのだが、すでに一九六〇年の出版から一〇年が経ち、絶版となっていたようで、古書価が高かった。定価が上下で五六〇円のところが、一五〇〇円ほどだったように記憶している。そのために買えずにいた。だが現在と異なり、この時代は古書価にしても、都市と地方では値付けが均一ではなく、地方の場合は安かった。それで帰省の際に探してみると、浜松の典昭堂のラベルが残されているので、価格は忘れてしまったけれど、安い古書価で入手したのであろう。またその絶版状態がずっと続いていたことも作用し、『世界幻想文学大系』の一巻として召喚されたと考えられる。

『マンク』が一九六〇年に翻訳刊行されたのは、やはり東京創元社から五八年から五九年にかけて、ゴシック・ロマンスを中心とする『世界恐怖小説全集』全一二巻が出されたことと関連しているのだろう。この「世界でも初めての怪奇小説の系統的な全集」の内容と明細は、『東京創元社文庫解説総目録［資料編］』所収の江戸川乱歩たちの座談会「西洋怪奇を語る」、平井呈一「英米恐怖小説手引草」などを見てもらうしかないが、おそらく『マンク』もこのシリーズの企画として挙がり、井上訳も進められていたと思われる。だが分量的に二巻を占めてしまうので外され、上下の単行本として後の出版になったと推測される。

また『世界恐怖小説全集』第九巻のM・シュオッブ他『列車〇八一』（青柳瑞穂、澁澤龍彦訳）の解説は澁澤が書いていて、先の『マンク』書評は「『日本読書新聞』（一九六一・二）掲載」とあるので、その関係から澁澤に依頼されたと見なせよう。そしてさらにこの『世界恐怖小説全集』をベースにして、一九六九年に創元推理文庫として、『怪奇小説傑作集』全五巻が編まれた。

そのうちの第四巻が同様の澁澤・青柳訳「フランス篇」に当たり、これも澁澤が「フランス怪奇小説の系譜」という解説を書き、それも同じく『澁澤龍彥集成Ⅶ』に収録されている。『列車〇八一』の解説は未見だが、それを加筆修正して、「フランス怪奇小説の系譜」は成立したと考えられる。

あらためて読んでみると、澁澤のこの解説は力作で、一八世紀末から一九世紀にかけてのウォルポールの『オトラント城』や『マンク』の仏訳、スウェーデンボルグなどのオカルティストの活動、フリーメーソン、カバラ、錬金術の研究の隆盛、ホフマンに代表されるドイツロマン派の紹介とパラレルに成立した怪奇幻想小説の系譜をたどっている。その澁澤の淵源にしても、アンドレ・ブルトン編『黒いユーモア選集』といったシュルレアリスム文献によっていることは明ら

かで、『澁澤龍彥集成Ⅶ』の「アンドレ・ブルトンの鍵」や「『黒いユーモア選集』について」にそのことが語られている。ブルトンはサドの世界ばかりでなく、『マンク』などの「秘密の扉を次々にひらいて見せてくれた」と。

その言をこちらに引き寄せていえば、『澁澤龍彥集成』全七巻は私たちの世代にとって、ブルトンの『黒いユーモア選集』のようなものだったといっても過褒にはならないだろう。澁澤もまた私たちに「秘密の扉を次々にひらいて見せてくれた」のだから。

もう少し『マンク』の世界にふれるつもりでいたが、紙幅が尽きてしまったので、これが二〇一一年にヴァンサン・カッセル主演、ドミニク・モル監督『破戒僧《マンク》』として映画化され、DVDでも見られることを付記しておく。

37 ハヤカワ・ミステリ『幻想と怪奇』、東京創元社『世界大ロマン全集』、江戸川乱歩編『怪奇小説傑作集』

紀田順一郎の『幻想と怪奇の時代』(松籟社)によれば、「幻想怪奇文学への関心が、具体的な出版という形で芽生えたのは、何といっても一九五六年に英米怪談の集成『幻想と怪奇』(全二冊)が、『ハヤカワ・ミステリ』に編入されたことからである」とし、その書影も掲載されている。

この二冊は私も所持しているけれど、読んだのは半世紀前なので、ほとんど記憶に残っていないが、世代差と短編集ゆえもあってか、紀田のいうところの印象は受けなかったと思う。あらためて手にしてみると、この二冊は原書の書影がわかるように、アメリアのモダン・ライブラリイ版の千ページを超えるアンソロジー怪談集 *Great Tales of Terror and the Supernatural* などから編まれたものである。早川書房編集部編となっているが、解説はいずれも「編集部M」と記されていること、及び訳者として都筑道夫の名前も見えることから、都筑の編集によると考えていいだろう。

この『幻想と怪奇』に続いて、紀田は東京創元社の『世界大ロマン全集』における『魔人ドラキュラ』(平井呈一訳)の刊行を挙げ、画期的な称賛を得たと述べている。それを受けて『世界大ロマン全集』には江戸川乱歩編『怪奇小説傑作集』二冊が追加されたが、その実質的な編集と翻訳は平井が担い、荒俣宏は中学生時代にこれを読んだのをきっかけとして、幻想怪奇文学への道を歩み出したという。

つまり前回の『世界恐怖小説全集』の成立も、『幻想と怪奇』、及び『世界大ロマン全集』の流れを引き継いでいることになる。そこで今回は乱歩編『怪奇小説傑作集Ⅰ』を含め、『世界大ロマン全集』を三〇冊ほど入手しているので、これらに言及してみたい。

この全集は一九五六年から五九年にかけて全六五巻が出され、同じ平井訳で、マリ・コレリ『復讐』、植田敏郎訳で、エーベルス『吸血鬼』も含まれている。『世界大ロマン全集』の明細はやはり『東京創元社文庫解説目録［資料編］』に収録され、その詳細を確認できる。また手元に『世界大ロマン全集』も目録もあるが、これは一四ページに及び、谷崎潤一郎を始めとする「推せんの言葉」も寄せられ、「刊行のことば」として、「歴史小説、冒険小説、家庭小説をはじめ、探偵、ユーモア、空想科学小説に到る広範な種類の傑物がことごとく収められ」た「世界の大ベストセラーの集大成」と謳われている。この内容見本では全五〇巻とされていたから、それが六五巻に増補となったのは売れ行きもよかったし、好評だったからであろう。

その二四に当たる『怪奇小説傑作集Ⅰ』は確かに平井呈一訳と明記されているけれど、『同Ⅱ』は同じく乱歩編だが、宇野利泰訳とあるので、平井が編集に関わったかもしれないにしても、編集と翻訳の双方を担ったのは前者だといえよう。しかもその英語タイトルは *Great Stories of Horror and the Supernatural I* と銘打たれ、それは明らかに先行する『幻想と怪奇』を意識しているし、箱裏表紙には次のようなキャッチコピーが付され、これは平井の手になると見なせよう。

欧米では推理小説と並んで怪奇小説の傑作集が広く愛読されているが、わが国に於るこの分野の作品には殆ど未紹介に近く、本格的なアンソロジーは本書が初めてである。異次元の世界の怪物やおそるべき呪の話、妖怪や怨霊或は憑きものや運命の恐怖を描いた物語は読者を幻想と超自然の世界へと誘っていく。

そして小B6判の本邦初の怪奇小説の「本格的なアンソロジー」を開くと、「序文」にあたる江戸川乱歩の「西洋怪談の代表作」が寄せられ、一九四八年から四九年にかけて書き、『幻影城』（岩谷書店）に収録した「怪談入門」のことから始めている。これは紀田が「わが国ではじめて幻想怪奇小説を系統立て、研究的なエッセイ」として読み、「異常な感銘を受け」たものである。乱歩は「怪談入門」の紹介により、それらの作品が「諸方で邦訳されたので、なるべく未訳のものをという方針で（二、三の例外はある）、この『怪奇小説傑作集』ⅠⅡを編纂した」と述べている。ここでその『同Ⅰ』のラインナップを挙げておくべきだろう。

＊ブルワー・リットン「幽霊屋敷」
＊ヘンリー・ゼイムス「エドマンド・オーム卿」
＊M・R・ゼイムス「ポインター氏の日録」
＊W・W・ジェイコブス「猿の手」
＊アーサー・マッケン「パンの大神」
＊E・F・ベンスン「いも虫」
＊アルジャーノン・ブラックウッド「秘書綺譚」
＊W・F・ハーヴィー「炎天」
＊M・P・ラヴクラフト「アウトサイダー」

　37　ハヤカワ・ミステリ『幻想と怪奇』、東京創元社『世界大ロマン全集』、江戸川乱歩編『怪奇小説傑作集』

これらの作者に関して、平井はそれぞれの作品の巻頭で、丁寧な紹介を試み、怪奇小説の「本格的なアンソロジー」の範たらしめようとしている。例えば、リットンの「幽霊屋敷」について、「今日からみると一見奇矯古怪なその幽霊哲学には、当時を風靡したメスメリズムの影響の跡が見られる」と指摘し、怪奇小説の背景を伝えている。

乱歩は先の「序文」を「もし読者が歓迎されるならば、第三、第四の『怪奇小説集』を編纂したいものである」と結んでいる。しかしそれは実現しなかったけれど、前回の『世界恐怖小説全集』へと引き継がれ、結実していったと考えられよう。

38　新人物往来社『怪奇幻想の文学』と『オトラント城綺譚』

紀田順一郎は『世界幻想文学大系』に先駆け、新人物往来社の『怪奇幻想の文学』全七巻を編んでいる。彼の幻想文学への情熱は荒俣宏との出会いによって、新たな方向性が見出され、新人物往来社に「幻想文学アンソロジーの企画書」を出すに至ったのである。

ただ紀田にしても、新人物往来社は「元来歴史物の版元であり、編集者（内川千裕）も『近代民衆の記録』などという資料本を手がけていた人なので、じつはまったくアテにしていなかった」。ところが「面白そうじゃないですか。うちでやりましょうよ」という意外な一言が返ってきた。その条件は版権のあるものを少なくすること、訳者と解説者を手配することだった。ここで私も意外なことに『近代民衆の記録』と『怪奇幻想の文学』の編集者が同じであることを知ったのである。紀田はこれも『幻想と怪奇の時代』で書いている。

夢のようだった。企画者が知恵をしぼったものだけに、なおさら嬉しかった。そのキモは実に『オトラント城綺譚』の本邦初訳実現にあった。といっても単独ではおぼつかないので、全三冊のアンソロジーとすることを思いついたのである。第一巻は吸血鬼物の『深紅の法悦』、第二巻は黒魔術ものの『暗黒の祭祀』とし、第三巻は『戦慄の創造』と名付けて問題の『オトラント城』を収録、枚数が不足のようなので、そのころまでに長編の訳がなかったラブクラフト（『チャールズ・ウォードの奇怪な事件』）を併収することとし、企画書に盛り込んでいたのである。

そして紀田は荒俣に連絡をとり、第一、二巻の作品選定、翻訳の一部と解題を頼んだ。それらの解説は種村季弘と澁澤龍彥に依頼し、紀田自らも担当することになった。さらに『オトラント城綺譚』の訳者の平井呈一とも新人物往来社での打ち合わせを行うことになった。これも紀田の証言を引いたほうがいいだろう。

当日部屋でまっていると、エレベーターのドアが開く音がし、続いてリノリウムの床に「ピタピタ」と草履の音がしたと思う間もなく、受付の扉からヒョイと和服姿の老人の顔が覗いた。編集者が「うーん」と唸った。

「わたしゃね、今日この機会を待ってたんですよ」打合せが終わって、うまそうにタバコを吹かしはじめた際の平井の一言を、いまもって忘れることはできない。戦後二十数年、文壇からシカトされた人の、復権の喜びは実感がこもっていた。

それもあって平井の訳稿は早く、二十日足らずで、力感の溢れた文体の三〇〇枚が仕上げられたのである。

あらためてホーレス・ウォルポールの『オトラント城綺譚』を読んでみると、それを実感させられる。この作品は「オトラントの城主マンフレッド公には一男一女があり、総領はマチルダ姫といって、芳紀《とし》十八、容色なかなかにうるわしい処女《おとめ》であった」と始まる。マンフレッドはその弟のコンラッドに対し、近くの城主の息女イザベラ姫を妻とするつもりで、二人の婚儀も迫りつつあった。しかし空から降ってきた巨大な兜にコンラッドは押しつぶされてしまったことから、マンフレッド自身が妻と離別し、イサベラ姫をめとろうとする。それは古いお告げである、オトラント城およびその主権は「まことの城主成人して入場の時節到来しなば、当主一門よりこれを返上すべし」が常にマンフレッドの念頭にあったからだ。

だがそこに若い百姓のセオデアが現れ、その兜は先々代の城主アルフォンゾ公の像の兜にそっくりだと言い出し、一方ではマンフレッドがイザベラに迫ろうとする。そこでイザベラは城の地下倉から聖ニコラス寺院へと通じる地下道があったことを思い出し、その隣の尼寺に逃げこもうと考える。

そうしているうちにオトラント城の所有権を主張する騎士も出現し、マンフレッドは押領者で、城とイザベラを返すようにいい、事態はさらに紛糾していく。しかし最後には殺された元城主アルフォンゾの巨大な亡霊が出て、セオドアこそが城の正しい継承者だとわかる。その中でマンフレッドはマチルダを刺殺してしまい、修道院にこもることになる。

このようなゴシック建築のオトラント城で展開される貴族たちと幽霊や亡霊たちの物語、城をめぐる継承譚はそのまま作者ウォルポールの環境の投影だった。彼はフランスやイタリア旅行で、中世のゴシック建築とその趣味に目覚め、イギリス初代の宰相の父からの財産を受け継ぎ、一代のディレッタントとして、ストロベリーヒルにゴシック様式の館を建て、図書館も含んだ奇怪な迷路体系としての完成に二一年間を要したのである。その中でウォルポールはゴシック物語に取り憑かれ、マチルダやイザベラが語りかけているようにも思われ、それに耳をかたむけ、わずか二ヶ月で『オトラント城綺譚』は完成したという。

これは第三巻の『戦慄の創造』に収録されたのだが、第一回配本の『深紅の法悦』が出されたのは一九六九年一〇月で、その一週間後に増刷と増刊が決まったのである。紀田も感慨深げに書いている。「いまから四十年近く前、出版界にもこのような幸福な瞬間が存在したのである」と。当初の全三巻予定が全四巻となり、さらには全七巻となったことが紀田の証言を裏づけていよう。

ちなみにその増巻の作品選定と解題は荒俣によるもので、それらを示しておく。カッコ内は解説者である。第四巻『恐怖の探究』（種村季弘）、第五巻『怪物の時代』（小宮卓）、第六巻『啓示と奇蹟』（由良君美）、第七巻『幻影の領域』（日夏響）となっている。

39　新人物往来社『近代民衆の記録』と内川千裕

前回の紀田順一郎の証言によって、新人物往来社の『怪奇幻想の文学』の企画が、内川千裕という編集者を通じて成立したこと、及びその内川が同社の『近代民衆の記録』も手がけていたことを教えられた。それゆえに、その対照的な組み合わせがおもしろいし、一九七〇年代の出版の特質を示しているようでもあり、ここで後者にもふれておきたい。

もちろん出版とリアルタイムではないけれど、一九七〇年代前半に平凡社の『日本残酷物語』全七巻も読んでいて、同時代に刊行された『近代民衆の記録』はその延長線上にあると思われた。しかしこちらのほうはA5判、上下二段組、いずれも六〇〇ページ近い大冊で、定価も四五〇〇円だったから、なかなか買えなかった。そのうちに古本屋で安くなったものをと考えていたのだが、揃えられず、半世紀が過ぎてしまった。とりあえず、五冊のランナップを示す。

1『農民』松永伍一編
2『鉱夫』上野英信編
3『娼婦』谷川健一編
4『流民』林英夫編
5『アイヌ』谷川健一編

所持しているのは2と4である。このうちの二冊が谷川健一編となっているので、平凡社を退職した谷川が新人物往来社にこの企画を持ち込んで成立したシリーズと見なせるだろう。なぜならば、平凡社の『日本残酷物語』は谷川の企画であり、編者の松永や上野などもその執筆者だったからだ。また同じく帯に推薦文を書いている宮本常一も同様で、その第一部『貧しき人々のむれ』に、「土佐檮原の乞食」（後に岩波文庫『忘れられた日本人』に「土佐源氏」として収録）を寄せている。宮本の推薦文も七〇年代の出版と歴史・社会認識状況を示し、未来社の『宮本常一著作集』にも収録されていないかもしれないので、これも引いてみる。

明治になって民衆も文字を学ぶことを義務づけられたのだが、大正時代までは貧しくて学校へ行けないものがまだ多かった。その人たちが文字を学ぶために苦労した話はいまでも方々で聞くことができる。その文字で書かれたものが、丹念にさがせばまだいくらでも残っているであろう。明治・大正時代の人びとはどのように生きたかということを学者やジャーナリストたちの筆によって語らせるのではなく、これらの民衆に語らせることによって、そこに本当の民衆の姿がうかび上って来るのではないかと思う。

これはまさに『貧しき人々のむれ』や「土佐源氏」の意図に他ならず、『近代民衆の記録』の『流民』に反映されている。そこに収録されているのは乞食、木地師、やくざ、芸人、流浪者などの日記や聴書、香具師、大道芸人、乞食、山窩と又鬼の実録、それから東京の貧民、どん底、水上生活者などのレポートである。林英夫はその解説を「さまよえる棄民」と題し、七〇年代初頭において、「流民は、さらに拡大再生産されつつある」と述べている。六〇年代からの高度成長期が七三年のオイルショックを経て終焉を迎えようとしていた。

『流民』は一九七一年八月に出され、「月報」には本書34の『もう一つの日本美』の広末保が「遍路拒斥すべし」という一文を寄せている。彼は少年時代に見たハンセン氏病の乞食遍路のことから始め、ガリバン印刷の広江清編『近世土佐遍路資料』に基づき、明治時代の地元紙に報道された遍路乞食の拒斥の実態に言及している。これを読んで、ただちに想起されるのは松本清張作、野村芳太郎監督、加藤剛主演『砂の器』である。この映画の公開も七四年だから、『流民』の一巻とほぼ併走するように撮られていたことになる。

「月報」には金子光晴も「流民のこと」を書き、自らの『どくろ杯』（中公文庫）に始まる流浪の体験を背景に、大正時代に「流れ流れて、落ちゆく先は、北はシベリヤ、南はジャバよ」が流行歌としてはやったと述べ、その内実にも及ぶ。実際に金子も『マレー蘭印紀行』（同前）も著しているからだ。これらが刊行されたのも七〇年代前半であった。

また「月報」には「編集室より」が次のように記されている。

本巻では、「流民」という範疇にあてはまる民衆像は、当初村落共同体崩壊にともなって流亡する群れを主目標にしたのですが、いざ編集開拓を始めてみますと、本巻ないようのごとく茫漠たる空間と彷徨える時間にその対象を追う破目になりました。諸国を流浪した遊芸人・瞽女や山野を跋渉したまたぎ・さんか、さらに年に集まる貧民の群れ―乞食・芸人・博徒・行商人たち、かれらは近代国家がつくりだした棄民の果ての姿です。

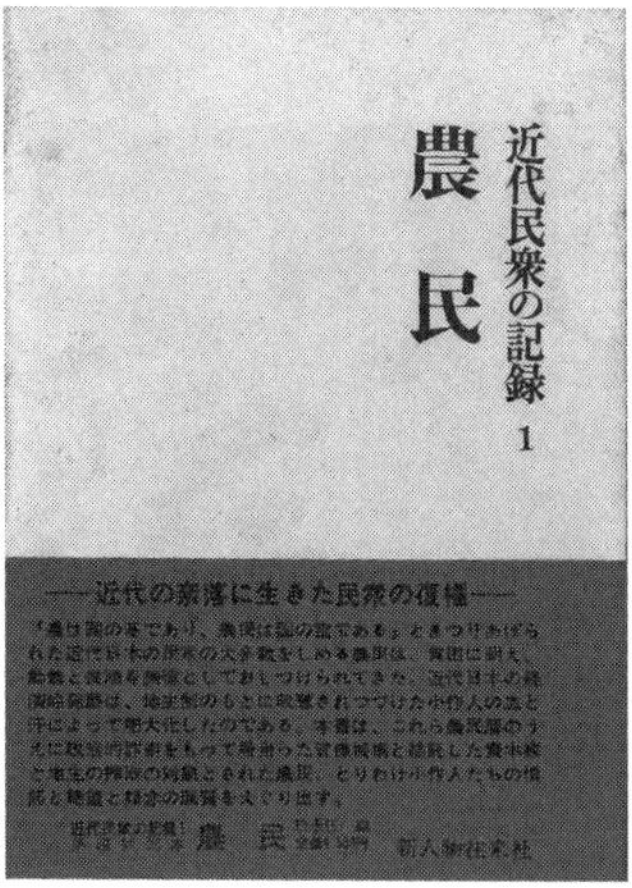

おそらくこれを書いていたのは内川千裕であろう。紀田によれば、彼は新人物往来社を退職したようだが、その後の行方はどうなったのだろうか。ただ『近代民

衆の記録』は好評だったはずで、『怪奇幻想の文学』と同様に増補され、全一〇巻に及んだことを付記しておく。

『近代民衆の記録』が刊行されていくかたわらで、戦後の日本は七〇年代から消費社会化していく。それとともにかつての「村落共同体」は郊外化し、マイホームを求めて流入してきたサラリーマンとの混住社会となった。そして八〇年代になると、かつての田や畑はロードサイドビジネスの郊外店へと変貌し、郊外消費社会の全盛を迎え、全国の郊外風景は均一化してしまった。それをテーマとして、私は一九九七年に『〈郊外〉の誕生と死』、その二〇年後の二〇一七年に『郊外の果てへの旅／混住社会論』（いずれも論創社）を上梓している。そして後者では二一世紀の「流民」が移民、難民、ディアスポラに他ならないこと、さらに3・11以後の私たちも同様の状況へと追いやられるかもしれないことにも言及している。『流民』よりもさらに厚い一冊だが、どこからでも読める構成なので、手にふれて頂ければとてもうれしい。

なおその後の調べによれば、内川は一九七九年に草風館を設立し、『人間雑誌』を創刊しているが、二〇〇八年に七十一歳で亡くなったという。

40　草風館、草野権和、『季刊人間雑誌』

前回の最後のところで、新人物往来社の『怪奇と幻想の文学』や『近代民衆の記録』の編集者だった内川千裕が、その後の一九七九年に草風館を設立し、二〇〇八年に亡くなったことを記しておいた。

思いがけずに草風館という出版社が浮かび上がり、それをきっかけにして、かつて『出版状況クロニクル』(論創社、二〇〇九年)において、草風館の編集者の死と『季刊人間雑誌』にふれた記憶がよみがえってきた。そこで拙著を確認してみると、二〇〇八年七月から八月(第2章4)のところに、草風館の内川千裕の死が書かれていた。それを私も失念していて、また新人物往来社の内川と同一人物だと思っていなかったのである。

『季刊人間雑誌』のほうは一九七九年冬に創刊号が出されている。A5判二五〇ページほどで、表紙・題字・目次は田村義也により、グラビア写真は本橋成一「サーカス」、川原一之+由紀子「亜砒鉱山(あひやま)・土呂久つづき話」(後に岩波新書『口伝亜砒焼き谷』)、松崎次夫「地獄の喧嘩花・チッソ労働者覚書」、上野英信「眉屋私記」(後に同タイトルで潮出版社から刊行)、林竹二「新井奥邃ノート」、宮下忠子「ある戦後」が主たる内容だとわかる。そして表紙裏には次のような言葉が置かれている。


わが身・こころもそのひとつである、あたりまえでふつうの人間の、やさしさと哀しみにみちた生き死にを、民族や国家と向きあいながら、記録を中心とする方法によって明らかにしたい。

この仕事をとおして、人間についての知識ではなく、その獲得によっておのれの生き方・死に方がかかわるような〈知慧〉の一片をでも読み手、書き手と共有したいと思う。―出版者

これはまだ出版がそのような仕事だと信じられていた時代の言葉であり、もはやこのような言葉を発する「出版者」はどこにもいない。この『季刊人間雑誌』創刊号は草風館を発行所、発行人を文正吉、編集人を草野権和として、一九七九年一二月一一日付で出されている。編集後記にあたる巻末の「だそく」において、草野名で「本誌の発行目的みたいなものについては、表紙裏の短文で語ったつもりになっている」と書いているので、ここで示された「出版者」は草野に他ならないことになる。そして「知識ではなく〈知慧〉を」はプラトンの『弁明』の中の言葉で、それは「生き方・死に方がかかわるような〈知慧〉」だとされている。それを草野は西宮ルナ・ホールでの林竹二の授業「もの識りであることと賢いということ」を受け、合点したとも述べ、その思いで出発すると表明している。出版社は不明だが、草野は前身も雑誌編集者だったようだ。

『季刊人間雑誌』は一九八一年秋の第八号までが手元にあるが、林の新井奥邃に関する連載が続いているのは、そのような草野と林の関係によっているのだろう。しかしあらためて『季刊人間雑誌』を見てみると、季刊のリトルマガジンであるにもかかわらず、意外なことに雑誌コードが付され、書籍ではなくまさに取次ルートの雑誌として流通販売されていたとわかる。新規の出版社として新たに雑誌コードを取得するのは、七〇年代でも難しかったはずで、取次口座の開設に

あたって、有力な出版社の手助けがなければ、実現しなかったと思われる。この事実は草野が以前に属していた出版社の存在も作用していると推測される。それに加えて、この定価八〇〇円の『季刊人間雑誌』には広告が一切入っておらず、このことは発行人の文正吉のパトロンとしての懐の深さと資金繰りの余裕をうかがわせるものだ。それらを重ね合わせると、『季刊人間雑誌』が創刊に際して、かなり恵まれた条件の下にスタートしたことを示している。

そうして第三号からは吉田司の「若き水俣病患者の世界」を描いた「下下戦記」が連載され、第五号で完結するのだが、その「だそく」で、草野は書いている。「『下下戦記』が終わりました。四百字詰の原稿用紙で七五〇枚。質量ともにひとつの仕事でした。ありがとう、吉田さん。お互いにここからが正念場」と。これが何を意味しているのか、当時はわからなかったけれど、一九

夜の食国
よるのおすくに
吉田司
水俣の海に泡立つ闇物語
「聖地」の仮面を剥ぎ、「公害」の衣を脱いで現れた
潮風の民を追う、八百枚の衝撃作。
気鋭が書き下ろした、まったく新しい型式の民話風物語り。
白水社
定価2500円

下下戦記
げげせんき
吉田司
幻の記録の封印がいま解かれる
耳目を集める水俣の認定申請運動の陰で、
若衆宿に集う若者たちが、世間の泥沼に船出する、
可笑しくも哀しい航跡…。
白水社
定価2600円

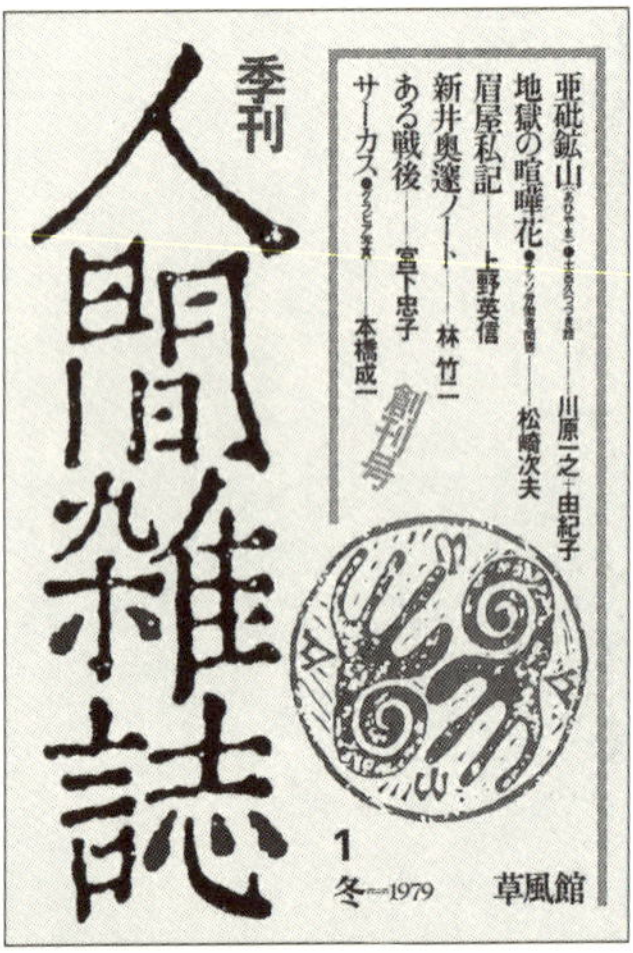

八七年に白水社から『下下戦記』が単行本化されたことにより、明らかになったのである。

　吉田は「七年目の封印を切る〈あとがきにかえて〉」で、『下下戦記』は「水俣現地では『厄災（わざわい）の書』として長い間沈黙をよぎなくされてきた本である」と始めている。それは連載中から「患者家庭の恥部を赤裸々に暴露したものと、患者関係者から激しい抗議を受け」、「同時に、『公害の聖地・水俣』に間違ったイメージを植えつけ」るとして、「支援運動側の猛反発を呼びおこした」。また主人公の若い患者たちもその責任を迫られ、「連載中止と廃刊要求」の中で、吉田自身も水俣追放を宣告され、窮地に陥ったのである。

　その一方で、『下下戦記』の単行本化は一〇社以上から申しこまれたが、吉田は断り続けた。だが七年が過ぎ、水俣の状況は変化し、「若い患者たちの自立運動は内部崩壊し」た。そうした中で、「『下下戦記』ひとりが貝の如き沈黙を強いられる必要があるだろうか―私が七年目にしてその封印を切るのはただこの一点からである」し、「この作品を私物化」「私一人の作品と位置付け直し、もう水俣の誰にも判断をあおがず出版する」。それは何よりも「厄災の書」だからだ。

　これを読むと、帯文の「幻の記録の封印がいま解かれる」「軽い時代の重い本」というキャッチコピーを了承できる。だが『下下戦記』に草野の名前は見当らず、吉田がやはり白水社から同時刊行した『夜の食国』にはその代わりに「内川千裕（草風館）」への謝辞がしたためられ、『下下戦記』の連載も林竹二を通じて実現したらしいことも語られている。

それではどうして「お互いにこれからが正念場」と伝えた草野に、吉田からの言及がないのだろうか。それは『季刊人間雑誌』が一九八一年冬の第九号で終刊となってしまったことと絡んでいるように思われる。おそらく赤字の累積も限界に達したと考えられるし、企画編集人の責任を負って草風館を去り、草野と入れ替わるようなかたちで、内川が編集責任者となり、アイヌ関連書などの単行本を企画刊行していったのではないだろうか。一九九二年版『日本の出版社』（出版ニュース社）を見てみると、草風館の社長は文正吉、編集代表は内川千裕とある。だがもはや内川の二〇〇八年の死から推測すれば、草風館は存続していないと考えられる。

41　種村季弘『吸血鬼幻想』

本書38の『怪奇幻想の文学』の第一巻『真紅の法悦』の「解説」が種村季弘によるものだったことにふれておいたが、それに関して、紀田順一郎は『幻想と怪奇の時代』で、次のように述べている。

種村季弘への原稿依頼は、以前から面識のあった私から行うこととし、当時地下鉄神保町駅の構内にあった喫茶店で落ちあい、趣意を説明した。種村は何を書いてもよいのなら、喜んで協力すると約束し、さらに当時桃源社から出した『吸血鬼幻想』のケースの黄緑色は、ドイツ語原書の吸血鬼アンソロジーのカバーを真似たものだといって、実物を見せてくれた。出来上がった解説は、これまでにない吸血鬼小説論となっていた。

しかしこの証言は四十年近く前のことであり、記憶違いも含んでいるので、それを修正してみる。まず、『真紅の法悦』の出版は紀田も記しているように、一九六九年一〇月で、種村の『吸血鬼幻想』の初版は七〇年六月に刊行されている。しかもそれは桃源社ではなく、薔薇十字社から出されていて、種村はそこに『深紅の法悦』の「解説」の「吸血鬼小説考」を大幅に加筆訂正し、収録に及んでいる。それゆえに紀田の記憶は時系列が逆で、『真紅の法悦』刊行後に『吸血鬼幻想』が出されたことになる。私の所持する『吸血鬼幻想』は七一年七月の再版だが、『怪奇幻想の文学』と併走するようなかたちでの重版だったといえるのである。

ただ種村の論稿は一九六八年秋の『血と薔薇』創刊号に掲載された「吸血鬼幻想」に端を発している。それもあって、種村は『吸血鬼幻想』の「あとがき」で、その原稿を依頼されたことが「吸血鬼熱の機縁」となったゆえに、『血と薔薇』の責任編集者で「この恐怖と魅惑のこもごもなずさわれた世界に立ち入る合図をあたえくれたわが魔道の先達たる澁澤龍彥氏」に同書を捧げている。これも既述しておいたように、紀田は『怪奇幻想の文学』第二巻『暗黒の祭祀』の「解説」として澁澤に「黒魔術考」を依頼しているので、『怪奇幻想の文学』もまた『血と薔薇』や『澁澤龍彥集成』の刊行と併行していたことになろう。

これらの同時代出版状況に関して、内藤三津子『薔薇十字社とその軌跡』（「出版人に聞く」10）で聞きそびれてしまい、悔やんでいるのだが、それは種村と『吸血鬼幻想』についても同様である。やはり『怪奇幻想の文学』も『澁澤龍彥集成』とパラレルに、種村の著書も一九七〇年前後から次々と刊行されていった。その当時の種村の印象深い著書を挙げれば、その筆頭には『吸血鬼幻想』、それに『ナンセンス詩人の肖像』（竹内書店、一九六九年）、『壺中天奇聞』（青土社、一九七六年）に続くといえる。なお『ナンセンス詩人の肖像』は本書29の安原顕の編集による一冊である。

だがとりわけ愛着の深いのは『吸血鬼幻想』で、紀田も書いている「ケースの黄緑色」と枡型本の判型は古本屋でも、ひときわ異彩を放っていた。これがドイツ語原書の吸血鬼アンソロジーを範としていることを紀田の証言で初めて知った。それもあってか、当時としては二三〇〇円の高定価で、古書価も安くならず、なかなか買えなかったことを思い出すし、あらためて『吸血鬼幻想』を手にすると、当時の出版状況が

浮かび上がってくるような気にさせられる。「装釘・口絵」は野中ユリの手になるもので、それに加えて、五〇ページ近くの「吸血鬼画廊」という絵画や映画などからの多少な吸血鬼のイメージが召喚され、「恐怖と魅惑のこもごもなずさわれた世界」へと誘っているようでもあった。

種村はこの『吸血鬼幻想』を「吸血鬼というと、だれでもすぐに思い出すのは、映画や小説でおなじみのドラキュラ伯爵やカーミラであろう」と始めている。それは種村も平井呈一のストーカー『吸血鬼ドラキュラ』、レ・ファニュ『吸血鬼カーミラ』、ポリドリ『吸血鬼』などの訳業を継承していることを告げ、澁澤とともに平井が「魔道の先達」であることを言外に示しているのだろう。それをふまえた上で、まず種村は吸血鬼の起源とその伝説をたどっていく。

吸血鬼がことのほか跳梁したのは、十八世紀のバルカン諸国であった。以来、バルカンは吸血鬼伝説の特産地となり、トランシルヴァニア山脈に沿うこの一帯は、今日にいたるまで吸血鬼の実在を証明するような怪事を生みだしている。とりわけ社会的変動のはげしい時代に吸血鬼はいつも喚び戻され、第一次大戦直後にも、ボヘミアは一種の吸血鬼ブームが起ったという。

そしてこの「死者が夜な夜な蘇って人血を漁るという伝説」はバルカン諸国に限らず、スラブ、トルコ、地中海諸国、さらにはアラビアやインドにまで及ぶ広大な地理的、歴史的分布図を以ていることが確認される。またそれらの中心としてのバルカンが周辺の様々な信仰の混ざり合う坩堝と化して、奇怪な伝説を土着化せしめたことも。ここであらためて、『吸血鬼ドラキュラ』の冒頭において、主人公ジョナサンがルーマニアのトランシルヴァニアに向かうところから始まっていることを想起させるのである。

42 紀田順一郎、平井呈一、岡松和夫『断弦』

紀田順一郎の『幻想と怪奇の時代』において、慶應大学時代に推理小説同好会に入り、大伴昌司と親しくなり〈SR（密室を意味するSealed Room）の会〉の東京支部の一員に加わったことが語られている。その月刊の会報が「SRマンスリー」で、一九六二年に東京支部編集版「怪奇文学研究」を出し、好評だったので、幻想怪奇研究誌の創刊が提案された。

メンバーは二人の他に、シナリオライター修業中の島内三秀、後に『戦慄の創造』で紀田訳、M・R・ジェイムズ「十三号室」と並んで、ブラム・ストーカー「判事の家」の訳者となる桂千穂だった。たまたま近年、桂の『カルトムービー本当に面白い日本映画1945⇓1980』（メディアックス）などを愛読している。

それはともかく、執筆、翻訳などと編集は進んだものの重みがなく、誰かに顧問を頼んだらという話が出た。そこで大伴が平井呈一はどうかといい、紀田と桂も賛同し、依頼に出かけることになった。そのことに関して、紀田は次のように述べている。

私は、ちょうどそのころ刊行された岩波版『荷風全集』に収録の『断腸亭日乗』や『来訪者』を読み、一九三五年ごろから数年間にわたる平井呈一との贋作事件および師弟関係の解消の経緯を知ってショックを覚えていたところだった。荷風に不義理をして、「情婦」と逃亡し、文壇から干されたという話など、到底信じることができなかったのである。平井呈一訪問の話が持ち上がったさい、本人に真偽を確かめるよい機会だと考えたとしても無理はあるまい。ちょうど畢生の『全訳小泉八雲作品集』（恒文社）も完結する前後であった。

実際の訪問は一九六三年の秋で、桂は所用で参加できず、紀田と大伴の二人で出かけたのである。当時平井は千葉県君津郡、現在の君津市富津町に住んでいて、東京湾をフェリーで渡り、君津港から内陸部へ数キロ入ったところだった。長い農道をたどり、木立の向こうに農家らしい家屋が見え、私服姿のあるじが待ちかねたように玄関に出ていた。

平井は六十一歳のはずだが、総白髪で、七十歳を越えているようだったし、「吉田ふみさん（俳人で後半生の平井呈一を支えた）」も「穏和な村婦」の雰囲気で、荷風のいうような「妖婦」の俤はまったくなかった。だから荷風の一件を問うことはできず、幻想怪奇文学、それも『オトラント城綺譚』の原本の口絵の話になると、平井は原本を取り出し、その口絵を示した。それが紀田に平井訳による『オトラント城綺譚』の出版を決意させたきっかけでもあった。この平井訪問のところに、平井の写真と『オトラント城綺譚』の口絵が掲載されている。そして一九六四年に同人雑誌"THE HORROR"創刊号が出され、平井からは「Congratulations!! わが国初の怪奇小説専門誌の誕生、おめでとう!」という葉書が届いた。

紀田は『幻想と怪奇の時代』でふれていないけれど、実は一九九三年に平井をモデルとする岡松和夫の『断弦』(文藝春秋)が出されている。これは『文學界』に九一年から九二年にかけて断続的に連載された作品である。そこで平井は白井として登場している。語り手は秋川で、彼の妻の伯父が白井という設定である。六一年に秋川は母校の大学図書館閲覧室で茶色の和服姿の六十ばかりの男を見かける。背広の若い男と一緒で、秋川は彼の妻の伯父だと気づいた。一ヵ月ばかり前に一度だけ会っていたからだ。

そこで秋川が白井に近づいて挨拶すると、白井は一緒にいる男が出版社勤めで、自分の本を出してもらっていると紹介した。また彼に対しても、秋川が「自分の姪と結婚していること、高校で教師をしながら小説を書いていて、『文学界新人賞』を受賞していることまで、ずいぶん正確に話したのには秋川の方が驚かされた」のである。これは岡松のそのままの経歴で、彼の作風から考えれば、実際に平井は彼の妻の伯父だったと見なせよう。

また秋川も「白井についての醜聞めいたこと」だけは知っていて、それを次のように記している。

若い頃妻子を捨てて愛人と生活するようになったこと、昭和十年代には高名な文学者永江荷葉のもとに出入りしていたが、荷葉の副本を作るように頼まれた時に偽書を作って古書店に売ったこと、それが発覚して出入りを差しとめられたこと、のちに荷葉はその経緯を短編小説に書いて白井に筆誅を加えたこと――秋川はその短篇小説を読んで、白井の輪郭について知った気になっていたのだった。

この『断弦』における白井＝平井に関する記述は先の紀田のものと重なるし、岡松と紀田はほぼ同世代であり、平井と会ったのも同時期なので、平井呈一はそのようなイメージの中で戦後を生きてきたことになる。それを岡松は「その無口さからも、丁寧な立居振舞からも、壮年期に受けた生涯消えぬ傷痕のようなものを感じた。それは六十になった今も続いて、このまま白井の生涯を終わらせるのであろうかとさえ思った」と書いている。

ここに岡松の『断弦』を書くに至るモチーフが述べられていることになろう。白井とはその後もう一度会ったが、一九七六年に七十四歳になる少し前に病没した。秋川はやはり千葉県に住む、まだ健在だった白井の愛人「村田タツ子」を訪ねる。彼女も玄関のところで待っていて、「余りにも普通の老女」に見え、小説に出てくるのは「荷葉の空想の女」だと納得する。それから二ヵ月後、名前だけは知っている老英文学者から、白井の名が自筆で記された二冊の大学ノートが送られてきた。それは白井が亡くなる前に託した「青春期の記録」であり、秋川は二日かけて「小説体の白井の文章」を読み、老英文学者に会いたいと思い、電話すると、昨日亡くなったと告げられた。そして白井の二冊の大学ノートが残され、『断弦』の本編が始まっていくのである。

43　恒文社『全訳小泉八雲作品集』と『夢想』

平井呈一が戦前にラフカディオ・ハーン／小泉八雲の『怪談』や『骨董』の訳者で、戦後も『心』や『東の国から』も翻訳し、それらがいずれも岩波文庫に収録されていたことは知っていた。それゆえに一九六四年から六七年にかけて、『全訳小泉八雲作品集』全一二巻に取り組み、六七年度日本翻訳文化賞を受賞したことも承知していたけれど、どうしてそれが恒文社から刊行されたのかはずっと不明のままだった。

その事実が明らかになったのは前回の岡松和夫の『断弦』が刊行されたことによってである。前回もふれておいたように、『断弦』の「序」は語り手の秋川が母校の大学図書館で、妻の伯父の白井=平井と出会うシーンから始まっている。白井はハーンの翻訳の資料を見るために「出版社の山本」と一緒に、「よく名の知られている英文学者」の紹介で、図書館を訪ねていたのである。「出版社の山本」とは、『全訳小泉八雲作品集』の『仏領西インドの二年間』下の平井の解説「八雲の小説」で名前が挙げられている「恒文社編集部小林英三郎」ではないかと思われるが、

「よく名の知られている英文学者」が誰なのかわからない。しかしやはり「序」の最後のところに出てくる、白井が二冊の大学ノートを託した「老英文学者」とは別人であろう。

その大学ノートは白井の昭和初年から第二次世界大戦までの「とびとびの年月の手記」、すなわち『断弦』に他ならないので、『全訳小泉八雲作品集』のことは記述されていない。だがそれが終わり、再び秋川の語りに戻る「跋」において、具体的に言及されている。

白井に全十二巻の作品集を依頼したのは恒文社の社主である。社主は小千谷中学の卒業生で中学時代からハーンに惹かれていた。戦争中、白井は小千谷に疎開して小千谷中学の教師となる。白井は既に岩波文庫でハーンの翻訳を四冊も出していたのだし、社主がハーン作品集全巻の訳者として白井を選んだ筋道は「母校の縁」ということらしかった。秋川は社主にも会ってみた。(中略)ハーンの十二巻の作品集は出版されて三十年近く経つのに今も在庫が確保されているそうだ。

『日本百年出版史年表』によれば、ベースボールマガジン社の姉妹社として、創業者の池田恒雄によって恒文社が設立されるのは一九六二年である。そのことから考えると、平井の『全訳小泉八雲作品集』は「ハーンに惹かれていた」池田が「母校の縁」で目論んだ恒文社の創業企画と見なしていいのかもしれない。

だが平井にとってのハーンへの注視はやはり自らいうところの小泉八雲の「怪異小説」にあり、それは戦前の『怪談』や『骨董』の翻訳にも明らかで、『全訳小泉八雲作品集』にも『怪談・骨董他』、中国の伝説奇話に基づく『中国怪談集他』、エジプトやインドなどの古書や経典からの妖異なファンタジー『飛花落葉集他』にも顕著であろう。

しかしここではそれらではなく、『日本雑記他』に収録された『夢想』にふれてみたい。これは「人はみな、時の流れに棹さして、／目ざめしおりは遠白く／目閉ずるのちに達すべき／かの彼岸をば、むなしくも／想い夢みるものこそ。」というマシュー・アーノルドの詩がエピグラフに置かれ、「夜光虫」「人ごみの神秘」「ゴシックの恐怖」「飛行」「夢魔の感触」「夢の本から」「一対の目のなかに」の七編が収録されている。この『夢想』に関して、平井も同巻の解説「八雲と再話文学」で言及していないし、管見の限り、論稿も見ていないが、私見によれば、八雲の幻視者としての本質が見事に表出していると思われる。「人ごみの神秘」はまさにボードレールだが、それよりも私は半世紀近く前に読んでいたネルヴァルのことを想起した。

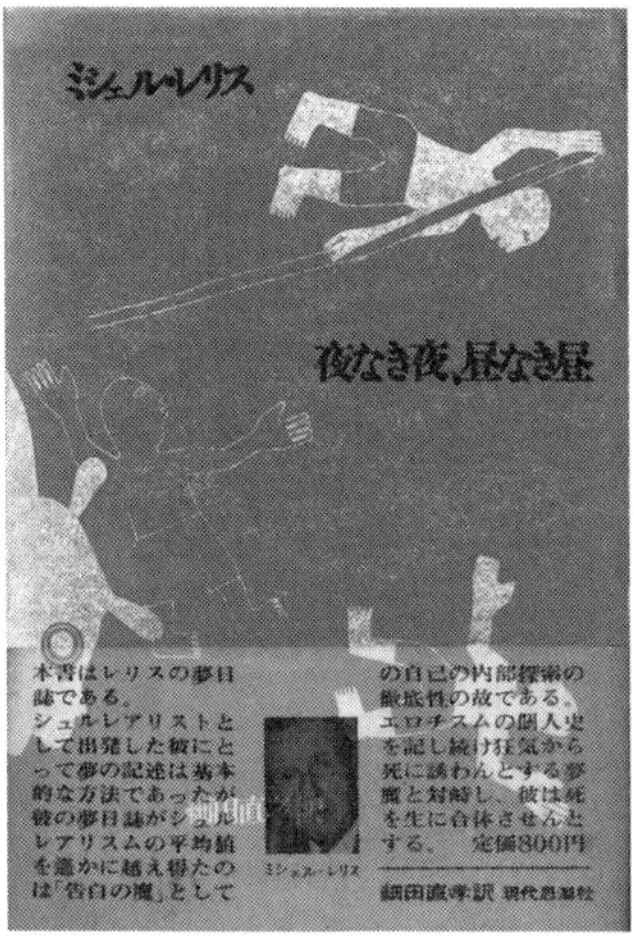

ネルヴァルを知ったのはミシェル・レリスの夢日記『夜なき夜、昼なき昼』（細田直孝訳、現代思潮社、

一九七〇年）においでで、そのエピグラフに「夢は第二の人生だ」という言葉が置かれていたからだ。それに触発され、続けてネルヴァルの『幻視者たち』（入沢康夫訳、同前、一九六八年）を読み、彼も含んだ幻視者たちの系譜を学んだ。ネルヴァルはゴーチェの盟友であったことからすれば、ゴーチェの影響を受けていたハーンもネルヴァルを読んでいたにちがいないし、それにネルヴァルの『東方への旅』（篠田知和基訳）も『世界幻視文学大系』に収録されているのである。『夢想』の全編が魅惑的だが、ここでは「夢想の感触」を取り上げておこう。ハーンは書いている。

恐怖というものは、すべて経験から生まれる。―個人的な経験、民族的な経験。―現在の生活経験、もしくは、とうの昔に忘れ去られた過去の生活経験。恐怖はそこから生まれる。たとえ未知の恐怖でも、それ以外に原拠はありえないはずだ。してみると、幽霊の恐怖というものは、過去に受けた苦痛から生まれるに相違ない。

おそらく、幽霊の恐怖の起りは、幽霊を信じることとひとしく、やはり夢からはじまったものなのだろう。

これは『怪談』などの物語にも通底していよう。

44　平井呈一『真夜中の檻』と中島河太郎

紀田順一郎の『幻想と怪奇の時代』や岡松和夫の『断弦』では言及されていないけれど、彼らが平井呈一と出会った一九六〇年代前半に、平井の『真夜中の檻』が中菱一夫名義で、浪速書房から刊行されていた。これは同タイトルと『エイプリル・フール』の二編を収録し、その「序」を江戸川乱歩、その「跋」を中島河太郎が寄せている。

この『真夜中の檻』は幸いにして、一九七五年に荒俣宏の「序 平亭先生の思いで」、平井の「海外怪奇散歩」を始めとするエッセイ、訳書一覧なども収録し、創元推理文庫の一冊となった。創元推理文庫版にも乱歩の「序」と中島の「跋」は掲載されているが、乱歩との関係は本書37の『世界大ロマン全集』における『怪奇小説傑作集』、それに続く同36で紹介した『世界恐怖小説全集』を通じて始まったと推測される。

また中島とはこれも一九五八年にやはり東京創元社から刊行された『世界推理小説全集』のうちのリリアン・デ・ラ・トア『消えたエリザベス』（第六五巻所収）、ドロシー・セイヤーズ『ナイン・テイラーズ』（第三六巻所収）が発端のように思われる。なぜならば、『世界推理小説全集』はすべての解説を中島が担当していた事実をふまえると、実質的に中島による企画編集だったと考えられるからだ。

これを伏線として、原田裕『戦後の講談社と東都書房』（「出版人に聞く」14）の証言にあるように、中島は一九七二年からの『世界推理小説大系』にも参画している。その中に平井訳によるディクソン・カー『黒死荘殺人事件』（第一〇巻所収）、エラリー・クイーン『Yの悲劇』（第八巻所収）、ヴァン・ダイン『僧正殺人事件』（第七巻所収）などが収録されたのも中島の尽力によっているのだろう。

このような中島との関係から、平井は中島の「跋」にある「地方の旧家に材を取りながら、清新な怪奇を創造した。従来のこけおどし怪談を一蹴するに足る貴重な収穫」、「昭和怪奇文学の前途をトするもの」として、『真夜中の檻』を提出したと思われる。そしてそれを中島は浪速書房へとつなぎ、平井は永井荷風の一件もあるので、中菱一夫名で発表したのではないだろうか。紀田の「解説」によれば、中菱一夫というペンネームの由来は不明だが、平井の蔵書の大半にこの名が墨書きされているという。

前置きが長くなってしまったけれど、ここでようやく『真夜中の檻』に言及できる。これは平井が戦時中に疎開し、二年間中学校の英語教師の職にあった新潟県北魚沼郡小千谷町での見聞がベースになっているし、他ならぬ平井ならではの日本版『オトラント城綺譚』と見なせよう。

まずは「昭和三十五年孟夏」の日付で、編者の言葉が記され、以下の文章は中学時代からの友人、風間直樹が書いた手記だと述べられている。風間は大学卒業後、都内の有名高校歴史科の専任教師として在職していたが、彼の死後、その手記は同校の生徒図書室の整理戸棚の中から偶然発見されたのである。大判大学ノート一冊に克明な細字で書き記され、黄色の大型封筒に厳封され、その表には編者の宛先が大字で書かれていた。遺書も編者宛手紙もなく、発表の是非に関する個人の遺志はまったく不明だが、「亡友逝きてすでに十有星霜をへた今日」、「ここに編者の独断をもって、あえてこの稀有な体験記をひろく世に問う僭越をおかすことにした。以下がその全文である」と記され、物語が始まっていく。

「昭和二十X年の夏、わたしはその年はじめて勤めた学校の休暇を利用して、新潟県X宇野沼郡法木作村の麻生という旧家へ、同家に古くからつたわる古文書類を見せてもらいに行った。」この麻生家は三百年前から続いている郷土で指折りの古い家柄で、「わたし」は近世農村経済史を専攻していたことから、その方面の資料調査を目的としていた。「おしゃか屋敷」と呼ばれる当主の喜一郎は郷土の史料保存にも熱心で、市の郷土博物館開設に当たっての出品者だった。「わたし」は恩師の紹介状を先に送り、上野発上越回り新潟行きの列車で東京をたった。

高崎からの先はまったくの未知の土地で、国境の長いトンネルをこえると、見渡す森も山も「人の魂を圧するようなこの重苦しい暗鬱な自然」を浮かび上がらせていた。その描写は川端康成の『雪国』を彷彿とさせ、「わたし」の道行きは泉鏡花の『高野聖』のようでもあり、途中で喜一郎の死を知らされたりした。そうしてようやく麻生家へたどり着いた。そういえば、魚沼とは江戸川乱歩の「押絵と旅する男」の発端の地でもあった（引用は光文社文庫より）。

とほうもなく厚いわら屋根の、とほうもなく大きな長屋門が、三方山に囲まれた小高い台地の夕闇のなかに黒々と立っていた。（中略）これが通称「おしゃか屋敷」、麻生家の入口であった。（中略）広い前庭の正面に建っている広大な家（中略）は家というよりも、むしろ殿堂とか伽藍というものにちかいものであった。（中略）こんな度はずれて大きいものは、見る者になんとなく不気味な畏怖の念をいだかせるものだ。（中略）わたしは夕闇のなかにいきなりこのとてつもない大きな建物を見た瞬間、なんだか古代の怪獣でもそこにとぐろを巻いていているような奇怪な印象を受けたのである。

これこそは日本のオトラント城と吸血鬼の出現に他ならない。それならばその日本版「綺譚」とは何か。こちらは読んでもらうしかないだろう。

45　立風書房『現代怪奇小説集』と長田幹彦「死霊」

前回の平井呈一の『真夜中の檻』だけは一九七〇年代に『現代怪奇小説集』が編まれ、その中に収録されていたのである。しかもこれも紀田順一郎と『幻想と怪奇』が関係し、やはり『幻想と怪奇の時代』に証言が残されている。その号は未見だが、『幻想と怪奇』の「日本作家特集」が発端だった。

この日本作家特集を見た立風書房から『現代怪奇小説集』全三巻のアンソロジー企画が持ちあがり、間もなく中島河太郎との共編ということで実現の運びとなった。中島河太郎との交流は学生時代に田村良宏先輩に引き合わされて以来、たびたび墨田区の住居に尋ねていったものだ。一帯はそのころまで水難の多発地帯であったが、対策として書庫を防災仕様とし、入口に銀行の金庫室のような頑丈なハンドルが付けられていたのにはおどろかされた。膨大な蔵書は推理小説ばかりでなく、専門の国文学や民俗学系の文献も多かった。（中略）初対面のころはまだイガ栗頭の高校教師であったが、十数年の間に大学教授としてのキャリアも加わり、共編者として願ってもない人だった。「新青年」の全冊揃いを所持していたところ

から、私の発掘した作家（荒木良一、杉村顕道、平山蘆江など）を含め、テキストは簡単に揃った。編集と刊行も順調で、版を重ねた。

私が所持するのはそこに書影が示された一九七四年版の全三巻ではなく、七七年の上下本で、これには荒木良一の作品は収録されていない。それゆえに内容も一部改訂された改装版と考えられるが、ここではこちらを用いる。この上下本には小酒井不木の「手術」から始まって、半村良の「箪笥」までの三八編が収録されている。未知の作家と作品は伊藤松雄「地獄へ行く門」、伊波南哲「逆立ち幽霊」、杉村顕道「ウールの単衣を着た男」が挙げられる。

紀田は「解説」といえる巻末の「日本怪奇小説の流れ」（これは『幻想と怪奇の時代』にも収録）において、「日本の怪奇幻想小説を、系統的に理解しようとする気運が生まれたのは比較的最近のことに属する」し、近代以前の上田秋成や鶴屋南北を除けば、近代以降の作品に関して「体系づけの視点が定まっていない」と始めている。それは西洋の場合、発生史的にキリスト教との対立概念としての「悪魔主義《サタニズム》」に起源を求めることができるけれど、日本の怪奇幻想小説はそうした「理念的な〝核〟」を有していない。それもあって、「一般の怪奇幻想文学受容のあり方が、目だって変化するきっかけとなったのは、四十年代初期の江戸川乱歩、夢野久作、小栗虫太郎を中心とする〝異端文学〟のリバイバル・ブームだった」との判断が提出される。これは私もほぼ同じリアルタイムの読者だったから、実感として受け止められる。

この三人に稲垣足穂、橘外男、久生十蘭、香山滋、日影丈吉、中井英夫なども加えられるであろう。実際に『現代怪奇小説集』にも彼らの作品はそれぞれ収録されているので、それらを挙げておく。江戸川乱歩「人でなしの恋」、夢野久作「難船小僧」、小栗虫太郎「白蟻」、稲垣足穂「ココア山の話」、橘外男「蒲団」、久生十蘭「予告」、香山滋「怪異馬霊教」、日影丈吉「奇妙な隊商」、中井英夫「薔薇の夜を旅するとき」といったセレクションとなっている。そして忘れることなく、「一人平井呈一だけは、西欧の感覚を日本的風土に生かした作品『真夜中の檻』をのこした」との言が置かれている。

だがここではそれらの作家や作品ではなく、長田幹彦の「死霊」にふれてみたい。それは飯田豊一『『奇譚クラブ』から『裏窓』へ』（「出版人に聞く」12）で、飯田の原点が長田の「零落」にあると語っているからで、これは長田が旅役者の群れに加わり、その体験に基づき、旅役者の生活を描いた作品である。しかしその後、長田は京阪地方に流寓し、京都木屋町の宿に滞留して、祇園の茶屋に遊び、舞妓に親しみ、祇園の風俗、芸妓たちとの交情を描く情話文学の作者として、大正時代にもてはやされるようになる。かつての旅役者の代わりに、祇園の舞妓や芸妓が発見されたのであり、それは文学の通俗さへとリンクし、「遊蕩文学」へと堕していった。その集成が飯田の愛読した円本の『長田幹彦・野上弥生子集』（『明治大正文学全集』33、春陽堂書店）だったのである。

ところが戦後になって、どのような経緯と事情があってなのか不明だが、長田は一九五二年に超心理現象研究会を設立し、それを主宰し、『幽霊インタビュー』や『私の心霊術』を刊行している。前者に「死霊」などの六つの作品と座談会の収録があるとされるが、未見であり、紀田は「当時の心霊学流行を反映する書物としても興味ぶかい」と述べている。「死霊」は長田の京都体験、風俗と生活、僧侶の実態、心霊学などが重奏され、戦後の心霊学の位相が様々に織りなされているのだろう。

この『現代怪奇小説集』に先駆け、一九七〇年に同じ立風書房から『新青年傑作選』全五巻が刊行されていたことを思い出し、確認してみると、「責任編集 中島河太郎」とあり、中島の「『新青年』全冊揃い」をベースにして編まれたと考えられる。そのようにして『新青年』もまた再発見されようとしていたのである。

46 月刊ペン社「妖精文庫」と創土社「ブックス・メタモルファス」

紀田順一郎は『幻想と怪奇の時代』において、その時代に寄り添った出版社として月刊ペン社と創土社の名前も挙げ、前者からは「妖精文庫」、後者からは「ブックス・メタモルファス」などが刊行されたことに言及している。

月刊ペン社は一九六八年創刊の総合雑誌『月刊ペン』を主体とする出版社で、書籍も多く刊行し、その中でも「妖精文庫」は異色のシリーズであった。それは紀田もふれている日本ユニエージェンシー編『アンソロジー・恐怖と幻想』全三巻を手がけた編集者阿見政志による企画だったと思われる。第一期「妖精文庫」の「別巻」として、一九七七年に荒俣宏の最初の著書『別世界通信』が出され、同書は「畏友である月刊ペン社の阿見政志氏」に勧められ、『月刊ペン』に連載された「ファンタジーの世界」が骨格になっているとの言が「あとがき」に見える。やはり同誌に紀田たちとゴシックと暗黒小説の紹介を連載し、それは後に『出口なき迷宮』と題され、牧神社から刊行されている。また荒俣はこの「妖精文庫」の編者にして訳者でもあり、ジョージ・マクドナルド『リリス』（上下）、ウィリアム・ホープ・ホジスン『ナイトランド』（上下）を手がけている。

紀田によれば、この「妖精文庫」は一九八三年までに二九冊を刊行したとされる。たまたま「妖精文庫」30とある一九八一年刊行のジャン・ロラン『フォカス氏』（篠田知和基訳）を所持しているが、三二冊のうちのウェールズ神話『マビノギオン』、F・マクラウド『ケルト民話集』、A・ブラックウッド『妖精郷の囚れ人』の三冊が未刊となっている。八一年段階で二九冊を数えているが、その後、八三年に『ケルト民話集』と『妖精郷の囚れ人』が出されている。しかし『マビノギオン』は未刊のままで終わっている。

また一九八三年には商法改正で、総会屋系雑誌とされる現代評論社の『現代の眼』や流動出版の『流動』も休刊となっているので、おそらく同様の『月刊ペン』も休刊へと追いやられ、「妖精文庫」も完結を断念することになったのかもしれない。いずれにしても、月刊ペン社自体が八〇年代半ばには消えてしまったと思われるし、その時期には「妖精文庫」が古本屋で特価本として売られていたことを記憶している。
創土社に関しては紀田の証言を引こう。

『ブックス・メタモルファス』は独仏系本で範囲を広げ、定評ある幻想怪奇小説のほか、深田甫全訳『ホフマン全集』(井田一衛編集)などを企画した。荒俣宏訳『ダンセイニ幻想小説集』、中村能三訳『サキ選集』などのほか、私も『ブラックウッド傑作集』『H・R・ジェイムズ全集』(いずれも後に再編の上、創元推理文庫として刊行)などと参加したが、諸般の事情から永続しなかったのは惜しまれる。

『ホフマン全集』が鮮やかな緑色の箱入だったことが思い出されるし、ビアスの『完訳 生のさなかにも』(中村能三訳)、『完訳 悪魔の辞典』(奥田俊介他訳)も手元にあり、中島河太郎編『ビーストン傑作集』『ルヴェル傑作集』の記憶も残っている。
しかし創土社の出版に関しての印象的なエピソードは鈴木武樹訳『ジャン＝パウル文学全集』にある。私は鈴木のかつての実家の近くに住んでいて、その妹との交流もあり、彼が『ジャン＝パウル文学全集』の実現に全力を傾け、その出版費用を稼ぐために働き過ぎて病に倒れ、亡くなったことを聞かされた。その『ジャン＝パウル文学全集』6の『五級教師フィクスラインの生活』だけは入手しているが、そこに偶然のことながら、「一九四七・九・一五付」の「創土通信」（No.4）がはさまれ、中村、深田、荒俣と創土社の井田一衛による「創土社五年之四方山譚」が掲載されていたので、それを紹介したい。

それによれば、創土社の井田は学藝書林で『全集・現代文学の発見』の編集をしていて、先の『完訳 生のさなかにも』などの発行者となっている土屋邦子も同様だったようだ。その学藝書林からサキを出したいということで、中村に翻訳を依頼し、再校までとったのに横槍が入り、出版は中止となってしまった。それで一九六九年に井田と土屋が創土社を設立し、『サキ選集』を処女出版したのである。中村はいっている。

「第一回にサキを出すっていうんで、そりゃあぶない。（中略）そんな小さな出版社で売れるわけはないよ、つくったとたんにつぶれるぞってね」。それに対し、井田も応えている。「サキはどうしても出したかったんで、つぶれてもいいという覚悟で……（中略）サキのあとビーストン、ルヴェル、ビアスの『生のさなかにも』。それからホフマン、ラヴクラフト、ダンセイニ、ブラックウッドと続いて、そういった路線が見えてきたわけですね」。

そうして創土社の所謂「怪奇幻想路線」が定着したのである。それに加えて感動的なのは、そこに『ホフマン全集』全一〇巻の明細が掲載されているのだが、九冊まで刊行し、そのうちの3

の『夜景作品集』、7の『牝猫ムルの人生観』『ブラムビルラ王女他』はすでに品切となっていることだ。『ジャン＝パウル文学全集』のほうはわからないが、この時代に『ホフマン全集』の読者は確実に存在していたことになる。だが創土社のほうは一九九〇年代までの存続は確認できたが、その後の行方はたどれていない。

47 『アーサー・マッケン作品集成』と『夢の丘』

これまでたどってきたように、平井呈一の出版社との関係は一九五〇年代の場合、『世界大ロマン全集』や『世界恐怖小説全集』の東京創元社、六〇年代は『全訳小泉八雲作品集』の恒文社と『怪奇幻想の文学』の新人物往来社に集約されていたと見なせよう。だが七〇年代に入ると、そこに牧神社が加わっていくことになる。

その前史は一九七二年に牧神社を設立する菅原孝雄が九州大学仏文科を出て、紀伊國屋書店洋書部に入り、思潮社に転職したことから始まっている。菅原は『本の透視図』（国書刊行会）でふれているが、『怪奇幻想の文学』に収録の『オトラント城綺譚』の思潮社からの単行本化を考え、上野の風月堂で、やはり和服姿の平井と会った。平井はそれを建部綾足に範をとる擬古文でと提案し、思潮社版『おとらんと城綺譚』が七二年に刊行された。その前年に菅原は七〇年に創刊した海外詩の出版に連動する季刊誌『思潮』の編集人を務め、七一年の五号「恐怖と幻想の夢象学」特集の巻頭に、平井の「英米の怪異小説を中心に」語った「私の履歴書」を掲載している。これは創元推理文庫版『真夜中の檻』にも再録されている。
平井はそこで大学予科時代に、アーサー・マッケンを読んだことが契機となって、怪異小説に触手をのばすようになったと回想し、さらに続けている。

マッケンの「パンの大神」をはじめて読んだ時の感動も忘れがたい。わたしは興奮して、夜通し東京の町をほっつき歩いたことを憶えているが、それ以来マッケンの妖気の虜になった。"The Three Impostors" "The House of Souls" と読んでいくにつれて、「白い粉薬」「黒い封印」「輝くピラミッド」「白っ子」「内奥のひかり」など、ウエールズの寂しい野山を背景に、太古の神のなす妖異な所業におののき、ことに作者の世紀末風のデカダン趣味がわたしの肌にあい、今でも一番好きな怪異作家は誰かと聞かれれば、躊躇なくマッケンだと答えられるほど、わたしはこの人に心酔している。"The Hill of Dreams" という作品は純文学小説で、マッケンの生涯に只一冊の私小説だが、ルシアンという文学青年の生活を中心に、これほど都会のなかの孤愁と若い魂の息づきを深々と描いたものはちょっとない。かれの怪異小説とは別に、これは時間をかけてぜひ翻訳したいと思っている。

そうした平井のマッケンへの愛着に寄り添うように、菅原は組合問題も絡んで思潮社を辞め、

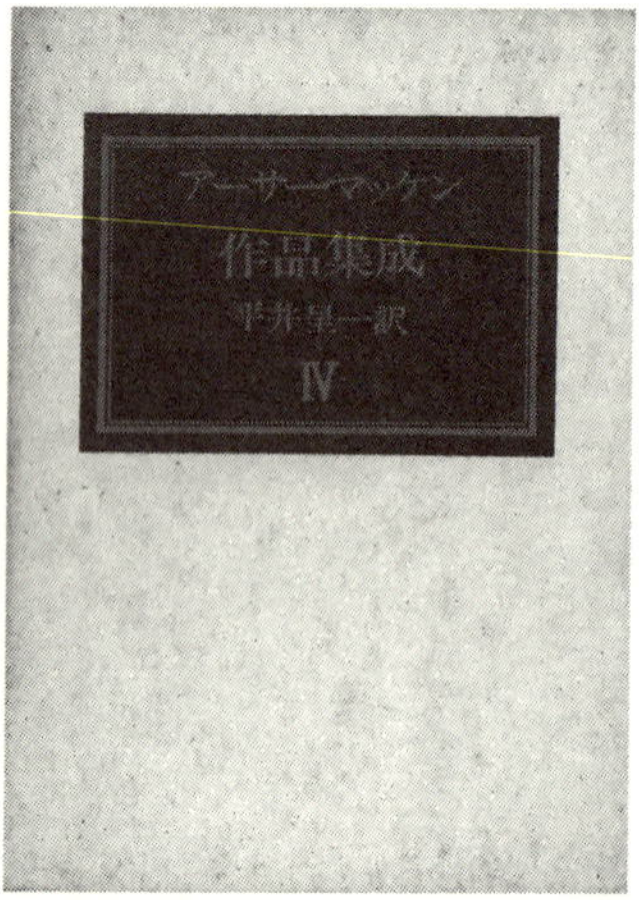

一九七二年に編集の大泉史也と営業の渡辺誠とともに、本郷で牧神社を立ち上げ、『思潮』はやはり季刊誌『牧神』へと引きつがれた。そして牧神社の最初の企画として、七三年から平井の個人全訳『アーサー・マッケン作品集成』全六巻が刊行されることになった。それにアンソロジー訳『こわい話・気味のわるい話』が続いていく。

幸いにして『夢の丘』を収録した『アーサー・マッケン作品集成』Ⅳは入手しているので、それを読んでみる。「空にはあたかも大きな溶鉱炉の扉をあけたときのような、すさまじい赤光があった」と始まっている。これは主人公のルシアンという一人の精神の遍歴をテーマとしていることもあって、自伝的要素が濃厚であり、第一章から第四章までの舞台はマッケンの郷里のカーリオン・オン・アスタとその周辺で、ルシアンが生まれ育った牧師館での中学時代の夏休みの生活をイントロダクションとしている。

第二章ではルシアンがロンドンに送った小説を盗作されたことから、悪徳出版社と盗作著述家の実態に憤り、絶望と孤独に陥るが、その一方で制作への意欲に駆り立てられていく。第三、四章では初恋の娘のアンのために憧憬と尊敬を制作へ投影させるために、自らの肉体に苦痛を与える苦行者となり、憔悴したからだで友達の家に招かれ、貧しい自分と父、若い娘たちの軽薄さと虚栄を思い知らされる。それゆえに自分を取り巻く見せかけと偽善の世界から逃避するために、自分の夢想する理想の都「アヴェラニウスの園」幻想に取りつかれる。

第五章において、ルシアンはロンドンに出て、郊外の陋巷の一室で苦しい制作生活を始めるが、アンはすでに縁戚の男と結婚し、彼女の思い出を心の支えとして制作を続ける。しかし父も亡くなり、彼は天涯孤独となる。

第六、七章では季節は冬となり、ルシアンは濃霧の中での彷徨が続き、一人の街娼に誘われ、野中のあばら家に赴くが、それはマッケン特有の夢魔のような、都会のなかでのサバトのような、夢とも現ともつかない幻想的な筆致で描かれる。そしてルシアンは長編を苦心の末に書き上げるが、ついに力尽き、睡眠薬を多量にのんで死ぬ。その末期の時にあって、彼の半生の出来事が走馬灯のように去来し、それは凄愴としたイメージで迫ってくる。しかも最後には先の街娼とヒモのような男が現れ、いきなり世界は現実に引き戻され、この対比は平井もいっているように、この象徴的な小説に絶妙な終止符が打たれたという印象を生じさせる。

『夢の丘』とほぼ同時代に出版されたギッシングの『ヘンリ・ライクロフトの手記』や『三文文士』をテーマとし、かつて拙稿「三文文士の肖像」(『ヨーロッパ 本と書店の物語』所収、平凡社新書)を書いている。それが想起され、『夢の丘』もまたひとつの「幻想怪奇小説家の肖像」のように思われた。

なお荒俣宏の『世界幻想作家事典』(国書刊行会)に、マッケンの作品も含んだ詳細な立項があることを付記しておく。

48 『思潮』創刊号特集と「ミシェル・レリスの作品」

前回ふれた一九七〇年創刊の思潮社の季刊誌『思潮』は七二年に六冊目を出したところで終刊となる。その創刊の意図に関して、創刊編集人の菅原孝雄は『本の透視図』（国書刊行会）の中で、「日本語の詩集出版と併走する月刊誌に『現代詩手帖』があるように、海外詩の出版に連動する雑誌があっていい。それを具体化するというのが、一九七〇年に創刊した既刊『思潮』の趣旨だった」と語っている。

これはどこにも記されていないと思われるので、その『思潮』の特集テーマを挙げてみる。

1「シュルレアリスムの彼岸」
2「シュルレアリスムの異相」
3「ヌーヴェル・クリティックの暗流」
4「異形の演劇または醜悪と瘋狂の燔祭」
5「恐怖と幻想の夢象学」
6「ネルヴァルと神秘主義」

このようにあらためて、特集テーマを並べてみると、『思潮』は「海外詩の出版に連動する雑誌」というよりも、本連載でも取り上げてきた『血と薔薇』や『パイディア』、あるいは一九六九年創刊の『ユリイカ』などの特集主義の文芸雑誌の色彩が強い。また『思潮』のように多くが短命であったとしても、六〇年代後半から七〇年代にかけてがリトルマガジンの時代であったことを想起させてくれる。それとともに、『思潮』は一、三、五号の三冊が手元に残されているけれど、その特集テーマゆえに購入したことも思い出される。五号については前回取り上げたので、ここでは創刊号に言及してみよう。

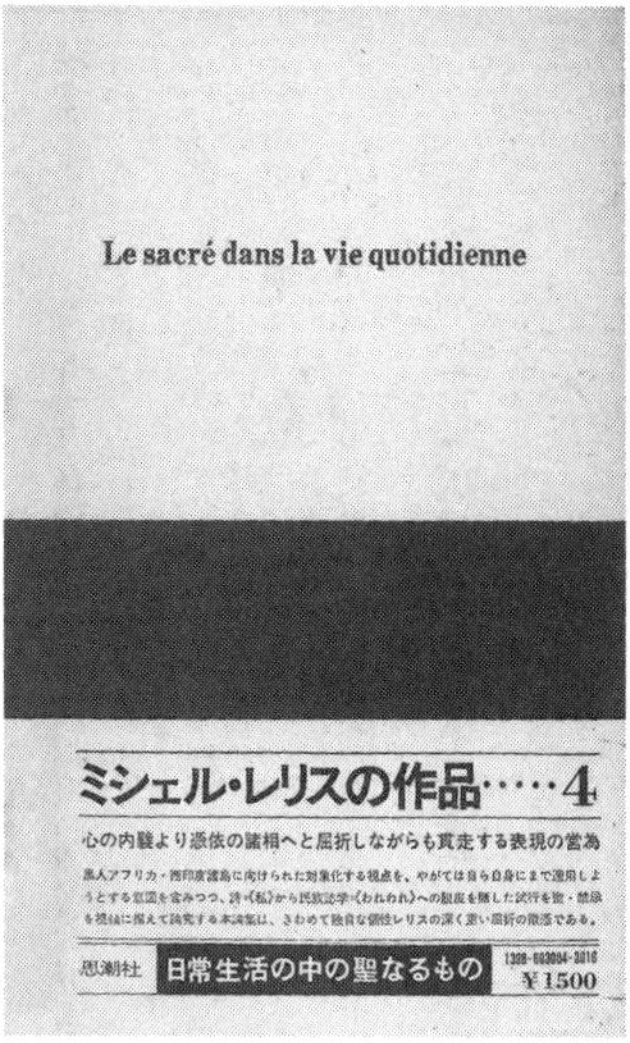

これは本書29で既述しておいたけれど、一九三八年に設立されたジョルジュ・バタイユやミシェル・レリスたちの社会学研究会へ注視し始めていて、一九七〇年第八号の『パイディア』がバタイユ特集で、私はそれに言及していたのである。『思潮』の創刊号も一九七〇年夏に出され、特集テーマは「シュルレアリスムの彼岸」とされていたが、その後にcollège de sociologieというフランス語表記が示され、これが他ならぬ社会学研究会特集だとわかった。つまり『パ

イディア』と『思潮』はほぼ同時期に、やはり同じ特集を組んでいたことになる。ただ今となっては明確な記憶がないのだが、『パイディア』を先に読み、『思潮』が続いたように思われる。それに後者は古本屋で入手していて、定価の半分の「一八〇」という古書価が記されている。『思潮』創刊号特集の前口上の前半は次のようなものだ。

人間精神と世界の極限に見出され、時代を超えてあるものは、歴史や意識の変革を説き、事実それに参画した一群のシュルレアリストたちの仕事とは逆の領域にあり、そこに達する研究の作業は決してモラルということで語られるものではない、といった意味のことをバタイユは死の数ヶ月前インタビューアに語っている。恐らく、バタイユ、レリスらの社会学研究会Collège de Sociologieが一九三〇年代というシュルレアリスム凋落の期に屹立させた夥しい作品群はこのような言葉によって一応理解されよう。

そして実際にバタイユ詩集「大天使のように」(生田耕作訳)や先のマドレーヌ・シャプサル「バタイユとの対話」(これは「訳・文章編集部」とあるが、菅原訳とも考えられる。後に晶文社のシャプサル編、朝比奈誼訳『作家の仕事場』に収録)も掲載されているけれど、これはミシェル・レリス特集に他ならない。それは出口裕弘のレリス論「ミノタウロスの影」(後に『行為と夢』所収、現代思潮社)から始まり、その初期散文詩集「基本方位」、モーリス・ナドーと岡谷公二によるレリス論が続き、「レリス略伝・著作目録」で、『思潮』創刊号の半分が占められていることからも明白であろう。

それには当時のレリスをめぐる翻訳出版状況が絡み、巻末に思潮社による「ミシェル・レリスの作品」全四巻五冊の表裏四ページの折りこみ近刊案内が掲載されているように、社会学研究会メンバーの中でも、一九七〇年前後に多くが集中して翻訳されていたのである。まず思潮社のその明細を示せば、小説『オーロラ』（宮原庸太郎訳）、詩集『癲癇』（小浜俊郎訳）、評論集『獣道』（後藤辰男訳）、自伝的エッセイ『幻のアフリカ』（岡谷公二訳）となっていた。そこにその広告に寄せた出口の「レリスを読みながら、私はいつも彼の盟友だったバタイユを横目で見る」というアングルが含まれていたはずだ。しかしどういう事情なのか、経緯は詳らかにしないが、『幻のアフリカⅠ』はイザラ書房から刊行され、その代わりに思潮社からは『日常生活の中の聖なるもの』（岡谷公二訳）が出され、「ミシェル・レリスの作品」は予告と異なり、四冊で完結したのである。この企画編集者が菅原だったことはいうまでもないだろう。

それに先駆け、新潮社からはやはり岡谷訳で、『黒人アフリカの美術』、パラレルに現代思潮社からは『成熟の年齢』（松崎芳隆訳）、『夜なき夜、昼なき昼』（細田直孝訳）、『闘牛鑑』（須藤哲生訳）が出され、『幻のアフリカ』や『ゲームの規則』までの近刊が謳われていて、日本においてレリスはバタイユと同様に、翻訳の栄光に包まれていたといえよう。しかしその時代が臨界点で、岡谷たちによる『ゲームの規則』や『幻のアフリカ』（いずれも河出書房新社）完訳に象徴されるレリスルネサンスは一九九〇年代を待たなければならなかったのである。

49 生田耕作とベックフォード『ヴァテック』

思潮社の『思潮』は第六号で終刊となったけれど、菅原孝雄が一九七二年に設立した牧神社のやはり季刊誌『牧神』へと引き継がれていく。「表紙・目次・本文レイアウト」は『思潮』と同じく清原悦志が担当し、内容も同様に特集形式を採用したのである。

この『牧神』は六号で終わった『思潮』と異なり、一二号までは出たはずで、それだけは残っていたこともあり、中村文孝『リブロが本屋であったころ』(「出版人に聞く」4)で取り上げている。この号の特集は「人間の棲家―建物の生理学」で、編集人が堀切直人だったこと、また一九社に及ぶ共同広告、おそらく小出版社同士による交換広告に言及し、当時の文芸書の小出版社状況にふれている。そこには本連載の国書刊行会、月刊ペン社、創土社、イザラ書房も見られるが、ここではそれを繰り返さない。

菅原は『本の透視図』の中で、『牧神』第一号に平井呈一と生田耕作の山の上ホテルでの対談を掲載したと述べている。その理由のひとつとして、「ふたりが翻訳の達人として共通していたこと」を挙げているが、それだけでなく、「意外なことにご両人の実家のご商売が、料理や食べ物を扱うのにはじめて気づいた。ことばに対する細やかな、職人的な配慮は、なにかそんなことで共通していたのではないか」とも付け加えている。これはとても重要な指摘のように思えるし、優れた翻訳言語は味わうに価するし、それは平井と生田の翻訳が体現していたからだ。

本連載で既述してきたように、菅原は『思潮』などを通じて平井や生田の面識を得て、牧神社を設立したことで、二人が企画や翻訳のブレーンのような存在になっていたのだろう。平井の場合は前回の『アーサー・マッケン作品集成』、生田はベックフォードの『ヴァテック』の刊行だった。これはウォルポールの『オトランド城綺譚』と並ぶゴシック・ロマンスである。だがそれは一九三二年に矢野目源一訳、春陽堂書店の「世界名作文庫」の一冊として出されていた。この翻訳はとても優れたものだったので、生田によるマラルメの「序」の訳、及び春陽堂書店版の「補訳・校注」、別冊「ウィリアム・ベックフォード小伝」を付し、一九七四年に刊行の運びとなった。

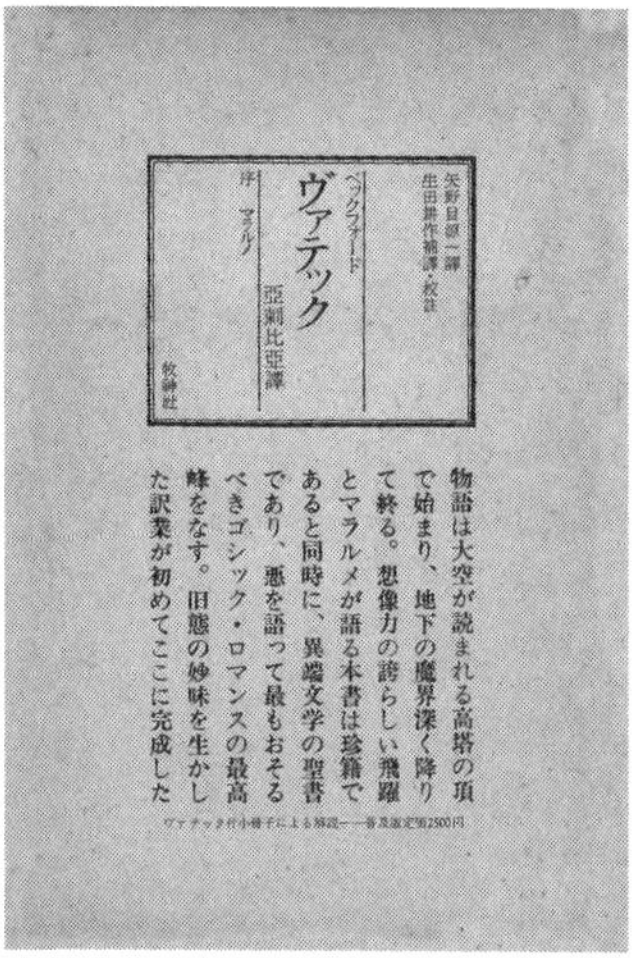
矢野目源一譯
生田耕作補譯・校註
ベックフォード
ヴァテック
亞剌比亞譚
序 マラルメ
牧神社
物語は大空が読まれる高塔の頂で始まり、地下の魔界深く降りて終る。想像力の誇らしい飛躍とマラルメが語る本書は珍籍であると同時に、異端文学の聖書であり、悪を語って最もおそるべきゴシック・ロマンスの最高峰をなす。旧態の妙味を生かした訳業が初めてここに完成した

私の手元にある『ヴァテック亜剌比亜譚』は普及版二〇〇〇部、二五〇〇円の一冊だけれど、二重函入、A5判上製での見事な造本で、これは未見だが、特装本のすばらしさがうかがわれる。外箱カバー表紙にはつぎのような一文が記されている。

物語は天空が読まれる高塔の頂きで始まり、地

下の魔界深く降りて終る。想像力の誇らしい飛躍とマラルメが語る本書は珍籍であると同時に、異端文学の聖書であり、悪を語って最もおそるべきゴシック・ロマンスの最高峰をなす。旧態の妙味を生かした訳業が初めてここに完成した。

『ヴァテック』の「物語は天空が読まれる高塔の頂きで始まり、地下の魔界深く降りて終る」との言は、マラルメの「序」にあるものだが、実際そのように始まり、終るのである。教王ヴァテックは聡明で美貌を有していたけれど、女色と美食に溺れ切り、あらゆる官能の充足とこの世の外のものへの好奇心をたぎらせていた。ある日、異相の男が宮殿を訪れ、様々に不思議な品物を見せるが、説明を拒み、姿を消してしまう。王は激怒し、正気を失ってしまったように見えた。そのうちに母で魔女のサマラアにそそのかされ、殺人、放火などの悪行を繰り返し、地下の宝物の世界をめざす旅に出る。そして悪徳と冒瀆の限りを尽くし、魔王エブリスの地下宮殿で、神に背いた罪は罰せられ、ヴァテックたちも炭火と化した自らの心臓から手を放すことができず、地獄の炎に灼かれていくのである。この最後の地獄のシーンはピラネージの監獄の版画からイメージが想起されたと伝えられ、牧神社版『ヴァテック』も表裏見返しにそれを掲載している。

『ヴァテック』と作者のウィリアム・ベックフォードに関しては、澁澤龍彥の「バベルの塔の隠遁者」（『異端の肖像』桃源社、一九六七年）などで描かれていたが、ここで本格的にその作品と小伝が提出されるに至った。ベックフォードは政界の名士、ロンドン市長を父として、一七六〇年に生まれ、父は西インド諸島の農園経営と奴隷売買で巨万の富を築き、彼が十歳の時に亡くなったので、多大な遺産を残した。その一方で、ベックフォードに英才教育も施し、語学と音楽には卓越した才能を示し、政治には不向きだったけれど、徹底した自己中心主義者、快楽追求者となった。『アラビアン・ナイト』を耽読し、イスラム世界の文献収集に励み、自らを教王になぞらえ、魔術的東方へ憧れ、ゴシック・ロマンスに新たなオリエンタリズムをリンクさせ、『ヴァテック』を仕上げたということになろうか。

その私生活における古めかしいゴシック様式の大伽藍の建築、具体的にいえば、領地の周りに一二フィートの囲い壁を張りめぐらし、二八五フィートの塔を具えたフォントヒル・アベイは生田の「小伝」などを見てほしい。それと関連して思い出されるのは、セジウィック『男同士の絆』(上原早苗他訳、名古屋大学出版会)において、指摘されていたゴシック・ロマンスの作者たちとホモセクシャルの関係で、これもまたゴシック建築にまつわるひとつのメタファーのように思える。

50 『マラルメ全集』と菅野昭正『ステファヌ・マラルメ』

私はマラルメという柄ではないけれど、菊池明郎『営業と経営から見た筑摩書房』(「出版人に聞く」7)のインタビュー後、筑摩書房が全集の五掛けバーゲンを行った際に、菊池を通じて『マラルメ全集』を購入している。これは水声社の鈴木宏も所持し、彼の恩師宮川淳たちによるマラルメを読む会が発端となり、全集へと結実したと聞いていたし、鈴木も『風から水へ』の中で、そのことにふれていたからだ。

しかし入手したものの、函背が銀色の『マラルメ全集』は版元出荷のビニールのシュリンク状態で、まったく未読のままで放置されていたのである。私もご多分に漏れず、ブランショの『文学空間』（粟津則雄・出口裕弘訳、現代思潮社）などによってマラルメの重要性を教えられていたが、たまたまこれもブランショを参照した田辺元『マラルメ覚書』（筑摩書房）を読み、さらに敷居が高い存在になってしまったのである。田辺の著書はヘーゲルやハイデガーのフランス受容をふまえ、マラルメの「イジチュール」と「双賽一擲《そうさいいってき》」を読む試みで、とても歯が立つものではなかったのだ。

それから半世紀近くが過ぎ、前回のベックフォード『ヴァテック』に寄せられたマラルメのすばらしい「序」をあらためて読み、マラルメとゴシック・ロマンスとの通底性に目を開かれた思いを味わった。それに菅原孝雄も『本の透視図』の中で、菅野昭正を援用し、フランス語版『ヴァテック』再刊とマラルメの「序」の執筆は、ほぼ『イジチュール』を書いた時期と重なっていたと指摘していたのである。それはようやく『マラルメ全集』全五巻をひもとく機会を与えてくれた。

ベックフォード関係は『マラルメ全集Ⅱ』の『ディヴァガシオン他』に、「『ヴァテック』要約のための断章」「ベックフォード」「『ヴァテック』序文」（いずれも高橋康也訳）の三編が収録されていた。前の二編は「『ヴァテック』序文」の抽出と要約で、牧神社版の「序」にあたる生田耕作訳「ベックフォード」は、高橋訳「『ヴァテック』序文」である。この『ヴァテック』の出版は当初一八七一年だったが、マラルメがいうように、「これまで最も入念に書いた散文作品の一つ」としての序文ができ上がらず、七六年ずれこんでしまったこと、及び『イジチュール』は六九年頃から書き始められたのではないかとの推測からすれば、確かに両者の構想、執筆時期が重なっていたと見なしてもいいだろう。

そこで菅原が援用している菅野だが、それは菅野が一九八五年に上梓した浩瀚な『ステファヌ・マラルメ』(中央公論新社)に見出される。その第一四章には「『ヴァテック』を論ず」という一節が設けられ、マラルメが『ヴァテック』の翻訳刊行を出版業者のアドルフ・ラビットと進めていたことが述べられている。ただマラルメがどうして『ヴァテック』に大きな関心を示すようになったかについて、確実な筋はひとつも見当らないけれど、一八七一年にラビットとの出版交渉が始まったこと、その契約細目が挙げられている。だが実際に刊行されたのは七六年になってからで、その理由として「『ヴァテック』という不思議な魔術的魅力をまきちらす作品について、またベックフォードという地上離れした豪華な夢にふけりつづけた人物について、マラルメは序文に結晶させるだけの所見をまだ精錬しきっていなかった」からだと菅野は指摘している。この菅野の見解を『マラルメ全集』IIの「解題・読解」も採用していることが了承される。

それゆえに一八七五年における大英博物館図書室でのベックフォードについての調査も必要と

されたのであり、この調査を経ずして、その「序」は成立しないがゆえに、七五年から七六年に書かれたとする。だが『ヴァテック』の物語の本質的記述の中には一八七一年のマラルメが認められ、それが「序」に投影されていると見なし、前回も示した「序」の部分を引く。それは「教主《カリフ》ヴァテックの物語は、天空が読みとれる或る塔の頂きにおいて始まり、地下の魔界深くで終る」に連なる一節で、ヴァテックは「国教を否定して、飽くなき欲望と結びついた魔術の礼拝を行いたかったのだ」まで続いている。そしてその物語の本質に迫ろうとする。

ヴァテックが豪奢な逸楽にふけりつづけていたのも、さらに来た異教魔神の誘いに乗ってしまうのも、教主であるという自分がいま置かれている状態にたいして、不快さを感じているからにほかならない。彼は自分のなかにわだかまる不快さを見つめ、そしてその不快さから逃れようとする。そういうヴァテックのなかに、マラルメが物質的な存在として地上に縛りつけられながら、その閉塞された状態を脱れようと腐心する人間の映像を見ていたことは、「なにか宿命的に不可避なもの」という一句から推測できる。ヴァテックはただ異教の魔神を礼拝するが故に地獄へ降るだけでなく、この騒然たる夢のような地獄降りは自分がいま置かれている状態からの逃避行であるという、この物語の特異な性質をマラルメはきちんと見ぬいていた。

この部分こそ、菅原が引いていたものであり、これが『イジチュール』へとリンクしていると見なすことができるのかもしれない。

51 バタイユ『大天使のように』と奢覇都館

菅原孝雄は牧神社史に関して、『本の透視図』の中の「編集者の極私的な回想」という三〇ページほどのものしか残していないので、その全貌が明らかになっているとは言い難い。しかし一九七〇年代初頭における牧神社の出版は、六〇年代後半からの薔薇十字社と並んで、七〇年代の出版シーンに大きな影響と波紋をもたらしたと思われる。

しかもそれは菅原の思潮社時代からの詩集、小説、評論、外国文学の翻訳、限定本出版、とりわけ『思潮』の編集とリンクしていたので、牧神社は企画ばかりでなく、著者や読者たちにしても、薔薇十字社などの外延をさらに広げたのではないだろうか。そうした典型的な一冊として、ジョルジュ・バタイユの『大天使のように』を挙げることができる。本書46で既述しておいたけれど、生田耕作訳「大天使のように」の初出掲載は一九七〇年夏の『思潮』創刊号であった。単行本はそれに「雑纂詩篇」が加えられ、同年一二月に思潮社からB6判上製、一一八ページ、「別刷付録」としてバタイユの詩論「オレステスであること」、及び生田による「解題」も添えられ、さらに「装幀銅版画」は山本六三、「校正」渡辺一孝というキャプションも見えている。

生田はバタイユの『マダム・エドワルダ』（「人間の文学」河出書房新社、一九六七年）や『聖なる神』（『バタイユ著作集』二見書房、一九六九年）の翻訳を通じて、菅原とつながり、『思潮』における「大天使のように」の掲載に至ったと見なせよう。それならば銅版画の山本はともかく、渡辺一孝とは誰かということになろう。私もそのことに気づいたのは五年ほど前で、『アイデア』（三六八号、誠文堂新光社）の否定形のブックデザイン」を版元から恵送されたことによっている。その第六章は「限定本セブンティーズ」と題され、奢霸都館と生田耕作・廣政かほるが八ページにわたって、刊行物の書影ともども紹介され、そこにまずは先の『大天使のように』の書影があった。

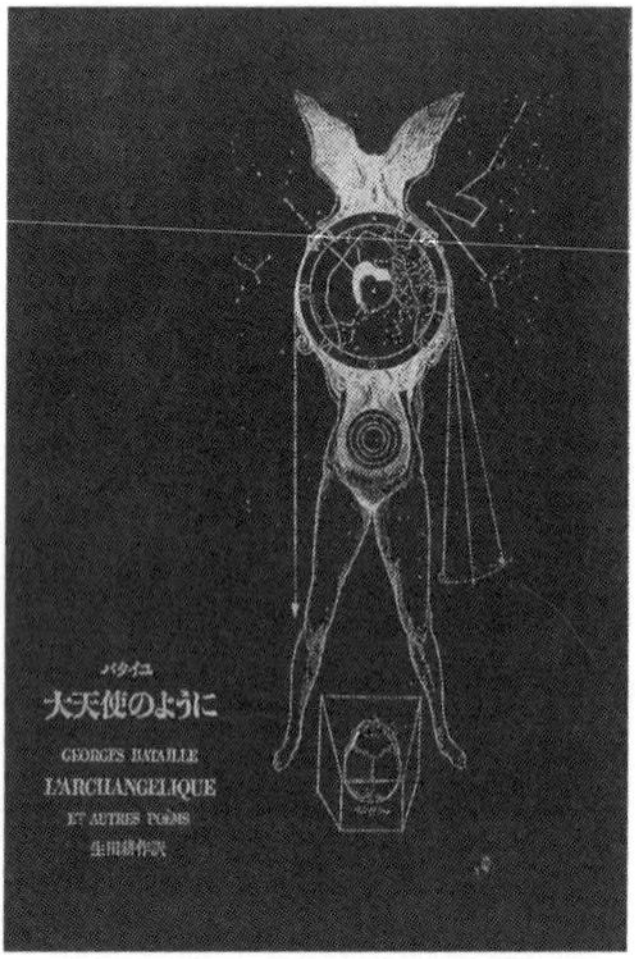

「日本オルタナ精神譜1970〜1994

そして生田が京都祇園縄手に料亭の板前の長男として生れ、永井荷風を愛読し、フランス文学を志し、一九四七年京都大学文学部仏文科に入学し、卒業後その講師に就任。セリーヌ『夜の果てへの旅』（中央公論社）、マンディアルグ『オートバイ』（白水社）などを翻訳し、七〇年に京都大学教授となるとあり、さらに続いていた。

一九七二年、渡辺一考、谷誠二、山本六三、廣政かほる（後に生田かをる）と共にバタイユ『死者』（七二）刊行を機に、プライベート・プレス奢霸都館を設立（社名は日夏耿之介主宰の雑誌から）。妻と別居し廣政と神戸に住み、生田が企画顧問、その他一切を廣政が引き受け、シュルレアリスム、オカルティズム、エロティシズムを三本柱とした高踏的作品のみをヨーロピアン・スタイルの造本で世に送り続ける。（後略）

これに『大天使のように』に付された言を照らし合わせると、やはり編集は菅原と大泉史世で、渡辺一孝＝一考は二十三歳、谷は人文書院に属していたとわかる。同じ一九七二年に菅原たちは牧神社、生田たちは奢霸都館をスタートさせたことになり、牧神社からの『ヴァテック』の刊行、また奢霸都館からの一九三三年の春陽堂版のホフマン、平井呈一訳『古城物語』（一九七八年）の復刊、「牧神」創刊号における生田と平井の対談から考えれば、両者はコラボレーションしていたことになろう。

さてその奢霸都館の最初の出版物で、渡辺発行、谷編輯とされる『死者』は、ここでの書影しか見ていないけれど、刊行者を廣政かほるとする一九八五年版は手元にある。これは七二年版とはまったく異なり、『大天使のように』の判型を模範にしたものといっていいだろうか。もちろん翻訳は生田だが、挿絵は原書に収録されたと思われるアンドレ・マッソンのものが使われ、生田の意図的にして即物的な訳文と生々しくコレスポンダンスしているようなイメージをもたらしてくれる。そうした読後感は伊東守男訳の『死者』(『ジョルジュ・バタイユ著作集』)からは伝わってこなかったもので、そこに生田訳の意味がこめられているように当時は感じられた。

しかしこれらのバタイユの翻訳にもまして奢霸都館に関して記憶が残っているのは、一九七九年に『バイロス画集』を刊行し、八〇年に神奈川県警によって猥褻図画販売容疑で摘発され、八一年に『〈芸術〉なぜ悪い』という「『バイロス画集事件』顛末記録」を出したことだ。これによって反論をなし、起訴猶予へと持ちこんだが、生田は大学を辞め、翻訳と出版に専念することになったのである。そして九四年の生田没後、生田かをるが遺志を継ぎ、出版を続けたが、二〇〇九年の生田かをるの死とともに、奢霸都館もその幕を閉じたと伝えられている。

さてこれは編集や翻訳の側からは語られていないけれど、このような奢霸都館の長期にわたる出版と存続が可能だったのは、地方・小出版流通センターの口座を通じての流通と販売によっていたからである。地方・小出版流通センターは一九七五年に発足しているが、同時代に立ち上がった多くの小出版社も、例えば本の雑誌社にしても、『広告批評』のマドラ出版にしても、ここを抜きにしては語れないであろう。

52　コーベブックス、渡辺一考、シュウオップ『黄金仮面の王』

私は初版本、限定本、署名本などに関して、ほとんど門外漢に近く、それらを収集する趣味も持たないし、まずは読むことを目的として、本を購入してきた。それゆえに前回ふれた『アイデア』（三六八号、誠文堂新光社）のような一冊が届けられなければ、奢霸都館だけでなく、今回ふれるコーベブックスや南柯書局の渡辺一考のことも取り上げることはできなかったであろう。そこでの渡辺のポルトレを引くことから始めてみる。

一九四七年神戸生まれ。生家は福原の料理屋。高校は二日で行かなくなり、七年半ほど板前をやったという。中学生の頃から古書店を廻り、耿之介、鏡花、杢太郎を蒐集、朔太郎、白秋、清白に耽溺する。一九七一年、神戸さんちかタウンにあった書店コーベブックスに入社、七四年に同社が北風一雄専務のもと出版事業を始めると、企画・編集・装幀など本造りの一切を任される。岡田夏彦『運命の書』を皮切りに、プルースト詩集『画家と音楽家たちの肖像』（窪田般彌訳）、シュウオップ『黄金仮面の王』（矢野目源一訳）、加藤郁平句集『微句抄』、中井英夫短篇集『幻戯』など出版部が一九七七年に閉鎖されるまでの三年間に、詩歌、東西の異端文学を中心に六六点の書冊を刊行する。

残念ながら、そのうちで所持しているのは二冊だけで、それらはマルセル・シュウオップ『黄金仮面の王』とヴァレリー・ラルボー『罰せられざる悪徳・読書』である。後者は初めての岩崎力訳の単行本化で印象深いが、みすず書房から復刊されたこともあり、ここでは前者を取り上げてみたい。それに何よりも『黄金仮面の王』の訳者は本書47の『ヴァテック』の矢野目源一でもあるからだ。

この造本は書影に見えているように、菊判、背のところは革装で、奢覇都館のイメージとも少しばかり異なる荘重さを感じさせるし、実際に函入である。それはコーベブックスの出版物のほとんどがそうだったと推測され、その事実は版元がコーベブックスという書店だったことから、函が採用されたのではないだろうか。日本の出版流通システムにおいては限定本や豪華本ほど、本体の保護のための輸送箱が必要であることは周知の事実だからだ。それを伝えるかのように『黄金仮面の王』にしても、本体の造本や活字に対する配慮とは裏腹に、函にはそうした気配がまったく感じられない。

表紙を開くと、遊び紙のところに「南柯叢書」と記され、『大天使のように』と同じ山本六三の「飾画」が添えられ、次に本扉、「訳者序文」、目次が続き、「校訂」須永朝彦との表記もある。この一冊は一九二四年に新潮社から刊行されたシュオッブ『吸血鬼』の復刻で、「黄金仮面の王」を始めとする一二の短編を収録している。本書36で、澁澤龍彦が東京創元社の『世界恐怖小説全集』第九巻、及び同じく創元推理文庫の『怪奇小説傑作集』第四巻の翻訳と解説を担い、両者の総タイトルがシュオッブ他『列車〇八一』であることを既述しておいたが、これも「〇八一号列車」として、すでに『黄金仮面の王』に収録があったとわかる。それだけでなく、種村季弘編

『ドラキュラ・ドラキュラ』（薔薇十字社、一九七三年）にも『黄金仮面の王』から『吸血鬼』が抽出されていたのである。そうした意味において、大正時代に翻訳刊行された矢野目訳『吸血鬼』は隠れたる怪奇幻想名作集といっていいし、それが『黄金仮面の王』としてここに復刻されたことになり、それは同じく牧神社による矢野目訳『ヴァテック』の刊行と併走していることを意味していよう。

これに「解説」を寄せているのは他ならぬ種村で、訳者の矢野目の大正初期に新進詩人としての異教的古代趣味から悪魔主義的な暗黒小説の悪夢への反転、そして江戸文化への回帰にふれ、ひとりの詩人と翻訳者の軌跡をあとづけ、戦後の晩年の矢野目に関しても吉行淳之介の回想を引き、次のように述べている。

> 芸術に聖潔なかつての初々しい青年詩人は、中年から暗黒趣味に反転したが、晩年はいささか滑稽な、落魄の道化を演じていたらしい。しかしどうだろう。シュオッブの純粋な夢想家の若い晩年も美しいが、矢野目のこの喜劇的でいかがわしい晩年も悪くないのではないだろうか。

矢野目の「喜劇的でいかがわしい晩年」のエピソードを伝えているのは吉行の『私の文学放浪』で、私もそれで矢野目の存在を知った。なお種村のこの「解説」は「黄金仮面の王」として、

『壺中天奇聞』（青土社、一九九六年）に収録されている。

また矢野目の戦後の晩年ではないけれど、渡辺一考のその後を伝えておくべきだろう。渡辺はコーベブックスからの分離独立というかたちで南柯書局を主宰し、『シュオブ小説全集』（大浜甫訳）、『ラルボー著作集』（岩崎力訳）などを刊行した後、東京に居を移し、雪華社、書肆山田、立風書房、読売新聞社、研文社と本造りは続けていった。

しかしそのような版元の相違はあったにしても、渡辺のうちに一貫して存在していたのは、南柯書局というプライベートプレスだったことはいうまでもないだろう。

53 思潮社とロジェ・カイヨワ『夢について』

本書48で、牧神社の菅原孝雄が『思潮』の創刊編集人を務め、その創刊号が「シュルレアリスムの彼方」とされていたけれど、本書29の『パイディア』第八号と並ぶ、実質的に社会学研究会特集であることにふれておいた。それに寄り添うかたちで、やはり菅原によって、思潮社から社会学研究会のミシェル・レリスの作品が四冊出されていたことも。

だが当然のことながら、菅原はそれらだけでなく、他の翻訳書にも関わっていたはずだと思い、思潮社の一九七〇年前後の書籍を確認してみた。するとまったく意識していなかったが、その頃読んだ思潮社の多くの翻訳書のほとんどが菅原の企画編集によるものだと再認識させられた。それは判型や造本によってふたつのシリーズに分けられる。

ひとつは菊判上製、白地の函入で、『大地と休息の夢想』(饗庭孝男訳)、『大地と意志の夢想』(及川馥訳)などの「バシュラールの著作」、『詩と深さ』(有田忠郎訳)を始めとする『リシャール著作集』、ウィリヤム・エンプソン『曖昧の七つの型』(星野徹他訳)、アンドレ・ブランシェ『文学と霊なるもの—火の夜』(田辺保他訳)を挙げられる。これらの装幀はすべて田辺輝男の手になり、そのことによって、同じシリーズの印象を生じさせたのだと了解する。

もうひとつは、そこにはさまれた投げ込みチラシによれば、「四六判ペーパーバックス装新シリーズ」と銘打たれ、「文学や詩という既成のジャンルをとりはらって現代の創造的想像力のために新しい視座を提供する」とのコピーが躍っていた。こちらの装幀は清原悦志によるもので、半分黒地の函と造本は明らかに田辺の白地に対するオルタナティヴを示していよう。手元にあるのはロジェ・カイヨワ『夢について』(金井裕訳)、メアリ・ダグラス『汚穢と禁忌』(塚本利明訳)、マリ＝ジャンヌ・デュリー『ネルヴァルの神話』(篠田知和基訳)の三冊だ。先のチラシの裏に、このシリーズの一〇点のラインナップが掲げられているが、菅原の退社に伴い、続かなかったように思われる。

その事実はそこで予告されていたジョルジュ・ブラン『ボードレールのサディスム』(及川馥訳)、ジュール・モヌロ『超現実と聖なるもの』(有田忠郎訳)は、後に牧神社からの刊行となっていることに示されていよう。ただ残念なのはE・S・ハイマン『武装せる視点たち』、及びアンガス・

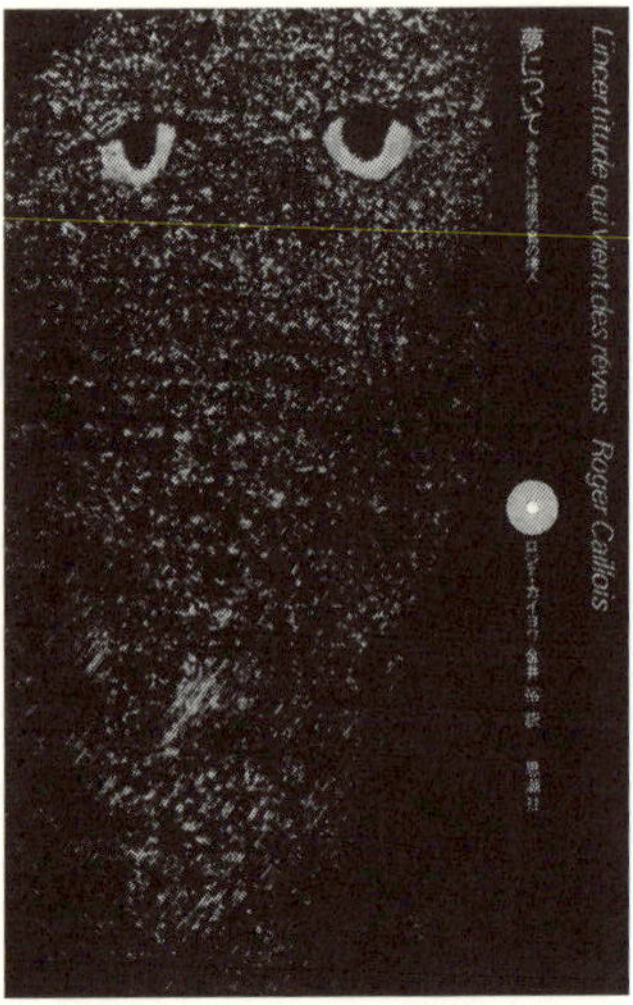

ダウニー『フレイザーと金枝篇』がいずれも未刊行になってしまったことで、その後半世紀を経ても翻訳されていないと思われる。両書とも民族学や民俗学、精神分析学や文学的テーマゆえに興味深く、翻訳されなかったことが惜しまれる。

さてとりとめもなく、菅原孝雄が思潮社時代に企画編集した翻訳書を列挙してきたけれど、これらの中から一冊ということになると、パシュラールよりも、カイヨワの『夢について』を選ぶしかないだろう。それはカイヨワもまたジョルジュ・バタイユやミシェル・レリスと同様に、社会学研究会の主たるメンバーだったからだ。ただ同書は一九三〇年代の社会学研究会の産物ではなく、戦後の五六年刊行だとしても、『人間と聖なるもの』（小苅米晛訳、せりか書房、一九六九年）に続く、カイヨワの翻訳だったからである。それに何よりも、カイヨワは「序論」において、夢を見るという人間の事実が多く存在する人間の所与のうちのひとつで、それは太陽や雨よりもはるかに適切に、あらゆる風土、時代、条件においても、人間を同一の諸問題の前に位置づけると定義する。それはすなわち夢の不確実性に関する社会学と見なすこともできよう。

カイヨワはここで夢と覚醒の二分法に視座を定め、夢体験そのものを分析しようとする。それ

はフロイトの『夢判断』に基づくのではなく、夢そのものが示す不確実性へと測鉛を降ろしていく。その回路として自分の夢がたどられ、同じく社会学研究会のひとりで、『愛について』(鈴木健郎訳、岩波書店)を著したドニ・ド・ルージュモンから聞いた共通の友人の中国人に関する夢の話、『荘子』のよく知られた「胡蝶夢」、パスカルの『パンセ』の夢への言及、十九世紀のフランスの歴史家の「通常モーリーの夢」、デカルトやサルトル、『千夜一夜物語』や『紅楼夢』、そしてネルヴァルなどの夢もたどられ、次のように結論づける。

カイヨワは夢が予告や秘密、詩的力、慰めなどを内包しているとまったく思わないと述べた後に記している。

しかしそれにもかかわらず、私は、夢が現実の上に投影している不確実性を正しく根拠づけるのに妙にやっきになってしまった。つまり、たとえそれがだれであり、またいついかなる瞬間であっても、自分が現に夢をみているのではないと正当な根拠にもとづいて確信のもてるようなあやまたぬ基準は存在しないのだ、ということを証明するのに固執したのである。

54 ロジェ・カイヨワ『戦争論』と『人間と聖なるもの』

もう一編、ロジェ・カイヨワについて書いておこう。

それはカイヨワの没後ほぼ四十年となる二〇一九年八月に、「NHK 100分で名著」テキストシリーズの一冊として、西谷修『ロジェ・カイヨワ「戦争論」』（NHK出版）が出されたこととリンクしている。この刊行に伴い、西谷による「NHK ETV」での四回の講義が放映され、そのテキストが現在の国際政治状況から考えても、極めてアクチュアルな啓蒙書であると同時に、ひとつの専門的な社会学研究会論としても提出されていることを実感した。それに加えて、本書48のミシェル・レリスではないけれど、同じように日本におけるカイヨワ・ルネサンスの気配を感じ、私もそれを期待したいと思ったからでもある。

いうまでもなく、この西谷のテキストは「われわれの内にひそむ女神ベローナ」をサブタイトルとする『戦争論』（秋枝茂夫訳、法政大学出版局、一九七四年）を論じた一冊だ。ベローナとはローマ神話の戦争の女神で、男神のマルスが勇敢さや武勲などの戦争の表の面の体現であることに対し、ベローナはその裏で血や肉が飛び散り、殺し合う凄惨さを表象している。カイヨワがサブタイトルにベローナを召喚していることからわかるように、その戦争論に何を幻視しようとしているのかが浮かび上がってくる。

その表紙には「内なる禍々《まがまが》しきもの」「グローバルな濁流に『個』という堰《せき》を立てる」というコピーが掲げられ、「国家によって動員される人びとの内に生じる破壊と殺戮の衝動を人類学的視座から読み解き、政治や市場によって人権が侵されないために何をすべきかを考える」との文言が寄せられている。そして表紙を繰ると、カイヨワの口絵写真に続き、その「戦争」に寄り添う言葉が引かれ、そして「軍神マルスとベローナ」の並立画像が示される。

西谷の「人間にとって戦争とは何か」から始まる講義は、彼のこれまでの『戦争論』（講談社学術文庫）や『夜の鼓動にふれる――戦争論講義』（ちくま学芸文庫）などの集大成と見なしてかまわないだろう。それゆえにカイヨワの『戦争論』の詳細はこのテキストに委ね、その淵源となった戦前の『人間と聖なるもの』（小苅米晛訳）にふれてみたい。これは『戦争論』に先立つ一九六九年にせりか書房から本邦初訳として刊行されている。同書の出版はせりか書房編集長の久保覚と新進の文化人類学者山口昌男のバックアップによっていたようで、当時の二人の関係は拙稿「せりか書房と久保覚」（『古本屋散策』141所収）などを参照されたい。

西谷も「世界戦争」が起きる半年前に、バタイユの影響下の仕事として、「当時の社会学・人類学の知見をまとめる形で、『人間と聖なるもの』を出版」と述べている。だが「聖なるもの」はルドルフ・オットー『聖なるもの』（山谷省吾訳）やデュルケーム『宗教生活の原初形態』（古野清人訳、いずれも岩波文庫）、エリアーデ『聖と俗』（風間敏夫訳、法政大学出版局）からバタイユやエルンスト・ユンガーの体験まではたどられているけれど、『人間と聖なるもの』へのダイレクトな架橋はなされていな

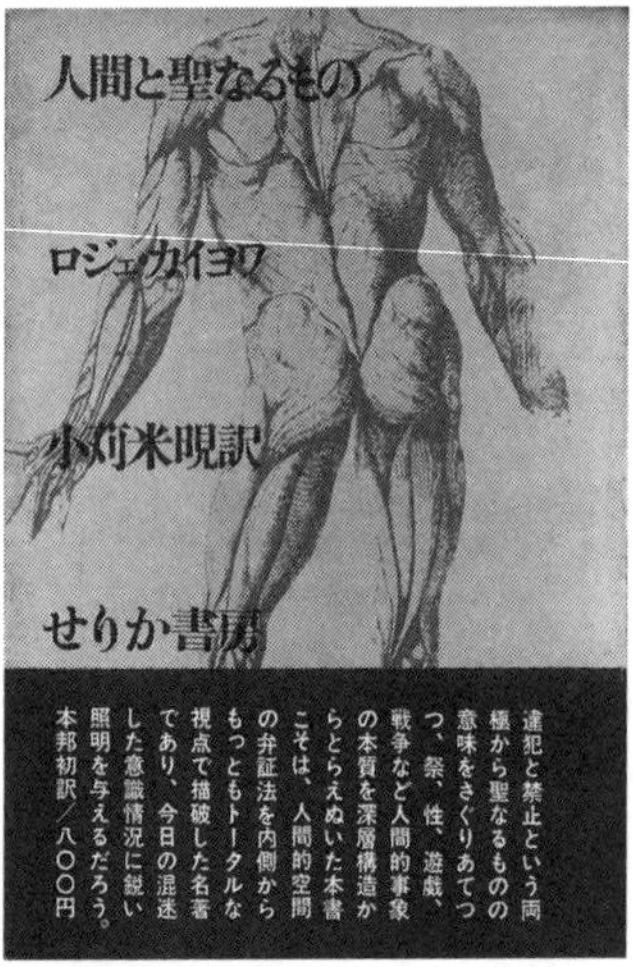
人間と聖なるもの
ロジェ・カイヨワ
小苅米晛訳
せりか書房
違犯と禁止という両極から聖なるものの意味をさぐりあてつつ、祭、性、遊戯、戦争など人間的事象の本質を深層構造からとらえぬいた本書こそは、人間的空間の弁証法を内側からもっともトータルな視点で描破した名著であり、今日の混迷した意識情況に鋭い照明を与えるだろう。本邦初訳／八〇〇円

い。

しかしカイヨワの『戦争論』に見られるディスクールや展開は『人間と聖なるもの』、とりわけ「付論3　戦争と聖なるもの」を彷彿させずにはおかない。それは例えば、第二部第七章「社会が沸点に達するとき」における「戦争と祭りはともに社会の痙攣である」「聖なるものの顕現」「祭りから戦争へ」の三節に顕著で、そこから西谷も次の一文を引いている。引用は削除されているので、補足して示す。

> 別の全体と対決することにより、国家は自己を肯定し、自己を正当化し、自己を高揚し、強化する。その故にこそ、戦争は祭りに類似し、祭りと同じような興奮の絶頂を出現させるのである。そして祭りと同じように一つの絶対として現れ、ついには祭りと同じ眩暈と神話を生むのである。

これは「戦争と聖なるもの」からのそのままの引用と見なしていいが、カイヨワは『戦争論』第一部「戦争と国家の発達」において、戦争を次のように定義し、これも西谷が引用している。

戦争の本質は、そのもろもろの性格は、戦争のもたらすいろいろな結果は、またその歴史上の役割は、戦争というものが単なる武装闘争ではなく、破壊のための組織的企てであるということを、心に留めておいてこそ、はじめて理解することができる。

この戦争に関する視座こそは『人間と聖なるもの』が全体戦争としての第二次世界大戦前に書かれ、一九三九年に出されたことに比べ、『戦争論』第二部は大戦後の一九五一年、第一部も含めた完本刊行は六三年であり、そこには四半世紀の時が経っていたことになる。またこれは西谷のテキストの注で知ったのだが、『人間と聖なるもの』は塚原史他による改訂版が九四年に同じせりか書房から刊行されているようだ。しかし私は七〇年に小苅米の本邦初訳を読み、今回もそれを再読しながら拙稿を書いた。そこには若き頃の読書の痕跡としての傍点が各所に残り、その記憶が甦ってきた。なおその後の仄聞によれば、小苅米は演劇評論集『憑依と仮面―劇的想像力の世界』（せりか書房）を残し、急逝したと伝えられている。

55　岡本太郎とバタイユ『蠱惑の夜』

ロジェ・カイヨワが二回続いてしまったが、前回の西谷修のテキストの一七ページに付された

「ロジェ・カイヨワのプロフィル」に示されているように、彼は一九五七年に国際ペン東京大会にユネスコ代表として来日している。それは四六年に創設された国際連合教育科学文化機関（略称U.N.E.S.C.O）の支援により、五二年にカイヨワが国際的な哲学、人文科学雑誌『ディオゲネス』を創刊し、編集長を務めていたことによっているのだろう。

私はこの戦後の早い時期におけるカイヨワの来日を知っていたし、それにフランス人の社会学研究会のメンバーのうちで、日本を訪れたのはカイヨワだけのように思われる。実は本書48の『パイディア』や『思潮』において、社会学研究会特集が組まれる一〇年以上前に、ジョルジュ・バタイユの小説と評論集が翻訳されていた。それは『蠱惑の夜』（若林真訳、講談社）と『文学と悪』（山本功訳、紀伊國屋書店）の二冊で、前者の刊行はカイヨワの来日と同年の一九五七年、後者は五九年に出されている。まだ菅原孝雄は紀伊國屋書店に入社していないけれど、この一冊から大いなる啓示を得たように思われる。さらに付け加えれば、『蠱惑の夜』はバタイユの最初の翻訳で、カイヨワの来日後の刊行である。最初のまとまったバタイユ論に他ならないサルトルの「新しい神秘家」（清水徹訳、『シチュアシオンⅠ』所収、人文書院）の刊行は六五年になってのことだ。それゆえに五〇年代後半におけるバタイユの二冊の翻訳は先駆的な試みだったと見なせよう。

しかも現在から見れば、講談社とバタイユの組み合わせは奇異に思えないかもしれないが、四六年に『群像』を創刊していたけれども、当時は戦前からの大日本雄弁会講談社としての出版がメインだったのである。それは原田裕『戦後の講談社と東都書房』（「出版人に聞く」14）にも明らかだし、まだ未紹介のフランスの文学者、思想家の初めての翻訳書の版元として、似つかわしくなかった。そのことは四六判並製の造本や装幀にも反映されているように思われた。

古本屋でこの一冊を入手したのは、やはり『パイディア』や『思潮』の社会学研究会特集を読んでいた七〇年頃で、そのような講談社の単行本ゆえなのか、安い古書価だったと記憶している。その刊行がカイヨワ来日後だと認識したのは、そこに「序文」にあたる岡本太郎の「ジョルジュ・バタイユの思い出」が寄せられ、カイヨワとの日本での邂逅に関して語っていたからだ。

それを取り上げる前に、この六ページの「序文」の内容にふれておくべきだろう。というのは、『蠱惑の夜』がバタイユの初めての翻訳であると同様に、岡本の寄稿は社会学研究会の存在に初めて言及したものだと考えられる。「はじめてバタイユに会ったのは、たしか一九三五年頃だった」と始まる岡本の「序文」は、ただちに社会学研究会へと移っていく。

ちょうどバタイユが中心になって、ピエールクロソウスキー、ロジェー・カイヨア、ジョルジュ・アンブロジノなどが協力し、コレージュ・ド・ソシオロジー（社会学研究会）が組織された。私も誘われてこれに参加し、バタイユに接する機会が多くなった。一九〇一年生れの彼は三十代、ちょうど十歳若い私は二十代のなかば頃であった。私は強烈な個性によって貫かれた彼の実存哲学、その魅力に引きずられた。

そして社会学研究会の理念と実践にもふれていくのだが、それは「神聖の社会学」、もしくは「新しい神は、夜の暗い混沌の中で、死に直面することによって現前する」、「新しい宗教的体験がわれわれの情熱だった」などといった抽象的な言葉で語られ、討論会以外の活動は具体的に提出されていなかった。それでもここで初めて、実際に日本人による一九三〇年代半ばにおける社会学研究会の一端とそのメンバーの顔ぶれを垣間見たことになる。現在と異なり、わずかな紹介でしかないが、ここで取り上げられた社会学研究会のイメージは想像力を刺激するもので、三〇年代のパリと社会学研究会を舞台として、日本の神社から派遣されてきた神官の青年を主人公とする小説を構想する機会を私に与えてもくれたのである。

それはさておき、「序文」に戻ると、岡本はそれから戦後へ飛び、再びパリを訪れ、十三年ぶりにバタイユに会い、その哲学研究会で昔の社会学研究会とほぼ共通のメンバーと再会できたとも述べている。その後で、「最近、ペン大会出席のため来日したロジェー・カイヨアに会って、バタイユの近況を聞いたら、脊椎を患っているとのことだった。常にすべてに対して戦闘的だった彼が、そのような病に傷ついていると知って、私自身の身体に痛みを感じた」と書いている。それは岡本にとって「バタイユの言葉と実践」、「情熱の塊のような彼との交りは、パリ時代の最も充実した思い出」に他ならなかったからだ。それゆえにカイヨワとの出会いはそのような記憶を喚起させ、その余熱がさめないうちに、この「序文」もしたためられたことになろう。

なお『蠱惑の夜』の内容には踏みこめなかったけれど、この講談社版は若林によって改訳が施され、一九七一年に二見書房から『C神父』(『ジョルジュ・バタイユ著作集』)として再刊されている。

56 クロソウスキー『ロベルトは今夜』

バタイユの『蠱惑の夜』に少し遅れてだが、やはり社会学研究会のメンバーだったクロソウスキーの小説『ロベルトは今夜』(遠藤周作、若林真訳)が翻訳刊行されている。遠藤と共訳のかたちになっているけれど、実際には若林訳で、両書とも彼が手がけたことになる。これは一九六〇年の河出書房新社からの出版だが、私が所持するのは六二年の河出ペーパーバックス版で、その見返しには次のような文言が見られる。

過去十年間の小説ベスト・テンを選んだフランスの新聞で、一九五九年度のベスト・ワンにランクされて仏文壇をわかせ、わが国に紹介されるや、フランス版「鍵」とさわがれてまたたく間にベストセラーになったこの特異なしかもスキャンダラス小説は、ナボコフの「ロリータ」、ダレルの「アレキサンドリア四部作」などとともに、ここ数年来の世界文学に顕著な形而上学的エロチシズムとも言うべき傾向を最も尖鋭な形で代表する傑作である。（中略）前に割愛した個所を新たに加えて完全無削除版とした。

実際に『ロベルトは今夜』の巻末広告にはナボコフの『ロリータ』（大久保康雄訳）が掲載され、ダレルの『ジュスティーヌ』（高松雄一訳）を始めとする「アレキサンドリア四部作」も同じく河出書房新社の「世界新文学双書」として、一九六〇年から翻訳が進められていたのである。その一方で、現代思潮社の『続悪徳の栄え』（澁澤龍彦訳）をめぐるサド裁判も起きつつあったけれど、「世界文学に顕著な形而上学的エロチシズム」をコアとする翻訳出版の隆盛を迎えようとしていたことになろう。そのようなトレンドの中で、その背景も定かではなかったバタイユの『蠱惑の夜』やクロソウスキーの『ロベルトは今夜』も、日本へと紹介されたのである。大江健三郎が『性的人間』（新潮社）を上梓したのも六三年のことだった。

そうした出版状況において、共訳者の遠藤周作はパリに滞在し、サドの生涯を調べていたが、かつてリヨンでクロソウスキーの『わが隣人サド』（豊崎光一訳、晶文社、一九六九年）を読んだことを思い出したのである。そこで遠藤が手紙を出すと、クロソウスキーから来てくれるようにとの返事が届き、その自宅へと訪ねていった。それが『ロベルトは今夜』に寄せられた「クロソウスキー氏会見記」であり、この寄稿が遠藤をして共訳者に名前を連ねることになったのだろう。

そこでクロソウスキーの夫人も含めた私生活がラフスケッチされ、彼が神学校へ進むことを放棄したけれど、ニーチェやジイドよりも、アウグスチヌスの影響が強く、現在『神の国』の翻訳をしていること、若い頃に岡本太郎と親しかったことなどが語られている。それに対し、遠藤は『わが隣人サド』におけるサドの幼年時代からの母親憎悪が女性憎悪へと転化したという論旨には無理があるのではないかと問いかける。するとクロソウスキーもそのことを認め、加筆の必要があると答えるのだった。

これは当時どこまで暗黙の了解であったのか不明だが、クロソウスキーの母親はリルケの愛人で、二人の間に生れたのがクロソウスキーだという話をふまえている。つまり遠藤もまたサドの母親憎悪は他ならぬクロソウスキーに重なるものではないかと推測しているのである。『ロベルトは今夜』の若林真の「解説」はクロソウスキーの父は画家、美術史家、母は女流画家で、リルケの恋人だったとされているが、『わが隣人サド』の豊崎光一の「訳者あとがき」には、「実の父が詩人リルケであることは、今日公然の秘密である」と述べられている。また同書の翻訳は遠藤の読んだ初版ではなく、クロソウスキーが遠藤に語った加筆と見なせる「悪魔の哲学者」も含んだ一九六七年版である。

ほぼ半世紀前に翻訳された『わが隣人サド』を取り出してみると、当時の読書の痕跡としてのカギカッコや傍点が残っている。そしてクロソウスキーの無神論と倒錯をめぐる細緻な論理の難解さにとまどいを覚えたことを思い出す。しかもこれは失念していたけれど、そのエピグラフに

『ロベルトは今夜』におけるロベルトとオクターヴの会話が引かれ、ロベルトの言はいわば『わが隣人サド』を脱構築して『ロベルトは今夜』が書かれたことをうかがわせる、次のようなものだったのである。

アントワーヌは、昨日の晩も読んでいたあの本をいったい誰から借りたのかしら？　あなたからなの、それともヴィクトールから？　題を見ただけでもむかむかするわ、『わが隣人サド』なんて！

そしてまた同じ豊崎によって、クロソウスキーの弟が画家のバルチュスで、ローマで彼に会ったこと、「兄の小説を好むほどの人ならば、弟の絵にも魅惑されるはずだ」とも書かれていたのである。まだ当時バルチュスの紹介もほとんどなされていなかった。

しかしそれから三〇年後の二〇世紀になって、トマス・ハリスの『ハンニバル』（高見浩訳、新潮文庫）の中に、バルチュスが見出されることになる。主人公の神と悪魔のようなハンニバル・レクターはリトアニア生まれの古い貴族の家柄で、ナチスのジェノサイドから逃れ、そのトラウマからダンテの暗い森の最も深いところまで到達した人物とされる。しかも偉大な画家バルチュスのいとこであるとも。とすればクロソウスキーも同様で、彼らは暗い森の住人であることが浮かび上がってくるのだ。

57　岡本太郎とマルセル・モース

本連載で既述してきたように、岡本太郎は一九五七年に来日したロジェ・カイヨワと会い、やはり同年刊行のジョルジュ・バタイユの初邦訳『蠱惑の夜』に「序文」を寄せていた。それは岡本が一九三〇年代後半のパリにあって、社会学研究会に参加し、カイヨワとともにマルセル・モースの民族誌学の講義に出席していたことによっている。

私は一九五〇年代の生まれなので、もちろんこれらのことをリアルタイムで知っていたわけではなく、そうした事実をやや詳細に認識していたのは、岡本が七六年に発表した「挑む」（『自伝抄I』所収、読売新聞社）を読んだからだったと思う。岡本の名前がポピュラーになるのはそれよりも少し前の七〇年万博の「太陽の塔」の建設、及びそれ以後のテレビのCM出演などを通じてであろう。それもあって、岡本の『原色の呪文』（「人と思想」シリーズ、文藝春秋）には目を通していたけれど、フランスの社会学研究会に参加していた岡本とはイメージの異なる印象を覚え、彼の画家としての仕事や五、六〇年代の活動に注視することはなかったし、九六年の死去に際しても同様だった。

その岡本を再認識したのは今世紀に入ってからで、それは『近代出版史探索V』963でふれた岡本敏子編『岡本太郎の沖縄』（NHK出版）という写真集に出会ったことによっている。これ

らは『忘れられた日本―沖縄文化論』の記録として、一九五九年に撮られたもので、とりわけそこに収録された七枚の沖縄の「御嶽」の写真は、岡本がモースの弟子となり、しばらく絵を描くことを止めていたエピソードを想起させたのである。

それに続いて、やはり写真集『岡本太郎「芸術風土記」』（岡本太郎美術館）も入手した。これは同美術館による同展覧会写真図録で、サブタイトルとして「岡本太郎が見た50年前の日本」が付せられている。こちらの写真は一九五七年に岡本が新潮社の『芸術新潮』で『芸術風土記』を連載するに際し、秋田から四国までを旅し、自らの手で撮ったものの集成といえる。

巻頭の秋田の「角巻きの女」や「なまはげ」などの写真は、やはりモースの弟子であるマルセル・グリオールのアフリカのドゴン族調査記録『水の神』（坂井信三、竹沢尚一郎訳、せりか書房）収録の写真や図版を彷彿させずにはおかない。グリオールはフランスの最初の組織的な民族学調査であるダカール＝ジブチ調査団団長として、二年にわたってアフリカ大陸を横断し、フランス民族学の開幕となったとされる。この調査記録係として同行したのが、やはり社会学研究会に加わることになる本書48のミシェル・レリスであった。この一九三一年の調査記録の原書刊行は戦後の一九四八年になってからなので、岡本は読んでいたとも考えられる。

それらはともかく、『岡本太郎「芸術風土記」』に田沼武能は「序文」といっていい「岡本太郎的写真力」を寄せ、次のように述べている。

彼は民族学的、文化人類学的見地から、何かを発見するために歩き続け、考え、話を聞き、写真を撮ったのだ。（中略）たしかな視点を持ち撮影しているので狙いがぶれることがない。まさしく岡本太郎の眼であり思想を写し出しているのだ。その根底にあるものはすべてマルセル・モース氏から学んだ民族学であり、文化人類学なのだ。岡本太郎は写真をうまく撮ろうなどと思っていなかった。ひたすら自分の日本発見をいかに読者に伝えるか、そのために被写体に肉薄して撮影していたのである。

それは先の『岡本太郎の沖縄』もまったく同様であることも付け加えておこう。

フランスの一九三〇年代はダカール＝ジブチ調査団の出発を始まりとして、モースの弟子たちが世界の各地へ民族学調査へと散っていった。それはフランス人だけでなく、モースの弟子だった他の人々やその周辺にも大いなる刺激を与えていたはずだ。やはり社会学研究会に顔を出すベンヤミンにしても、『一方通行路』（久保哲司訳、「ベンヤミン・コレクション」3所収、ちくま学芸文庫）で、メキシコ調査探検隊の一員である夢を見ているほどだ。もう一人の日本人の弟子山田吉彦＝きだみのるも、『近代出版史探索Ⅴ』947でとりあげておいたように、モロッコへと向かっている。

山田と岡本の関係は不明だが、山田の試みは岡本の思いだったと考えても間違っていないだろう。しかし岡本はそれを果たせず、日本へと帰国せざるを得なかったし、待っていたのは四年間に及ぶ兵役で、しかも中国戦線へと送られたのである。

その代償行為のようにして、戦後を迎え、モースの民族学に端を発する「自分の日本再発見」を試みようとして、日本紀行三部作『日本再発見—芸術風土記』（新潮社、一九五八年）、『忘れられた日本—沖縄文化論』（中央公論社、一九六一年）、『神秘日本』（同前、一九六四年）が書かれていったと思われる。しかもそれはモースの『民族誌学の手引』（未邦訳、一九四七年）と携えてであり、一九五〇年におけるモースの死を追悼する思いもこめていたのではないだろうか。

なおずっと絶版だった三部作も含めて、二〇一〇年にちくま学芸文庫で『岡本太郎の宇宙』全五巻が刊行された。また同年モース研究所の好著『マルセル・モースの世界』（平凡社新書）が出され、そこには岡本とモースの関係を論じた渡辺公三による「知の魔法使いとその弟子」も収録されている。そしてさらに岡本も先の自伝でふれ、また出演している一九七五年の映像文化人類学者ジャン・ルーシュのドキュメンタリー『マルセル・モースの肖像』への言及もあるので、ぜひ一読を勧めたい。それにしてもこのドキュメンタリーは見ることができるのだろうか。

58 河出書房新社「世界新文学双書」とロレンス・ダレル『黒い本』

本書31で、一九六〇年代後半における新しい世界文学の翻訳として、集英社の『世界文学全集』、同33で河出書房新社の「人間の文学」「今日の海外小説」、白水社の「新しい世界の文学」シリーズを紹介しておいた。

これらに先行するかたちで、やはり河出書房新社から一九六〇年代前半に「世界新文学双書」が刊行されていた。同社は全出版目録も出されていないし、これも半世紀以上前の出版物になってしまうこともあってか、忘れられている。それに近年は古本屋の棚にもほとんど見かけない。それゆえにあらためてリストアップしてみる。

1 ジョン・ブレイン『年上の女』（福田恆存訳）
2 ジャック・ケルーアック『路上』（福田実訳）
3 アラン・ロブ＝グリエ『消しゴム』（中村真一郎訳）
4 ミシェル・ビュトール『心変わり』（清水徹訳）
5 ナタリー・サロート『見知らぬ男の肖像』（三輪秀彦訳）
6 ジョン・ブレイン『黒い手から』（中村保男訳）

7ロレンス・ダレル『ジュスティーヌ』（高松雄一訳）
8ロレンス・ダレル『バルタザール』（高松雄一訳）
9ロレンス・ダレル『マウントオリーヴ』（高松雄一訳）
10ロレンス・ダレル『クレア』（高松雄一訳）

これは一九六三年刊行の『クレア』の巻末広告から引いたものである。それ以後もこの「世界新文学双書」が続いたかは確認できていないが、六一年にマルグリット・デュラ『夏の夜の十時半』『雨のしのび逢い』（いずれも田中倫郎訳）が出ているようだ。

一九五〇年代後半には倒産によって新社となる河出書房も含めて、新潮社、筑摩書房、平凡社などからも世界文学全集類が出されていた。だがそれらはまだ「世界新文学」を収録する器ではなく、流通販売においても、広範な読者層に向けての企画にほかならず、バックマージン目当ての書店の外商部門にたよらざるをえなかったのである。それに加えて、「世界新文学」の研究者や翻訳者も育っておらず、同様に読者も少数だと見なされていたと考えていいだろう。

といっても単行本として個別出版することも難しいので、「世界新文学双書」というシリーズが立ち上げられ、そこに先の一〇作が翻訳刊行されることになった。それぞれの作品に寄せられた紹介文を見てみると、1のブレインの『年上の女』はイギリスの「怒れる若者たち」の一人による第一作とある。私がこの「怒れる若者たち」というタームを知ったのは、一九六〇年代後半の高校生の時に読んだコリン・ウィルソンの『アウトサイダー』（福田恆存、中村保男訳、紀伊國屋書店）、もしくはやはりその一人のアラン・シリトーの「長距離走者の孤独」（河野一郎訳、『世界短篇文学全集』2所収、集英社）によってだったと思う。後者は高校の図書館にあり、他の世界文学全集が長編中心であることに対し読切短篇集の趣を感じ取り、読んでいたことが懐かしい。そのシリトー脚本、トニー・リチャードソン監督の映画を見たのは七〇年代になってだったけれど。

2のケルーアックの『路上』はアメリカの「ビート・ジェネレーション」の青春小説と謳われている。だがこちらはヘンリー・ミラーやノーマン・メイラーを読み始めていたこともあり、「ビート・ジェネレーション」への関心はあまりなかった。

3のロブ＝グリエ『消しゴム』、4のビュトール『心変わり』、5のサロート『見知らぬ男の肖像』はいずれも「アンチ・ロマン」として紹介され、フランス現代文学はカミュに取りかかったばかりで、読む機会があったとしても、手は出さなかったであろう。まして後に「ヌーヴォー・ロマン」の時代がくるとは予測すらしていなかったからだ。

「世界新文学双書」が刊行され始めた一九六〇年代前半は「怒れる若者たち」、「ビート・ジェネレーション」、「アンチ・ロマン」のいずれにしても、まだほとんど認知されておらず、私の場合であっても、六〇年代後半の読者として「世界新文学」は敷居が高かったというしかないだろう。

それならば、どうして「世界新文学双書」なのかだが、ひとえに7から10のロレンス・ダレルの「アレクサンドリア四部作」に尽きるのである。それは『クレア』の巻末広告に「ついに完成！」とのキャッチコピーが示され、三島由紀夫の評が次のように掲げられている。「『アレクサンドリア四重奏』は今世紀最高の傑作の一つであり、優にプルースト、トーマス・マンに匹敵する」と。しかも七〇年代に入っても、この「アレクサンドリア四重奏」はこの「双書」でしか読めず、古本屋で一冊ずつ見つけ、入手するしかなかったのである。

その一方で、ダレルが一九三八年に書いた「四重奏」原型、プレリュードともいうべき『黒い本』（河野一郎訳、中央公論社）が『ジュスティーヌ』『バルタザール』と併走するようにして、六一年に翻訳されていた。それは次のように始まっていた。

幕間狂言《アゴーン》を。では始めよう。今日は東地中海沿岸から、強風が吹き上げてきている。朝がやってきた。現像液にひたった一巻きのフィルムに沿って流れる黄色い霧のように。今日という日を、ぼくはこの物語を始める日にえらんだ。なぜならば今日、ぼくたちは死者にまじって死んでおり――これは死者への論争《アゴーン》、生者への記録だからだ。ほかに表しようはない。

この始まりに『黒い本』のみならず、「アレクサンドリア四重奏」の物語のコアの表出をうかがえるし、そのようにして双方の物語も進行していく。『黒い本』だけで、「四重奏」にふれられなかったが、またの機会を見つけよう。

なお「世界新文学双書」は七〇年代に入り、新たな「秀れた文学の出会いは精神の糧、毒を含んだ小説」「幻の名作を復権し知的な発見の領域を広げる」シリーズ「モダン・クラシックス」へと引き継がれていったのである。

59 『牧神』創刊号と小出版社賛助広告

本書49で、牧神社の季刊誌『牧神』にふれたけれど、その後古書目録で『牧神』創刊号から8号までを入手した。A5判二一六ページに加えて広告の欄が付され、特集は「ゴシック・ロマンス―暗黒小説の系譜」である。発行は一九七五年一月で、発行人はもちろん菅原貴緒、編集・制作スタッフは菅原の他に梅原京子、大泉史世、萩原準一郎、湯浅ふみえ、営業・広告は渡辺誠となっている。定価は八七〇円。

この創刊号には既述しておいたように、平井呈一と生田耕作による対談「恐怖小説夜話」が掲載され、牧神社が本書49のベックフォードの矢野目源一訳、生田耕作校訂版『ヴァテック』の刊行を機として、ゴシック・ロマンス=暗黒小説をひとつの企画の柱としようとする意図がうかがわれる。本書47において、思潮社版のウォルポール、平井訳『おとらんと城奇譚』を企画したのが菅原だったことを記しておいたが、日本が消費社会化するかたわらで、そうした出版トレンドが求め始められていた。それは『牧神』創刊の翌年の一九七六年には角川商法によって、日本のゴシック・ロマンス＝暗黒小説もどきの横溝正史が大々的に売り出されたことに象徴されていよう。

それはともかく、『牧神』創刊号のカラー口絵写真には「泰西暗黒小説本」として、「旧都艸堂架蔵本」の『オトラント城』や『ヴァテック』などの原書が収められ、続けて巻頭には由良君美の「ゴシック風土」が寄せられている。これもY＝由良がS＝菅原を相手にした対談形式で、『牧神』の創刊にあたって、平井、生田、由良のゴシック・ロマンス三人集を召喚していたことになる。

由良の「ゴシック風土」は啓蒙的にして専門的な紹介を兼ね、『オトラント城』に始まるゴシック・ロマンスの誕生と歴史の由来を説明した後で、次のように結論づけている。

結局ですね、啓蒙主義の〈すばらしい新世界〉が崩壊したあとに来た〈逆ユートピア小説〉なんですね。人間性の暗黒面、恐怖の相貌を垣間見させる最初の不条理派ですね。この命脈が写実主義や自然主義の底を深く潜りながら象徴派と、十九世紀耽美主義に二つの噴火口をあけ、それからシュルレアリスムに開花して、現代の実存的気分のなかで鍛え直されて、〈幻想文学〉や〈不条理文学〉や〈ブラック・ユーモア〉にうけつがれて、さらには二〇世紀の〈暴力の風土〉というものや、推理小説ブームにまで深く絡む水路を設定したもので、大綱はやはり、広義の〈エロス文学〉ということになりましょうか。ゴシック風土は現代への扉だったんですね。

また美術史では英国でのゴシック時代を「ロココ＝ゴシック」と称するようで、思わず嶽本野ばらの「ロココ」と「ゴスロリ」の色彩に包まれた小説と映画『下妻物語』（小学館）を想起してしまった。それに関しては拙稿「『ロリータ』と『ヤンキー』の混住」（『郊外の果てへの旅／混住社会論』所収）を参照してほしい。

　創刊号特集は他にも言及すべきだが、先述した「広告のページ」にふれたいので、ここで打ち切りたい。なぜならば、編集だけでなく、営業・広告の渡辺を取り上げておきたいからだ。まずは「広告の欄」に示された出版社と雑誌、書籍を挙げてみよう。それらは紘映社と『幻影城』、国書刊行会と『世界幻想文学大系』、コーペックスと須永朝彦『天使』、『プルースト詩集』（窪田般彌訳）、創土社と『完訳ビアス怪異譚』（飯島淳秀訳）、『サキ選集』（中村能三訳）、森開社とユルスナル『火』（多田智満子訳）、東京創元社と『リラダン全集』（齋藤磯雄訳）などだ。

　どうしてこれらの出版社の賛助広告を示したかというと、ここに七〇年代半ばの小さな文芸書版元の

想像の共同体が表出しているように見えるし、それらは号を追うごとに増えていったからだ。その事実は渡辺の営業の優秀さを物語るし、特筆すべきは2号から雑誌コードが付されていることで、これは創刊号がかなり売れたことと取次への根回しによっているのだろうし、まだ出版業界も鷹揚だったことを示していよう。

それに比べて、本書29などの安原顕が一九九二年に文芸誌『リテレール』(メタローグ)を創刊するのだが、「広告の欄」どころか、賛助広告も一切なく、雑誌コードも取れずに終わってしまった。もちろん渡辺のような優秀な営業担当者がおらず、安原が取次を含めて兼ねていたことも原因であろう。だが『牧神』と『リテレール』の創刊の時代は二〇年近い開きがあり、もはやそうしたリトルマガジンの時代は終わりつつあったことを告げている。渡辺のほうは牧神社倒産後、自ら北宋社を立ち上げていく。それは本連載で後述していくつもりだ。

なお『牧神』プレ創刊に当たるマイナス2、3号は入手していないし、未見のままである。

60 『ノヴァーリス全集』と戦前の翻訳

『牧神』8号が特集「ノヴァーリス—夜の想像力」を組んでいる。これは一九七六年に刊行され始めた由良君美編集・構成『ノヴァーリス全集』刊行を記念してのものだ。巻末の見開き二ページで、『ノヴァーリス全集』の広告がうたれ、次のようなキャッチコピーが目に入る。

十八世紀から十九世紀初頭にかけて、彗星のような一瞬の光芒を放って夭逝したノヴァーリスは、ドイツ・ロマン派の枠を越えて、闇と光、暗黒の想像力、魔術的観念論など、今日になおその存在理由を問いかけている。これまでに紹介されたすぐれた翻訳を集大成し、改筆し、新訳を付け加えて、この全集全三巻を贈る。今われわれが模索する新しい創造力の契機を、この甦える天才の精鋭な闘いのうちに掬い取らんことを。

おそらくは由良自身の手になるコピーであろう。それに続いて、山室静や種村季弘など五人の推薦者の言葉が並び、前者は牧神社の「雑誌の特集や、続けて出すという全集に参加を求められて、喜びと共に困惑を感じ」、後者は「もう一度飯田安氏や山室静氏のような先学の訳文に触れたい」と記している。

これらの推薦の言葉からしても、由良だけでなく、戦前の翻訳も含め、一九七〇年代後半にノヴァーリスの復権と新たなる発見が望まれようとしていたのである。由良は平井呈一や生田耕作に続く三人目の牧神社のブレインとして、前回のゴシック・ロマンスに続く、ノヴァーリスの復権に挑んだことになろう。拙稿「四方田犬彦『先生とわたし』と由良君美」(『古本屋散策』153)において、由良が牧神社の参謀格で、「牧神社が健在である期間は幸福そうに見えた」との四方田の言を引いている。それはこの『ノヴァーリス全集』が由良にとって満を持した出版企画だったことを伝えていよう。

私の場合、ノヴァーリスといえば、現代思潮社の「古典文庫」の一冊である『日記・花粉』（前田敬作訳、一九七〇年）に尽きたし、特に『花粉』をアフォリズム集のように読んでいたので、『ノヴァーリス全集』の出現は新鮮だった。それで第一、二巻は購入したのだが、第三巻は未入手のままになってしまったのである。それであらためて第一巻の奥付を確かめてみると、一九七六年一二月第一刷、七七年二月第二刷で、由良のことを考えると、安堵を覚えた。確か九〇年代にはこの全集の古書価がかなり高くなり、そのことを北宋社を興していた渡辺誠と話したことがある。彼が苦笑混じりに「そうだね」といったことを今でも思い出す。それもあって、沖積舎からの復刊がなされたのであろう。

さて『牧神』8号の特集を読むと、山室静の「ノヴァーリスの童話と童話感」から始まっている。山室はドイツ・ロマン派の人たちがいずれも童話に深い興味を持っていたが、わけてもノヴァーリスはその代表者で、自らも『青い花』に挿入された「アトランティスの物語」と「エロスとファーベルの童話」を書き、「童話はいわば詩の尺度である。すべて詩的なものは童話風でなければならない」との『断章』の一節を引いている。そして一七世紀末にフランスの美しい文体を伴った『ペロー童話集』の出版が全ヨーロッパで反響をよび、多くの童話集が生まれ、昔話や童話再認への道が開かれたのである。それに併走するように、一八世紀初頭に『アラビアン・ナイト』が初めてヨーロッパに紹介され、東洋の神秘と驚異がヨーロッパ人の想像力をかき立て、

『ロビンソン・クルーソー』や『ガリバー旅行記』が生まれてきた。そのようなメルヘンルネサンスの中でノヴァーリスも育ったとされる。

山室の論考に続く、由良・高橋巖・今泉文子・中村章子による座談会「夜と光の自然学」は七〇年代後半のノヴァーリスの用意周到なチェチェローネのように思われる。そこで由良は大東亜戦争下におけるノヴァーリス体験に関して述べ、「当時大変いい研究書や翻訳がいろいろ出ておりましたので、ノヴァーリスを手掛かりにして観念論的世界の迫力に触れていた」ことを語っている。また第一巻「解説」で、「日本は戦前・戦中を通じて、ノヴァーリス学の栄えた国であった」とも証言している。

ノヴァーリス全集　第1巻
ロマン派の天空を翔けて夭逝した異才の全作品は，終末論から錬金術まで魔術的観念論の霊感に発し，予言の書として現代にまで棲きつづける，常にあらたな象徴学の豊庫であろう
牧神社 3000円

とすれば、『牧神』特集に、小牧健夫「『断章』の世界―魔術的観念論」(同『ノヴァーリス』所収、岩波書店)、丸山武夫「ノヴァーリス―時代詩的展望」(同『ノヴァーリス』所収、世界評論社)の掲載があるように、ノヴァーリスの戦前戦中訳も全集に収録されることになる。それらは第一巻が斎藤久雄訳「夜の讃歌」(共栄書房)、佐藤荘一郎訳「聖歌」(外語研究社)、笹沢美明訳「詩篇」(蒼樹社)、斎藤久雄訳『青い花』(同前)、山室静訳「ザイスの学徒」(青磁社)、第二巻は飯田安訳『断片』『続断片』『日記』(いずれも第一

書房）、山室静訳「基督教世界或は欧羅巴」（青磁社）である。
このように列挙してみて、長い間「古本屋散策」を続けてきたけれど、一冊として見ていないことに気づかされる。そのことを考えると、由良が戦前戦中の「ノヴァーリス学の栄えた国」であった時代に関して、『ノヴァーリス全集』を通じて再現させようとした思いを理解できるのである。

61 『ロルカ全集』と五木寛之『戒厳令の夜』

前回の『ノヴァーリス全集』は揃っていないけれど、一九七三年から七五年にかけて刊行された『ロルカ全集』全三巻は手元にある。これは『牧神』創刊号に先駆けているし、そこに一ページ広告も見えているので、そのキャッチコピーを引いてみるべきだろう。

ヨーロッパの地スペインに今世紀の文学と思想の根源を生きて死を遂げたロルカの合体像を昏迷の現代に突き通す画期的作品集成—ロルカの作風・思想の展開を三期に分け、スペイン語からの訳出による諸ジャンルの作品に、ロルカ論その他の資料を併録して、ロルカ像のあざやかな結像を期すべく全三巻を立体的に構成した。

この全集は荒井正道・長南実・鼓直・桑名一博監修で、A5判函入、各巻四〇〇ページを超える大冊であり、第一巻にはさまれた全集の投げ込みチラシの言によれば、従来の英仏重訳のロルカ紹介と異なり、「本全集は日本スペイン学会の総力をあげて、すべてスペイン語の原典から訳出した新しい訳業」とされる。おそらく「日本スペイン学会の総力をあげて」の「本全集」は菅原貴緒が思潮社時代に持ちこまれた企画で、それを牧神社が学会の助成金を得て引き受け、刊行にこぎつけたと思われる。

これを購入したのは一九七六年の暮れだった。なぜこれを覚えているかというと、五木寛之の『戒厳令の夜』（上下、新潮社）が出されたのが同年一二月で、その中にロルカの詩が引用されていたことによっている。だが当時と異なり、もはや五木は流行作家ではないし、『戒厳令の夜』の文庫にしても絶版になっているはずだ。だから五木のことはともかく、この小説のストーリーを簡略に説明しておくべきだろう。

『戒厳令の夜』は巻頭に「その年、四人のパブロが死んだ」という一節が置かれ、続いて、一九七三年に死を迎えたパブロ・ピカソ、パブロ・ネルーダ、パブロ・カザルスの黒枠の写真が示され、四人目のパブロ・ロペスの写真だけは空白のままで、物語は始まっていく。主人公の江間は博多の酒場ベラの前で既視感を覚え、そこに入り、壁にかけられたジプシーの少女を描いた十号ほどの油絵を見出す。彼は映画ジャーナリストだったが、大学では美術史を専攻し、大学院でスペイン絵画の研究を志していたのである。

それはスペインの画家パブロ・ロペスの絵で、彼の作品は一人の大地主のコレクターに独りじめ、秘蔵されていたが、その屋敷が民衆の焼討ちにあい、すべてが焼けてしまった。そのためにロペスの作品は「伝説中の幻の絵」として語られるだけだった。それでもロペスの画風を愛したのは芸術家が多く、カザルス、ピカソ、ネルーダ、それにガルシーア・ロルカも名前が挙がり、ここに四人のパブロと並んで、ロルカもロペスを取り巻く星座となる。この五人全員がスペイン内戦に関係していたのである。なぜそのロペスの絵があの酒場にあったのか、江間はロペスの前期作品を考えていると、記憶の淵の深い場所から、かつて愛唱したロルカの次のような詩の一節が浮かび上がってきた。

月が　死神から
絵を買った
不気味な　夜
気の毒に　月は狂っている!

そして江間は自問する。〈あれは何という題だったのか?〉〈『スペイン警察兵のロマンセ』かな?　ちがう。『ジプシー歌集』の中の一節だったのかもしれない。いや、そうでもなさそうだ。それにしても――〉

この後、江間はヒトラーによる空前の大コレクションとなるリンツ美術館計画とナチスドイツ美術収集作戦を調べていくと、ドイツのパリ占領時代にロペスがチリ人のパトロネスのイザベルの庇護を受け、百五十点の後期作品を描いたことを知る。しかもそれらはすべてドイツ軍に接収された。戒厳令下のパリで、ゲシュタポとその配下たちがイザベル邸を襲った。そしてイザベルは首を吊って自殺し、ロペスは両手首を吹き飛ばされ、すべての絵はナチスの手に渡った。江間はその情景を「サイドカーとヘルメット。黒く光る長靴の踵が、ゆっくり階段を上っていく。戒厳令の夜」として思い描く。すると昔読んだロルカの詩「馬は黒／蹄鉄も黒／マントの上」にと始まる「スペイン警察兵のロマンセ」が浮かび上がり、一連の詩が「小海永二訳」として引用される。それはスペイン内戦で若い兵士たちに愛唱されたが、ファシストたちを怒らせたという。

それ以後、ロルカの詩は出てこないけれど、先の「月が　死神から」という詩の在り処がどこにあるのかを知ろうとして、『ロルカ全集』全三巻を入手したのである。第二巻所収の『ジプシー詩集』に、「スペイン警察兵のロマンセ」は「スペイン保安隊のロマンセ」として見つかり、七ページに及ぶ長い詩だとわかった。「月と死神」は第一巻所収の『詩の本』に見出され、「月は死神から／絵具を買った／この妖しい夜のせいで／月は狂ったのだ！」との訳だった。これでは『戒厳令の夜』にそぐわないので、やはり小海訳だと思われた。

『戒厳令の夜』の紹介はパブロ・ロペスとロルカだけで終わってしまい、それもイントロダクションだけに終始してしまったので、よろしければ一読をお勧めしたいと思う。二一世紀における「戒厳令の夜」もまた近づいているかもしれないからだ。

62 神谷光信『評伝鷲巣繁男』

一年ほど前に古書目録で、神谷光信『評伝鷲巣繁男』を見つけ、入手することができた。これは一九九八年に小沢書店から刊行されていたのだが、知らずにいた一冊だった。この思いがけない評伝を読み、色々と想起され、教えられたことも多かったので、それらを書いてみる。

鷲巣は一九七一年九月に国文社から『定本鷲巣繁男詩集』を上梓している。これはそれまでの私家版といっていい既刊の六詩集に、未刊の二詩集、俳句、漢詩などを収録したもので、一部で北海道の詩人として知られていた鷲巣の名前を広く知らしめた定本詩集と見なしていいだろう。

鷲巣の第六詩集『夜の果への旅』（詩苑社、一九六六年）の愛読者の草薙実が国文社に持ちこみ、『夜の果への旅』の発行者河合沙良とともに、「相当部数の買取りを約束し」たことで、国文社からの出版が実現したのである。部数は不明だが、A5判函入、五七〇ページの大冊で、定価は三五〇〇円だった。

その翌年三月に鷲巣は北海道を後にし、埼玉に移り住んだ。それに寄り添うように、日本出版クラブで六月に「鷲巣繁男出版記念会」が開かれた。『評伝鷲巣繁男』はその「久方ぶりの上京を歓び、貴重なる全出版を記念して」の発起人や四四人の出席者名も挙げての祝宴、及びそれに続く反響なども伝えている。だがそれに比べて、一〇月の歴程賞授賞式と歴程フェスティバルに関しては賞金五〇万円とあるだけで、わずかしかふれられていない。これは新宿の朝日生命ホールで開催されたもので、実は私もその場にいたのである。

これもまさに半世紀前の話に他ならないけれど、友人の池井昌樹が『歴程』同人だったことから、フェスティバルの手伝いのために駆り出されていたのである。それでも私は舞台の上の劇には参加していなかったので、正面からモーニング姿の鷲巣を見ているし、『歴程』同人も総動員されたらしく、先の日本出版クラブでの「出版記念会」よりもにぎやかで、華やいだ感じの授賞式だったと記憶している。

それらのことはひとまずおくとしても、『評伝鷲巣繁男』を読んで、あらためて再認識したのは、本連載で言及してきた小出版社が彼の著作を一貫して刊行してきたという事実である。神谷もそのことにふれ、一九七六年は六十一歳の鷲巣にとって実り多き年だったとして、次のように述べている。

　一月三十日、牧神社から詩論集『増補改訂版・呪法と変容』を、四月十九日林檎屋から第十詩集『嘆きの歌　ダニエルの黙示・第二』を、六月三十日、小沢書店から評論集『狂気と竪琴』を、九月一日には冥草舎から小説集『路傍の神』を、それぞれ出版したのである。

　この年菅原貴緒（牧神社《マ》出版社《マ》主・本名孝雄）と吉野史門（書肆林檎屋主人）は共に三十五歳、

長谷川郁夫（小沢書店）は二十八歳。これらの繁男の著作が、戦中か戦後すぐに生まれた二十代から三十代の若い出版人の手によって上梓されたことにわたしは感動を覚える。

それは一九七六年だけではない。七一年の『定本鷲巣繁男詩集』の国文社からの上梓は既述しておいたし、七二年の『呪法と変容』は竹内書店の中谷秀雄という、おそらく若い編集者と推測され、林檎屋の吉野も竹内書店の社員だったという。七二年の『戯論』は他ならぬ三十代の内藤三津子の薔薇十字社で、彼女の『薔薇十字社とその軌跡』（「出版人に聞く」10）において、横浜の関内のキディランドから五〇部の予約注文が入ったというエピソードが語られている。その注文を出したのは本書21の、まだ二十代の書店人の丸山猛だったことも忘れないで書きとめておこう。それにこの当時、幻の詩人のようでもあった鷲巣が上京し、『定本鷲巣繁男詩集』を刊行し、歴程賞を受賞し、第三刷まで判を重ねたことは、ひそやかではあるが、その人気が高まりつつあったことを示しているし、この注文部数はそれを象徴していよう。

そうした鷲巣ルネサンスのトレンドには、角川書店のやはり三十代の秋山実も加わり、『短歌』に毎月五〇枚の「詩歌逍遥游」を連載させる。だがこの二年にわたる千数百枚に及ぶ連載は、最初から完結後に単行本化できないとされていた。それを一九七七年に『記憶の泉』『聖なるものの変容』『ポエーシスの途』三部作としてまとめて刊行したのは牧神社であった。七六年の『増補改訂版・呪法と変容』の出版に続いて、『牧神』5号から鷲巣が「牧神の周辺」という「騒人門話」エッセイの連載を始めていることと連鎖しているのだろう。これは七九年に『牧神の周辺』としてまとめられる。
この三部作の『記憶の泉』と『聖なるものの変容』が手元にある。後者は鷲巣の毛筆署名本で、どうして入手したのか記憶に残っていないけれど、その頃牧神社を訪れているので、献本されたのかもしれない。ちなみに『評伝鷲巣繁男』の著者の神谷光信は一九八〇年に神保町の書店で、この三部作を見つけて購入し、「古今東西の詩歌の引用と共に物語られる、詩人の劇的半生の、豪華絢爛たる一大絵巻」に読みふけった。そして「読後、異様な感銘に襲われ、しばらく放心の態であった」という。その異様な感銘が十八年後に『評伝鷲巣繁男』として結実したことになろう。

63 イザラ書房と高橋巖『ヨーロッパの闇と光』

神谷光信は『評伝鷲巣繁男』の最終章「残響」のところで、鷲巣の一九八二年の訃報を知った時、大学で中国古代思想史専攻だったが、「高橋巖先生のもとで神智学も学んでいた」と記し、次のように続けている。

死者の実在を前提とし、社会の構成員たる死者たちと共に、我々がいかに生きるべきかを真剣に考える雰囲気が、高橋先生の周囲にはあった。ある時のことだが、横浜での神智学研究会の帰り、横須賀線下りの車中でイザラ書房（当時）の今泉道生氏と雑談中、鷲巣繁男に話が及んだ。今泉氏は驚くべきことを言った。高橋先生は鷲巣繁男と、内藤三津子氏の薔薇十字社を通しての知己だというのである。

そこで『牧神』7号の特集「神秘主義について」がリンクする。冒頭に久野昭・寺山修司・笠井叡・松田修による座談会「神秘主義の今日と明日」が置かれ、寺山がシュタイナーの名前を出しているだけだが、続いてルドルフ・シュタイナー、高橋巖訳「血はまったく特製のジュースだ」が掲載されている。これはシュタイナーの講演で、テーマとタイトルはゲーテの『ファウスト』からとられたメフィストフェレスの言葉で、人間と悪魔の戦いにおいて、血が決定的役割を演じることを示唆すると述べている。そして「血の問題に関してでも、神話や伝説は重要な意味」を物語り、「古代の叡智は血というあの特製のジュースが人類にとって何を意味しているか」をよく知っていたからだとされる。それを神秘学の立場から考察すると、「下にあるものはすべて上にもある」という言葉へとつながっている。

この命題は人間の五感の把握している世界がすべてではなく、その背後には霊界が隠され、そのより深い世界の表現であることを告げている。これはヘルメス主義の根本命題からすれば、霊界が上の世界、感覚世界はこの霊界の表現としての下の世界と考えられる。古今の神秘学はこれを自明のこととしてきた。「下にあるものはすべて上にある」を人間の顔にたとえれば、相貌の中に魂や霊の表現を見るのである。人間と知恵との関係において、神秘学は人間の知恵が何らかの苦悩を伴った経験と結びつくし、知恵とは結晶化された苦悩もあると教えてきた。

これは「血はまったく特製のジュースだ」のイントロダクションにすぎないけれど、シュタイナー、及び先の神谷の言に示された高橋と神智学研究会の位相をうかがうことができよう。「訳者あとがき」によれば、これは一九〇六年のベルリン公開講演のひとつで、「血をめぐる諸問題、神秘学だけでなく、生理学、民族学、医学、社会学などにわたる多様な人生との関係も含み、シュタイナーにとっても重要な講演とされ、一九〇七年に単独出版されている。

前述の座談会やシュタイナーの翻訳とコレスポンダンスするように、三光長治が高橋巖の『神秘学序説』の書評「現代の聖杯を求めて」を寄せている。同書はその前年の一九七五年にイザラ書房から刊行されていた。そして続けて、七七年には『ヨーロッパの闇と光』、シュタイナーの翻訳『神智学―超感覚的世界の認識と人間の本質への導き』が出されていく。これらに合わせ、『牧神』7号の「広告のページ」にもイザラ書房が登場し、『シュタイナー著作集』の五冊が予告され、その第一回配本が『神智学』に当たるとわかる。またその横には人智学研究会の広告も見られ、一九七〇年代後半にシュタイナーの翻訳出版が様々に繰り広げられようとしていたことを示している。

だがここではそれらのシュタイナーではなく、シュタイナーや神秘学へ至る高橋のプレリュードとしての『ヨーロッパの闇と光』にふれてみたい。これは一九七〇年に新潮社から出された初版の改訂版である。新潮社版は見ていないけれど、このイザラ書房版の特色はカバー絵のカスパル・ダヴィト・フリードリヒ「テッチェン祭壇画」を始めとする六〇の図版であり、それらはまさにドイツロマン主義と聖杯探究のみならず、ヨーロッパそのものの「闇と光」を表出させている。そうした図版の採用と配置は高橋の次の言葉に則っているのだろう。

精神は感情の深みから人間の意識の地平、まずフォルムとして現れてくるのであって、概念としてではない。だから芸術家が夢や予感に忠実であるかぎり、ひとつの新しい時代のはじまりは哲学者よりもまず芸術家によって告知される。ひとつの単純な基礎形式の中に、ひとつの時代の様式のみならず、その精神の特徴さえ、現れてくることがある。

これは高橋も引いているクレーの「芸術は見えるものを再現するのではなく、見えるようにするのである」との言葉、つまり芸術が聖杯探究に他ならないという表明と呼応しているのだろう。おそらくそのようにして、六〇の図版が選ばれ、それが各章にはめこまれることによって、「廃墟」と「魂の故郷の喪失」を冒頭に置く各章の「闇と光」が必然的に浮かび上がってくる仕掛けになっている。したがってイザラ書房版『ヨーロッパの闇と光』を読み終えると、フリードリヒの「テッチェン祭壇画」が表紙絵とされたことが不可分だったと了承されることになる。

64 近代社と日夏耿之介

一九七六年七月の『牧神』6号の「広告のページ」の牧神社の最後のところに、『奢灞都《さばと》』復刻が告知され、そのコンテンツと寄り添うようにして、由良君美の推薦文というよりもオマージュが寄せられている。

日夏耿之介先生の毒素は、ここに極まれり、といいたいほどの、物凄い雑誌だった。燕石猷の「オシアン鈔」など、この同人誌の水準の高さを教えるものといえるだろう。《日本世紀末》の粋の粋が、この『奢灞都』に集約されている。《日本の世紀末》―それは、昭和盛期の直接の源泉ではなかろうか。そして日本世紀末の一つの凝められた言語芸術の粋は『奢灞都』のなかに集約されているのである。

この全一三冊の復刻版は一九七六年四月に出され、限定三〇〇部、定価三万五千円だったので、入手が出なかったし、牧神社倒産以後も古本屋であまり見かけなかったように記憶している。入手したのは五年ほど前で、古書価の暴落もあってか、確か五千円だったと思う。だが入手が遅れてしまったのは幸いでもあった。ここではそのことを書いてみたい。

『奢灞都』の内容と同人に関しては由良のオマージュに加えて、『日本近代文学大事典』の解題、及び拙稿「ポオ『タル博士とフエザア教授の治療法』、南宋書院、涌島義博」（『古本屋散策』57）も参照すれば、さらに立体的になるのだが、紙幅がない。また「別冊解説」の「総目次」による内容紹介、城左門「『奢灞都』とその同人たち」に基づくそれらのプロフィルにも言及したいけれど、それも長くなってしまうので断念するしかない。由良のオマージュにしても、「別冊解説」の「奢灞都歆聞《きぶん》」の抜粋だとわかるし、井村君江の「解題」にしても言及したいが、これらは次回に譲るつもりだ。

さてここで書いておきたいのは、一九二三（大正一二）年八月の『東邦芸術』創刊号に始まり、第三号から『奢灞都』へと改題され、一九二七（昭和二）年に第一三号をもって終刊となった同誌の流通販売史なのである。そしてそれらを通じて浮かび上がってくる大正時代の出版の謎の解明ということになる。

まず『東邦芸術』と『奢灞都』の編輯所と発売処の推移をたどってみる。『東邦芸術』創刊号は編輯所が東邦芸術社、発売処が近代社、第二号から五号までは発売処が泰文社、第三号から四号までは編輯所が奢灞都社、第五号から九号までは奢灞都館、第六号から九号までは発売処が仏語研究社、第一〇号から一三号までは編輯兼発売処が奢灞都館となっている。

奥付編輯者は第三号までが稲並昌幸＝城左門、後の城昌幸、発行者は石川道雄だが、第四号以降は石川が編輯兼発行者で、「奢灞都南柯《なんか》叢書」第一編のホフマン『黄金宝壺』の訳者でもある。

幸いにして石川は『日本近代文学大事典』に立項され、明治三三（一九〇〇）年生まれ、東大独文科卒、詩人、独文学者、山宮允主宰の鈴蘭詩社同人で、初期の詩は『緑泉集』（大雄閣）に収録とある。それで『奢灞都』第四号に山宮、石川などの合著として旧「鈴蘭」同人詩集『緑泉集』が広告掲載されている事情がわかる。

だが『東邦芸術』と『奢灞都』において注目すべきは近代社との関係である。『東邦芸術』創刊号の発売処が近代社だと前述したが、『奢灞都』第四号裏表紙一面に同社の『世界短篇小説大系』全一六巻、第九号にも同じく『世界童話大系』全二二巻の予約募集の広告が出されている。

前著に関しては拙稿「近代社と『世界童話大系』」（『古本探究』所収）、後者については『近代出版史探索』161で「吉澤孔三郎と近代社『世界短篇小説大系』」、また『近代出版史探索Ⅴ』991でやはり「近代社『神話伝説大系』」に言及している。だが吉澤の近代社が新潮社との共同出版である大正一三（一九二四）年の『近代劇大系』全一六巻から始まっていることは判明しているけれども、古澤のプロフィル、新潮社との関係、近代社の背景などはほとんどつかめていなかった。それは近代社が昭和二（一九二七）年の円本『世界戯曲全集』全四〇巻の失敗によって、わずか四、五年で出版界から退場してしまったことに起因していよう。その後吉澤はまったく出版と関係のない半生を送ったようで、彼の遺族もまたそうした事実を知らず、彼の死後に近代社に携わっていたことを知ったという。

しかしここに至って、思いがけずに近代社が『東邦芸術』の発売処だったこと、『奢灞都』に

『世界短篇小説大系』と『世界童話大系』の広告を見るに及んで、ようやく近代社の企画出版、翻訳者人脈の一端が浮かび上がってくるように思われた。それは日夏耿之介門下の人々、『東邦芸術』『奢灞都』に集った文学者たちであり、その一例を挙げれば、『世界童話大系』で全三冊となる『一千夜譚』は他ならぬ日夏訳となっているけれど、このような背景を知ると、三千ページに及ぶ翻訳は彼一人でなされたものではなく、門人たちを総動員させた翻訳と見なすのが妥当であろう。

だがどのようにして、近代社の吉澤と日夏たちが結びついたのかは依然として定かではない。

65　日夏耿之介と『近代神秘説』

一九七六年の『奢灞都』の復刻に寄り添うかたちで、やはり牧神社から、日夏耿之介の『吸血妖魅考』と翻訳『近代神秘説』も復刻に至っている。

前者は『近代出版史探索』31でふれているように、武俠社の『性科学全集』の一冊で、そのベースとなったモンターグ・サマーズの二著、サマーズのプロフィル、実際の訳者たちに関しても既述している。それゆえにここでは後者を取り上げたいのだが、たまたま『近代神秘説』に『奢灞都』の復刻の小冊子がはさまこまれ、そこにこの二冊の復刻が「日夏耿之介の作品」として掲載されている。それは一九七三年刊行の河出書房新社の『日夏耿之介全集』全八巻に未収録であることを伝えているのだろう。
この二冊の紹介の上に、「奢灞都由来記」なる一文が置かれていて、これはここでしかお目にかかれないかもしれないので、前口上のようにして引いておく。

グリーアスン古書に傳ふさばとゝは魔宴の意にして諸々の悪鬼羅刹魑魅魍魎の類争ひて集会し歓を盡すと云ふと我等今此處に徒党をなして彼等妖怪共の向ふを張るには非ねど素より百鬼夜行の異形さに劣らざれば各自が魔力を弄し以て諸人を迷妄の境に東道かんとす。

しかし『吸血妖魅考』がジョン・ディーの面影などを掲載し、フランセス・イエイツの『薔薇十字の覚醒』（山下知夫訳、工作舎）の気配をうかがわせているのに対して、『近代神秘説』は「近代神秘説」を始めとする一三編の文芸評論集といっていいだろう。それらよりもむしろ、日夏による「訳者の序」としての「全神秘思想の鳥瞰景」「フランシス・グリーアスン」、後記にあたる「神秘思想と近代詩」がタイトルにふさわしい内容に思える。
日夏は「全神秘思想の鳥瞰景」において、「神秘 Mystery」という言葉はそもそも「神秘講の秘密教義、秘密儀礼即ち、舞踏や神歌や斎戒やその外の一切を籠めたものを表はす希臘語」に由来すると始めている。それを語源として「神秘主義 Mysticis」が新プラトン学派のプローティヌスによって使われるようになった。ただそれは思想の表白、哲学の大系を限定するものではなく、「直示、直観の謎解きによつて、悟性を超絶する真理に見参し、ここに唯一信業《しんぎょう》の世界と見出さんとする心的傾向が神秘説で、これを奉ずる内的人が神秘家」だとする。そしてそれが中世、近世をたどられ、英国の近代にまで及んでいくのである。それはグリーアスンの八ページの「近代神秘説」を補正して、その倍の一六ページに及び、日夏の学説を知らしめ、同時に「奢灞都由来記」の内実と道筋を伝えているようだ。

著者のグリーアスンのポルトレも日夏によって提出されているけれど、ここではより簡略な『世界文芸大辞典』(中央公論社)の立項を復刻版から引いてみる。それにしてもよくぞ「グリアスン」を立項してくれたという思いを禁じえない。

グリアスン Francis Grierson(一八四八‐一九二七)哲学、文芸の批評家、音楽家。英国西部チェシアのバークンヘッドに生れ、一八六九年巴里で音楽家として立ち、欧州各都市でピアノ独奏をなす。次で文学、芸術、心理学、経済学を研究し、アメリカにて各大学、協会等で講演す。『近代神秘説』"Modern Mysticism"(一八九九)、『セル人的気質』"The Celtic Temperament"(一九〇一)、『幻の谷』"The Valley of Shadows"(一九〇九)、『巴里人面影集』"Parisian Portraits"(一九一〇)、『生と人』"La Vie et hommes"(一九一一)等の著書がある。詩人的哲学者的気質の批評家として一家をなす。

だがこのように立項はされても、翻訳されたのは『近代神秘説』の一冊だけだったようだ。『新潮社四十年』の「刊行図書年表」を確認してみると、『近代神秘説』が出版されたのは大正一一（一九二二）年である。それがどのような経緯と事情で刊行されたのかは定かではないけれど、同年に早大文学部講師に就任していることからすれば、早大教授として『神秘主義者の思想と生活』や『近代神秘主義の思想』を刊行していた吉江喬松の紹介によっているのではないだろうか。それに何よりも吉江は先の社史に「新潮社四十年の歴史と佐藤代表」を寄稿していることからわかるように、新潮社との関係が深かったのである。

それだけでなく、この新潮社の『近代神秘説』を通じて近代社との関係が生じ、大正一三（一九二四）年における『東邦芸術』創刊に当たって、近代社がその発売元を引き受けたこと、翌年の『世界童話大系』における『千夜一夜譚』の翻訳出版へとリンクしていったのではないだろうか。『東邦芸術』の「吉江編輯後記」によれば、発行所を引き受けてくれた吉澤孔三郎、及び様々に援助してくれた中根駒十郎への謝辞がある。吉澤は近代社の経営者、中根は新潮社の営業責任者であり、やはり大正一三（一九二四）年の『近代劇大系』の出版に当たって、吉澤と中根は流通販売でコラボレーションしていたと推測されるし、それが『東邦芸術』へも反映され、二人への謝辞がしたためられることになったのではないだろうか。

66　日影丈吉『市民薄暮』と「饅頭軍談」

一九七三年から七四年にかけて、牧神社から「日影丈吉未刊短篇集成」として、『暗黒回帰』『幻想器械』『市民薄暮』『華麗島志奇』の四冊が刊行されている。そのキャッチコピーは「戦後の幻想文学・推理小説界に異色の地歩を築く日影丈吉の未刊行作品群をここに初めて集大成し、端正な文章と日本の伝統的美を体現した華麗なその全貌をここに初めて読者へささげる」というものだった。

この「集成」全巻の解題が中島河太郎であることからすれば、中島が編纂者で、日影の幻想文学のアンソロジーゆえに、牧神社に企画を持ち込み、出版に至ったと思われる。またこれらの装画・装幀は村上芳正によるもので、彼の仕事は一九八〇年代初頭の連城三紀彦の三部作『戻り川心中』『変調二人羽織』『密やかな喪服』（いずれも講談社）へと引き継がれていったのではないだろうか。

そのことはさておき、私の手元にあるのは『市民薄暮』と『幻想器械』の二冊だけだが、前者の「序」には日影丈吉による「市民薄暮」に関する注釈が付されている。それは「古い日本語で、たそがれ、フランスで俗にいうアントル・シアン・エ・ルー（犬と狼のあいだ）などと共に、あいろもさだまらぬ状態を指す」と。その言葉は「夢魔」がたちこめる時間ともいっていいし、かつて日影の『内部の真実』（講談社、一九五九年）を論じた際の拙稿タイトルは「夢魔がたちこめる台湾」（『郊外の果てへの旅／混住社会論』所収）であるし、『市民薄暮』の解説も天沢退二郎により「夢魔の作家」と題されている。

それらに関して、『市民薄暮』の全作品にふれることはできないので、冒頭の中篇ともいうべき「饅頭軍談」を取り上げてみる。それはこの中篇の物語設定と場所が馴染み深いことによっている。

総亜弓は築地の河岸沿いの家の二階に間借りし、銀座のバーへ通っていた。彼女と「私」は「ただ酒場の女と客というよりも、もうすこし親しい間柄だった」。彼女のバーで夜明しした後、二人で歩いて帝劇の早朝興行にいき、「しあわせそう」な笑みを示し、三階でフランス映画を見た。ヒロインが恋人と心中する「救いのない映画」で、その後亜弓も死んでしまった。マダムにも聞いてみたが、その話は要領を得ず、死因も判明しなかったし、彼女の死は四半世紀前のことだった。それは戦前の話であることを意味していた。

しかし「私」が亜弓のことを時々思い出すのは彼女の家系のことを聞かされていたからだ。彼女の祖先は武田側に味方し、長篠の戦いで死んだ総遠江守の子孫で、領地は没収され、家中は離散したが、舎弟の主馬介は落ちのびて日本を脱出し、トルコに向かい、国王に仕えていたというのである。「彼女自身も家に伝わる話を、ふしぎに思っていたらしく、はたしてそういう事実があるかどうか、一度しらべてくれないか、と私にたのんだほど」だった。

長篠の戦いは天正三年五月、現在の愛知県設楽郡長篠村で、徳川と織田の連合軍が日本最初の銃撃戦を行い、武田勝頼を破った戦であった。天正は十六世紀末の二十年間ほどだが、その間に九州の大友、有馬といったキリシタン大名は伊東満所や千々石清左衛門などの使節団をローマ教皇のもとに送り、彼らは八年間ローマに滞在していた。そのことを考えれば、トルコはキリスト教国ではなかったけれど、オットマン王国の最盛期で、地中海の東に覇を唱えていたので、日本人の主馬介がトルコ王朝に仕えたという話も想像の限りでは不可能ではない。

そこで「私」は総遠江守の采邑を調べていくと、伊那の大鹿村に総一族が固まっているようで、長野県庁に勤めていた知人がその部落の名簿を送ってくれた。そして一年近く「はじめて何の役にも立たないことに心を打ちこめた」のだが、召集され、南方へ送られ、それらのことも忘れてしまっていた。

ところが戦後内地に帰還し、甲信国境の山峡の民家で古文書が発見されたという新聞記事を目にした。その古文書の持主は大鹿村の餅菓子屋の総房吉という人で、かつて送られた名簿にあり、記憶に残っていた。その古文書は昔から伝えられたもので、和紙に毛筆でしたためられ、総遠江守の従者の一人が書いたとされていた。ただ当時は生活の再建に狂奔していたこともあり、総遠江守どころではなかったので、文書の持主を訪ねてみようと決心したのはそれから十年後だった。

タクシーで天竜川をわたり、山間に入って歩いていくと、貧弱な部落の奥に「名物菱饅頭 鳥子屋」という看板を見つけ、鳥子はトルコと似ていると思った。出てきた老人に亜弓という女性と知り合いだったので、古文書を見せてもらえないかと頼んだ。「私」はその文書を読んでいく。この後は実際に「饅頭軍談」に当たってもらうしかない。

この日影の作品を取り上げたのは、たまたま原作真刈信二、漫画DOUBLE－S『イサック』（講談社）を読んだばかりだったからで、このコミックは大坂夏の陣の銃士が傭兵としてヨーロッパ戦場に現れ、戦う物語であったことだ。もうひとつは原田芳雄の遺作映画が『大鹿村騒動記』で、まさに「私」が訪ねる大鹿村を舞台としていたからである。残念ながら日影の「夢魔」の世界は最後までたどれなかったが、小説、コミック、映画の三題噺になったであろうか。

67 ジャン・ド・ベルグ『イマージュ』

一九七五年の『牧神』創刊号の巻末広告欄にジャン・ド・ベルグの『イマージュ』が掲載されている。それは当時、『反解釈』（高橋康也他訳、竹内書店）で鮮烈にデビューしたスーザン・ソンダクの「本書はエロチックな素材を利用しながら、強烈な感覚の形式上の極地を追い、性的人間のありようをオブジェ化しつつ、エロスの超歴史的な領域へ参内する」との言を弾き、次のように続いている。

（ソンダクが——引用者補）ジョルジュ・バタイユの『眼球譚』、ポリーヌ・レアージュの『O

嬢の物語』と並べて論じたように、本作品は二十世紀、特に戦後フランス文学に出色のポルノグラフィである。レアージュが序文の筆をとった本書は、匿名に隠れた現代仏文学者の手になり二人の女性の織りなすエロティックな像は当時の呪術・祭儀にも等しかろう。

ここに寄せられたいささか大仰なまでの言辞は、必然的にジャン・ド・ベルグ＝「匿名に隠れた現代仏文学者」が誰かという問いを生じさせた。それは訳者も同様で、「訳不詳」とあったからだ。

しかしこの『イマージュ』は特装限定本も刊行されたようだが、古本屋でも見かけなかったし、読むことができたのは、一九七四年に行方未知訳として出された角川文庫版によってだった。そこには牧神社の一年前の佐藤和宏挿画入り少部数限定版の文庫化と明記されていた。その発行は一一月、先の『牧神』創刊号は七五年一二月の刊行だから、両者の編集はほぼ同時に進行していたことになる。

名前が付されたとはいえ、やはり匿名の訳者は「解説」で、まず『イマージュ』が一九五六年にLes Éditions de minuit＝深夜出版から刊行され、初版千部、再版五千部がともに発禁処分を科されたと記している。そしてこのような、実在しない人物でありながらも、高名作家たちが推定されるエロチシズム文学が、「特有な謎解き遊び」、いずれも匿名の『眼球譚』や『O嬢の物語』、アルベール・ド・ルーティ・ジー『イレーヌの女陰』、エマニュエル・アルサン『エマニエル夫人』などの系譜に連なる「伝統的な一場の余興」に過ぎないと述べている。

これには若干の補足が必要であろう。拙稿「オリンピア・プレスとポルノグラフィの翻訳の系譜」（『文庫、新書の海を泳ぐ』所収）で言及しているように、一九三〇年代のパリにポルノグラフィと見なされた文学作品を果敢に刊行する出版社があった。それはジャック・カハンによって創立されたオベリスク・プレスであり、五〇年代になって、その息子のモーリス・ジロディアスが引き継いだオリンピア・プレスに他ならなかった。

そのオリンピア・プレスのラインナップを発祥とする企画は一九六〇年代の河出書房新社の「人間の文学」で、このシリーズに関してはこれも拙稿「河出書房新社『人間の文学』」（『古本屋散策』所収）を参照されたい。そしてこのオリンピア・プレスと「人間の文学」の系譜は、七〇年代前後の二見書房の『ジョルジュ・バタイユ著作集』を始めとするフランス文学翻訳書、七〇年代以後のフランス書院のポルノグラフィの出版とフランス書院文庫、富士見書房の富士見ロマン文庫へと継承されていったのである。

そうしたトレンドの中で、牧神社によるジャン・ド・ベルグの『イマージュ』の翻訳出版と角川文庫版も刊行されていったのであり、後者は富士見文庫創刊

を促したと推測される。それから付け加えておけば、一九三〇年代から七〇年代にかけて、ポルノグラフィは売れていたし、日本の翻訳書も例外ではなく、五〇年代のチャタレイ裁判、六〇年代のサド裁判に象徴されているように、社会の話題性を帯びてもいた。

だが『イマージュ』の場合、それほど話題を呼ばなかったと推測されるし、高名な作家の名前が挙がることもなかったように記憶している。しかし私はその少し前に、アラン・ロブ・グリエの『快楽の館』（若林真訳、河出書房新社、一九六九年）を読んでいたので、その視線に基づくエクリチュールが『イマージュ』と通底することに気づいていた。

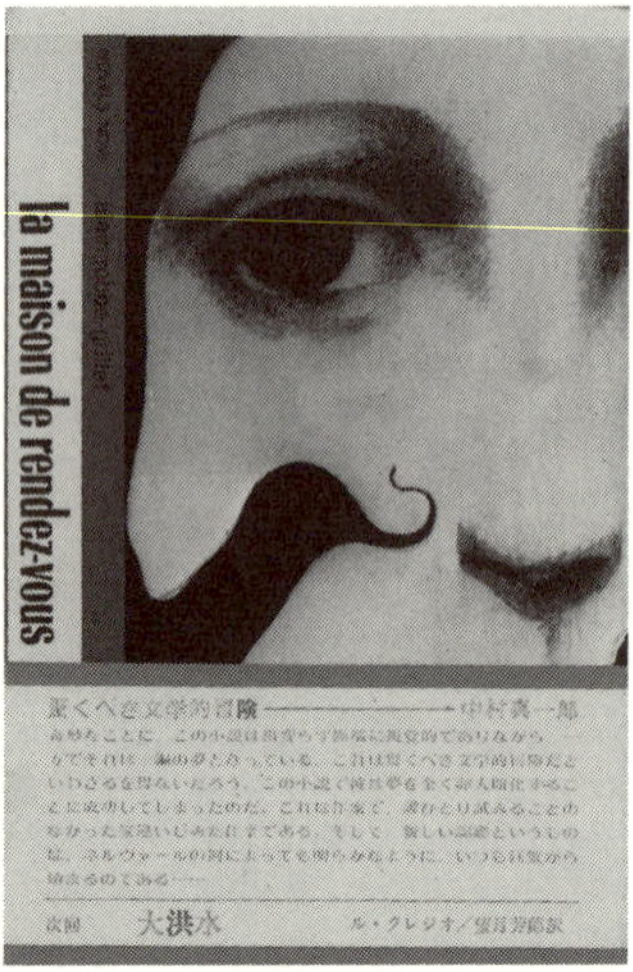

例えば、『快楽の館』の書き出しを見てみよう。

女たちの肉体がぼくの夢のなかではいつも大きな場所を占めてきたようだ。ぼくは女たちのイメージに悩まされつづけている。歪曲したうなじを見せている夏服姿のひとりの娘——サングラスの紐を結びなおそうとして——下げた頭から髪がなかば垂れさがり、しなかやか肌とブロンドのうぶ毛をのぞかせている。

ここに書きつけられている「ぼくは女たちのイメージに悩まされつづけている」との表白は、『イマージュ』における作家の「わたし」のものであり、そのテーマそのものといえる。また『快楽の館』も深夜出版から一九六五年の刊行であることから類推すれば、ジャン・ド・ベルグはロブ＝グリエと見なしていいように思われた。

このことはずっと忘れていたのだが、二〇一二年に牧神社の経営者だった菅原孝雄の『本の透視図』（国書刊行会）が出され、そこで、訳者の行方未知が彼自身、作者は本文語彙の特徴からロブ＝グリエと書かれていたのである。ちなみに『イマージュ』は日活のロマンポルノとして映画化されたことがあって、角川文庫は八〇万部にまで達したが、その印税のすべてが牧神社の運転資金につぎこまれたという。同書についてはこれまた拙稿「牧神社と菅原孝雄『本の透視図』」（『古本屋散策』155）を参照されたい。

68　アナイス・ニン『近親相姦の家』と太陽社

牧神社の菅原孝雄は前回の『イマージュ』の他に、一九六九年に太陽社からアナイス・ニンの小説『近親相姦の家』を翻訳刊行している。ニンの翻訳は六六年の『愛の家のスパイ』（中田耕治訳、「人間の文学」18所収、河出書房新社）に続いて二冊目である。

アナイス・ニンの名前はヘンリー・ミラーの『暗い春』（吉田健一訳、『世界文学全集』6所収、集英社）における献辞、『北回帰線』（大久保康雄訳、新潮社）の序文で知られていたが、六〇年代末になって、ようやく翻訳されたことになる。彼女は『愛の家のスパイ』の翻訳記念として、河出書房新社からの招待を受け、一九六六年に来日している。

菅原と太陽社の関係は牧神社以前の思潮社時代に始まっていたと推測できるけれど、彼の最初の翻訳として、ニンの『近親相姦の家』が選ばれた理由は不明である。ただ『愛の家のスパイ』の翻訳出版と彼女の初めての来日がきっかけとなったことは間違いないだろうし、それもあって、『近親相姦の家』と『ステラ』に寄せて」という序文を書くことになったのであろう。

これらの二作を収録した『近親相姦の家』は合わせて一七一ページだが、ヴァル・テルヴァーグのフォトモンタージュ、イアン・ヒューゴーの版画と相俟って、菅原が「一種奇怪な散文作品」と呼んでいるように、一九三〇年代のパリで見た夢の記録にして、その初期作品に他ならない。

そのようなニンの作品に加えて、さらに「一種奇怪な」のは、菅原が五七ページに及ぶ「近親相姦論」を付していることである。それは彼女が踏みこんでいった未開の領域が近親相姦の世界であったことを浮かび上がらせようとしている。そのために菅原は自らの少年期における九州の「山塊に囲まれた聚落」、「経済的な自給自足」の共同体の底辺での近親相姦の事実を挙げようとする。斜視と跛足の子供は歪んだ口に唾液をしたたらせ、もう一人の女は夏の往還を一糸まとわぬ裸身で走り抜けていった。

ひとつは奇形の醜悪さということであり、ひとつは狂気の美しさということであった、と今でも覚えている。（中略）これだけの嫌悪さと美しさの姿をして現れる近親相姦とは何なのか。（中略）しかしそのような問いかけは、太陽が早い時間に姿を消し、山や谷という自然の襞が暗い翳りを宿し、ついには谷間の聚落をすっぽり呑み込んでしまう闇の中に果てしなく漂うだけである。

ここに象徴的に見られるように、菅原は近親相姦の語源にタブーを見て、民族学や文化人類学、文学や精神分析学にふれ、ニンの言語としての近親相姦にも及んでいく。それは当時としては傑出した近親相姦とアナイス・ニン論だったと思われるが、これ以上は踏み込まない。さらにもうひとつ言及したいのは太陽社に関してであるからだ。

かつて柄谷行人と中上健次が対談の中で、フォークナーに関連して蟻二郎と太陽社にふれていたことがあった。その頃、私はフォークナーフリークだったので、蟻の『フォークナーの小説群』（南雲堂、一九六六年）も読んでいて、奥付の著者紹介で彼の本名が三宅二郎、明治大学講師、第十六次『新思潮』同人、近刊が『アメリカのニグロ作家たち』（太陽社）であることを知っていた。またその「まえがき」から、蟻がフォークナー研究者の大橋健三郎、中村勝哉とともに品文

社を設立した小野二郎の近傍にいたことも承知していた。
　またその一方で、一九六〇年代後半に出された太陽社のジャック・カポー『喪われた大草原』（寺門泰彦、平野幸仁、金敷力訳）、ラッセル・レーナー『ロリータ・コンプレックス』（飯田隆昭訳）、トム・ウルフ『クール・クールLSD交感テスト』（同前）などを入手し、太陽社が主としてアメリカ文学を中心とする翻訳出版社だと認識していたのである。それに『喪われた大草原』の訳者の平野は『フォークナーの小説群』で、大橋や小野と並んで、「親友」として謝辞が挙がっていた。だがその奥付にも発行所太陽社と記されているだけで、発行者名の記載はなかった
　ところがどうしてなのか、装幀者だけは獵二郎といずれも明記され、彼が蟻二郎＝三宅二郎だと思われた。とすれば、彼はアメリカ文学者にして、著者・出版者・装幀家を兼ね、太陽社の出版事業に携わってきたことになるけれど、管見の限り、蟻と太陽社に関する言及をどこにも見つけられず、詳細は不明のままだ。おそらく一九六〇年代後半に立ち上げられ、七〇年代前半までは存続していたのではないだろうか。
　太陽社の全出版書目は把握していないが、J・ボールドウィン『出会いの前夜』（武藤脩二、北

山克彦訳）、アイリス・マードック『砂の城』（栗原行雄訳）、ソール・ベロー『宙ぶらりんの男』（井内雄四郎訳）などの小説の翻訳は重版記載があることから、それなりに読者をつかんでいたはずだ。また先の『ロリータ・コンプレックス』にしても、ナボコフの『ロリータ』にちなんで、「ロリコン」というタームを定着させるきっかけになったと思われる。またこれは未見だが、『近親相姦の家』の巻末広告に、チョムスキーの『知識人の責任』が見え、言語学者ではないチョムスキーのいち早い翻訳だったことを知らされる。

ここで『近親相姦の家』と菅原に戻ると、『ヘンリー&ジェーン』（杉崎和子訳、角川書店）、『アナイス・ニンの日記』（原麗衣訳、ちくま文庫）に続いて、二〇一七年に鈴木宏の水声社から、無削除版、矢口裕子編訳『アナイス・ニンの日記』が刊行され、そこには『近親相姦の家』の成立事情や一九六六年の訪日のことも記されていたのである。また菅原は近年亡くなったと伝えられている。

69 あぽろん社と高橋康也『エクスタシーの系譜』

前回の太陽社、拙稿「垂水書房と天野亮」（『古本屋散策』197）ではないけれど、一九六〇年代には英米文学を中心とする出版社があり、思いがけない翻訳や研究書を刊行していた。その一社にあぽろん社があり、六六年に高橋康也の『エクスタシーの系譜』を出版している。

彼は一九七〇年代に入って、『ベケット』（研究社）、『道化の文学』（中公新書）、『ノンセンス大全』（晶文社）などを上梓し、ベケットや英国のノンセンス文学研究者として高く評価されていくが、その記念すべきデビュー作が『エクスタシーの系譜』であった。版元のあぽろん社は京都に位置し、大学の英語教科書出版をメインにしていたと思われる。それに加えてややこしいのは同様のアポロン社という出版社が神田神保町にもあり、混同が生じていたはずだ。

私が古本屋で入手したのは七〇年代前半で、友人の本棚にも見出されていたし、版を重ねていたはずだし、八〇年代当初にも八重洲ブックセンターに並んでいたことからすれば、ロングセラーだったと考えられる。一九八六年に「筑摩叢書」化されるが、その頃には品切になっていたのであろう。高橋の「新版あとがき」を読むと、これを手がけたのが「旧版の愛読者」の菊地史彦だとわかり、旧知の彼も読んでいたことを確認した次第だ。

私は深く英文学に通じているわけではないので、「錯乱の瞬間―エリオットとエロス」に示されたドニ・ド・ルージュモンの『愛について』（鈴木健郎訳、岩波書店）におけるキリスト教的アガペのかたち、及びサルトルのバタイユ論がヤスパースの「存在の裂け目」について語っているが、バタイユの「存在の裂け目」は女性の性器の「裂け目」と象徴的に関連しているという言説に感銘を受けたことを思い出す。

それから「愛と死―ロマン主義的曖昧さについての覚え書き」の冒頭である。

エレウシスのデメーテル崇拝、オルペウス教、グノーシス派、マニ教、カバラ派、カタリ派、トルバドゥール、新プラトン派、薔薇十字団、天啓主義《イルミニスムス》などなど、隠密な非公認の神秘主義の伝統がヨーロッパ精神史の表面に出てきたのが、十八世紀から十九世紀のロマン派の時代であった。ロマン派の作家のほとんどは何らかの形でこの流れに足をつっこんでいる。さらに枠をひろげて、ウォルポウル、ラドクリフ、ベックフォード、マチューリン、「マンク」ルイスなどのゴシック恐怖小説家からサドやマゾッホ、それにワイルドやユイスマンス、ダヌンツィオまでを包括する愛と罪と恍惚と苦悩の系譜、つまり「ロマンティック・アゴニー」の伝統を想定すれば、十八世紀末から一世紀末の作家の中で、これに属さないものを見つける方が困難なくらいであろう。

この論稿の発表は一九六四年とあり、初出では「エクスタシーの系譜」が付されていたのだ。それゆえにきわめて早い「非公認の神秘主義の伝統」に基づく宗教と結社、作家と作品チャートに、未邦訳のマリオ・プラーツの『ロマンティック・アゴニー』をリンクさせたものだ。これまで本連載でたどってきた国書刊行会の『世界幻想文学大系』や牧神社の「ゴシック恐怖小説」を始めとする多くの翻訳、平河出版社の『世界神秘学事典』の成立などにしても、この高橋のチャートを抜きにして語れないように思える。それらは一九七〇年代以後の翻訳出版において、「三つの庭―主題と変奏」に引かれたジョン・ダンの詩のような機能を果たしたと見なせよう。

「それに、この場所が真の楽園と思いこめるようにと、／私は蛇をたずさえてきたのだ。」「楽園」には悪魔の化身たる誘惑者「蛇」が必要なのだ。翻訳出版における「蛇」が何であるかはいうまでもないだろう。

また『エクスタシーの系譜』はアカデミズムだけでなく、文芸批評の分野にも影響を及ぼしたと考えられる。それは磯田光一の『イギリス・ロマン派詩人』（河出書房新社）で、単行本化は一九七九年だが、『文芸』連載は七三年から始まり、「主要参考文献」として、『エクスタシーの系譜』も挙げられていることからすれば、磯田も高橋のロマン主義をめぐる著作に刺激を受けたことを物語っていよう。

『イギリス・ロマン派詩人』の第一章において、磯田は高橋と異なる「もう一つの十八世紀」を置くことから始め、ワーズワス、コールリッジ、バイロン、キーツを論じていく。そこで重なっているのはワーズワスとコールリッジだが、その前者の章タイトルは高橋の「ルーシーとは誰か」に対し、磯田は「失われた戒律を求めて」、後者の場合は「夜と昼の結婚」に対し、「老水夫のゆくえ」である。つまり高橋の愛と性、エロスの形而上学ではなく、磯田はプロローグに最後のロマン派と称したイエイツの墓碑銘の詩句「生にも死にも／冷たいまなざしを投げかけて、／騎手よ、通りすぎて行け！」を引いているように、イギリス・ロマン派の世界を「仮面劇」としてたどっているようにも思われる。それも詩人という名の「畸形児の群れ」としての。

そこでの磯田は自らの結婚を秘めたままで、後のリアリストとしての文学史家の顔を垣間見せているようにも思われる。

70 ルイ・アラゴン『パリの神話』と『イレーヌ』

ルイ・アラゴンの長編小説『レ・コミュニスト』（小場瀬卓三他訳、三一書房）を入手したので、別のところで書くつもりでいるけれど、告白すれば、アラゴン体験は稀薄なのである。

それはどうも十代の頃に読んだ『パリの神話』（当時のタイトルは『パリの農夫』だった）が尾を引いている。現在から見ると信じられないかもしれないが、一九六〇年代には多くの世界文学全集が出されていて、その中でも私たちにとって馴染み深かったのは、河出書房新社のグリーン版の『世界文学全集』だった。この全集はまさしく函も本体もグリーンで、B6変型判と小さく、同じ河出のA5判の世界文学全集と比べて定価も安かった。さらに第一集五五巻、第二集二五巻、第三集二〇巻と続き、全一〇〇巻が刊行され、これでドストエフスキーやトルストイを読み、何とロマン・ロラン『ジャン・クリストフ』（片山敏彦訳）、ショーロフ『静かなるドン』（横田瑞穂訳）も読了するに及んだ。確認してみると、どちらも全三巻本で、今さらながらよく読んだと思う。

ただそれは中高生時代のことで、この『世界文学全集』収録の現代文学には目が向いていなかった。だが大学時代になって、この全集にジョイス『ユリシーズ』、ムシル『特性のない男』、ダレル『ジュスティーヌ／マウントオリーヴ』、ヘンリー・ミラー『南回帰線』、サルトル、アラゴン『汚れた手他／パリの農夫他』などもあり、ここでしか読めないことに気づかされた。それで七〇年代に入って、アラゴンの『パリの神話』（以下、この表記とする）を購入したのだと思う。ところが『パリの神話』は「序文」に続いて、「オペラ座横丁」に入るのだが、そこでは大通り、横丁、ホテル、劇場、書店、キャフェなどが詳細に語られ、それらにまつわる新聞記事や貼られていた告示などが引用され、さらには詩や寸劇も戯れのように展開されていく。読者の私にしても、アラゴンのシュルレアリストとしての文学的実験に通じていなかったし、これらのパリの街の風景に無知なので、はっきりいってよくわからなかった。それは訳者の佐藤朔も同じだったようで、「解説」において、その翻訳は「難物」「手に負えないもの」だが、若い桜木泰行の「献身的努力のおかげで」訳了できたと告白している。

またタイトルにならって、「パリに出て来た『農夫』にとっては、パリの人工的な町々や自然が、新鮮な驚きをもたらし、いたるところに未知なものや驚異を発見し、またそれらをパリのどまんなかで開拓しようとうする。『農夫』とは詩人ということであり、物語をつくる人であり、パリという最も都会的な都会と『農夫』という言葉の対照を面白く思ってついた題であろう」とし、「月報」には「オペラ座横丁」などの地図を掲載したりしていた。『パリの農夫』の原書は一九二六年に出され、それが収録された『世界文学全集』46の初版刊行は一九六二年だったのであり、よくぞ翻訳したというべき一冊のように思われた。

それから二十年ほど経ち、岩波書店からベンヤミンの『パサージュ論』全五巻が刊行され始め、その第一巻にパサージュ・ド・ロペラ＝「オペラ座横丁」が出て来て、アラゴンが「一三五ページ費やしてこのパサージュのことを書いている」と記し、『パリの農夫』初版に引かれたカフェのメニューを転載している。さらにベンヤミンは「このページ数の各桁数字の和のうちには」九人の詩神たちが隠されているとし、その名前を挙げているが、これは原書に当らないとわからない。ベンヤミンの『パサージュ論』は一九二七年半ばから始まっているとされるので、それは前年に上梓されたアラゴンの『パリの農夫』を読んだことで、大いなるインスピレーションを得たと考えられる。

同じく日本においても、アラゴンやベンヤミンの試みは始まっていて、それらは『近代出版史探索Ⅱ』343の今和次郎たちの『モデルノロヂオ』『考現学採集』、同350の安藤更生『銀座細見』としてである。これらの三冊はいずれも昭和五、六年、つまり一九三〇、三一年の刊行なので、『パリの農夫』や『パサージュ論』とパラレルだったのである。とすれば、パリと東京において始められていたことになり、今や安藤たちは日本のアラゴンやベンヤミンだったのではないだろうか。

その一方で、アラゴンは一九二八年に『イレーヌ』というポルノグラフィを上梓している。これは一九七六年に生田耕作訳で奢灞都館《さばと》から刊行された。「序文」を寄せているマンディアルグによれば、初版本は一五〇部の作者名もない秘密出版で、アンドレ・マッソンの銅版画に飾られ、同年にはこれも同じ版元とされるロード・オーシェ＝ジョルジュ・バタイユの『眼球譚』も出されている。マンディアルグは『イレーヌ』の出版について、その真価は「世間の顰蹙を買うこと」にあり、「著者の野心の目標がスキャンダルを巻き起こすことであったのは疑いの余地のない事実だ」と述べている。『イレーヌ』は戦後の五三年に再版本がやはり秘密出版のかたちで出され、カミュはそれで『イレーヌ』を読んだとされる。

後にアラゴンは『レ・コミュニスト』に象徴されるように、マルキストとしてフランス共産党に同伴する文学者のイメージが強いけれど、一九二〇年代はアンドレ・ブルトンと並ぶシュルレアリスム運動の中心人物だったのである。最後になってしまったが、*Le Paysan de Paris* は『パリの農夫』、『パリの神話』ではなく、『パリの田舎者』、もしくは『パリの耕作者』としたほうがよかったように思われる。

71 バンド・デシネとマックス・エルンスト『百頭女』とシュルレアリストの画家たち

初めて「バンド・デシネ」というフランス語を意識したのは一九九〇年にベルナール・ピヴォー他編『理想の図書館』（パピルス）を編集していた時だった。これは四九にわたる分野において、それぞれ四九冊の書物を選び、「理想の図書館」をつくろうとする試みで、五〇冊目は読者が選ぶという遊びも仕掛けられていた。

その三五番目が「バンド・デシネ」で、まだこのタームはほとんど使われておらず、「漫画」とするしかなかった。しかもその分野の情報も少なく、現在で「バンド・デシネ」として認知されている作品は、エルジェ『青いすいれん』とジャン＝ミシェル・シャルリエ、ジャン・ジロー『ブルー・ベリー』が挙げられているだけだった。しかも両書とも未邦訳で、後者がメビウスの作品だとわからなかったのである。

それから二十年後に、「バンド・デシネ」の世界をピクチャレスクに開示してくれたのは、原正人監修『はじめての人のためのバンド・デシネ徹底ガイド』（玄光社ムック、二〇一三年）で、この一冊が啓蒙的案内書の役割も果たし、本格的に「バンド・デシネ」の世界に導かれていったことになる。

その一冊にメビウス画、アレハンドロ・ホドロフスキー作『天使の爪』（原正人訳、飛鳥新社）がある。これは『エル・トポ』などの映画監督ホドロフスキーの原作に基づき、メビウスの性的妄想世界を倒錯的エロティシズムとともに描き出した作品といえよう。これを読んで立ちどころに想起されたのは、マックス・エルンストの「ロマン・コ

ラージュ」と称される『百頭女』『カルメル修道会に入ろうとしたある少女の夢』『慈善週間、または七大元素』（「眼は未開の状態にある叢書」1、5、6、いずれも巖谷國士訳、河出書房新社）である。その中でも、とりわけ『百頭女』を。

全九章、一四七葉からなる「ロマン・コラージュ」の『百頭女』はピクチャレスクなロマン・ノワールのようにして出現し、永遠の女「百頭女」と怪鳥ロプロプが繰り拡げる恐怖と夢幻の世界を現前させている。アンドレ・ブルトンは『百頭女』に「一九三〇年を迎える前夜」としての「前口上」を寄せ、次のように述べている。

マックス・エルンストこそは、近代の幻視の領野をひろげうる一切を前にしても、また未来および過去において獲得できるかどうかは私たちのみにかかっているような、数知れない真の認知に属する幻想を喚起しうる一切を前にしても、決して尻込みしない人間だったからである。（中略）
『百頭女』は、すべてのサロンが「湖の底」へと降りて行き、しかも、これを強調することこそ妥当なのだが、すべての魚の光沢、その天体たちの緊迫、その草の舞踏、その水底の泥、その映光の衣装をともなって漂うことがますます明らかになるであろう現代の、この上もない絵本となるだろう。

前回の『イレーヌ』の「訳者後記」で、生田耕作は一九二八年の少部数限定版がマックス・エルンストの『百頭女』『カルメル修道会に入ろうとしたある少女の夢』などの体裁によく似ていることから、Édition du Carrefour の秘密出版物ではないかと推定している。この版元は当時シュルレアリストたちの著作を数多く刊行していたのである。

サラーヌ・アレクサンドリアン『マックス・エルンスト』（大岡信訳、「シュルレアリスムと画家叢書」2所収、河出書房新社）所収の「書誌」を参照してみると、彼の「ロマン・コラージュ」の二冊は確かにその出版社から刊行されている。ただ刊行は一九二九年、三〇年なので、『イレーヌ』のほうが先行していることになる。この「シュルレアリスムと画家叢書」は「骰子の7の目」と謳われ、そこに監修者の瀧口修造は画家もまた「6の目の骰子を振りながら、その実は7の目を求めているのではなかろうか」と問い、「絵画では、いまや表現の伝統というよりも、欲望回帰のしるしだとさえ言ってよいかもしれない。そのように、絵画は執拗にも、眼あるかぎりの影像の生活とともにある」という一文を寄せている。

それらの画家たちはエルンストの他に、いずれもシュルレアリスム運動に寄り添っていたルネ・マグリット、ハンス・ベルメール、クロヴィス・トルイユ、ポール・デルヴォー、マン・レイである。この「骰子の7の目シリーズ」は一九七〇年代前半にフランスのアシェット・フィリパッキ・メディアが出版したもので、若き「バンド・デシネ」の作者たちにも多大なる影響を及ぼしたのではないだろうか。そのように考えてみると、大判のグラフィックノベルと見なしてもいい「バンド・デシネ」が、エルンストの『百頭女』というロマン・コラージュ、彼に続くシュルレアリスムに同伴した画家たちを淵源として誕生したのではないかと推測されるのである。

この一文を書いているとき、古書目録が届き、東京都港区の山猫屋のところに、一九六二年の『イレーヌ』原書が掲載され、ハンス・ベルメールの銅板画口絵とあり、八万五千円の古書価が記されていた。これも同じくアレクサンドリアン『ハンス・ベルメール』の「書誌」を見ると、前々回の『イマージュ』も同様だとわかる。これらの出版とも、「バンド・デシネ」の成立はリンクしていると思われてならない。

72　ダヴィッド・プリュドム『レベティコ』

もう一編「バンド・デシネ」に関して続けてみる。

その前にコミック出版状況にふれておく。二〇二〇年は『鬼滅の刃』の神風的ベストセラーに加え、コミック市場規模が紙と電子を合わせて六一二六億円となり、一九九五年の五八六四億円を抜き、過去最大の販売金額となった。その内訳は紙のコミックスとコミック誌が二七〇六億円、前年比一三・四％増、電子コミックが三四二〇億円、同三一・九％増である。さらに紙のほうの内訳を示せば、コミックスは二〇七九億円、同一四・九％増、コミック誌は六二七億円、同一三・二％減である。

数字と販売金額から始めて『出版状況クロニクル』的で恐縮だが、これがコロナ禍の中で起きているコミックの販売をめぐる現実で、二〇二一年のコミック販売にしても、紙のほうはともかく、電子は確実に伸びているはずだ。そのようなコミック状況において、一九六〇年代の創成期から紙のコミックスとコミック誌を支えてきたさいとうたかをと白土三平が相次いで亡くなった。それらの事実は二〇二一年がコミックスとコミック誌のターニングポイントになるだろうことを予兆させている。

そうした中で、「THE BEST MANGA2022 このマンガを読め！」の特集を組んでいる『フリースタイル』（五〇号）が刊行された。この恒例の特集は最初の二〇〇五年から読んでいると断言はできないけれど、少なくとも一五年近くは購入してきているし、『出版状況クロニクル』でも必ず取り上げてきた。

しかし残念ながら年を追うごとに未読のコミックが多くなり、今年に至っては「BEST10」は一冊も読んでおらず、「20」まで追うと、かろうじて既読のよしながふみ『大奥』が目に入り、少しばかり安堵する。ところがコメントを読むと、十六年連載で一九巻の完結とあり、朧気だが、確か一〇巻近くまでは読んでいたように思うにしても、追いかけておらず、結局は読んでいないに等しいということになる。

その理由として、前期高齢者になってしまい、五十代に「ブルーコミックス論」（『近代出版史探索外伝』所収）を連載していた頃のコミックへの執着が希薄化したことが挙げられる。またそ

れにコミック誌をまったく読まなくなってしまったこと、及び書店のコミック売場が広くなり、探すことがわずらわしくなってしまったことが加えられる。それゆえに電子コミックという心境にはならないだろうし、そうなればコミック読者として退場するしかないと思われる。

それらはともかく、二〇二二年の「このマンガを読め！」のランキングを見ていて、近年ずっとランキング入りしていた「バンド・デシネ」が一作も入っていないことに気づいた。アンケートの「BOOK DATA」にはそれらしき作品がいくつか掲載され、「バンド・デシネ」翻訳者の原正人も挙げているけれど、「BEST20」には届かなかったようだ。

二〇二一年の「このマンガを読め！」にはBEST6にダヴィッド・プリュドム、原正人訳『レベティコ』（サウザンブックス社）が入っていて、その時には刊行を知らず、年が明けてから購入して読んだことを思い出す。『レベティコ』はビジュアルな好著『はじめての人のためのバンド・デシネ徹底ガイド』（玄光社ムック、二〇一三年）にも書影と一ページ転載を含めて挙げられていたが、ようやく二〇二〇年になって翻訳刊行されたことになる。訳者の原にとっても、この出版はクラウドファンディングに取り組み、「ついに一〇年越しで夢を実現できた」というプロジェクトでもあったという。あらたなレーベルとしての「サウザンコミックス」も、この『レベティコ』が最初の出版で、さらにクラウドファンディングを通じての「バンド・デシネ」を続けて刊行していくとされる。

『レベティコ』はA4判を一回り大きくした判型で、一〇二ページに及ぶが、「雑草のうた」とサブタイトルにあるように、ギリシャのブルースの物語として描かれている。そのまま「バンド・デシネ」を引くわけにはいかないので、プリュドム自らの「まえがき」から物語を浮かび上がらせてみる。

舞台は一九三六年一〇月のある日のアテネ、独裁者として政権を握ったメタクサスは社会の周縁に生きるレベテースと呼ばれるミュージシャンたちをならず者と見なし、弾圧する。彼らは生まれ故郷のトルコやギリシャの離島から流謫の身となり、根無し草として大都市の門前のスラム街でその日暮らしをしていたのである。そのような第一次世界大戦後の難民とデラシネ的な社会環境の中から、レベティコと呼ばれる音楽は自ずと生まれてきていた。プリュドムは書いている。


二〇年代のギリシャに生まれたレベティコは、取り扱われるテーマの観点からタンゴやファドと比較できる。しばしばギリシャのブルースと呼ばれたりもする。目を閉じて催眠術にかかったように踊るダンスも特徴的だ。踊り手はすっと立ち上がると、まるで誰かに命じられでもしたかのように、メロディが変わるたびにゆっくりと回転するのである。

この音楽からは東洋と西洋のつながりが感じられる。流謫《るたく》の痛みが、港町のロマンティシズムが、夜のそぞろ歩きの愉しみが、みじめな失恋が聞こえてくる。そこには挫折と諧謔《ユーモア》がある。

さらにプリュドムは付け加えている。レベティコ誕生の当初、「聴衆とミュージシャンたちは兄弟」で、「のけ者同士が社会の最下層」にあって、「ざらついた調子っぱずれの歌を声を合わせて歌っていた」と。

まさにそのような「バンド・デシネ」として、『レベティコ』の物語は描かれていくことになるし、それは日本のコミックのひとつの源流ともいえる劇画のメタファーのようにも思える。私は取り立てて「バンド・デシネ」のファンとはいえないけれど、『出版状況クロニクル』Ⅶ－⑩で、この『レベティコ』と谷口ジロー『LIVE！オデッセイ』との通底する音楽シーンのことを既述していることもあり、秀作として推奨する次第だ。それはまた二〇二二年のBEST1が、先のムックで『レベティコ』を挙げている松本大洋の『東京ヒゴロ』（小学館）であることも重なっている。

まだ『レベティコ』の他にも「バンド・デシネ」の秀作は多くあるようなので、冒頭で記した二〇二〇年から二一年にかけての電子コミック出版状況に抗し、紙のコミックとして翻訳刊行されることを願って止まないし、「サウザンコミックス」の健闘を祈る。

ようやく書き終えたので、これから書店に『東京ヒゴロ』を買い求めにいこう。

73　つげ義春『夢の散歩』

二回続けて、フランスの「バンド・デシネ」を取り上げてきたこともあり、日本の「バンド・デシネ」的大判コミックに関しても言及しておきたい。それは青林堂や北冬書房を中心として、一九七〇年代から試みられてきたからである。もちろん大量生産と大量消費を宿命づけられた大手出版社のコミックと異なり、雑誌コードも付されず、少部数の書籍と同じ流通販売システムによっていたので、当時の読者にしても、目にふれる機会は少なかったと思われる。それに当時はコミック売場のある書店自体がほとんどなかったからだ。

一九七五年に北冬書房から「つげ義春新作集」として『夢の散歩』が刊行されている。A４判上製、二六一ページで、表題作を始めとする九編が収録され、函のカバー表には自転車を手にして町の狭い道をたどっていこうとする青年の後ろ姿が描かれ、そのつげによる鮮やかといっていいカラーの絵柄は、彼ならではの世界へと誘うような雰囲気に充ちている。黒地の背の上部にも同じ白抜きのタイトルの下に自転車と青年の後ろ姿がそのまま使われている。だがカバー裏には円の中で大きく脚を広げている全裸の女性像が置かれ、それは向かう先がエロスの世界であることを暗示されているかのようだ。ただこの表紙は初版だけに見られるもので、再版は函もなく異装化され、エロスの気配が希薄になったと記憶している。

エロスの世界への接近は冒頭の『夢の散歩』にも明らかで、最初に読んだ時にはそれまでのつげの印象と異なる志向を垣間見たような気にさせられたし、構図やストーリーについても同様だった。あたかもつげがキリコの世界へと迷いこみ、性的妄想をたくましくし、それを実行するという物語のようでもあり、あらためて読んでみる。その前に留意すべきは一枚の口絵が置かれ、そこでは溶解してしまった風景の中で、途方にくれている様子の青年と自転車が夢を想起させる茫洋とした姿を表していることだろう。

そしてタイトルページには青年と日傘で顔が見えない女性の並列像が提出され、「夢の散歩」が始まっていく。最初の一ページは一面に空と広い道路と街路樹が描かれているけれど、それは無言の空っぽの世界のようで、歩道にいる自転車を手にした青年と道路の中央のバス停で日傘をさし、子どもを連れている女性が点景として見えている。二ページ目からは点景だった青年と女性がアップされ、彼は道路を渡り、バス停へと近づいていき、そこで母子と並ぶ。

すると突然、交番を背景にして警官が現れ、「ピッピッピ」と笛を鳴らし、母子に対して「ここは横断禁止なのがわからないのですか／坂の下のガードをくぐりなさい」と指示する。それは青年にも向けられ、「おこられる……／すみません」とあやまり、これも点景のようだった家の横にある坂道のほうに向かうと、母子もついてくる。その家には人影も見えている。ところがそこはガードレールが壊れてなくなり、ぬかるみ状態の坂があるだけで、降りていくと、ドブと先の家に突き当たる。この家の裏側にまわればガードトンネルへ行く道があるはずで、裏側から見たガードレールを含むパースペクティブが挿入される。

青年は自転車とともにドブにかけられた細い橋をようやく渡り、「あの奥さん渡れるのかな……」と思う。すると坂の上では子どもがぬかるみにはまったようで、「奥さん」が膝をつき、あわてている姿がロングショットで捉えられる。そしてページが変わると、「奥さん」の尻がむき出しになった後ろ姿がクローズアップされ、それを見て、青年は「あんなにパンツがずりおちて……」と述懐する。その時の青年の顔は「奥さん」と同じく黒いままで、表情はうかがえない。青年は「奥さん」がパンツを上げようとしているのを目にしながら、ズボンを下ろし、背後から犯す。「奥さん」は驚きはしたようだが、抵抗せずに声をもらし、青年はことを果たし、それに気づかず、ぬかるみから解放された子どもの姿も描かれている。そして何もなかったかのように、家の裏側のパースペクティブが再現され、自転車とともにガードトンネルに向かっていく青年と、坂の半ばに佇んでいる母子の姿が対照的に示され、青年の「あの奥さん明日も散歩にくるかな」というモノローグで終わっている。

このタイトルページを含めて一三ページ、三〇コマの「夢の散歩」は一九六八年につげの名前を知らしめた「ねじ式」に通じる夢幻性とエロスのありかをコアとする物語と見なせよう。それは『夢の散歩』所収の「夏の思いで」「事件」も同様であり、発表掲載誌がこれも北冬書房のリトルマガジン『夜行』だったこととも密接に絡んでいると推察される。やはり所収の「懐しいひと」で、「北逃書房」は「短篇でいいのよ安いんだから」とのセリフを見出せるにしても。一九七〇年代前半において、つげと北冬書房の高野慎三の意向がそうした夢幻性とエロスの探求にあったようにも思える。

同じく所収の「下宿の頃」「懐しいひと」「義男の青春」は日常的エロスをテーマとして、『ヤングコミック』や『漫画サンデー』などの「娯楽雑誌」に発表されたことを考えると、この『夢の散歩』としてまとめられた「つげ義春新作集」は「ねじ式」に垣間見えていたエロスの世界へと、さらに踏みこんでいこうとした集成として成立したのではないだろうか。

その後、やはり大判の林静一『ph4.5グッピーは死なない』（改訂版、青林工藝舎、一九九九年）、つげ忠男『曼陀羅華綺譚』（北冬書房、二〇一一年）を読み、『夢の散歩』がもたらしたエロスの世界の行方を垣間見たように思われた。

74　青林堂『つげ義春作品集』

このところ『日本古書通信』連載の「古本屋散策」で、一九五〇年代から八〇年代にかけての写真集を取り上げ、一年間ほど連載するつもりの原稿を書き終えたばかりである。

そのひとつに一九五六年に平凡社から刊行された『世界写真全集』全七巻があって、これが世界でも先駆的な写真集で、その中の一巻は日本の写真家で占められ、戦後の日本の写真が世界でも突出したポジションに位置づけられていたことを知った。

近年カメラ雑誌の『アサヒカメラ』や『日本カメラ』の休刊が続いているが、八〇年代は『写楽』や『写真時代』などの創刊だけでなく、『ＦＯＣＵＳ』や『ＦＲＩＤＡＹ』といった写真週刊誌も立ち上がり、写真の時代であったといえよう。それに併走するように多くの写真集も出版されていたし、九〇年代を迎えてのヘアヌード写真集の全盛はいうまでもあるまい。

そうした戦後のカメラ雑誌と写真の時代に中に、一九七五年に青林堂から出された『つげ義春作品集』を置いてみる。この作品集は前回の『夢の散歩』と同じく、函入、Ａ４判上製、四五九ページで、「ねじ式」を巻頭に二四作が収録され、一九六五年から七〇年代にかけて『ガロ』に発表されたつげの作品の集成といえよう。函と本体には「ねじ式」で目医者を探す少年、表裏の見返しには、やはり少年が乗っている蒸気機関車の一コマがそれぞれ使用され、この時代におけるつげの「ねじ式」のアイコン化を表象していた。

ところが、その「ねじ式」が発表されてからちょうど半世紀後の二〇一八年に『スペクテイター』（第四一号、エディトリアル・デパートメント）が特集「つげ義春探し旅」を組むに至っている。そこには「おばけ煙突」「ほんやら洞のべンさん」「退屈な部屋」の収録、絵コンテ、詳細な年譜などの他に、藤本和也、足立守正の対談形式による「名作の読解法―『ねじ式』を解剖する」が

掲載されていたのである。これはまったく知らなかったが、二〇〇六年頃からSNS上で「ねじ式」が再注目され、その参考にされたと思われる写真などがミクシィに連続投稿されたことが前史となっている。つまり「ねじ式」に描かれた奇妙な街の風景、蒸気機関車、人物などは「作者の見た夢」という定説があったけれど、既存の写真をベースとする引用の織物、コラージュ的作品であることの一端が明らかにされたのである。それをベースにして、藤本と足立の対談は始まっている。

まず奇妙な街の風景と蒸気機関車だが、これらこそ前述したように『つげ義春作品集』の函の装丁と表裏見返しに使われていたものに他ならない。前者の目医者ばかりの写真は台湾の写真家朱逸文の「目」（『フォトアート』一九六三年五月号）、後者の蒸気機関車は小熊米雄「阿里山森林鉄道とその機関車」（『鉄道ファン』一九六六年八月号）が参照されていることが指摘される。二人は水木しげるの作品資料を探求していく中で、そのアシスタントを務めたつげ義春の作品資料にもぶつかり、「『ねじ式』を解剖する」に至ったようだ。

彼らは奇妙な街の風景と蒸気機関車だけでなく、次々にそうした実例を挙げているので、それらの四ページにわたる例と引用出典、掲載誌をリストアップしてみる。

＊3p1コマ／掛川源一郎「熊のシャレコウベ」（『フォトアート』一九六五年四月号）
＊3p2コマ／藪出直美「干し物のある浜」（『カメラ毎日』六三年一一月号）
＊5p2コマ／鹿島忠一「祭礼の日」（『フォトアート』六五年四月号）
＊6p1コマ／木村伊兵衛「知里高央氏」（『アサヒカメラ』六五年七月号）
＊7p1コマ／エリオット・アーウィット「メキシコ」（『アサヒカメラ』六五年一月号）／青野義一「緩慢な殺人」（『アサヒカメラ』六二年一二月号）
＊19p2コマ／高木尚雄「壁画のある家」（『フォトアート』六四年四月号）
＊23p2コマ／北井三郎「しぶきとかぜ」（『日本カメラ』六三年七月号）

これらを示した後で、つげは意識せざるシュルレアリストだったのではないかという意見も出される。足立はつげの「ねじ式」に対する謙虚な姿勢が「気になる資料の模写をつなげてみたら、非凡なリズム感ゆえに傑作ができちゃった」という思いによるのではないかといい、藤本のほうは「とにかくマンガとしてめちゃくちゃ面白いわけですから。そこが一番大事ですよね」と応じている。

確かにこれらの発見と指摘によって、「ねじ式」がつげのいうところの「ラーメン屋の屋根の上で見た夢」ではなかったことが明らかにされた。まだこれから他にもそうした写真資料は発掘されていくであろう。だがそれにもかかわらず、「ねじ式」の物語の謎は深まっていくばかりで、金太郎アメを売るおばあさんの「これには深ーいわけがあるのです……」という言葉はいつまでもこだましているように思われる。

75　かわぐちかいじ『死風街』

田家秀樹の「作詞家・松本隆の50年」をたどった『風街とデラシネ』（KADOKAWA）を読んだこともあり、もうひとつの「風街」に言及してみたい。

つげ義春新作集『夢の散歩』を刊行した北冬書房は、それに先行する一九七〇年代前半にやはりつげの『腹話術師』、かわぐちかいじの『風狂えれじい』『死風街』などを「北冬劇画叢書」として出版していた。これらはA4判ではなく、A5判上製のシリーズで、それは並製ではあったけれど、青林堂の「現代漫画家自選シリーズ」を範とし、同じくシリーズ化が目されていたと思われる。今回はその『死風街』を取り上げてみる。

かわぐちかいじといえば、九〇年代に講談社『週刊モーニング』連載の『沈黙の艦隊』がベストセラーとなり、一躍著名なマンガ家の位置にすえられたが、七〇年代は小出版社、及び当時多く創刊されていたマイナーなコミック雑誌に寄り添っていたのである。そうした七〇年代から現在に至るコミック史は、最近コミックそのものをテーマとする松本大洋の『東京ヒゴロ』（小学館）を読んだことで、いささかの感慨を生じさせた。

またその一方で、やはり同時代おいて、『死風街』とまったく異なる「風街ろまん」を構想し、「木綿のハンカチーフ」などを生み出していった作詞家の松本隆も想起してしまったことにもよっている。それらに言及する前に、まず『死風街』を再読してみる。

『死風街』は表題作の他に「風太郎無常」「流氓の街」「惰眠の街」「塵労平野」「ぼんぼん」の五作を収録した連作短編集といっていいが、その三つのタイトルに「街」が付されていることからすれば、これらもかわぐちの「風街」に他ならないだろう。それは松本の「風街」が『微熱少年』（ちくま文庫）で告白されている、青山と渋谷と麻布を赤鉛筆で結んで囲まれた三角形の架空の街であったことに対し、かわぐちの「風街」は地方の港街、場末の街で、「死風街」のクロージングに書かれた「風も死んだような街であった……」という一節がふさわしいトポスとして描かれている。

そのうちの「風太郎無常」などの四編は流れ者の直次郎を主人公とするもので、「惰眠の街」の最初のシーンが『網走番外地 望郷篇』を上映中の映画館の看板を背景にしていることからわかるように、明らかに六〇年代後半に全盛をきわめた東映任侠映画などの影響を受けて成立している。あらためて読んでみると、かわぐちが描いている街がまだ戦後の面影を引きずり、港の飯場、木造アパート、ビリヤード場、雀荘、さびれた商店街の喫茶店とバーなどが物語の装置としてすえられ、そこから登場人物たちが出現してくるのである。

それにしても、どこの街でも見かけることができた、そうした建物や娯楽場や店舗は一九八〇年代以後の郊外消費社会の隆盛に伴い、退場して消えてしまったに等しい状況へと追いやられ、その代わりのように、どこにいってもマンションの林立する風景を目にすることになった。時の流れはあまりにも早く、『死風街』の舞台背景にしても、もはや消滅してしまった。主人公の直次郎はすでに故郷喪失者として設定されていたので、もし存命しているのであれば、二重の故郷喪失者としての自覚を要することになり、いうまでもないことだが、物語も再考に迫られていただろう。

だが故郷喪失者として出現したのは、上京してデラシネ化したかわぐちやその分身たる直次郎たちばかりでなく、その対極に位置すると思われる松本隆も同様だった。田家の評伝のタイトルに「デラシネ」が見えているように、松本の「風街」にしても、一九六四年の東京オリンピックによって失われてしまった東京を意味していたのである。そうした彼らのかたわらでは国鉄が一九七〇年に観光キャンペーン「ディスカバージャパン」を始めていたし、それはすでに幻景と化してしまった故郷へと向かおうとする消費社会における「日本への回帰」だったのかもしれない。

だがこれはかわぐちと松本の同時代性からいって意外でもないかもしれないが、二人は新たな故郷ともいうべき地を見出し、そこをバックヤードとしてデビューしてきたともいえる。それは『ガロ』と青林堂である。かわぐちは先の「現代漫画家自選シリーズ」で、『死風街』とほぼ同時に『血染めの紋章』第一、二部の二冊を刊行していた。一方で松本のほうは一九七一年にははっぴいえんどの二枚目のアルバム「風街ろまん」を出すのだが、私はその頃、岡林信康のバックバンドを務めていたはっぴいえんどの演奏を聴いているし、ファーストアルバム「はっぴいえんど」も購入している。

しかしそのジャケットのイラストを『ガロ』で『赤色エレジー』を連載していた林静一が描いていたことは失念してしまっていた。それに松本とメンバーの大瀧詠一が『ガロ』の話題で意気投合し、大瀧の曲で、松本が永島慎二のマンガをきっかけとして「春よ来い」と「一二月の雨の日」の詩を書いたことは知らずにいた。

かわぐちと松本が出会っていたとは思わないけれど、「死風街」のマンガ家と「風街」の作詞家は『ガロ』を共通のベースとして出立してきたといえるだろう。当時の青林堂は『永島慎二傑作集』全四巻を刊行していたのである。

76　ブロンズ社とほんまりう『息をつめて走りぬけよう』

一九七〇年代から八〇年代にかけて、ブロンズ社が多くのコミックスを出版していたことを記憶している読者は、もはや少数なのではないだろうか。これは確認していないけれど、ブロンズ社は八〇年代前半に倒産したはずで、現在はそれを引き継いだと考えられるブロンズ新社があるが、こちらは児童書出版社の色彩が強く、かつてのブロンズ社の痕跡は残されていない。

ブロンズ社の一九八一年の出版目録が手元にあり、それを見てみると、TBSパックインミュージック編「もう一つの別の広場」という一〇冊以上のシリーズが最初に掲載され、この野沢那智、白石冬美によるラジオ番組が当時人気だったことを思い出した。うろ覚えだが、ブロンズ社は「もう一つの別の広場」シリーズの出版を主として、六〇年代後半、もしくは七〇年代前半に立ち上げられた版元だったと思われる。

しかし出版目録を点検してみると、その後の多彩な企画の展開を示すように、前回の松本隆『風のくわるてっと』『微熱少年』などの「YOUNG BOOKS」、三井徹『ブルーグラス音楽』や真淵哲、川本三郎『傍役グラフィティ』といった音楽や映画の本に、ドキュメンタリーや評論も加わり、何と豊浦志朗『叛アメリカ史』も出されている。このルポルタージュに関しては拙著『船戸与一と叛史のクロニクル』（青弓社）で言及していることを付記しておく。

それらはひとまずおくとしても、一九七〇年代後半からコミックスも刊行され始め、『真崎守選集』全二〇巻に続いて、「ニュー・コミック」というシリーズもお目見えし、ひさうちみちお『ラビリンス』を始めとする新人のいくつもの第一作品集も出されていった。そのコミックシリーズはいずれもB6判並製の書籍としての出版で、「まんがの行けるところまでぼくらは行ってみたい」とうキャッチコピーが付されていたのである。

さて前置きが長くなってしまったが、その中の一冊を私は偏愛していて、それは一九八一年のほんまりう『息をつめて走りぬけよう』である。八〇年代初頭における、まさに「ニュー・コミック」の誕生のように思われた。今見ても、三人の夏のセーラー服姿の女子高生をあしらった表紙と色彩、赤のタイトルは新鮮で、当時の読んだ頃の初夏の季節の記憶が甦ってくる。帯も残っているので、それも引いてみよう。

衣がえの日、俺達の気分も
もう一枚　衣を捨てた
感じないか？　昨日まで見てきた風景と、今日は何かが違う。街全体が光を放つような。——
息をつめて輝きのときへ走りぬける少年たちの心を確かに描く、ほんまりうの秀作。

誰なのか、編集者は判明していないけれど、彼が同書の一文を引用しながら、したためたコピーであろうし、ひとつの「まんがの行けるところ」を提出しようとする意気込みがここに躍動していると感じられた。それならば、この『息をつめて走りぬけよう』はどのような物語なのか、そのアウトラインをたどってみなければならない。
物語は朝の通勤通学の満員電車の中で、高校二年の田村が同じ女子高生の川島に足を踏まれたシーンから始まっている。場面が変わると、高校の運動場における体育の授業で、懸垂のできない田村が教師にからかわれ、それにダブって女子高生たちからも川島に痴漢をしたと責められ、殴られたことが想起される。その後で田村は担任に呼び出されるが、それはクラスメイトの松沼が家出したことに関してだった。同様に呼ばれたのは他のクラスの加藤、宮林、倉科の「顔が悪い・・・頭が弱い・・・力が無い・・・と三拍子そろった」「デキンボ」（ダメ男）で、松沼を含めた五人はたまたま模試のマークシートを階段状に塗りつぶしたことから、親しいのではないかと疑われたことによっている。

息をつめて走りぬけよう
ほんま りう
衣がえの日、俺達の気分も
もう一枚衣を捨てた

　ところが田村にとって松沼にしても、まったく印象は薄く、他の三人に至っては未知の人間に近く、誰もが孤独な存在に他ならないことが浮かび上がってきた。しかしそれは四人を離れ難くさせ、彼らは田村の痴漢冤罪をはらすために、川島のところに抗議に出かけ、謝罪させるに至る。田村は独白する。「この日オレは生まれて初めて他人に殴られた／この日オレは初めて他人を泣かせた／——そしてこの日オレは初めて友人を持った」と。

　それから四人の少年たちは不良に殴られたことで、ケンカに強くなるために早朝トレーニングを始め、一カ月続けて自信をつけ、不良を襲う。それに勝利を収めるが、昂揚したその帰りにヤクザとぶつかり、割ったビール瓶で刺殺してしまう。それを倉科は警察にたれ込むが、田村は逃げもせず、帯に見えていた「昨日まで見てきた風景と、今日は何かが違う」んだと告白し、少年院へと向かう。だが倉科は試験の成績が悪かったことも重なってか、学校の屋上から飛降り自殺してしまう。それを聞いた田村は少年院の独房で、「たとえ、おもてがどんなに吹きあれようと、風景が光り輝くまで息をつめて走りぬけよう」と思うのだ。

七〇年代から八〇年代にかけて、コミックにおける不良少年とヤクザの物語は疑似戦争ゲームのようなかたちで、繰り返し描かれ、量産されていた。だが『息をつめて走りぬけよう』はどこにでもいるような少年たちの逆ビルドングスロマンとして、醇乎たる輝きを秘めて出現したように感じられた。それにほんまの戦前を舞台とする『与太』(「現代漫画家自選シリーズ」34所収、青林堂、一九七四年)を読んでいたために、思いもかけず新鮮だったのである。

その後、ほんまが明治大学漫画研究会をともにした古山寛原作の『漱石事件簿』(新潮社)、『宵待草事件簿』(同前、一九九五年)は読んでいたけれど、ヤクザ物の大下英治原作『修羅の群れ』(桃園書房)などは『息をつめて走りぬけよう』のイメージが覆されそうな気がして、現在に至るまでふれていない。

77　喇嘛舎と石井隆『さみしげな女たち』

一九八三年にアディン書房を発売所として、喇嘛《らま》舎から石井隆画集『さみしげな女たち』が刊行されている。これはA4判を一回り大きくした六九ページの一冊で、メビウスの『天使の爪』

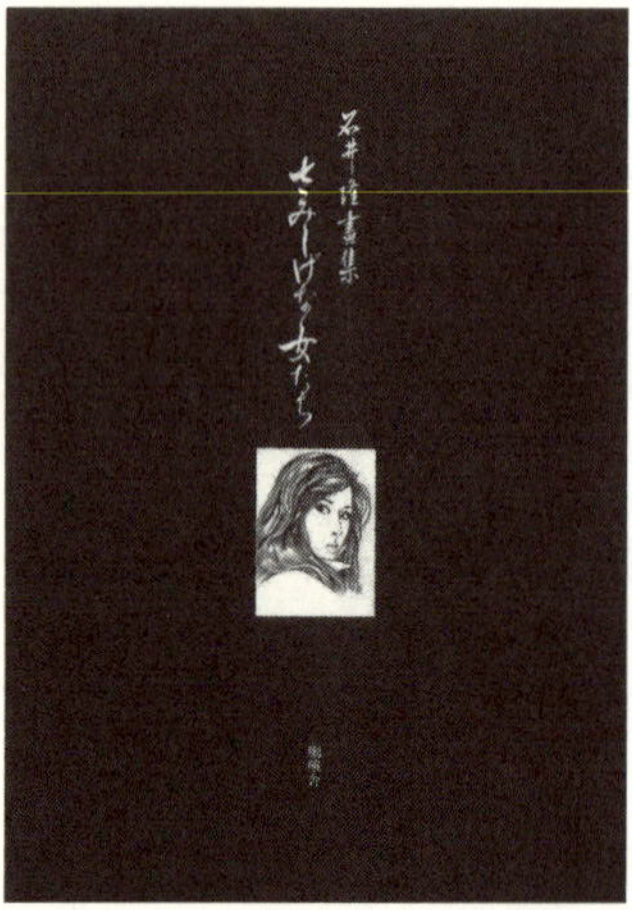

（原正人訳、飛鳥新社）を想起させる、石井隆の初期作品群に登場する女たちのイコノロジーの集成というべきだろう。その性をめぐる凶々しさは両書に共通するもので、それこそ石井は日本の「バンド・デシネ」として、フランスで翻訳されているのだろうか。

『さみしげな女たち』の版元の喇嘛舎は石井が「あとがき」でふれているように、長田という人が営む古本屋で、北冬書房の高野慎三を通じて紹介され、この画集の上梓に至ったという。同時代に喇嘛舎は『石子順造著作集』も出版し、私も高野から内容見本用の推薦文を頼まれ、一文を寄せたことを思い出す。それは二一世紀に入ると切断されてしまったけれど、七〇年代から引き継がれてきた出版社、古本屋、劇画家たちが交差するコミュニティの存在を伝えていよう。

石井がその「あとがき」で語っている「夢の中によく出て来る古本屋」こそはそれを象徴し、悪場所としての古本屋のイメージを浮かび上がらせている。

　そこはこの世にあり得ざる本が時々置いてある古本屋で、いつも夢の中、（中略）木造で間口一間程の小さな店構えのその古本屋は、（中略）客はいつもわたし一人で、店先の小さな木の台の上に、どれでも一束百円と書かれた、実写のようであり細密画を複写した写真の様でもあり、手札版の直焼きの束が、一束は十枚位だろうか、輪ゴムで括られて乱雑に積まれている。「無くならずに未だあった」、わたしはただもう恍惚としてそれを見下している。それらの白黒写真には、どれも女性の死体が、いや死んでいるのか生きているのか定かではないが、着物を開（はだ）けられ、洋服を剥がれた露わな姿で横たわっていて、写真にしては作り物めいていないし、絵にしてはリアルすぎる。一見してそれは殺人の現場写真（絵）に違いないのだけれど、背景は血の海の部屋の中だったり、森や水の中だったり様々なのだが、横たわる女の体は壊れていないし、血も噴いていず、蝋で描いた様な肌の色は、とても白い。（中略）これらの全ての束を買い取って一枚一枚自分の部屋で見てみたい、といつも思う（後略）。

やや長い引用になってしまったが、この石井の言はそのまま『さみしげな女たち』という画集への自己言及となる。なぜならば、「それらの白黒写真」「女性の死体」、「洋服を剥がれた露わな姿で横たわ」る女たちの集成がこの一冊に他ならないからである。

それらは「振り向けば」「夜に抱かれて」「夜へ」の三部構成で、巻末の出典によれば、『イルミネーション』（立風書房、一九八〇年）、『少女名美』（双葉社、八二年）、『天使のはらわた』（少年画報社、七八年）、『赤い教室』（立風書房、七八年）、『横須賀ロック』（同前、七九年）、『おんなの街』

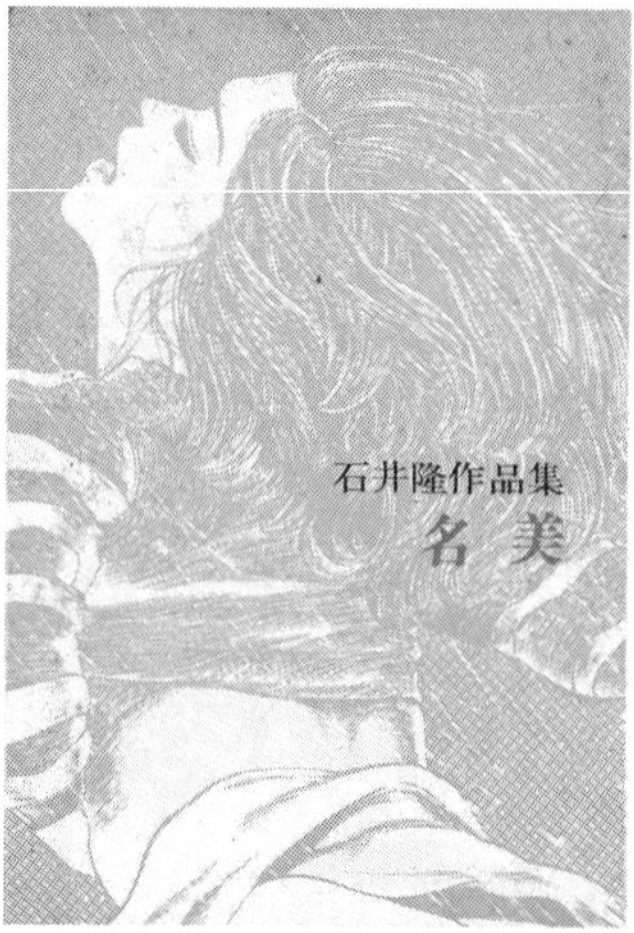

（少年画報社、八一年）などの表紙やカバーイラストをベースとして、雑誌に発表した絵、それに書き下しを加えたものである。最初のカラーも白黒に戻されたことで、画集はモノクロームの一冊となり、それが石井の世界の倒錯的崇高美を逆に際立たせているように思われる。

石井隆の宿命の女というべき名美が私たちの前に現れたのは、A5判上製の石井隆作品集『名美』（立風書房、一九七七年）においてだった。同書は主として『ヤングコミック』に掲載された「緋のあえぎ」を始めとする名美を主人公にする八作が収録され、いつも犯されながらも、その性の果てに常に死の匂いを漂わせているファム・ファタルというしかないヒロインをエピファニーさせたたのである。ただそこに石井と権藤晋＝高野慎三の対談、「名美という女は存在するか」、及び映画監督実相寺昭雄「私なりの石井隆讃」などを考えると、すでに一九七五年頃から石井は「エロスの王道を行くエロ漫画家」として注目されていたようだ。それもあってか、画集『死場処』（北冬書房、一九七三年）、作品集『淫花地獄』（淡路書房、一九七五年）が出ていたが、『名美』刊行時には絶版となっていたので、未見のままである。

『名美』の出版に続いて、『ヤングコミック』で、やはり少女名美を主人公とする『天使のはらわた』が連載され、こちらはコンパクト版として全三冊が出された。その後も名美の行方をたどり、『横須賀ロック』や『おんなの街』まで追いかけたけれど、後者には名美の物語の最後とあったので、その後も実際には『月物語』（日本文芸社、一九八九年）が書かれていたのだが、そこで私の石井と名美の縁は切れてしまった。しかし石井が自ら語っている、少年時代から『奇譚クラブ』の愛読者で、それらのアブノーマルな絵を小学生の頃から描いていたという証言は記憶に残された。

飯田豊一『『奇譚クラブ』から『裏窓』へ』（「出版人に聞く」12）において、石井と名美に関してもふれるつもりで、追加インタビューの際にと思っていたのだが、飯田の急逝もあって、それは果たせなかった。だが石井が『奇譚クラブ』や『裏窓』の正当な嫡子であるとの認識は変わっていない。

78　けいせい出版と宮谷一彦『孔雀風琴』

一九八〇年代前半に宮谷一彦が『人魚伝説』（上下、ブロンズ社、一九八〇年）、『肉弾時代』（廣済堂、一九八五年）を続けて刊行していた。

当時の印象をいえば、六〇年代から七〇年代にかけて『ガロ』や『COM』により、カリスマ的人気を博していた宮谷が、八〇年代になって異なるコミック誌と出版社と遭遇したことで、新たなリバイバルを迎えたのではないかと思われた。

といっても作風や描写が変化したわけではなく、前回の小崎泰博『幻の10年』に寄せて、かわぐちかいじが述べた「劇画とは『絵』なのだという単純な事実」をさらに進化させる表現とドラマツルギーへと向かったように見えた。

『人魚伝説』は志摩の海女をヒロインとして、半島での原子力発電所の誘致をめぐり、漁師の夫が殺されたことで復讐に挑んでいく物語である。その戦いの相手は地方を牛耳る財閥とその傘下にある暴力団や行政機構などで、まさに凶々しいまでの海と人魚の伝説を描いている。これは同タイトルで、池田敏春監督、白都真理主演により一九八四年に映画化もされたが、その後池田は自死したようだ。また『肉弾時代』は明らかに三島由紀夫をモデルとする作家と満洲での殺戮の記憶をトラウマとするボクサーの肉弾の世界の果てへの旅といっていい物語に仕上がっていよう。

それら以上に日本の「バンド・デシネ」的作品の白眉として、第一部のままで未完に終わってしまったけれど、『孔雀風琴《おるがん》』のほうを挙げることに躊躇しない。この作品はA4判を一回り大きくした造本で、宮谷と編集者のコラボレーションによって、戦後コミック史においても満を持して刊行されたと思しき一冊だと思われる。表紙には水際に羽を全開した孔雀とその中から生まれ出たような全裸の少女が描かれ、宮谷の『孔雀風琴』の世界への誘いとなっているし、それはこれまでにない絵画的試み、クローズアップ技法、ディテールへの注視などを予感させてもいる。実際にイントロダクションのページからして、見開きで森の中に不時着したらしき飛行機がローアングルで捉えられ、『孔雀風琴』が「本土上空においては、日本がいまだ制空権を握っていた時代」の物語であることを、まず告げている。

その第一部は「薔薇の骨格」として、「緑青の孔雀」から始まる七つの章によって形成され、戦時下の軽井沢を想起させる別荘地の物語の幕が開かれていく。季節は初夏で、地形と気流がもつれあい、空気はなまめかしく、空は蠕動し、今しも「呻き声と共に異形の者産み落とされんばかり」の森の中を、一人の少年が馬に乗って現れ、彼はそここそすべての生き物が創り出された「海」ではないかと思う。

そして少年は別荘の離れの土蔵に屋根から忍びこむ。するとそこにいたのは孔雀をあしらった和服をまとう妖婆で、裸身の少年を愛撫しながら、一族の甥が隠匿しているロシア王家の秘宝を与えると約束する。だがそこは実質的に外側から施錠された「牢獄」で、「遺棄館《いきじん》」と呼ばれていた。その当主は高麗葡萄夫《こまえびお》で、ワインカラーを意味する名前は妖婆の沙羅による命名だった。彼は眷族によってノイローゼによる人格失調者と見なされ、この別荘に蟄居の身であり、それは望むべき最良の地位だった。

その葡萄夫は川で魚をとる半裸の少年と出会う。女性を避ける傾向の彼は少年の美しさと官能性にいきなり魅せられ、少年が開拓民の中にいた旧士族の子で、「まさしく幾代にも渡る、剰余の結晶だ！」と感嘆する。葡萄夫は少年を別荘へと誘い、ピアノを教えこむ。彼が教えるピアノ曲の音色、メロディ、ハーモニイは五ページにわたって描きこまれ、その演奏が交感としての性行為のメタファーに他ならないことを意味し、そこから神が生誕することを暗示させている。少年は葡萄夫の腕の中で、「天使」のようでもあり、「極限的な官能《エクスタシー》の沸騰に一瞬、気を失ってい た」のである。そして三章が「孔雀風琴」と題され、葡萄夫は少年に語り出す。峠の岩壁には無数の空洞があり、気温や気流の変化で風穴と化す。だからそこに巨大な導管風琴《パイプオルガン》を入れるための音楽堂を建立し、それを孔雀風琴と名づけるのだと。そこで少年が弾いたピアノがそのミニチュアだったことを知らされるのだ。

まだここまで四五ページであり、さらに凶々しいまでに登場人物と背景と物語が渾然一体となって展開されていくのだが、それを味読するためには実際に読んでもらうしかない。ただこのような紹介だけでも、『孔雀風琴』が『肉弾時代』の三島由紀夫、それに宮谷自身が「あとがき」の歌で逆詠みしているように、塚本邦雄からの影響をうかがうことができよう。それは一九六〇年代から七〇年代にかけての大江健三郎の影響下から、三島や塚本の世界へと移行しつつあった宮谷の軌跡を伝えているのだろう。

それもあってか、「敢えて翔ばず」という解説を寄せているのは『刺青、性、死』（平凡社）、

『闇の上のユートピア』（新潮社）などを著した国文学者の松田修で、それは次のように書き出されている。

いかなるジャンルであれ、その時代の象徴ともいうべき一群の作家たちがいる。意図せずして彼らは一つの時代を生き時代を死ぬ。栄光絶巓《ぜってん》において、はた挫折の黒い海溝において、彼らはあまりにも時代そのものであり過ぎた。生に過激であったものは、しばしば死においても過激なのである。

ここで松田は宮谷を三島のような「時代の殉教者」に見立てて始めているけれど、そこにとどまらず、宮谷の変貌をたどり、その根源へと迫ろうとしている。管見の限り、最も優れた宮谷論のように思われるが、ここでしか読むことができないのではないだろうか。それも含めて、『孔雀風琴』は一九八〇年代に出現した日本の「バンド・デシネ」的作品の記念すべき一冊のように思われる。

79　東考社と小崎泰博『幻の10年』

小崎泰博の『幻の10年』は、ほんまりうの『息をつめて走り抜けよう』が『ヤングコミック』

に連載されていた同時代に描かれたと思われる。前者は後者と異なり、Ａ４判並製九六ページの一冊で、一九八〇年に東考社から刊行されている。東考社は辰巳ヨシヒロの兄の辰巳義興が営む出版社で、拙稿「太平出版社と崔容徳、梶井純」(『古本屋散策』187)の梶井の『戦後の貸本文化』の版元である。

おそらく東考社にしても、『幻の10年』にしても、もはや忘れられていようが、四十年前には並製の小型本や大型本も地方・小出版流通センターを取次窓口として、書店でも流通販売されていたのである。そのようにして、私も『幻の10年』や『戦後の貸本文化』を入手している。

『幻の10年』の「あと書き」というよりも、解説ともいうべき「地理の小崎と呼ばれていた男の劇画」を寄せているのは、かわぐちかいじに他ならず、小崎もまたほんまりうやかわぐちと同様に明治大学漫画研究会に属していたことを伝えていよう。まず『幻の10年』の物語をラフスケッチした上で、かわぐちの言説に言及するつもりでいた。だがこの特異な作品に関してはかわぐちのチェチェローネを通じて、小崎の世界へと入っていくほうがよいのではないかと判断したこともあり、そのように進めてみる。

かわぐちはいきなり「これはまさに衝撃であった」と始め、「ビッシリ描きこまれた『世界』に引き込まれた」、「見る者はこの作品世界を体験する、それだけなのだ。これは恐ろしいことである」と嘆息すらももらし、続けている。

劇画とは「絵」なのだという単純な事実をいまさらながら思い知らされた。この作品には背景を流線で流したり、スミベタでつぶしたりして話をうまく持っていこうとする常套的な劇画処理が一コマもない。それでいて話が成立している。怖さの正体はここにあった。いい加減なストーリイ・テリングや都合の良い思いこみを排し、一人の少女が従兄弟や友人との関係を通して変貌していく有様を全部眺めてやるんだという意欲がみなぎっている。小崎泰博は甘えていない、また見る者を甘えさせないと迫ってきている。中途半端を好む今の劇画界にこの作品を受け入れる余裕はないであろう。（後略）

そして『幻の10年』の綿密さとは地理の持つ複雑さや絶対さに魅せられる資質を有する小崎でしか描けない「世界」なのだともいっている。トラックが踏切を通りすぎるシーンを背景として、二人の男女が精緻に描かれた表紙はそれを表徴しているかのようだ。

そのかわぐちの言を導火線として、『幻の10年』をたどってみよう。郊外らしい民家が描かれ、その家の主婦と訪ねてきた青年の会話から始まっていく。青年は娘の節子に会いにきたようで、彼女がローラースケートで駅まで通っていることを知る。その帰りに青年はローラースケートで帰ってくるホットパンツ姿の節子とすれちがい、「お嬢さん／お尻の肉がはみ出てますよ！」と後ろから声をかけると、彼女はふり返り、「馬鹿野郎」と応じる。これがイントロダクションといえよう。最初の部屋と渓谷を描いた一ページも含めると、ここまで五ページ、二〇コマで、そ

れだけでも「劇画とは『絵』なのだ」というかわぐちの感慨が肯われる。

それから家に帰った節子と母の話に切り替わり、青年は節子の従兄の茂男で、一〇年前に九州の田舎で一緒に遊んだことを憶えているかと母に問われ、節子は「あっ さっきの奴」かと思う。茂男は東京の美大に入り、銀座でグループ展を開くので、パンフレットを持参してきたのだ。母の言葉から節子が二十二歳の娘だとわかる。彼女は自分の部屋に入り、アルバムを取り出し、見入る。そこには小学生の茂男と節子が一緒に写り、「元気だった」「ええ元気よ」という想像上の会話を交わすのである。ここまで四ページ、三一コマで、彼女の部屋の机、本棚、椅子や電気スタンド、絵やポスターなどの背景も描かれ、最初のページの上の部分が彼女の部屋の一角らしいとわかる。それならば、下の部分の森林を伴う渓谷は何なのかということになるが、おそらく二人の離れていた「幻の10年」のカオスを表象しているのではないだろうか。

それに続くのは銀座のグループ展の節子と茂男の十年ぶりの再会、美大生たちと出品画の片鱗が描かれたシーンで、茂男は仲間の村瀬に従妹のT大独文科の才女だと紹介する。絵にはルドン、ゴヤ、エルンストもどきもあり、節子は「太初《はじめ》に技術ありて」というが、村瀬のメフィストフェレスを描いたような「ホムンクルスフランケンシュタイン」は時々夢に出て来る顔だと評したりする。

ここまで一四ページだが、映画にたとえると、イントロダクションはアメリカ映画、母と娘の会話と家の内部は小津安二郎、グループ展はフランス映画のようであり、さらに綿密となって続いていく執拗なまでの描きこみは、劇画内にもうひとつの映画や写真をダブルフォーカスさせているようだ。それに合わせるように展開されていく会話はドイツ観念論の森をさまよっているイメージを伴い、さかしまの世界までをも表出させているし、モノクロの精密な背景と人物描写は重苦しいまでにのしかかってくる。それでも見開きの九四、九五ページはそうした世界からの脱出を伝えているようで、それが物語のカタルシスとなっていよう。

この『幻の10年』の後をたどりたいと思うが、かわぐちのいう「中途半端を好む今の劇画界にこの作品を受け入れる余裕はないであろう」との言は残念ながらそのとおりになってしまったようでもあり、ダイレクトに見ることをお勧めするしかない。それに次の小崎の作品にまみえていない。いや私が見ていないだけで、出ているのかもしれないが、そうであれば再見できるかもしれないので、何よりもうれしい。

80　山田双葉『シュガー・バー』と山田詠美

前々回の宮谷一彦『孔雀風琴』の版元であるけいせい出版は、やはり一九八〇年代に「Keisei Comics」を刊行していた。それは「したたかに見つめてほしい。」というキャッチが付されたB6判の書籍コードのコミックシリーズで、その中の一冊として、八一年に出された山田双葉の『シュガー・バー』があった。

それゆえに『シュガー・バー』は『孔雀風琴』と異なり、「バンド・デシネ」的な大判コミックではなく、一見凡庸なエロ漫画のようであるのだが、ここで取り上げておかなければならない。それは彼女が後の山田詠美でもあり、Sugar Barというタイトルや表紙カバーのイラストに示されたODE TO YOUR COCKは処女作『ベッドタイムアイズ』にもリンクしていくメタファーのようにも思えるからだ。

『シュガー・バー』には一二の短編が収録されているが、そのうちの「洪水」「メモリーズ・オブ・ユー」「シリイガール」「ファンキー・ファック」は『ベッドタイムアイズ』へと結実していく試作のように読むことができる。それに巻末の同書編集者の小杉杏里によるコラムページ「漫中病院」(恐怖のマンガ中毒者を対象とする病院)は双葉を患者《クランケ》としての写真入りインタビューで、経歴、ファッション、漫画との関わり、マンガ観、趣味及び文学嗜好、酒とタバコなどのことをフランクに語らせている。

『シュガー・バー』収録の作品の「初出一覧」に見えているように、それらは『漫画エロジェニカ』『漫画大快楽』『ダンプ』などの掲載であり、山田双葉は一九七九年頃から女子大生のエロ漫画家としてマスコミに露出し始めていたようだし、それは表題作にもうかがわれる。また彼女は明治大学漫画研究会に属し、その関係から女子大生のエロ漫画家へと転身していったとも思われる。実際に同じく「Keisei Comics」で『憂国』を刊行しているいしかわじゅんは漫研の先輩とされるので、後の山田詠美にとって、漫研が揺籃の地であったことになろう。そのいしかわが「双葉・近接撮映者」という友情出演ならぬ、友情的「解説」を寄せているのだが、彼女の世界のコアを真正面から捉え、次のように述べている。

双葉が興味を持って、焦点を定めるのは、目の前にある物だ。それも、現実世界に限られる。「女の子にありがちな」みたいな「空想の世界」というやつが、双葉からは見事に欠け落ちて居る。現実主義、と言う様な、自分の意志で選んだ事では無い。「現実」の「目の前にある物」しか、彼女には《ママ》見ようとせず、また存在しないのだ。

具体的にいうならば、(中略) 結局のところ、男なのである。

その、ごく狭い視界の中に居る「男」を、いかに認識するかが、山田双葉にとっての「まんが」なのだ。

さらに引用を続けたいのだが、これ以上長くなってはいけないので、ここで止める。最後のフレーズのところの「まんが」を「文学」へと差し替えれば、山田詠美の世界とも反転していくだろう。漫研をともにしたいしかわの眼差しは双葉のみならず、詠美をも穿っていたことになろう。それに編集者の小松も明大漫研の出身のようなのだ。

この連載でまったく意図していたわけではないのだが、明大漫研出身者のコミックスをずっと取り上げてきたことをあらためて実感する。かわぐちかいじ『死風街』、ほんまりう『息をつめて走り抜けよう』、小崎泰博『幻の10年』、それに一九六〇年代後半からのコミックムーブメントは明大出身者によって支えられ展開されていったようにも思われる。

これは塩澤実信『倶楽部雑誌探究』（「出版人に聞く」13）で聞きそびれてしまったのだが、長きにわたって双葉社で『週刊大衆』編集長を務め、阿佐田哲也『麻雀放浪記』などを送り出したにもかかわらず、彼が社長の座に至らなかったのは『漫画アクション』との競合で、その編集長清水文人の『子連れ狼』などの業績に及ばなかったからではないだろうか。清水もまた明大出身だったし、それは北冬書房の橋川文三の弟子、高野慎三も同様である。

また、かわぐちかいじが『黒い太陽』(ソフトマジック復刻版)のインタビューで語っているところによれば、一九六七年創刊の『ヤングコミック』編集者の鈴木茂、戸田利吉郎、松橋の三人が明大漫研出身者で、かわぐちの処女作『夜が明けたら』や『黒い太陽』が掲載されたのも同誌だったのである。それに他でもない宮谷一彦にしても、『肉弾時代』の「あとがき」において、二人の明大漫研OBの依頼で始まり、単行本化に携わってくれた小笹、かつ『ガロ』に断られた「風に吹かれて」を掲載してくれた高橋も同様だと謝意を述べている。それらの事実を知ると、一九八〇年代に所謂「ニューコミック」を刊行していたブロンズ社、けいせい出版、東京三世社などにしても、編集者は明大漫研出身者が多く関係していたようにも思われる。

かつての早大漫研が「大人漫画」としての東海林さだお、福地泡介、園山俊二たちを輩出してよく知られていたが、明大漫研のほうはかわぐちの言によれば、「ジャリマン」(子供漫画)と呼ばれ、「バカにされ」、「学生がマンガを描くというのは、ちょっと肩身の狭い思い」もあったせいか、オーソドックスなエコールとならなかったような気がする。今度、北冬書房の高野に会う機会があったら、そのことを尋ねてみようと思う。

少しばかり横道にそれてしまったが、山田双葉=詠美に戻れば、最初に『シュガー・バー』を読んでいて、それから『ベッドタイムアイズ』に出会ったのである。そして彼女が私の小学校の後輩、私の風景の記憶と彼女のそれが重なっていることを知った。そのこともあって、拙著『〈郊外〉の誕生と死』(「序章」)で、彼女の『晩年の子供』の一節を引用し、同じく『郊外の果てへの旅／混住社会論』においては、『ベッドタイムアイズ』を論じるに至っていることを付記しておく。

81　『ガロ』臨時増刊号「池上遼一特集」と「地球儀」

ほんまりうの『息をつめて走りぬけよう』には主人公の田村が自分の机の上に鳥籠を置き、それをみつめ、鳥が鳴くのを聴いているシーンが描かれている。そのシーンは反復され、鳥籠や飼われている三羽の鳥の姿も同様である。籠の中の鳥は「デキンボ」（ダメ男）で、どこにも行けない田村たちのメタファーに他ならないだろう。それを物語るように、「息をつめて走りぬけ」た後、田村は籠から鳥を出し、窓から放す。すると最初、三羽の鳥はとどまっていたが、空へと飛び立っていく。そして鳥が異なる世界を味わっているように、田村は「昨日まで見てきた風景」が変わってしまったと告白するのである。

この繰り返される鳥籠のシーンをたどりながら思い出されたのは、池上遼一の「地球儀」という作品で、ほんまもそれを意識していたのではないかと思われた。その作品を読んだのは一九七〇年代初頭のはずで、『ガロ』の七〇年五月増刊号「池上遼一特集」においてだった。当時青林堂からはその他にも『ガロ』臨時増刊号として、つげ義春、滝田ゆう、永島慎二、勝又進、林静一、つげ忠男たちの特集が組まれ、単行本よりも安く入手できたのである。ちなみに定価は二〇〇円で、パラレルに刊行され、収録作品も重なっていた、やはり青林堂の「現代漫画の発見シリーズ」や「現代漫画家自選シリーズ」よりも廉価だったし、それらは古本屋でもよく売られていたので、容易に買えたことにもよっている。

だが今になって考えれば、『ガロ』の判型と同じＡ４判の臨時増刊号の各特集は、日本の「バンド・デシネ」的試みではなかったかと思えてくる。それも貸本漫画から「現代漫画」へと移行していく時代を表象していたのではないだろうか。それぞれの作品が一九六〇年代の社会と文化状況を背景としていることもあって、その時代にしか描かれなかった若き漫画家たちの自己評表出的作品に充ちているし、巻末には特集者をめぐる評論や随筆、対談なども収録され、現在と異なる漫画家たちの初発の位相をうかがうこともできる。

それはとりわけ池上に顕著で、一九七〇年代後半から小池一雄原作の『Ｉ・飢男』や雁屋哲原作の『男組』によって、売れっ子漫画家へと変貌していくわけだが、この「池上遼一特集」に収録された一〇編は彼の初期作品「白い液体」「夏」を始めとして、世界の不条理を浮かび上がらせようとするものだ。それらの作品は彼が梶井純との対談「救われない状況、苛立つ人々」で語っているように、安部公房『砂の

女』やカフカ『城』などの影響が見て取れるし、後の『おえんの恋』(「現代漫画家自選シリーズ」17所収、青林堂)とは趣を異にしていよう。

そのことは「地球儀」にも共通している。主人公の鉄也は脊椎カリエスで胸を病む少年で、母親に付き添われ、病院に入院している身である。彼がベッドの中から空を見ているところから始まるのだが、昨夜は発熱し、意識ももうろうとなり、うわごとばかりいう中で、地震まで起きていたようなのだ。少年はベッドの脇に鳥籠を置き、そこに地球儀を入れている。それまで飼っていたバードを逃がし、代わりに地球儀を入れたのである。地球儀は医者がパリで買ったもので、鉄也にプレゼントしたのである。医者は鉄也に、自由に飛べるようにと彼が鳥を空へと放ったことで、バードが感謝しているはずだという。そして医者の目に、鳥ならぬ飛行機の飛ぶ空が描き出される。

その一方、鳥籠の中の地球儀を見つめている鉄也の、モノローグが続いていく。「オレだけが知っている、この地球儀の秘密。きのうは一日アフリカのジャングルやおまえの生まれたパリなどを想像しながらおまえを眺めてたんだ」と。そしてその裏側にあるニューヨークを眺めようとして、地球儀を回転せると、地震が起き、それが連動していたように思われた。隣の病室にも同じ病のセブンティーンがいて、歌をくちずさんでいるのが聞こえてくる。バードやセブンティーンの言葉の使用から、それらが大江健三郎『個人的体験』や『セヴンティーン』からの援用で、歌はおらくニール・セダカの「おお、キャロル」ではないかと思われる。

そのかたわらで、少年の昨夜の回想と独白は続く。地球儀の周囲に霧のようなものを発見し、それを縫って点のようなものがかすかに動いていた。すると次は見開き二ページで、空を飛ぶ三機のジェット機が描かれ、それを彼が鉛筆でつつくと、炎上して墜落していくのだ。医者のほうも母親に語り続けている。隣のセブンティーンも病院の外に夢や希望を抱き続けてきたが、その後、自分は永久に翼を失った鳥ではないかと思い始めたようだと。鉄也のほうも喀血し、母親に地球儀を空から落としてほしいと頼む。隣から歌が聞こえてくるだけで、鉄也は重態に陥ったようなのだ。だが地球儀は落されずにそのまま残され、病院の窓の風景と、最初から落とされ割れた牛乳瓶の散乱が描かれ、そこがクロージングとなっている。

半世紀前に読んだ一七ページほどの「地球儀」はなぜがずっと脳裏に残り、十五年ほど前にリサイクルショップで大きな鳥籠を見つけ、購入してしまった。大きな地球儀が優に入るものだったが、それをそこに入れ、鉄也の夢想の世界へと介入することはためらわれ、そのまま放置して現在に至っている。

82　北宋社と片山健『迷子の独楽』

前回の一九八三年刊行の石井隆画集『さみしげな女たち』に先行する七〇年代に、片山健が『美しい日々』『エンゼルアワー』『迷子の独楽』という画帖や画集を出していた。先の二冊は幻

燈社、後の一冊は北宋社からの刊行で、『美しい日々』のほうは手元にないが、七一年の『エンゼルアワー』と七八年の『迷子の独楽』は架蔵している。これらも日本の「バンド・デシネ」的色彩を感じさせるので、ここで取り上げてみる。

『エンゼルアワー』は石井の画集と同じ判型、しかも同じ保護用機械函入であり、中央に小さく題簽《だいせん》が貼られているのも共通している。ただひとつだけ異なっているのは千部限定出版であり、表紙と奥付に五二三と番号が付されていることだが、おそらく造本はともかく、『さみしげな女たち』は『エンゼルアワー』を範として編集されたのではないだろうか。

それに拙稿「幻燈社『遊侠一匹』」（『古本屋散策』125）で既述しておいたように、その発行者は後に北冬書房を立ち上げる高野慎三であった。彼は井出彰『書評紙と共に歩んだ五十年』（「出版人に聞く」9）に明らかだけれど、『日本読書新聞』を経て青林堂の『ガロ』の編集者となり、それから幻燈社によって『つげ義春初期短篇集』を出し、その後の自らの北冬書房版『つげ義春選集』全一〇巻へとリンクしていったのであろう。つまり『さみしげな女たち』にしても『エンゼルアワー』にしても、高野が関係していたので、両書の共通性は自明ともいえたのである。

それに対して『迷子の独楽』のほうは、これも本連載でずっと言及してきた牧神社の渡辺誠が一九七七年に設立した版元で、片山の画集はその翌年の出版だったことになる。その創業の意気込みもあってか、画帖『エンゼルアワー』よりもピクチャレスクで、表紙には高橋睦郎所蔵の油絵、その他にも九点のカラー作品が収録され、判型はA４判だが、まさに画集の趣が強く感じられる。それは幸いにしてそのまま残っている帯の一文にも表出しているし、片山の「画集」の紹介ともなっているので、その全文を引用してみたい。

道に迷って仄暗い〝夢魔の森〟に足を踏み入れた少年は、その奥で迷子さながら怖るべき事どもを経験する。暗がりのなかに燃えあがる不安な火の夢にうなされ、迫り来るカミソリの刃の鋭い閃きにおびやかされ、キリキリ舞いする独楽のように逃れがたく、眩暈の渦に捲き込まれる――。
『美しい日々』『エンゼルアワー』以来、終始一貫、打ち明けがたい〝秘密〟の領分に固執しつづけてきた画集、片山健のここ十年の画集を集成した。

それまではモノクロームであった「秘密」がカラー作品にあっては天然色の白日夢のようにして出現している。「父子像」は半裸で片腕の皮膚を剥ぎながらペニスを勃起させている父と全裸で直立している少年、無題の三点は母親がミシン仕事をしている背景で、少女が疑似ペニスらしきものをつけ、鏡に映している姿、それに全裸の中年男と少女の出会いと道行、「友だち」は少年と少女のかたわらでペニスを出し小便をしている青年、「さびしい冬」はひとりだけ赤い越中ふんどし姿の少年が宙に浮かんでいる光景、「独楽」は商店街でふんどし姿や半裸の子どもたちが遊んでいる中において、空にも届かんばかりの大きな独楽が回っているというものだ。帯にあるごとく、少年少女たちが「夢魔の森」へと誘われていく光景が描かれているのだ。それらは凶々しいというよりも、不気味なイメージを伴って迫ってくる。

片山が「あとがき」で記しているように、「私は次第に犯罪者か変質者の如くなっていった。それで私は大層エロチックな存在となり見えないつむじ風となって午後の校庭や雑踏の中に侵入した。また街じゅうを火の海に化したあとの安らぎや、それに伴うおびただしい寝小便の夜々を夢想したのである。」それらを通じて幻視された世界こそが『迷子の独楽』に他ならないだろう。

片山の求めに応じて、これも当時の小出版社である冥想舎の西岡武良が「美しい日々 その他の日々」を寄せ、『美しい日々』におけるバルチュスの世界と共通する戦慄と恍惚、犯罪と猥雑性を指摘している。また片山は「日記」で「ワイセツすたれば、この世は闇だ」とも記している。『迷子の独楽』所収の「日記」ともうひとつの「遠足」は幻燈社の新刊通信らしき「まぼろし草」に掲載されたものとされるので、ここでも片山を通じて北宋社と幻燈社はそのままつながってしまう。

それもそのはずで、先述の井出のインタビュー本にあるように、渡辺も『日本読書新聞』に在籍し、編集と営業の相違はあるにしても、高野とも同僚だったのである。そうした文芸書の小出版社同士のつながりと連携によって、次代を担う作者、著者、翻訳者たちが集い、休息し、巣立っていくトポスが形成されていたのである。それは一九七〇年代から八〇年代にかけてで、いずれ具体的な例を挙げ、言及するつもりでいる。

83 矢作俊彦とダディ・グース作品集『少年レボリューション』

『ベッドタイムアイズ』の山田詠美に先駆けて漫画家から作家になった人物がいる。それは矢作俊彦で、漫画家名としてのダディ・グースは早くから知られていたが、それが単行本として出版されたのは今世紀に入っての二〇〇三年になってからだった。版元は飛鳥新社、企画編集者は一九九〇年代半ばに一世を風靡したベストセラー『磯野家の謎』を生み出し、『クイック・ジャパン』も創刊した赤田祐一であった。

そのA4判上製三一八ページの『少年レボリューション』は内容と体裁はアメリカンコミック的、造本と装丁は「バンド・デシネ」的といっていいかもしれないし、後に飛鳥新社がメビウス『天使の爪』を刊行する際の範となったとも考えられる。『MAD』を手にして書見台の本に見入っているマルクスらしき男をあしらった表紙には真紅の帯が巻かれ、大友克洋の「ダディ・グースを読みなさい」との推薦の辞が付され、その裏には次のようなキャッチコピーが記されているので、それを引いてみる。

当時「漫画アクション」などの劇画誌に、ノン・フィクションとフィクションの間《あわい》をも溶かす壮絶奇怪なる「ポリティカル・オペラ」を書き散らし、知らないうちに漫画界から疾走した幻の漫画家―ダディ・グース。

三〇年間の沈黙を破り、煽動の書、ついに初単行本化なる！

収録されているのは一九六九年の「砦の下に君が世界を Macbeth69!」を始めとする、主として『漫画アクション』に発表された一一本の作品である。著者紹介として、神奈川県生まれの在日日本人一世、十七歳で、『劇画コミックサンデー』でデビューとされているが、そのデビュー作品は収録されていない。このコミック誌はどこから発行されていたのだろうか。六〇年代後半には多くのコミック誌が創刊されていたはずで、双葉社の『漫画アクション』の創刊も六七年だった。モンキー・パンチの『ルパン三世』が始まっていて、それらの創刊事情は吉本浩二『ルーザーズ』（双葉社）が詳細にコミック化している。

ダディ・グースも「あの日」と題するあとがきで、『漫画アクション』に原稿を持ちこんだところ、編集長の清水文人が「よし、載せよう」との即決で、大学初任給の三、四倍に当たる原稿料も提示された上に、「また書いたら持ってこいや。いつでも載せるから」といわれたエピソードを語っている。ダディ・グースも述べているように、「そのころまで、漫画は子供のものだった。大人が読むようなストーリーマンガは存在していなかった」のだが、『漫画アクション』と同年の一九六七年に『ヤングコミック』、六八年に『ビッグコミック』も創刊され、所謂「青年劇画誌」の時代が訪れようとしていたのである。

それでは清水が即座に採用した「砦の下に君が世界を　Macbeth69!」はどのような作品なのか見てみよう。その採用理由は清水がダディ・グースの「服から催涙ガスが匂ったのが気に入った」といったことから類推されるように、一九六八年から六九年にかけての学生運動を時代状況として書かれた「ポリティカル・オペラ」の様相を呈している。六八年一二月には大学紛争で東大と東京教育大の六九年度入試が中止となり、六九年一月には東大の安田講堂を占拠している学生を排除するために、警視庁機動隊が出動し、激しい攻防戦を繰り拡げた。二月には日大紛争で文理学部の封鎖解除に機動隊が導入された。

そのような大学紛争を背景として、「砦の下に君が世界を　Macbeth69!」は描かれたことになり、タイトルの「砦の下に君が世界を」はワルシャワ労働歌の「砦の上に我らが世界を」の本歌取り、Macbeth はいうまでもなく、シェイクスピア『マクベス』でその日本の六九年版といえよう。そのカルチェ・ラタンとある「序詞」において、序詞役のピエロが登場し、「舞台も花の大江戸に」「芝居こそ良策栄策／それで騙してみせるぞ国民の良心を／ズバリ斬ります全共闘」という前口上が述べられ、「ポリティカル・オペラ」の幕開けとなっていく。すでにこの「序詞」

からわかるように、先行する物語や出来事のパロディとして展開されていく。

その「風雲急を告げるこのご時勢！」の幕開けはまず三人の狂言廻しの召喚で、彼らのプロフィルは判然としないのだが、一人はそのハーケンクロイツをつけた軍服からナチスの高級将校である。その下にはこれも背中に「死んで下さいおっ母さん」から始まる一文を彫った男が描かれ、これもまた橋本治がつくった駒場祭のポスターの「とめてくれるなおっ母さん」のもじりで、舞台は「東大天城内　安田本丸前」へと移り、全共闘と花の四機の攻防が始まる。そこに先の「隠しトリデの三悪友」が再び登場し、東大の加藤鮪兵衛法学部長を「東大の星」と持ち上げる。加藤こそは東大への機動隊導入を決定した男で、「東大の星」とはこれも星飛雄馬が出てくるように、当時の絶大な人気であった梶原一騎、川崎のぼる『巨人の星』からの引用で、続いてその父の一徹も顔を出している。

そのようなパロディと引用は全二三ページ、いやすべてのコマにといっていいほどで、ダディ・グースが六〇年代コミックを幅広く渉猟していて、そのミメーシスの才をフルに発揮し、この「ポリティカル・オペラ」に臨んだことが了解されるのである。『週刊漫画アクション』の清水文人はそれを即座に理解したと推測される。そのミメーシスの才が小説へと転回された場合、ダディ・グースは矢作俊彦として、『マイク・ハマーへ伝言』や『神様のピンチヒッター』を上梓するに至り、ハードボイルド作家となっていったことになる。

またコミック原作者としての矢作は大友克洋との『気分はもう戦争』（双葉社）がよく知られて

いるが、私の好みでは平野仁と組んだ『ハード・オン』（双葉社）が捨て難い。あえて物語にはふれないので、古本屋で見つけたら読んでほしいと思う。

84 『つげ忠男作品集』と「丘の上でヴィンセント・ヴァン・ゴッホは」

一九八〇年代に北冬書房から『つげ義春選集』全一〇巻が刊行され、それらは大半が未読の初期作品集であったので、一冊ずつ買い求めていた。しかし限定千部だったこともあって、そのうちの一冊を買いそびれてしまい、結局のところ全巻を揃えることはできず、現在でもその巻は抜けたままである。

なぜこの選集のことを書いたかというと、実は長男が小学生の頃、本棚に並べてあった『つげ義春選集』をそれなりに愛読し、それと相俟って、隣にあった『つげ忠男作品集』にも手を出し、もう一人のつげのほうはよくわからなかったともらしたことが記憶に残っていたからだ。

その時はどの作品なのか聞きそびれてしまったが、それはさもありなんと納得した思いが生じたからでもある。ちなみにその『つげ忠男作品集』は函入、A5判上製の一冊で、一九七七年に青林堂から限定八〇〇部で出され、私が所持するのはその748と奥付に記されている。限定版ゆえかカラー口絵として「風景」と「巨人」の二点が貼りこみで付され、前者は雨に打たれる大鍋に小さな赤い布の端切れらしきものが結ばれ、後者は明らかにジャイアント馬場をモデルとしているとわかる。このように確認しているうちにあらためて思い出されたのは、この『つげ忠男作品集』を青林堂からの直接販売で入手したことで、そのために同書に定価記載がない事情を了解したのである。おそらく『ガロ』で、残部僅少との案内を見て注文したはずで、それが限定番号とリンクしているのだろう。

収録作品は「狼の伝説（一）（二）」「リュウの帰る日」「風来」「旅の終りに」「青岸良吉の死」「野の夏」「丘の上でヴィンセント・ヴァン・ゴッホは」の七編である。巻末の「収録作品掲誌」によれば、一九六八年から七六年にかけて主として『ガロ』に発表されたものであり、それらは『ガロ』増刊号の「つげ忠男特集」などで読んでいる。だがあらためて『つげ忠男読本』（北冬書房、一九八八年）所収の「つげ忠男作品リスト」と照らし合わせ、読んでみると、この『つげ忠男作品集』は彼の一九七六年時点での自選集のように思えてくる。

戦後の日本は六〇年代の高度成長期を経て、七〇年代前半に消費社会化し、五〇年代の町や風景は後退し、バニシングポイントへと向かいつつあった。そのような時代において、「狼の伝説」から「青岸良吉の死」までのサブやリュウなどの放浪を続ける与太物、場末のさびれたアパートの人々が描かれ、戦争を引きずり、そのトラウマから回復できないでいる社会の痕跡をひっそりとトレースしているようにも思われた。それらの次にささやかな慰安の風景といっていい利根川での釣りをテーマとする「野の夏」が置かれ、主人公はウキを見ながら「たかが……じゃないか」というつぶやきをもらしたりしている。

そして最後に「丘の上でヴィンセント・ヴァン・ゴッホは」が『つげ忠男作品集』の掉尾の一編、クロージングとして置かれている。発表年代ではこの作品が最も早く、一九六八年の『ガロ』においてで、それをきっかけにして、彼は翌年から『ガロ』を中心とし、毎月のように作品を発表し、それは七六年まで続いていくのである。そうして生み出されたのがこの作品集ということになる。その意味において、「丘の上でヴィンセント・ヴァン・ゴッホは」という作品はつげ忠男がそれまでの貸本漫画家からテイクオフし、『ガロ』によって新たにデビューした作品とも見なせよう。それゆえに「狼の伝説」などの物語にしても、そこから始まっていることが逆にたどれるように、作品集の最後に置かれていると考えることもできる。

この三四ページの作品は主人公の青年が「ゴッホの作品にはなぜ自画像が多いのだろうか?」と自問している場面から始まっている。彼はゴッホのファンのようで、部屋にその複製の絵を集めていて、それらが背景に描かれている。そしてゴッホの画歴をたどり、パリ時代も「セーヌ河」「パリ祭」などを残しているが、やはり自画像が一番多いことに注視する。またゴッホの生涯もたどられ、その失恋のダメージによって二十九歳の時に描かれた「慟哭する男」にふれ、これが部屋の隅にあり、「初期の作品で僕はこれが好きだ」と語られている。

さらに続けてゴッホの職歴や放浪生活も挙げられ、青年はゴッホのことを考えながら眠りにつき、夢の中で、それらの絵を見ているところに、学生運動家らしき五郎がモツ焼と酒を持って訪ねてくる。ここで青年が絵を画く趣味とする会社員であることが明かされる。彼を前にして五郎はモツ焼を食べながら、今は学生も労働者も団結する時で、佐藤首相南ベトナム訪問反対デモなどでの負傷が語られ、日本のアメリカ基地化と日本社会批判が怪気炎のうちに展開される。そして五郎はいう。「今は絵なんか書いている時ではない……それにどうして自分の画をかかないのです！」と。青年は応える。「いいんです、僕は別に画家になるつもりはないですから……つまり何の意味のない真似絵だからこそ書き続けるのです。僕は僕なりにある種のポーズを示しているつもりですがね」と。

それを聞き、五郎は「すべて理屈より行動です」といい、「頑張ろう突きあげる空に」と歌い出す。青年と五郎のことはここまでふれればいいだろう。さらに青年はゴッホのその後をたどり「最後の自画像」も示し、一八九〇年七月のピストル自殺による死までをなぞっていく。「二十九日午前一時三十分息を引き取った。三十九歳だった」と結ばれ、青年は夜の暗闇の中で、「ザーザー」と降る雨音を聞いている三コマに及ぶ最後のページで、「丘の上でヴィンセント・ヴァン・ゴッホは」は閉じられている。

私はこの二年ほどゴッホが最後に描いた烏の飛ぶ麦畑の複製を壁にかけ、アントナン・アルトーがその黒い烏を見て、地の底から不吉な黒い影が彷徨い出たかのようだと語っていたことを思い出している。今度息子に会ったら、よくわからなかったという『つげ忠男作品集』の思い出を尋ねてみるつもりでいる。彼はどのように読んだのだろうか。

85　戦後の漫画＝コミック出版の変容

前回の『つげ忠男作品集』の函入限定版出版に象徴されるように、意図して漫画の大判化に挑んできたのはやはり青林堂であった。それは『ガロ』の増刊特集号やA5判の「現代漫画家自選シリーズ」や「現代漫画の発見シリーズ」にも顕著だった。

しかし本書74の『つげ義春作品集』はそうではなかったけれど、弟の『つげ忠男作品集』のほうは直販の限定八〇〇部だったことからもわかるであろうが、大判上製の「バンド・デシネ」的市場は成立していなかった。そうした漫画出版史を考えてみると、私たちが主として読んできた漫画は戦後創刊の『少年』（光文社）、『冒険王』（秋田書店）、『ぼくら』（講談社）などの大手出版社の月刊誌とその付録で、それらの上製単行本は出されていたにしても、まったく縁がなく、ほとんど見たことがなかった。そうした出版事情ゆえに、大手出版社の月刊漫画誌の付録の並製小B6判のフォーマットが後のコミックスへと引き継がれ、現代に至るまで続いていることになる。だが月刊誌や付録のほうは月遅れ雑誌として縁日でも売られていたし、特価本業界ともつながっていたのである。

ちなみに週刊誌としての『少年サンデー』や『少年マガジン』の創刊は一九五九年を迎えてのことだった。当然であるが、もはや付録はついておらず、月遅れ雑誌として縁日でも売られることはなく、週刊漫画誌の出現は何かしら時代が変わったように思われた。

その一方で、短い年月ではあったが、商店街に貸本屋が開かれ、漫画も置かれ、それは農村の雑貨屋の片隅に及び、私もその恩恵に浴することができた。それらは少年漫画誌と異なるもので、付録ともちがうA5判の粗末な用紙と製本の漫画群だった。この時代の貸本漫画に関しては高野肇『貸本屋、古本屋、高野書店』(「出版人に聞く」8)を参照されたい。

このようなことを書き連ねてきたのは、『近代出版史探索Ⅱ』292の「貸本屋、白土三平『忍者武芸帳』、長井勝一『「ガロ」編集長』」でふれておいたように、長井が大手出版社の出身ではなく、出版業界の裏通りとでもいうべき赤本や貸本漫画の世界に属していた前史があり、青林堂の設立と一九六四年の『ガロ』創刊もその系譜上に成立していた。その貸本マンガのフォーマットのほうはA5判で、それが青林堂の先述したふたつの漫画シリーズにも受け継がれ、大手出版社の小B6判と異なる判型が採用された経緯となろう。

しかし青林堂にはひとつの制約もあった。大手出版社の小B6判漫画は大量生産、販売の目的に則った雑誌コードにより、取次を通じ、流通していたのだが、青林堂のA5判漫画は取次の雑誌コードを得られなかった。それは漫画のテーマと内容もさることながら、初版部数が圧倒的に少なく、また定期刊行物に準ずる漫画として出版は不可能だったことにもよっている。それでも『ガロ』のほうは少部数ではあったにしても、とりあえずは月刊誌として創刊されたので、雑誌コードが付され、流通販売されていたが、部数的にずっとマイナー雑誌であったことに変わりはなかった。私などもその雑誌コード配本による流通実態を詳細に把握しているわけではないけれど、取次からの支払い条件がかなり優遇されていることは推測がつく。

そうした漫画の流通販売事情に加えて、一九八〇年代までは都市の大型書店にしても、漫画売場を設けておらず、あくまで漫画はサブカルチャーとしての範疇にとどめられていた。だが『ガロ』の創刊に続き、一九六七年の『週刊漫画アクション』（双葉社）、『ヤングコミック』（少年画報社）、六八年の『ビッグコミック』（小学館）も創刊され、七〇年代には漫画ならぬコミック市場も隆盛に向かっていた。それとパラレルにＢ６判コミックのフォーマットも普及していったのである。

ところがこれらの青年誌の人気連載コミックにしても、当初は『ガロ』がそうであったように、臨時増刊号のかたちで出されたり、単行本にしても、大手出版社ゆえに雑誌コードによる大量生産と大量消費を前提とする、あくまで雑誌として流通販売されたので、書店の棚の常備品となることは少なかった。つまり雑誌と同じく、売り切って終わりだったのである。

そのような書店市場のコミック販売を変換させたのは八〇年代における書店の郊外店出店ラッシュであり、『週刊少年ジャンプ』の五〇〇万部を超える売れ行きだった。それまでの商店街の書店よりも大型化した郊外店は、これも新しい郊外の団塊の世代の二世といえる若年読者層を確保する必要から、コミック売場を設けることになった。そのために新刊だけでなく、バックナンバー、つまり既刊分も揃え、販売することになり、かくして雑誌コードコミックの生産、流通、販売のコンセプトが変容し始め、それまでサブカルチャーと見なされてきたコミックも、日本が誇るべきカルチャーの位置へと躍り出ていくのである。

ただ問題なのはコミックの場合、雑誌コードによって流通し、雑誌のうちの月刊誌として販売金額も計上されてきたこともあって、八〇年代以降の出版業界が、コンビニ市場と週刊月刊のコミック誌も含め、コミックスによって支えられてきた事実に注視してこなかったことだ。例えば、一九八〇年の雑誌販売金額七七九九億円が、ピーク時の九七年には一兆五六四四億円と倍増しているのはそれらの事実によっている。だが二〇二一年のコミック市場は電子コミックが四一一四億円に達し、紙の二六四五億円の倍に及び、コミックの生産、流通、販売のかつてない大パラダイムチェンジが起きていることになろう。

そこに至る過程で起きていた漫画、コミック出版史を、これから少しばかりたどってみることにしよう。

86　朝日ソノラマ「サンコミックス」と橋本一郎『鉄腕アトムの歌が聞こえる』

続けて雑誌コードが付されておらず、書籍として流通販売のコミックにふれてきた。その差異は圧倒的に発行部数が少ないことで、一九六〇年代後半から七〇年代にかけて、それでも最大のシリーズとなったのは朝日ソノラマの「サンコミックス」であった。

しかし当時、青林堂の書籍としてのA5判の「現代漫画家自選シリーズ」や「現代漫画の発見シリーズ」は『ガロ』との関係で、少数の書店や古本屋に置かれていたことに比べ、B6判の「サンコミックス」はほとんど見かけず、それが揃った棚を目にしたことはなかった。

それゆえに、どれほどの出版点数なのか、どのような作品が刊行されているのか、不明のままだった。その頃のコミックは現在のような全盛下にあったのではなく、出版と流通販売状況も異なり、雑誌、書籍の双方とも、書店では売り切りで補充されず、通常の雑誌販売と変わらない環境に置かれていたといえよう。それが半世紀前のコミック出版の現実であったのだ。

ただそうはいっても、「サンコミックス」は一九八〇年代まで刊行され続けていた。それに「まんがの宝庫」とのキャッチフレーズにたがわず、手塚治虫『鉄腕アトム』、赤塚不二夫『おそ松くん』、水木しげる『ゲゲゲの鬼太郎』といった名作群も収録されていた。それらの定番の人気作家だけでなく、永島慎二、池上遼一、真崎守、諸星大二郎、山上たつひこたちの作品もラインナップに加えられ、さらに山岸涼子、水野英子、西谷祥子、里中満智子、大島弓子、岡田史子といった女流たちの作品も並んでいた。つまり「サンコミックス」は定番名作、『ガロ』『COM』系、女性漫画家も含めての多彩な作品群という構成で、まさに戦後のコミックを横断するかたちでの「まんがの宝庫」となっていたのである。

そうした「サンコミックス」ならではの特色もあって、そこには六〇年代前半の少年漫画誌や貸本漫画の記憶が見出された。それは石森章太郎の『幽霊船』においてだった。私は五一年生まれだが、小学生時代に少年漫画誌は身近なものではなく、周りにも定期購読している者はいなかったし、私たちは貧しかったし、雑誌や書籍に恵まれていなかった。そのような環境の中で、そろいの少年漫画誌を見たことはなく、どこかでそれらの一冊に出会えれば僥倖といえた。

実はその僥倖といえる一冊のタイトルは思い出せないのだが、石森の『幽霊船』が掲載されていた。太平洋沖で出没する黒い幽霊船と謎の船長らしき男を目撃した少年の物語のようだったが、その連載の第一回目を読むことができただけで、その続きを読む機会を得られないままに時が流れてしまった。それはコミックが読み捨てで、ほとんど単行本化もなされていなかったからだ。「サンコミックス」の「石森章太郎名作シリーズ」の一冊として『幽霊船』が刊行されたのは一九七六年なので、ほぼ十五年ぶりにようやく再発見したことになる。それは二二五ページの長編で、私はその最初の一六ページまで目を通し、そこまで読んでいたことを思い出したのである。

もうひとつの記憶は貸本漫画で、永島慎二のO・ヘンリーを原作とする「最後の一葉」、それにサンドイッチマンのアルバイトをしている学生を主人公とする作品を読んだことがあった。こ

れらも一冊に収録されていたはずだが、先の少年漫画誌と同様にタイトルを思い出せないので、「サンコミックス」の一九六七年から六八年にかけて刊行された永島の『漫画家残酷物語』全三巻を読んでみた。ところがそれらの作品にめぐり会えなかった。

私にとって「サンコミックス」に関するエピソードはこれらに尽きるのだが、朝日新聞社の子会社である朝日ソノラマから、どうしてこのコミックシリーズが刊行されることになったのか、それが長きにわたって気になっていた。同時代に朝日ソノラマから「サンコミックス」と連動するコミック誌は発行されていなかったからだ。

その疑問が氷解したのはまさに今世紀を迎えてからで、橋本一郎の『鉄腕アトムの歌が聞こえる』（少年画報社、二〇一五年）が上梓されたことによっている。この橋本が何と「サンコミックス」を創刊企画した編集者だったのだ。彼の証言するところのサブタイトルに示された「手塚治虫とその時代」をたどってみよう。

橋本が朝日ソノラマの前身である朝日ソノプレス社に入社したのは一九六一年だった。同社は五九年に朝日新聞社別館に設立され、「音の出る総合月刊誌」として、コンサート、インタビュー、映画音楽などの六枚のソノシート付きの『朝日ソノラマ』を創刊してのスタートだった。出版ニュース社編『出版データブック１９４５～９６』を確認してみると、五九年の「10大ニュース」の二番目に、「雑誌界の革命的花形、音の出る雑誌創刊」とあった。『朝日ソノラマ』は有斐閣が設立したコダマプレス社の『ＫＯＤＡＭＡ』『ＡＡＡ』の二つの雑誌に続くものだったようだが、ソノシートは音がよくないこともあり、ブームは二、三年で終わったとされる。

橋本はテレビ放映中の『鉄腕アトム』の主題歌がレコード化されていないことに目をつけ、そのソノシート化を企画し、アトム御殿と称された手塚治虫の自宅兼アニメスタジオ「虫プロダクション」を訪ね、その契約を結ぶに至る。作詞は谷川俊太郎、作曲は高井達雄だった。そして彼の思惑どおり、一九六三年発行の「鉄腕アトム」第一集は一二〇万部を超えるミリオンセラーとなった。

それが始まりで、橋本は虫プロに通うようになり、六〇年代のマンガ出版の世界に足を踏み入れていく。続いて『週刊少年サンデー』連載の藤子不二雄の『オバケのQ太郎』のテレビ放映に先駆け、そのテーマソング「オバQマーチ」第一集を発売すると、これも一九六五年に二〇〇万部を突破するダブルミリオンを記録する。「鉄腕アトム」「オバQ」の成功に続いて、橋本は円谷プロの「ウルトラQ」のソノシートも刊行し、怪獣博士といわれていた大伴昌司と組んで、六六年に単行本『怪獣大図鑑』を刊行する。これもまた「いくら重版しても配本が間に合わないほどの追加注文が殺到」し、「炸裂したような凄まじい売れ行き」を示したのである。後は橋本に語らせよう。


そのとどまるところを知らない勢いに乗って、一一月には、新書判のサンコミックスのシリーズを創刊しました。アニメや特撮のソノシートのブームは、一過性のものかもしれない、永続的に刊行できる漫画のシリーズを出したい、という思いがあったからです。調べると、いい作品がたくさん眠っているのを知ったことも踏み切る契機となりました。

第一回配本は、石森章太郎『黒い風』と、水木しげる『日本奇人伝』でしたが、毎月二、三点ずつ発売することにしました。私はやりたいことを片っ端から手がけていったのです。


ここまできて、ようやく「サンコミックス」創刊事情が明らかにされたことになる。そして『鉄腕アトムの歌が聞こえる』のカラー口絵写真に示された「アニメソングことはじめ」から「画期的な作品、アーカイブ」としての「サンコミックス」までの経緯、及び「当時、出版社の垣根を越え新書判で刊行するのは画期的なことだった」との説明を了承するのである。

橋本のその後のコミック誌はまだ続いていくのだが、それは実際に『鉄腕アトムの歌が聞こえる』を読んでほしい。

87　山根貞男と『漫画主義』

『キネマ旬報』（2／下）の「二〇二二年映画・TV関係者物故人」でも明らかなように、二〇二二年はとりわけ多くの人々が亡くなり、同誌でも二〇ページに及ぶ「映画人追悼」が組まれている。その余韻も冷めやらぬ二月に、一九八六年から長きにわたって「日本映画時評」を連載して

いた山根貞男の八十三歳の死が伝えられてきた。

私も分野は異なるけれど、二〇〇七年から『出版状況クロニクル』を書き続け、同じ時評者として時代を併走してきたこともあり、ここで山根に関して追悼代わりの一編を書いておきたい。それは山根がかつて菊地浅次郎の名前で、リトルマガジン『漫画主義』同人だったこともあるからだ。菊地というペンネームは同時代の人々であれば、注釈は不要だと思われるが、もはや時代も異なるので、それが加藤泰監督、鶴田浩二主演『明治侠客伝・三代目襲名』（東映、一九六五年）の主人公名に由来していることも付記しておかなければならないだろう。

『漫画主義』は一九六七年に石子順造、菊地浅次郎、権藤晋（高野慎三）、梶井純（長津忠）によって創刊されている。私などは七〇年前後に早稲田の古本屋の安藤書店に置かれていたことを記憶しているけれど、書店では見ていない。それはともかく、『漫画主義』8の一冊しか手元に残されていない。私は『古本屋散策』や『近代出版史探索』などを上梓しているので、古書や資料収集に励んでいると思われがちだ。ところが実際には横着な読者にすぎない性格ゆえか、雑誌のバックナンバーや各種の全集類にしても、揃っておらず、歯抜けのままか、数冊しか所持していないことも多い。

『漫画主義』もそうした一冊で、この8の表紙は「一九七〇年夏号」とあり、赤瀬川原平による明らかにパロディとしてのマッカーサーとつげ義春の「長八の宿」のジッさんの並列写真ならぬ並列画が描かれている。また偶然ながら、その「後記」によれば、この号の編集責任者は「菊地」とあるので、他ならぬ山根によって編纂されたとわかる。このA5判八〇ページの内容を挙げてみる。

＊石子順造「庶民性、あるいはあさましさの系列――太平洋戦争とマンガ家たち」
＊権藤晋「自閉の世界を描くとは――青柳裕介の作品が示すもの」
＊梶井純「子どもマンガの退廃とその構造――「社会派」と「破廉恥」が意味するもの」
＊辰巳ヨシヒロ、菊地浅次郎、対談・なぜ劇画を画くのか――絵が巧みになって洗練されたらもうオシマイ」
＊秋山清「ずいひつ夢二の漫画」
＊新崎智「白土三平（1）」

これらの他に、権藤による長谷邦夫「毒をふくんだパロディへの志向」、菊地による津雲むつみ「十八歳、トッポ、自在性」という二本のインタビューが掲載されている。ちなみに新崎は後の呉智英である。

これらのタイトルを示しただけで、紙幅もなく、内容に踏みこんでいないけれど、まさに半世紀前の漫画、劇画をテーマとする同人雑誌の世界の位相を想像してもらえれば僥倖に思う。ただ現在から見れば、奇異に思えるかもしれないが、一九六〇年代後半にあって、漫画を思想の問題とその位相において論じていたのは『漫画主義』によった少数の執筆者だけだったのだ。

しかしそのような『漫画主義』の読者層にふれておくと、「後記」におけるバックナンバー状況は1、2、3は在庫なし、4、5は僅少、6、7は在庫ありと報告されている。一九六七年に漫画状況と批評をコアとして、当初は「月刊」をもくろみ、それが「季刊」から「年刊」に至ったわけだが、推測するに各号とも五千部は発行されていたと思われる。8の奥付によれば、漫画主義発行所はやはり寄稿者の桜井昌一の営む東考社に置かれているが、取次ルートで流通販売されていたのではなく、直接購読と先述の安藤書店のような特約店によっていたはずだ。それでも五千部の販売は可能だったのであり、当時の一般的な取次、書店を経由しないリトルマガジン、同人雑誌の読者層の厚さを示していよう。

そうしたリトルマガジンや同人雑誌のラインから単行本も生み出されていったのであり、『ガロ』とも併走していた。それは『漫画主義』8の裏表紙に掲載されている『現代漫画論集』『つげ義春の世界』『対話録現代マンガ悲歌』に象徴されている。これらはいずれも青林堂からの刊行だが、その中でも『現代漫画論集』は石子順三、梶井純、菊地浅次郎、権藤晋共著と銘打たれ、『漫画主義』アンソロジーだとわかる。『つげ義春の世界』や『対話録現代マンガ悲歌』はそうではないにしても、この四人の論考なども収録されていることからすれば、『漫画主義』を抜きにしては語れないだろう。

実際にこれらを手がけた編集者は権藤晋＝高野慎三のはずで、青林堂と『ガロ』と『漫画主義』のトライアングルからこれらの三冊も企画され、当時の漫画状況を刻印しながら送り出されたと見なせるのである。

なお山根の菊地浅次郎名義の『漫画主義』掲載論考はやはり高野によって、山根貞男『手塚治虫とつげ義春』として、一九八三年に北冬書房から刊行されるに至る。そしてここに山根が「日本映画時評」を始める以前には、漫画主義における「漫画時評」を担っていた時代が息づいていることを知らしめていよう。

88　高橋徹、現代企画室、山根貞男『映画狩り』

前回の『漫画主義』同人の菊地浅次郎＝山根貞男を映画批評家として認識したのは、一九八〇年に現代企画室から刊行された『映画狩り』との出会いによっている。

東映時代劇の看板ポスターに見紛う中村錦之助と藤純子のポルトレをあしらった装幀と赤字のタイトルは斬新で、よく見ると片隅に三角マークの「貞映」とあった。つまりそれは山根貞男の本書『映画狩り』を意味し、その上部には「消えゆく影か幻か／追いつ追われつ闇から闇へ／批評渡世の匕首一つ」との惹句も付され、造本、本文構成も含め、新たな映画書を送り出そうとする編集者と出版社の意欲がみなぎっていた。

それもそのはずで、奥付や裏の見返しを確認すると、造本、構成は杉浦康平と鈴木一誌、作画は渡辺富士雄、題字は横山祥三、惹句は関根忠郎とあった。杉浦と鈴木はいうまでもないが、渡辺と横山は東映のポスター関係者と見なせるし、関根は後に山根と山田宏一をインタビュアーとして、他ならぬ『惹起術』（講談社、一九八五年）を上梓している。ちなみにその帯文には「活字の映画館」とあり、関根の惹句は鮎川信夫と吉本隆明の影響を受けていると語っている。また造本装幀も杉浦と鈴木によるものだ。

『映画狩り』の内容は一九六九年から七九年に書かれた東映映画を中心とするアクションと肉体を論じたもので、山根は「年齢的にいえば、わが三十代の決算書」と述べている。それらの映画に関しても言及したいのだが、別の機会に譲り、前回と同じく当時のリトルマガジンと出版状況にふれてみたい。山根は『漫画主義』に寄り添いながらも、その8にも広告が掲載されていた映画批評季刊誌『シネマ70』（シネマ社）にも属していたからだ。同誌は刊行年が付され、『シネマ69』から始まっていたようで、所持していないが、赤田祐一、ばるぼら『20世紀エディトリアル・オデッセイ―時代を創った雑誌たち』（誠文堂新光社、二〇一四年）にその第三号の書影が見えている。

『映画狩り』の論考の初出はこの『シネマ』の他に、主として『ムービー・マガジン』『映画芸術』『コマーシャル・フォト』で、六〇年代から七〇年代にかけては新たな雑誌の時代を迎えて、多くの雑誌が創刊されていた。その時代は現在の雑誌の休廃刊が続く出版状況とはまったく異なり、その創刊とパラレルに新たな編集者と書き手が生まれていたし、『漫画主義』や『シネマ』によった山根たちもそうした人々に数えられよう。

それには少しばかり補足説明が必要で、『映画狩り』の奥付表記「高橋徹を編集者とし、株式会社現代企画室より発行」のことから始めなければならない。この高橋の前史は井出彰『書評紙と共に歩んだ五〇年』（「出版人に聞く」９）で語られているように、『日本読書新聞』の編集者で、『漫画主義』の山根や権藤晋とも同僚だったのである。それにこれは私も「バフチン、エリアーデ、冬樹社」（『古本屋散策』１４３）でふれているが、その後冬樹社に移り、バフチン『ドストエフスキイ論』、エリアーデ『シャーマニズム』の翻訳編集も手がけていた。

しかし高橋はどのような経緯と事情があってなのか不明だが、一九八〇年代に『映画狩り』に始まる現代企画室での編集者の仕事へと転身していったようだ。その事実はたまたま『映画狩り』にはさまれていた「出版案内」にも明らかだった。そこには「十月から現代企画室の新しい出版企画が発足しま

す」とあり、『吉本隆明を〈読む〉』を始めとする「叢書・知の分水嶺1980's」「'80年代の感性に語りかける本」として、『映画狩り』などの紹介がなされていた。

またその「出版案内」には「一九八〇年六月に前の社主から引きついだ在庫書籍」として、駒田信二の『獣妖の姦』などの小説、『さつきポケット図鑑』といった実用書も掲載されている。『映画狩り』の奥付は発行者名の記載がないので断言できないけれど、高橋が現代企画室を買収するかたちで新たな出版を始めたようにも思われる。だがその後、一二冊予告されていた「叢書・知の分水嶺」は数冊を見ただけだし、「80年代に語りかける本」にしても、東野芳明『曖昧な水』、同時代建築研究会編『建築の一九三〇年代』は出版されているが、こちらも続かなかったのではないだろうか。

ところがいつの間にか、現代企画室は九〇年代にはラテンアメリカ関係の歴史や文学書を刊行し始めていた。それはこれも六〇年代のリトルマガジン『世界革命運動情報』（レボルト社）の編集に携わっていた太田昌国によって担われ、経営者が北川フラムになっていたことを知った。だがそうした現代企画室の編集推移の実態を把握していなかったこともあり、実用書、文芸書、美術書、ラテンアメリカ関連歴史、文学書の翻訳が混在する事情はずっと不明のままであった。

あらためて『日本の出版社1992』（出版ニュース社）を確認してみると、現代企画室は一九七七年創業、資本金二〇〇〇万円とあり、すでに社長は北川、編集長は太田になっている。これらのことから考えられるのは、現代企画室は七七年に設立されたが、八〇年に高橋たちが買収し、新たな文芸書出版社を試みた。しかしこちらも長くは続かず、美術コーディネーターの北川がさらに買収して引き受けることになったと見なせよう。

このようにたどってみると、どうして山根の『映画狩り』がいきなり現代企画室から出版されることになったのかがわかる。冬樹社は『現代日本映画論大系』全六巻を刊行していたこともあり、その編集者が山根と高橋だった事実ともリンクしていたと推測されるのである。

89 冨士田元彦『さらば長脇差』と大井広介『ちゃんばら芸術史』

前回、山根貞男の『映画狩り』に言及したけれど、このような映画を中心とするヒーローとアクション、肉体論は、一九七〇年代を迎えてから記憶に残る著作が刊行され始めていた。それらは冨士田元彦『さらば長脇差』（東京書房社）、渡辺武信『ヒーローの夢と死』（思潮社）、西脇英夫『アウトローの挽歌』（白川書院）、石川三登志『男たちのための寓話』（すばる書房）である。

こうした七〇年代の映画書出版の系譜上に八〇年代の『映画狩り』も成立したことになろう。これらのうちで、かつて「渡辺武信『ヒーローの夢と死』」（『古本屋散策』所収）は取り上げているが、その他の三冊は論じてこなかった。そこで今回はこれらの映画書の発祥に位置づけられる冨士田の『さらば長脇差』のことを書いてみよう。

その前に冨士田のプロフィルを記しておけば、彼は角川書店の『短歌』編集長、映像文化研究員で、著書として『現代映画の起点』（紀伊國屋新書）がある。また八〇年代になって、雁書館を設立し、短歌誌『雁』を創刊するのだが、『さらば長脇差』のほうは一九七一年に発行者を木原宏とする東京書房社から刊行されている。確かこの版元は限定版文芸書出版社だったはずだ。
そのことをうかがわせているのは奥付の検印紙に見える限定一千部のうちの第三四二番という表記、及び一五〇〇円の高定価、上製二重函入にしても、外函は輸送用も兼ね、また四六判二八四ページであるので、直販価格のように思える。それゆえなのか、古本屋で見出すまでにかなりの年月を要した。その外函には題簽が貼られ、それは帯代わりともなり、次のような内容紹介も記されていた。

本書は、戦前戦後のなつかしいチャンバラ映画の歩みを克明にたどって、その魅力の源をさぐりながら、日本映画史の構造や秘密を明らかにしたものであり、その上で、娯楽時代映画の軌跡こそ、日本映画史の歩みそのものの体現であったことを示し、日本映画の行先を警鐘を鳴らしつつ照らすのである。

サブタイトルの「時代映画論」の内実を示すように、Ⅰは「時代映画論」として、昭和四（一九二九）年の内田吐夢の『生ける人形』、六（一九三一）年の『仇討選手』、七（一九三二）年の伊丹万作の『國士無双』などによる時代映画の新時代の始まりから戦後の終焉までをたどり、Ⅱ

の「戦後時代映画論」においては昭和三十三（一九五八）年と三十四（一九五九）年の東映、大映、松竹の七一本の作品が具体的に論じられている。

この二年は時代映画を中心とする東映が専属スターシステムによって最も繁栄を誇り、日本の映画人口が一二億人近いピークに至った時代だった。それからはテレビの普及率と反比例するように、映画観客が激減し、時代映画というジャンルもまた変質し、押しつぶされていったと見なし、『さらば長脇差』はこの二年の時代映画の作品構造を分析することで、日本映画とその歴史の体質を解明しようと試みている。

ところが自らを重ね合わせると問題なのは、山根の『映画狩り』の場合、こちらはほぼリアルタイムで同じ映画を観ていたのだが、『さらば長脇差』の昭和三十三、三十四の七一本はほとん

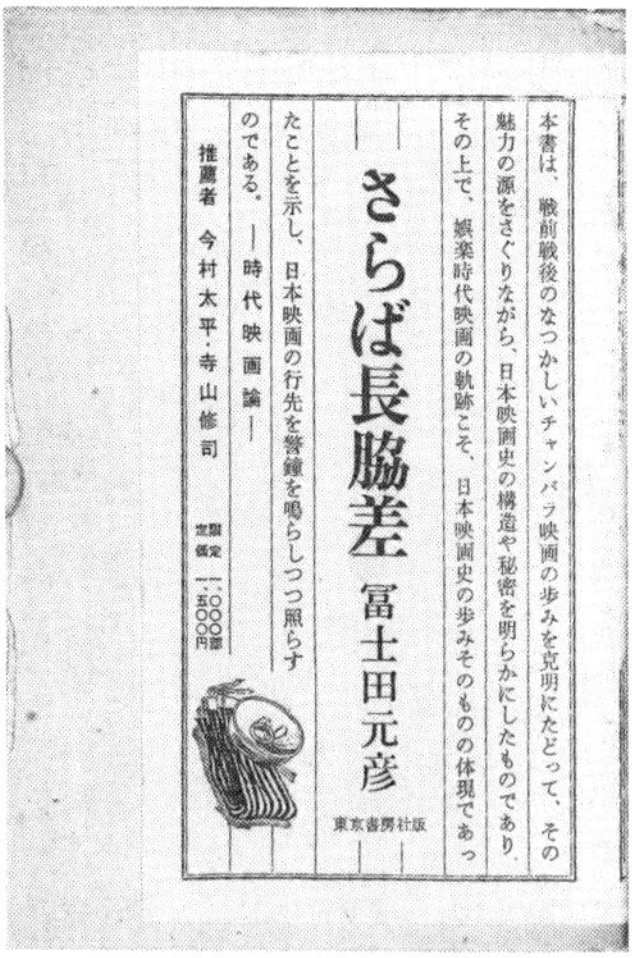

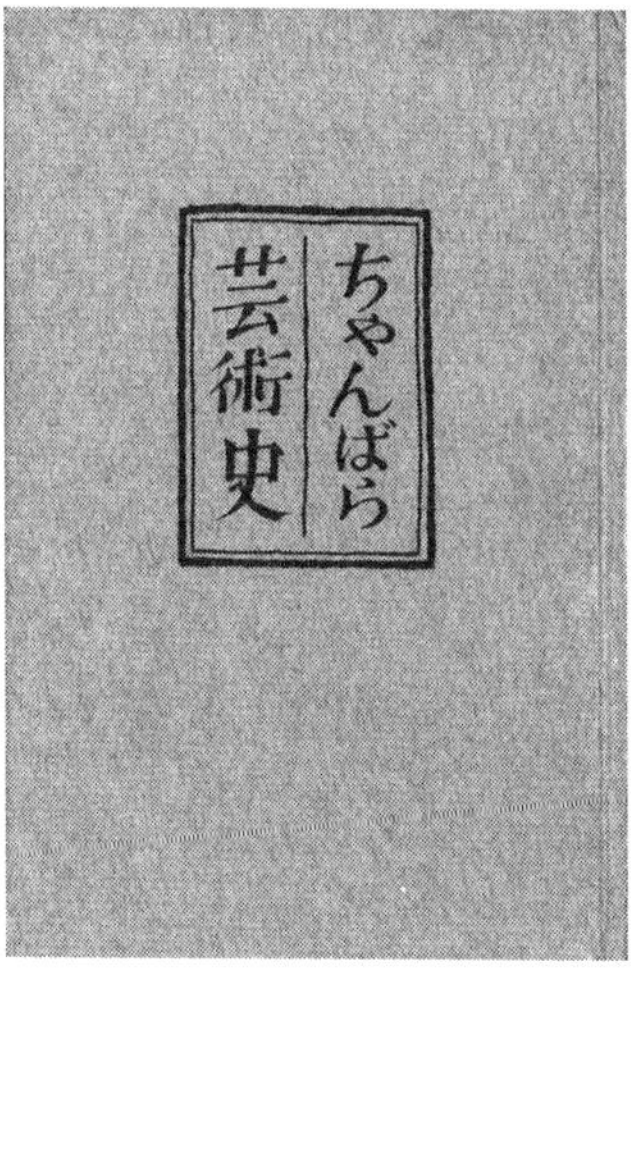

ど観ていないのである。それもそのはずで、当時はまだ小学生になったばかりだったし、その後ビデオやＤＶＤ化されたものも含まれているにしても、それらは数本でしかないと思われる。そしてもし同書が文庫化され、新たな読者を得たとしても、配信時代の現在ですら、それらの映画をすべて観ることは難しいのではないだろうか。そこに現在と異なるビデオ以前の映画書の問題がつきまとっているし、必然的に著者個人の記憶と解釈の限界が生じてしまう。

それは先述した七〇年代の他の三冊も同様だし、また昭和三十四年に刊行され、冨士田たちも影響を受けたと見なせる大井廣介の『ちゃんばら藝術史』（実業之日本社）でも、著者が述べているとおりであろう。同書は尾上松之助と立川文庫、沢田正二郎と新国劇、大衆文芸と乱闘映画、競映時代と片岡千恵蔵、長谷川伸とちゃんばら中間小説といったふうに、時代映画と大衆文学の関係にまで言及している。大井の「後記」の言葉を借りれば、「中里介山の『大菩薩峠』からチャンバラを本質的に否定した『樅の木は残った』に至る、小説の分野と――沢田から女剣劇までの、剣劇史と――マキノ映画から東映映画までの剣戟戦映画との関連を扱った、奇妙な小著」ということになる。

だが大井は冨士田と同じく、昭和三十三、三十四年の時点で、チャンバラファンの自分にしても、『樅の木は残った』の出現によって、チャンバラ大衆文学は否定され、剣劇はすでに壊滅し、時代映画も劇映画一般に止揚されていくはずだとのべ、それが「厳然たる事実」に他ならないと断言している。

そして大井は罹災で剣劇、剣戟映画の資料を失ってしまったので、「万全を期することは、もうサカダチしてもおぼつかない。記憶に残っているものは知れている」とも書きつけている。

そうした認識は冨士田も共有したものだろうし、それだけでなく、二人とも昭和三十年代半ばに「ちゃんばら映画」の本質の変化を体感していたことになろう。

90 桜井昌一『ぼくは劇画の仕掛人だった』

『漫画主義』8の表紙裏に幻燈社と東考社の広告が掲載されている。前者に関しては拙稿「幻燈社『遊侠一匹』」（『古本屋散策』125）、後者は本書79で取り上げているけれど、ここで再び東考社にふれてみたい。

その東考社の広告は「HOMERUN・COMICS」の沢田竜治『ワッパ78』、真崎守『地獄はどこだ！』、影丸譲也『ラリー・キラー』、いばら美喜『兇状旅』、山上たつひこ『鬼面帝国』だが、いずれも未見である。沢田、真崎、山上の作品のどれもが『週刊少年マガジン』連載とされていることからすれば、一九七〇年代までは同誌連載であっても、講談社からすべてが単行本化されておらず、東考社のような小出版社がそれを担っていたことを示している。全書判はB6判と見なしていいだろうし、二五〇円という定価にしても、当時のコミック出版を彷彿とさせるものであろう。

だが私が東考社を意識したのは一九七六年に梶井純の『戦後の貸本文化』が出版されたことによっている。それは同年に地方出版社や小出版社の取次として、地方・小出版流通センターが発足し、東考社も取次口座を設けたことで、一般の書店でも入手が可能になったからだ。そのことは初めて東考社の本、つまり『戦後の貸本文化』を手にして実感したのである。地方・小出版流通センターの発足事情は中村文孝『リブロが本屋であったころ』(「出版人に聞く」4)を参照されたい。

それは全書判ならぬタイプ印刷の文庫版で、「桜井文庫」16と記載され、表紙カットは貸本短編誌『魔像』からとられた剣を構える浪人の姿、裏表紙は貸本屋の貸出票＝バックペーパーをそのまま転載したものだった。しかも奥付には限定六五〇部で、その上に528という手書き数字があり、印刷製本も東考社となっていた。それらによって、東考社が印刷製本も兼ねる版元だとわかった。また『戦後の貸本文化』を読むことで、発行人の辰巳義興が辰巳ヨシヒロの兄にして、同じく貸本マンガ家の桜井昌一であり、「桜井文庫」の由来を知った。

その後まったく偶然だったにしても、一九七八年に桜井の『ぼくは劇画の仕掛人だった』(エイプリル出版)が刊行されたのである。この本はとても興味深く、知らなかった劇画出版の誕生と歴史を伝える貴重な証言に他ならず、とりわけ前半の「劇画風雲録」は当事者ならではのリアルな記述に充ちていた。それらのすべてをたどっていきたいけれど、今回は東考社のことだけに限りたい。

桜井は戦後の貸本マンガと出版の動向に関して、次のように述べている。一九六〇年代に入って貸本マンガ市場は貸本屋の廃業も目立ち始め、その打開のために、桜井は出版社設立考えるようになる。そのきっかけは六一年にさいとうたかをが実兄とともに始めたさいとうプロダクションによる自立出版の試みだった。ところが資金の問題もあって、同じく危機感に襲われていた佐藤まさあきと共同戦線をはることになった。まず佐藤プロダクションを作り、出版を始め、そこで得られた資金の無利子提供を受け、自らの出版社も始めるという計画だった。それは佐藤の短期日での大量制作できる特技と安定した人気にあやかるつもりでいたし、出版のイロハはさいとうプロのマネージャーから教えを受けた。

同じ頃、やはり貸本マンガの三洋社を倒産させた長井勝一も新しい出版社の青林堂設立を目論んでいたのであり、佐藤プロとほぼ同時に始まり、その主たる取次は朝日書籍で、その土井勇社長は貸本小説を主とする青樹社も設立し、また貸本マンガの竹内書店も兼ねていた。その土井の力添えと佐藤の実力を支えとして、佐藤プロはスタートしたのである。桜井はその内情にふれている。

当時、初版で三千部の部数を配本できるのは、業界で五本の指にかぞえられる人気作家だけで、多くの出版社が基準とした刷り部数は二千五百だった。その二千五百から何割かが返品されてくるので、実売は二千部を上下するほどに過ぎなかった。一冊の定価が二百円、取次—問屋—貸本屋と流される。貸本店でも定価で仕入れることはなかったので、その中間マージンと商品になるまでの用紙、植字、製版、印刷、製本、運送の経費を差し引くと、出版社の取り分は……簡単な計算ではじき出されるであろう。

したがって、出版社として貸本マンガにしがみついて生きていくには、一ヵ月間に最低四、五冊の単行本を出さなければならなかったのである。

このような出版状況において、桜井は「マンガ家の立場も、出版社と変わりなかった」とも述べているが、それでも佐藤の実力によって、佐藤プロは軌道に乗り始めた。ところがそこに佐藤の実兄の記本隆司が弟のために大阪から上京し、「泥沼のごときマンガ界に埋没しながら、飽くことなく進軍ラッパを吹きならし、今日の佐藤プロの基礎を作りあげること」になった。

そのために桜井は佐藤プロを去るしかなく、「日本一小さな出版社、東考社」の誕生となる。当初は主として弟の辰巳ヨシヒロの作品を出版し、資金繰りに苦労したが、国分寺に移転し、それから「多くの奇人や変人のマンガ家の応援を得て、二百点以上の貸本マンガを出版すること」になった。しかし劇画の悲惨な状況は一九六七年頃まで続き、それ以後大手出版社の手にわたった劇画は億万長者を生むまでの花形の位置へと躍り出て行く。だが忘れることなく、菊池寛の『無名作家の日記』を引きながら、桜井は書きつけている。

しかし、劇画にかかわりあい、非文化的とそしられながら底辺を這いずりまわってきた人たちの大半は陽の光を見ることなく消え去っている。彼らは隆盛を誇る昨今の劇画の有様を、どのような心境で眺めているのだろうか。

91　梶井純『戦後の貸本文化』

近年、梶井純＝長津忠も亡くなり、最後に彼の論考を読んだのは「オーラル・ヒストリーとしての戦後・風景・貸本マンガ」であった。これは高野慎三『貸本マンガと戦後の風景』（論創社、二〇一六年）に寄せられた「解説」としてだった。そこで梶井は『漫画主義』同人としてではなく、一九九九年に創刊された『貸本マンガ史研究』会員として、その「解説」を書いているのだが、それが前回の『戦後の貸本文化』に端を発しているのはいうまでもない。

それだけでなく、同じく『貸本マンガ史研究』会員の高野も、大衆文化、サブカルチャーとしての貸本マンガの存在が希薄であった事情に関して、その「はじめに」で次のように述べている。

いうまでもなく、それは貸本マンガの寿命が一五年から二〇年という短い期間であったことに要因があるのだろう。しかし、貸本屋は全国津々浦々に存在していたはずである。田畑が広がる農村にも、峠を越えた山あいの村にも、小さな小さな漁村にも存在した。五〇年代の最盛期にあって、貸本屋は全国で二万数千軒ほどが数えられるのではないかと類推されるが、その事実は、新刊書店で本を手にすることのできなかった人々の数を意味するだろう。

私も農村の雑貨屋も兼ねた貸本屋で貸本マンガに出会ったのであり、それは一九五〇年代末から六〇年代初めにかけてだったが、近隣に書店はなかったので、五九年の『週刊少年マガジン』や『週刊少年サンデー』の創刊もリアルタイムで知らなかった。それに月刊の『少年』や『冒険王』などに連載されたマンガは知っていたけれど、その別冊付録マンガは別にして、単行本は見たことがなかったし、周りにも所持している者はいなかったのである。したがって、まさに初めて見るマンガの大量の単行本に他ならず、そのようにして貸本マンガに出会ったことになろう。といっても、それは百冊ほどだったはずだが。

そうしたマンガにまつわる個人的記憶を思い出すきっかけとなったのが、梶井の『戦後の貸本文化』に他ならなかった。その第二部において「貸本マンガの歴史―一九六〇年代まで」がたどられ、「初期貸本マンガの世界」と「貸本マンガ全盛期の問題」が論じられていたからだ。戦後の大阪の赤本マンガと劇画の誕生を背景として、貸本マンガは隆盛となっていくのだが、それらは一般書店では売られておらず、大阪の松屋町、東京の上野や神田の貸本屋専門取次を通じて貸本屋へと流通販売されていた。つまり出版業界でいうところの正常ルートとしての出版社・取次・書店という近代出版流通システムではなく、赤本、特価本業界といえる全国出版物卸商業協同組合（全版）に属する出版社・取次・貸本屋ルートによっていたのである。これらのことは高野肇『貸本屋、古本屋、高野書店』（「出版人に聞く」8）を参照されたい。

こうした貸本マンガによってデビューしたマンガ家たちを挙げてみる。梶井は彼らの五〇年代のデビュー年と作品も挙げているが、ここでは名前だけを示す。横山まさみち、水木しげる、辰巳ヨシヒロ、永島慎二、つげ義春、いばら美喜、松本正彦、桜井昌一、佐藤まさあき、山森ススム、高橋真琴、横山光輝、さいとう・たかを、楳図かずお、白土三平、小島剛夕の一六人である。彼らのうちの紙芝居を経てきた水木、白土、小島の三人を除けば、ほとんどが十代で中卒という学歴だった。一九五〇年の高校進学率は四二・五％であることに留意されたいし、それは読者も同様だったのだ。こうした若い新人マンガ家を輩出させた土壌もまた「貸本マンガ出版という独特な世界のひとつの大きな特徴」といっていいし、七〇年代以後の大量生産、消費ではなく、「せまい貸本業界という特定の数に向けての、ある意味では限定的なルート販売」に基づいていた。

具体的に補足すれば、それらの十代のマンガ家の作品を刊行する版元は手形の決済日に追われる零細マンガ出版社であった。それは新刊をメインとし、売り切りで、重版を想定していないので、自転車操

業出版を宿命づけられていたからだ。ここに挙げた若いマンガ家たちは現在の大家のポジションを獲得するに至ったけれど、「その多くは、陽のあたる場所にでることなくほとんど無名のまま資本マンガを描きついで、市井に消えていった人たち」だと梶井は書いている。それらの人々は各版元の多彩なシリーズとして刊行されたB6判長編マンガ単行本に刻印されているだけだが、それらはほとんど残されていない。

私は農村の雑貨屋の片隅に置かれていた貸本マンガを読み出した時期はすでにA5判になっていたので、B6判の時代は記憶にない。五〇年代を通じて貸本屋が増えていくのとパラレルにA5判のマンガへと移行していったようなのだ。読者は変らず、梶井が権藤晋の言葉を援用し、いっているように「諦念を抱くには若く、絶望を語るには口を持たず、怒るにはその手を持たない、孤立した無数の」「非学生ハイティーン」であり続けていた。私はハイティーンではなかったけれど、同じローティーンとして貸本マンガの読者に連なっていたのである。

92　辰巳ヨシヒロ『劇画暮らし』『劇画漂流』と『影』創刊

梶井純『戦後の貸本文化』の「初期貸本マンガの世界」において、「『影』創刊前後」という章があり、桜井昌一『ぼくは劇画の仕掛人だった』にも、同じく「『影』の創刊」に一章が割かれている。

ここでは桜井の弟の辰巳ヨシヒロの自伝『劇画暮らし』（本の雑誌社、二〇一〇年）、その劇画化といえる『劇画漂流』（上下、青林工藝舎、二〇〇八年）によって『影』に言及してみたい。それだけでなく、まったく思いがけないことに、それらに寄り添うように、『完全復刻版 影・街』（小学館クリエイティブ、二〇〇九年）も刊行に至っている。だが『影』にふれる前に、その版元である八興に関して、大阪の貸本マンガ出版社の見取図も含め、ラフスケッチしておきたい。

辰巳は東京の鶴書房から処女作『こどもじま』（一九五二年）を刊行し、続けて数冊が出され、プロのマンガ家をめざしていたが、マンガ出版状況が変わり始め、鶴書房から出せなくなってしまった。実際に大阪マンガ出版の大手の藤田文庫、荒木書房、三春書房も廃業していた。ところがその一方で、貸本屋の隆盛を背景とし、貸本マンガ専門出版社が台頭してきたのである。そうした版元が五四年に山田秀三、喜一兄弟によって設立された八興＝日の丸文庫で、その顧問が古参マンガ家の久呂田まさみだった。

しかしいきなり八興を訪ねたのではなく、辰巳は駅前の貸本屋で版元を調べてみた。すると、研文社、榎本法令館（榎本書店）、東光堂、三島書房などがあり、それが具体的に『劇画暮らし』に記され、『劇画漂流』に描かれている。研文社は時代劇貸本マン

ガ、東光堂は一〇冊以上の手塚治虫の作品を出していたが、手塚は上京し、トキワ荘に居を定め、『鉄腕アトム』や『リボンの騎士』を発表して売れっ子になり、もはや東光堂からの出版は期待できなくなっていた。そうした大阪貸本マンガ出版社の事情も語られ、研文社も東光堂も辰巳に作品を依頼してくれたのである。

そして辰巳は研文社のために『怪盗紳士』を描き上げ、東光堂の『鉄腕げん太』にも取りかかっていた。だが前者の原稿料を値切られたことで、結局のところ、地図を頼りに安堂寺橋二丁目にある八興という未知の出版社へ向かったのである。その八興が入居する安二ビルが『劇画暮らし』にも『劇画漂流』にも描かれている。ビルとは名ばかりの木造二階建てで、小企業の事務所が一〇部屋ほど並び、八興はその二階の一室にあった。これが劇画の始まりのトポスだったのであり、感慨深いし、辰巳にとっても、忘れられない劇画の原風景のようなものだと推察される。辰巳は、桜井の『ぼくは劇画の仕掛人だった』から八興にいた三人の人物のところを引き、「良し悪しは別として、この三人は劇画に重大な影響を与えた」と述べている。

辰巳の『怪盗紳士』は『七つの顔』と改題され、『劇画暮らし』の書影に見えるように、一九五四年に八興の日の丸文庫の一冊として刊行されている。これは一九四六年の松田定次監督、片岡千恵蔵主演『七つの顔』をそのまま借用したもので、そのＤＶＤ（「日本名作映画集」36所収、Cosmo Contents）は手元にある。『劇画漂流』に示された「日の丸文庫発刊の総目録」によれば、それが7で、38は辰巳の五作目の『木刀先生』だとわかるけれど、そこにラインナップされた日の丸文庫は映画と異なり、一冊も読んでいないと思われる。

辰巳の他にこの「日の丸文庫」に集ったメンバーの松本正彦、桜井昌一、久呂田まさみ、高橋真琴、佐藤まさあき、さいとう・たかをが描いた短編を集め、月刊誌のように刊行する計画が持ち上がり、それは探偵ブック『影』と命名された。そして一九五六年四月一〇日に発行となったのである。

それが先述したように、小学館クリエイティブから復刻され、そのまま読むことができる。A5判上製九六ページ、一五〇円で、さいとう・たかを「わんぱく探偵」、松本正彦「隣室の男」、桜井昌一「呪われた宝石」、高橋真琴「まだらの紐」、久呂田まさみ「鸚鵡」、辰巳ヨシヒロ「私は見た」の六編が掲載され、月刊と謳われていないにしても、表紙には1とあるので、継続的な

短編誌として刊行されたことが伝わってくる。

表紙、扉、目次は久呂田によるもので、奥付の編集人も彼の名前となっている。発行人は山田秀三、発行所は大阪市南区の八興だが、東京の台東区浅草蔵前の住所も記載されているので、「日の丸文庫」の点数が増し、東京支所が設けられていたとわかる。ところが発行年月は記されておらず、そのことだけでも、貸本マンガの特殊な出版と流通販売事情がうかがわれる。

『影』は久呂田によって手塚以後の新しいマンガを意図して編まれ、続刊されていった。だが、東京の人気マンガ家たちの新書版出版の失敗と「日の丸文庫」の点数が増えたことで、八興は手形による資金繰りと高返品率のために、ついに倒産してしまった。『影』も休刊に追いやられた。しかしそれにくじけることなく、久呂田は名古屋の取次の東海図書に話をつけ、「セントラル文庫」として、『影』のような短編誌シリーズや単行本を出す計画を進めていたのである。

それが「スリラーぶっく」と銘打たれた『街』で、一九五七年三月に久呂田の編集で創刊号が出された。これが『影』と同時に復刻された『街』で、奥付を見ると、編集所は名古屋の中部出版社、発行所は神田神保町のセントラル出版社、セントラル文庫編集とある、編者は市橋晧三、発行者は大海新一と記されていた。やはり久呂田の装幀によるA5判上製九六ページで、草川秀雄「台風の一夜」、辰巳ヨシヒロ「鶯荘殺人事件」、佐藤まさあき「墓場から来た男」、久呂田まさみ「巣加丹氏」、石川フミヤス「恐怖の銃弾」、松本正彦「地獄から来た天使」の掲載だった。

同時にセントラル文庫からは辰巳の単行本『顔役《ボス》を倒せ！』も刊行された。その延長線上に久呂田の上京があり、辰巳、桜井、さいとうもそれに続き、「劇画」への道を歩んでいく。そして短編誌ブームが起きていく。八興は光伸書房と社名を変えて再出発し、『影』と『魔像』、兎月書房は『摩天楼』と『無双』、金園社は『ジャガー』と『ツワモノ』を刊行していくことになる。

93 つげ義春と若木書房「傑作漫画全集」

前回の辰巳ヨシヒロの『劇画暮らし』と『劇画漂流』にはいずれもつげ義春の『白面夜叉』及び『暁の銃声』の書影が掲げられ、辰巳がつげに注視していたことを示している。それはつげのほうも同様で、短編誌『影』に注目していたのである。そうした二人の関係は『劇画暮らし』に寄せられた、つげの次のような言葉にも表れていよう。

辰巳ヨシヒロ氏の提唱する劇画は、マンガの世界に初めてのリアリズムの視点を導入した画期的なものだった。マンガを子供の世界から飛躍させ、現在にいたるまで発展させたのは、辰巳さんの功績であることを忘れてはならないと思う。

それに加えて、二〇〇〇年に創刊された梶井純、吉備能人、権藤晋、ちだ・きよし、三宅秀典、三宅政吉を同人とする『貸本マンガ史研究』第一号の表紙には、同じくつげの『涙の仇討』の書影が使われている。

実はつげのそれらの書影そのままの『白面夜叉』『暁の銃声』『涙の仇討』が手元にある。もちろん初版ではないけれど、一九九二年に完全復刻版『つげ義春初期単行本集』全七巻が刊行され、それを購入しているからだ。他の作品は『愛の調べ』『片腕三平』『熊祭の乙女』『剣心一路』で、発行所は文化の森、限定五五〇部のうちの第三九三番、つげのオリジナルサイン入り色紙付き、セット定価一〇万円とあった。

『つげ義春初期単行本集』の限定出版は仄聞していたが、高定価なので入手できないし、目にする機会にも恵まれないだろうと思っていた。ところが今世紀に入って、浜松の時代舎で出合ってしまい、古書価も思いのほか安かったこともあり、買い求めた次第だ。

これらの初版七冊は東京文京区の若木書房から刊行されている。いずれもB6判上製、丸背、一二八ページ、定価一三〇円の「傑作漫画全集」シリーズとしてで、その時代の表象というべきカラフルな表紙と造本は、当時の貸本マンガ出版のひとつのフォーマットだったように思われる。先に挙げた三冊に加えて、『剣心一路』は時代劇、『愛の調べ』と『熊祭の乙女』の二冊は少女マンガ、『片腕三平』は柔道マンガであり、『暁の銃声』の「傑作漫画全集」通しナンバーは206で、つげの他にも多くのマンガ家たちが「傑作漫画全集」シリーズに連なっていたことになる。

しかし今となってはつげのような例外を除き、それらの全貌を再現することはできないだろう。それでもひとつだけ確認できるのは、大阪の辰巳たちが八興の「日の丸文庫」に参集していたように、東京のつげたちは若木書房の「傑作漫画全集」によってデビューしていたことだ。

また『つげ義春初期単行本集』には別冊付録として、「貸本マンガ時代のつげ義春」も備わり、そこには発行者の北村二郎も登場している。彼はつげの作品を出版した若木書房の元社長、それに制作協力が高野慎三と浅川満寛で、高野はいうまでもないが、浅川は辰巳の『劇画漂流』の企画編集者であり、北村は高野とともにつげと辰巳を囲んで、座談会「バック・トゥ・ザ昭和三〇年代のマンガ稼業」を語っている。

とりわけ北村の証言は興味深いので、「傑作漫画全集」などの流通販売の要点を紹介してみよう。だがその前に若木書房のプロフィルを示す。以前にも高野肇『貸本屋、古本屋、高野書店』(「出版人に聞く」8)でラフスケッチしているが、ここでは『全国出版物卸商業協同組合三十年の歩み』から抽出してみる。

若木書房は印刷所経営の北村龍一郎によって、一九四八年に創業され、五二年に次男二郎が入社する。当初は絵本、マンガの特価本出版だったが、鉄道弘済会にキオスク専門の新刊マンガを定期的に納品するようになった。また関西から始まった貸本屋の隆盛に伴い、特価本業界にも相当の部数を販売するようになり、六七年頃までは貸本時代が続き、多い時には月に一二点も新刊を出し、多くのマンガ家を世に送り出したとされる。

これを先の「座談会」によって補足しておく。若木書房も貸本出版社といわれてしまうが、五〇年には新刊、特価本の区別はなく、都内や地方の老舗書店は上野の問屋=取次からそれらを仕

入れていたので、若木書房もそうした全版の流通販売によっていた。ところが鉄道弘済会から八〇ページの子ども向けマンガの注文を受け、多い時には月六点刊行し、弘済会に六千部、あとの二千部は上野と大阪の松屋町の問屋に卸していた。

それとパラレルに一般書店用に「傑作漫画全集」を出し始め、つげ義春、水島慎二、遠藤政治が「若木書房の三羽烏」と称されるようになった。また当時の「日の丸文庫」の久呂田まさみがそうだったように、表紙は別の人物が描いていて、「傑作漫画全集」の『暁の銃声』は大城のぼる、その他の六点は岡田晟で、遠藤と岡田はつげの『義男の青春』のモデルとして登場している。さらに特筆すべきは若木書房が「傑作漫画全集」シリーズに続いて、一九五六年に「探偵漫画シリーズ」を創刊したことである。

それにはつげの『生きていた幽霊』と『四つの犯罪』が収録されていた。だがこの二冊を初めて見たのは二〇〇八年に小学館クリエイティブから完全復刻されたことによっている。それで初めてこれらがA5判の上製単行本であることを教えられた。それに後者はオムニバス集だが、つげは辰巳が『影』の第二号に掲載した「谷底館の人々」の影響を受け、一九五八年に若木書房が刊行した短編誌『迷路』に発表した「おばけ煙突」を描いた。この作品を始まりとして、つげ独自の世界が模索されていったのである。
そうした意味において、つげにとって若木書房との関係は、後の青林堂にも比肩するものだったように思えてくる。

94　完全復刻版『影・街』と短編誌の時代

あらためて辰巳ヨシヒロの『劇画暮らし』と『劇画漂流』を読み、彼らにとって『影』と『街』に始まる短編誌が画期的にして重要な劇画出版ムーブメントだったことを実感するしかなかった。またそれゆえにこそ、小学館クリエイティブからの『完全復刻版 影・街』が五十年後に刊行されたことも。

そこまで意識していなかったけれど、以前に小学館クリエイティブを立ち上げた野上暁『小学館の学年誌と児童書』(「出版人に聞く」18)において、『影・街』などの一連の貸本マンガ復刻が、近代文学館とほるぷ出版による近代文学初版復刻に匹敵するものではないかとオマージュを捧げておいたことを思い出した。もっとも「それはほめすぎですよ」と野上は語っていたが。

今になって考えれば、農村の雑貨屋を兼ねた貸本屋で最も多く読んだのはそうした短編誌に他ならなかったのである。貸本屋と言っても、五段ほどの棚が二、三本あるだけで、一冊借りる前に数冊立ち読みしていたので、短期間のうちにすべてを読み終えてしまったのである。それら

の貸本マンガはきれいではなく、読み古されていた感があったことに当時は想像が及ばなかったのだが、いくつもの貸本屋で使いまわされ、最後に農村の貸本棚へと流れてきたことになろう。

それは一九六〇年代前後の数年のことで、小学生時代だが、多くが通しナンバーを付された短編誌だったことの記憶も蘇ってくる。それに『影』の場合、その11、12、13号は辰巳が編集長を務め、七千部を超えていたという。また前回もふれたように、『影』に続く『街』の創刊は短編誌『鍵』（三島書房）、『怪奇』『竜虎』（いずれもセントラル文庫）、『ツワモノ』『ジャガー』（いずれも金園社）の創刊を促し、辰巳も作品を依頼されるに至っていた。ちなみに八興日の丸文庫も一九五八年に時代劇短編誌『魔像』を創刊していた。

辰巳の『劇画暮らし』によれば、一九五七年の上京後に「短編誌ブーム」は全盛となり、「各社から出版される貸本まんがは、すでにほとんどが短編誌という有様」で、「短編誌が劇画の読者層を表現している」ような状況を迎えていたのである。いってみれば、劇画は短編誌を揺籃の地として誕生し、成長していったことになろう。辰巳関連だけでも、『霧』『摩天楼』（兎月書房）があり、後者の創刊に合わせ、辰巳、さいとう・たかを、佐藤まさあき、石川フミヤス、桜井昌

一、山森ススム、K・元美津の「七人の侍」は「劇画工房ご案内」という「劇画宣言」を発するに至る。
「宣言」はいっている。手塚治虫を主幹として「ストーリー漫画」が急速に発達し、「子供マンガ」の地位を向上させたが、近年映画、テレビ、ラジオの影響を受け、ストーリー漫画の世界にも「新しい息吹き」「新しい樹の芽」が生じたと始め、次のように続いている。

それが「劇画」です。
劇画と漫画の相違は技法面でもあるでしょうが、大きくいって読者対象にあると考えられます。子供から大人になる過渡期においての娯楽読物が要求されながらも出なかったのは、その発表機関がなかったことに原因していたのでしょう。劇画の読者対象はここにあるのです。劇画の発展の一助は貸本店にあるといっていいと思います。

これを近代出版史から補足すれば、子供を対象とする漫画は大手出版社の雑誌に代表されるように、出版社・取次・書店という所謂正常ルートの出版流通システムの中で成長してきたが、大人のための劇画はそうした発表雑誌がなかった。そこでそのための短編誌を創刊し、流通販売も書店ではなく貸本屋を主とすることによって、「劇画の発展」を試みていきたいという宣言と見なせよう。

その劇画工房の体現となる短編誌が一九五九年創刊の『摩天楼』に他ならなかった。版元の兎月書房は高野肇『貸本屋、古本屋、高野書店』（「出版人に聞く」8）で示しておいたように、清水𫝹裟人が一九五七年に創業し、さいとう・たかを『台風五郎』や水木しげる『墓場鬼太郎』などを刊行していた。当然のことながら、辰巳は『劇画暮らし』でふれているが、大阪の日の丸文庫は『影』のライバルとなる『摩天楼』を敵視し、トラブルも生じていた。

しかし『摩天楼』は大ヒットし、続けて時代物短編誌『無双』を創刊したものの、すでに兎月書房は多額の負債を抱えていたので、沈没寸前の状況にあった。辰巳はさいとうに『無双』の編集を委ねたのだが、あかしや書房の編集者熊藤男によって短編誌『少年山河』が持ちこまれ、劇画工房は『摩天楼』『無双』『少年山河』の三誌を編集発行することになってしまった。これらに『影』と『街』を加えれば、辰巳と劇画工房は五つの短編誌に関わることになる。

したがって貸本マンガ出版の世界において、トータルすれば、数え切れないほど多くの短編誌を簇生していた。確か『子どもの昭和史 昭和二十年—三十年』（「別冊太陽」、平凡社）にそれらの書影を見ていたことを思い出し、繰ってみると、そこには前述の他に、『迷路』（若木書房）、『ハイスピード』（三洋社）、『X』（鈴木出版）、『Gメン』『刑事《デカ》』（いずれも東京トップ社）、『剣』（わかば書房）、『剣豪往来』（児童文化研究会）、『忍風』（三洋社）などがあった。また同時代には少女マンガ短編誌も次々と創刊されていったので、一九六〇年前後の貸本マンガはそれらの短編誌が主流となっていたとわかる。

もちろんそうした貸本マンガ事情を自覚していたわけではないけれど、私もまたそれらの多種多様な短編誌を読むことになったのであり、それこそ『影』『街』『迷路』『魔像』などというタイトルは記憶に残されたことになろう。

95 東京トップ社、熊藤男、つげ義春『流刑人別帳』

これまで書いてきたように、私の実際の貸本マンガ体験はほとんど一九六〇年前後の農村の雑貨屋と兼ねた貸本屋でのものにすぎない。

それに私は『古本屋散策』や『古本探究』シリーズを上梓しているけれど、蒐集家、コレクターではなく、きわめて横着な探索者に他ならず、貸本マンガに関しても同様である。それゆえに貸本マンガ史研究会員の丹念な資料収集と博捜には驚嘆してしまうばかりだ。その事実に加えて、高野慎三の配慮かと思われるのだが、『貸本マンガ史研究』も第二〇号までは献本されていたのである。その後も定期購読を申しこまなければならないと考えているうちに、同誌も休刊になってしまい、こちらも最終号まで読んでいない。

しかしそのような私でも、一冊だけつげ義春の貸本マンガを持っている。それは東京トップ社の『流刑人別帳』で、まさに半世紀以上前に、たまたま商店街の裏通りに残っていた貸本屋で見つけ、買い求めていたからだ。同書に関しては高野肇『貸本屋、古本屋、高野書店』（「出版人に聞く」8）でふれているように、A5判角背のタコ糸によって貸本用に装備されたもので、当時の貸本マンガ短編誌を彷彿とさせる。北冬書房の『つげ義春選集』全一〇巻には収録されていないので、どうして収録されていないのか高野慎三に尋ねたところ、作品として未熟ゆえに、つげによって外されたということだった。

ここで『流刑人別帳』を挙げたのは前々回でふれた「貸本マンガ時代のつげ義春」において、この作品の末尾の「読者らん」につげの自画像カットが引かれていたこと、それに前回のあかしや書房の編集者熊藤男が編集人となっているからである。ちなみに発行人は島村宏となっていて、定価は二〇〇円だが、発行年月の記載はない。版元の東京トップ社は文京区大塚窪町にあり、先の高野インタビュー本で、『全国貸本新聞【復刻版】』（不二出版）を参照し、「トップ社」として、次のようなプロフィルを紹介しておいた。

昭和二八（一九五三）年に設立された島村出版社が社名変更したもので、短篇誌『刑事』と『竜虎』の二本立てに長編を二冊刊行予定。編集長は熊藤男、後に東京トップ社社長となる。

簡略な紹介だが、これで『流刑人別帳』の発行人と編集人の由来、及びトップ社の動向がわかる。

実は『貸本マンガ史研究』6に大山学「東京トップ社周辺」、同14に三宅秀典「広告に見る貸本マンガ（五）東京トップ社」が寄せられて、前者は貸本マンガ家としての体験だが、後者の場合は、私と同じ『全国貸本新聞』の広告に基づき、東京トップ社の出版分析の試みなので、それをたどってみる。

三宅はまず『全国貸本新聞』における東京トップ社の広告が一九六一年から六九年にかけてであることを指摘し、そこに「まさに貸本業界が消滅へと向かう貸本マンガの苦闘の一部」がうかがわれるのではないかと記している。確かに六〇年代貸本期になると、トップ社の他に若木書房、東京漫画出版社、曙出版の五社しか残っていなかったようだ。

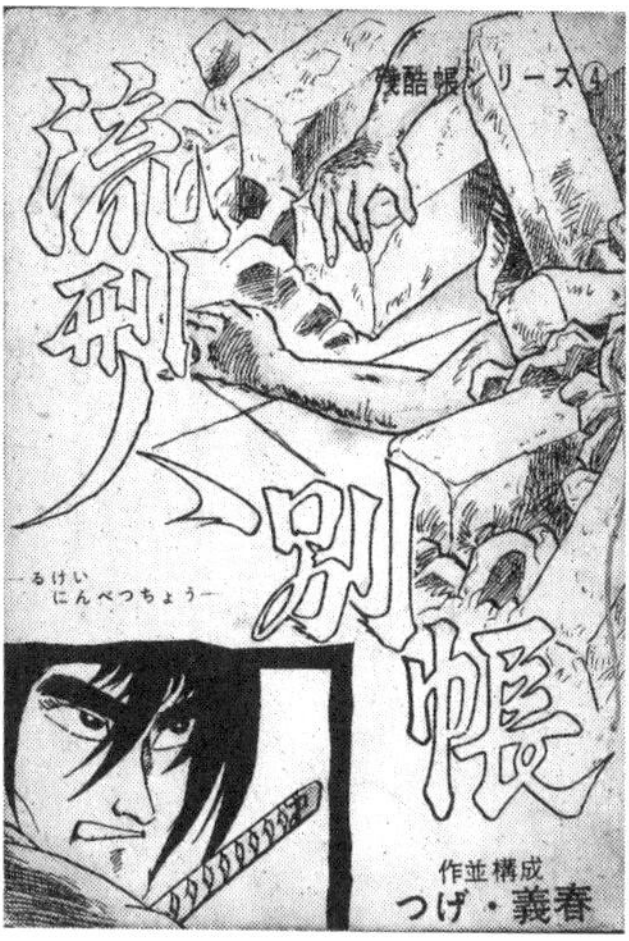

そのことはともかく、三宅はトップ社の前身の島村出版のマンガ出版と先代の死、東京トップ社への変更、短編誌『刑事』『竜虎』に続く『Gメン』の創刊などに言及し、それから「アクションもの」「怪奇もの」「時代もの」の二〇種以上のシリーズを挙げている。このラインナップから見ると、東京トップ社は短編誌『刑事』を中心としながらも、長編の「アクションもの」を主として刊行していたことが浮かび上がってくる。そのマンガ家たちは、ありかわ栄一、旭丘光志、南波健二、佐藤まさあき、辰巳ヨシヒロ、山森ススムといった『影』と『街』及び劇画工房に集った人々だった。

辰巳たちが上京して劇画工房を結成し、それに東京の貸本マンガ出版社が併走していたことがわかるし、それは手塚治虫がそうだったように、大阪から東京の出版編集人脈への移行であった。ただそれは手塚のような大手出版社への転進ではなく、同じ零細な貸本マンガ出版社への移行に他ならなかったのだけれど。つげの『流刑人別帳』は「時代もの」の「残酷帳シリーズ」4に分類され、それまでに『野望の砦』『狂った忍者』『忍びの城』が既刊で、次号予定として『上忍・下忍』が巻末ページに記載されている。これらのうちの『忍びの城』『上忍・下忍』『流刑人物帳』とともに、講談社の『つげ義春初期傑作長編集』第三巻での収録を見るに至った。

このような東京トップ社の貸本マンガの動向を確認するために、『貸本屋、古本屋、高野書店』に収録された「貸本屋『しらかば文庫』（小田原市）旧蔵書目録」に目を通してみたが、トップ社は『Gメン』『竜虎』など五、六冊があるだけだった。もっともこの「目録」は一九五〇年代後半から六〇年代前半にかけてのものなので、先述した東京トップ社の熊藤男による編集時代とはあまり重なっておらず、そのことにも起因しているのではないだろうか。

大阪を生誕の地とする劇画が短編誌『摩天楼』『迷路』『刑事』などを始めとして東京へ移行したことは、それらを通じて読者のみならず、編集者もまた劇画とリンクしたことになる。その代表的な存在が熊のように思われるし、彼は『刑事』の企画編集者で、これも『貸本マンガ史研究』7の三宅政吉「『刑事』の時代」に詳しい。

その後、熊は秋田書店へ移籍し、一九六九年の『週刊少年チャンピオン』創刊に携わることになる。

96　佐藤まさあき『劇画私史三十年』

本書90の桜井昌一『ぼくは劇画の仕掛人だった』に続いて、まさに他ならぬ桜井の東考社から刊行された佐藤まさあき『劇画私史三十年』（一九八四年）を取り上げるつもりでいた。

しかし「ブルーコミックス論」（『近代出版史探索外伝』第Ⅲ章）において、すでに『劇画私史三十年』は佐藤の『蒼き狼の咆哮』を論じた際にふれているし、その特異性も考慮し、もう少し後のほうがよいと判断し、今回まで先送りしていたのである。同書は佐藤ならではの「劇画私史」であるばかりでなく、彼の特異なキャラクター、大阪の貸本マンガ出版状況、日の丸文庫と『影』、劇画工房の人々との関係、短編誌と東京の出版社、自らの出版社の設立、大手出版社とコミック誌の創刊などがめまぐるしく書きこまれ、本当に劇画のシュトゥルム・ウント・ドラング期を体現しているといっても過言ではないからだ。

『劇画私史三十年』に続いて、佐藤は『「劇画の星」を目指して』（文藝春秋）、『「堕靡泥の星」の遺書』（松文館）も著していくのだが、これらは彼の女性関係もあからさまに含まれた私史でもあり、それらのコアは『劇画私史三十年』に求められるので、この一冊に限って進めたい。

佐藤が土門拳の写真集『筑豊のこどもたち』を見て衝撃を受け、「黒い傷痕の男」を描き、一

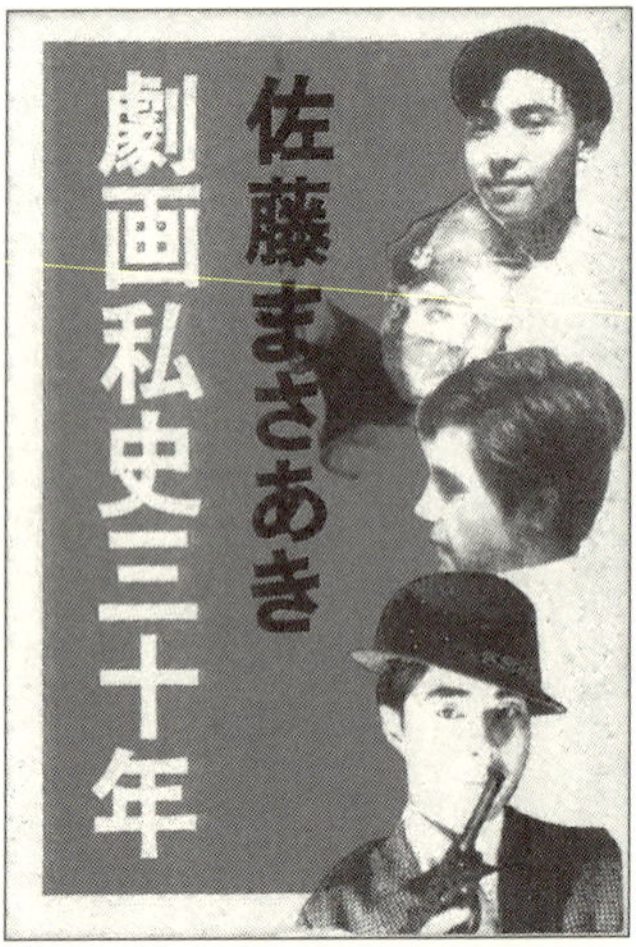

九六一年に三洋社から全一〇巻を刊行する。実はこれも貸本屋で読んでいるのだが、白土三平の『忍者武芸帳』と同じく端本だけで、全巻ではなかった。『忍者武芸帳』のほうは六七年に刊行され始めた小学館の「ゴールデン・コミックス」によって、ようやく読むことができたが、三洋社版『黒い傷痕の男』は現在に至るまで読む機会を得ていない。それは佐藤がこの作品をさらに二回描き直しているので、三洋社版が復刻されていないことにも起因している。私はかつて『筑豊のこどもたち』を出版した「パトリア書店と丸元淑生」（『古本屋散策』50）を書いていることもあり、それは少しばかり残念だという思いが尽きないのである。

　そのことはさておき、佐藤は『黒い傷痕の男』を描く一方で、「狂乱としか言いようのない」「短編誌ブーム」が始まり、「狂気の沙汰」の短編誌時代に巻きこまれていく。彼はワンマン誌として、『ハードボイルドマガジン』（三洋社）、『野獣街』『ダイナミックアクション』（いずれもセントラル文庫）、『ボス』（すずらん出版）があり、その他に『影』や『街』や『刑事』にも準レギュラーで描き、『影』を発祥とする「影男」シリーズにしても、他社の短編誌にまで掲載されていった。そのために最も多い月には六〇〇枚に達し、「狂気の沙汰」というしかなかった。

佐藤の言によれば、「当時の貸本劇画界は戦国時代であった」けれど、すでに「貸本界の崩壊」は始まっていて、既存の出版社に依存しているわけにはいかない状況に追いやられていた。そこで起きたのが桜井昌一との出版社設立計画で、佐藤プロが発足し、桜井は東考社、辰巳ヨシヒロは第一プロ、横山まさみちは横山プロ、さいとう・たかをのさいとうプロ（後のリイド社）と合わせると、劇画家によるワンマン出版社は五社に及ぶことになった。そのかたわらで、兎月書房などは出版停止状況を迎えていたのである。

それは版元としての佐藤プロも同様で、貸本屋の減少は経営を圧迫し、貸本業界と出版状況は悪化するばかりだった。そこで佐藤は玉砕も覚悟で、新書版『佐藤まさあき劇画選集』全五〇巻を企画し、その第一作として、一九六六年に『黒い傷痕の男』の連載依頼が入り、その一方では青年マンガ誌が創刊され始めた。やはり六六年の『コミックmagazine』（芳文社）を走りとして、六七年には『週刊漫画アクション』（双葉社）、『月刊ヤングコミック』（少年画報社）、六八年には『月刊漫画ゴラク』（日本文芸社）、『月刊ビッグコミック』（小学館）、『月刊プレイコミック』（秋田書店）が創刊されていく。それらと交代するように、六六年に短編誌『影』は一二〇号で休刊となっている。

ちなみに『ガロ』の創刊は一九六四年、『COM』（虫プロ）は六七年であった。つまりいってみれば、五六年に八興・日の丸文庫の短編誌『影』を揺籃の地として誕生した劇画は、辰巳ヨシヒロや佐藤たちの東京移住に伴う劇画工房の結成を促した。それに併走するように、東京の貸本マンガ出版社に狂乱といっていい短編誌ブームが起き、彼らはその狂乱の只中へと誘われていった。まさに宿命づけられたようにして。そこには前回挙げた熊藤男を始めとする優れた編集者たちが存在し、短編誌ばかりか多くの貸本マンガを送り出していた。しかし貸本屋の減少は必然的に貸本出版社の衰退とつながり、休業や倒産も起きていた。

そのような渦中において、貸本マンガと短編誌によっていた佐藤たちは起死回生の思いもこめ、自らの出版社を立ち上げていったのである。そうした劇画と貸本マンガと短編誌の歴史の中から『ガロ』や『COM』も生まれ、続いて貸本マンガ出版社ではない、取次や書店という所謂正常ルートの雑誌出版社から青年マンガ誌が次々と創刊されていき、現在のコミック全盛の時代を用意していくことになったのである。

それらの貸本マンガの歴史をすべて体験してきたのが佐藤まさあきに他ならず、その天国と地獄をも味わってきたといえるであろう。『劇画私史三十年』は醇乎たる回想ではないけれど、その佐藤の戦後貸本マンガ物語として書かれたことになろう。

97　水木しげると東考社版『悪魔くん』

前回の佐藤まさあきと同じく、水木しげるも貸本マンガから青年誌、少年誌へと進出し、佐藤と異なり、コミックの巨匠として顕彰されるに至っている。それは手塚治虫ほどではないにしても。

一九九九年に『水木しげる貸本傑作大全』（Ⅰ、Ⅱ、人類文化社発行、桜桃書房発売）として全一〇巻が出されている。ただ水木自身の「あとがき」は付されているけれど、解題も解説もないので、復刻テキストがどの出版社に基づくのか不明である。それでもこれまで貸本マンガ史をたどってきたことからすれば、長編の場合、Ⅰの第一巻『墓場鬼太郎』とⅡの第四、五巻『河童の三平』は兎月書房、Ⅰの第三巻『鬼太郎夜話』は東考社のそれぞれの版の復刻だと考えられる。

そこでまたしても、私の一九六〇年前後のささやかな貸本屋体験に戻るのだが、『墓場鬼太郎』は読んでいた記憶がある。農村の雑貨屋を兼ねた貸本屋にそれらが本当にあったのかと問われれば、断言できないにしても、これまでずっと言及してきた短編誌においてだったのかもしれない。それは佐藤まさあきの『黒い傷痕の男』も同様だった可能性も考えられる。おそらく地方独特の貸本マンガの流通も作用していただろうが、とにかくそのようにして出合ったことは間違いない。もうひとつ付け加えれば、当時の紙芝居に鬼太郎もどきのものもあり、それも見ていたことを覚えている。

その後水木は、これも佐藤まさあきと同じく『週刊少年マガジン』にリクルートされ、『テレビくん』で売れっ子のマンガ家への道を進み、「ゲゲゲの鬼太郎」の歌も聴こえてくるようになる。しかし『テレビくん』ならぬ『悪魔くん』の一九六四年の東考社からの刊行は「悪戦苦闘の連続」であった。桜井は六〇年に貸本屋を席捲した白土三平『忍者武芸帳』の成功を念頭に、『悪魔くん』を全五巻で予定し、「逆境にある作者の売り出しと超零細の版元からの脱皮という夢を、奇襲《ママ》的に一気に実現しようと企んだ」のだ。水木も桜井に応え、全力を上げ、『悪魔くん』を描いたし、桜井も「名作だ」と確信したが、水木のほうは作品に対する自信はあったけれど、その成功に関して懐疑的だった。不幸にして、それは現実化してしまった。桜井は『ぼくは劇画の仕掛人だった』で次のように述べている。これは当時の貸本マンガの返品も含んだ流通販売の実態を伝えてリアルなので、少しばかり長い引用をしてみる。

> 第一巻の「悪魔くん」は二千三百を刷り、そのすべてを取次店に納品した。通常のマンガの場合、取次店から版元への精算は三カ月である。納品後一ヵ月ほどで返品が出版社に来はじめ、一ヵ月半ほどで最終的な実売数は九百二冊である。（中略）これではとても出版社はやっていけない。出版に要した代金も全額はもどらないという状態である。
>
> このころの貸本の流通状況では、返品は際限なくくるのだが、返品の再出庫、あるいは追加注文はよほど売れている作品のものでなければ考えられず、先行きの期待は皆無だった。

しかもシリーズ物の出版の場合、一巻を発行して一ヵ月がたち、成績の予想がつくころには、二巻目はすでに印刷、製本の段階にあり、また作者は三巻目の執筆に着手しているというのが普通で、第一巻の赤字に気づいたときは、すでに三巻分の大赤字を背負わされているというわけなのだ。

この「悪魔くん」第一巻の結末は、ぼくを完全に打ちのめしてしまった。作品の内容に自信があっただけにそれはなおさらだった。

そのために桜井は全五巻を予定だった『悪魔くん』を三巻で完結するようと水木に依頼するしかなかった。それはひとまずおくにしても、一九六〇年代に貸本屋は三万店あったと推定されるし、六四年の『悪魔くん』発売時にも二万店以上は存在したはずだが、第一巻の実売はわずか九〇〇冊だったことになる。それは実際に貸本マンガの新刊を仕入れる貸本屋が減少していたことも事実だが、この当時の貸本屋がすでに新刊仕入れによってではなく、その多くが既刊本を使い回して成立していたことを伝えているのかもしれない。私が体験した貸本屋がそうであったように。

もちろん所謂出版社・取次・書店という正常ルートにしても、マンガ自体が安定した市場を有していなかったし、売れないことに加え、返品と取次の支払い条件は絶えずつきまとっていたと思われる。また出版社・貸本取次・貸本屋というもうひとつのルートであっても、このような返品委託制に基づく流通販売条件に悩まされていたことになる。
しかしこの『悪魔くん』第一巻の九〇〇部は思いがけずに松田哲夫と鈴木宏によって読まれるのである。鈴木宏『風から水へ—ある小出版社の三十五年』(論創社)において、松田から「戦後の漫画の最高峰」として「貸本版」を貸与され、その「ニヒリスティックな傑作」を読んで衝撃を受ける。鈴木は続けて告白している。

そんなことで、私は漫画を読むようになったわけです。ただ、なぜか、水木しげるはこの作品以外は読みませんでした。何となく、『悪魔くん』は例外的な傑作であって、水木しげるにこれ以上の作品はないではないか、他の作品を読むとがっかりするのではないかと恐れたのではないかと思います。

その『悪魔くん』の読書の延長線上に漫画熱が高まり、鈴木は『漫画主義』の向こうを張るように、漫画批評専門誌『漫画的』を創刊する。鈴木のお気に入り漫画家は長谷邦夫、滝田ゆう、東海林さだおで、第一号の「漫画批評宣言」に続いて、第二号は滝田ゆう、第三号は長谷邦夫を特集したようだ。そうして鈴木は国書刊行会で幻想文学やラテンアメリカ文学の編集者となり、海外文学を中心とする風の薔薇、後に水声社を興し、松田のほうは筑摩書房に入り、「現代漫画」の編集に携わっていくのである。

98　水木しげる『地獄の水』、暁星、門野達三

二〇〇八年に小学館クリエイティブから水木しげるの『地獄の水』が復刻されているが、これにはいささか驚いてしまった。

それは水木名ではなく、東真一郎名義で暁星から出版された一冊である。暁星は台東区浅草蔵前、発行者は門野達三で、奥付に発行年月日は記載されていないけれど、一九五九年の出版だと思われる。

この『地獄の水』は「暁星まんがシリーズ」の一冊で、『怪獣ラバン』に続く二冊目であり、もう一冊『恐怖の遊星魔人』も出されたという。奥付のところに、同シリーズの既刊本が挙げられているので、それらのタイトルと作者を示しておこう。青木たかし『スピード太郎の冒険』、雨沢道夫『完全密室』、ゆりれいじ『悲しき星の下に』、タケフチタケシ『深夜の非常線』、水戸左近『三本足の黒猫』『地獄の銃眼』『吸血鬼二重仮面』、山路行夫『亡者の復讐』、島田まさお『はりきりお花どん』、山口秀雄『拳銃と黄金』である。

これらは「暁星まんがシリーズ」の10から21で、その後の水木＝東名義の『恐怖の遊星魔人』の刊行を考えれば、三〇点近くまで出されていたのではないだろうか。ただ水木にしても、『恐怖の遊星魔人』にまみえたのはその出版からの三十数年後だったようで、戦後の貸本マンガの謎

と全貌はまだ明らかになっていないと思われる。

それでも松本零士『漫画大博物館』(ブロンズ社)の収集を始めとして、古川益三のまんだらけによる発掘、貸本まんが史研究会の探索などの成果が相乗することで、小学館クリエイティブによる貸本マンガ復刻も可能になったのであろう。これらの探書にもそれぞれの物語が付随しているはずだし、私などからは想像を絶するような苦労とエピソードが積み重なっているにちがいない。小学館クリエイティブの設立と貸本マンガ復刻事情に関しては、野上暁『小学館の学年誌と児童書』(「出版人に聞く」18)に詳しいので、ぜひ参照されたい。

それらのことに加えて、貸本マンガの版元自体も解明されているとはいい難く、暁星という出版社も、ここで初めて知った。『地獄の水』の付録ともいうべき「地獄の水読本」において、山口信二(関東水木会代表)は「『地獄の水』の頃」で、当時の出版事情にふれている。


出版業界といっても、貸本自体が零細企業で、町の商店主と変わらぬ規模だったので、兎月書房の支払いも悪く、描けば描くほど生活苦になるようで、活路を求めて他の出版社へ作品を持ち込んだのは生きる糧を求めての当然の摂理だった。そんな中で他の出版社に持ち込んだ第一号作品『怪奇猫娘』を緑書房から出版し(ほかに『0号作戦』)、次に綱島出版で二冊を出版した(『プラスチックマン』『スポーツマン宮本武蔵』)。そうした後の三社目が(株)暁星での出版となる。

そのきっかけは兎月書房から『怪獣ラバン』をはねられたことで、暁星に持ちこむと採用され、続けて『地獄の水』『恐怖の遊星魔人』が刊行の運びとなったとされる。『怪獣ラバン』と『恐怖の遊星魔人』は未見だが、『地獄の水』を読むと、水木の紙芝居で培われた見開きのオープニングページと大きなサイコロ、及び目玉に対する執着は特出しているし、後の「鬼太郎」シリーズへとリメイクされた必然性も了解される。またそれゆえに復刻に至ったことも。

ところがである。版元の暁星は『恐怖の遊星魔人』刊行後、経営者の門野達三が急死し、倒産してしまったようなのだ。実はこの復刻が出された頃、拙稿「知られざる金星堂」（『古本探究Ⅱ』所収）を書き、大正時代から昭和初期にかけての新感覚派の文芸誌『文芸時代』、及び川端康成『伊豆の踊子』、横光利一『御身』の版元である金星堂に言及している。それらの出版活動を支えたのは営業を担っていた門野虎三で、彼は『金星堂のころ』（ワーク図書、一九七二年）を上梓し、金星堂時代を回想している。その後拙稿も参照され、『金星堂の百年』が刊行に至り、そこで門野は顕彰されているし、私も『近代出版史探索Ⅵ』1143などで、門野が大阪本と称される立川文庫や赤本、楽譜や歌本などを売り捌き、それが文芸書出版の資金繰りを支えていたことを実証しておいた。しかも門野は浅草の赤本筋とも通じていたのである。

その門野は一九三〇（昭和五）年に金星堂を辞め、取次の門野書店を興し、戦後になって山本周五郎などの時代小説の出版、児童書のなかよしえほん社、学参の学習書房を手がけていたようだが、後継者もなく廃業したと伝えられている。そこで暁星と門野達三ということになるのだが、貸本マンガと浅草というアイテムにしても、虎三が手がけていた赤本の系譜に連なるものであり、時代小説、絵本、学参にしても同様だったし、大阪貸本マンガ界にしても、流通販売を通じてリンクしていたのである。

版元名の暁星とは金星堂の一字を採ったと推測されるし、門野達三とは虎三の息子、もしくは縁戚に連なる人物だったのではないだろうか。それもまた知られざる貸本マンガ出版社の実相のようにも思われる。

実際に『全国出版物卸商業協同組合三十年の歩み』において、暁星は組合設立時のメンバーで、一九五二（昭和二七）年から一九六〇（昭和三五）年まで達三は全版の役員リストに連なっている。だがそれ以後は見えないことからすれば、前述したような達三の急死と暁星の倒産は符合する。だが虎三との関係は明らかではなく、貸本マンガ出版社の謎も錯綜しているというしかない。

99　手塚治虫『新寶島』の復刻と清水勲『大阪漫画史』

二〇〇九年にやはり小学館クリエイティブから刊行された完全復刻版『新寶島』は、個人的に手塚治虫に対しての思い入れが少ないこともあって、それほどの驚きはなかった。

しかし辰巳ヨシヒロの『劇画暮らし』（角川文庫）において、それは次のように語られていたのである。

昭和二十二年。ぼくたち兄弟は、衝撃的ともいえる大変なまんがに遭遇する。

その名は『新宝島』。

手塚治虫という初めて目にする作者の作品は、これまでのまんがの常識を根底から覆す、画期的な世界を構築していた。画面いっぱいに展開する登場人物のアクションのもの凄さ。それは、映画のカメラワークを越えて縦横無尽の躍動感を見る者に与えた。

ぼくたち兄弟は、この新しいまんがの登場によって、今までのまんがに関する既成観念を変更せざるをえなくなってしまった。

この辰巳の告白は手塚の『新寶島』がトキワ荘に集った藤子不二雄たちだけでなく、後年の劇画家にとっても、衝撃的にして画期的な作品だったことを伝えている。この事実は戦後のマンガが手塚の『新寶島』から始まったことを告げていよう。ドストエフスキーが「我々はみんなゴーゴリから出た」といった言を借りれば、戦後のマンガはすべて手塚から出たことになろう。ただ私は『近代出版史探索Ⅱ』（367）で「第一書房と宍戸左行『スピード太郎』」にふれているので、手塚や辰巳たちにしても、宍戸の影響も自明のように思えるのだが。

それでも手塚の衝撃力は辰巳や藤子たちのように、リアルタイムで受け止めた読者でなければ、再現できないだろうし、私たちが現在において復刻で読むこととはまったく異なる体験であったと想像される。そうした意味で、浦沢直樹が帯に寄せている「うらやましい。私もその時に生まれ、リアルタイムでこの作品と出会う衝撃を味わってみたかった」という言葉は実感に満ちている。

浦沢の言は復刻版を手にした実作者ならではの感慨であろうが、確かにこの一冊は戦後マンガの始まりのアウラを感じさせるし、貸本マンガ出版の奥行と多彩性を浮かび上がらせている。浦沢の先の言葉も見える「最初の衝撃」も収録されている付録「新寶島読本」において、竹内オサムは『新寶島』の出版状況に関して、次のように述べている。

『新寶島』は赤本マンガとして出された。いまだ中央の出版社が立ち直りを見せていない時期に、こまわりのきく、弱小出版社が、統制を逃れた仙花紙（板紙を薄く伸ばして漂白した用紙）を用いて行ったにわか出版物だった。戦後すぐ東京、大阪で盛んになったが、大阪では（中略）戦前から活動していた家村文翫堂、榎本法令館などの名が知られている。戦後になるとそこに丸山東光堂、不二書房、三島書房、育英出版、荒木書房、むさし書房などが加わる。『新寶島』の出版元である育英出版の藤田周二は、戦前から続く中堅の出版社家村文翫堂の元社員だった。

しかし大阪出版業界の正史といっていい脇坂要太郎『大阪出版六十年のあゆみ』や湯川松次郎『上方の出版と文化』にしても、これらの赤本マンガと弱小出版社に関してはほとんど語っていない。育英出版にしても、『新寶島』は四〇万部のベストセラーとなったと伝えられているが、東京へ移転後の消息は定かでないし、竹内が挙げている出版社の詳細な行方も同様である。私にしても、それらの貸本マンガと版元は『近代出版史探索Ⅱ』288の「貸本マンガ、手塚治虫、竹内書房」で取り上げているにすぎない。

それもあって、竹内がそこで挙げている『新寶島』の七種の異なる版には驚いてしまった。実際に彼は六種のバージョンを入手し、定価、描き版、写真製版の相違を論じている。それで小学館クリエイティブの復刻版の表紙と辰巳が『劇画暮らし』で示している書影が異なることを了承した次第だ。また中野晴行「『新寶島』と酒井七馬」は原作・構成の酒井七馬と作画の手塚治虫の関係を詳述し、酒井の既刊書や作品と手塚の習作も比較検討し、『新寶島』の分担の内実にまで言及している。まさに戦後マンガの名作のテキストクリティックにふさわしいし、小学館クリエイティブの復刻に伴うコミック研究の成果を伝えていよう。

またその後、同じくマンガ研究家の清水勲『大阪漫画史』(ニュートンプレス)を読む機会を得た。するとそこには「大阪『赤本漫画』の世界」と題された一章があり、一一ページに及ぶ「戦後大阪の赤本漫画出版社と代表作一覧」がリストアップされていた。それらをたどっていくと、手塚の作品を刊行したのは家村文翫堂や育英出版のみならず、娯楽社、東光堂、不二書房、有文堂などで、とりわけ東光堂や不二書房は一〇冊以上を刊行し、育英出版以上に深い関係にあったとわかる。

ちなみに巻末の「大阪漫画史年表」はそれらの戦後のマンガ出版も一冊ずつたどられ、教えられることが多い。先の脇坂や湯川の二冊は『近代出版史探索Ⅱ』２７９や２８０でふれているが、この清水の著作も座右に置くことにしよう。

100 『魔像』と『平田弘史劇画創世期傑作選』

本書94で短編誌『魔像』を挙げたが、これも『影』や『街』と同様に、農村の貸本屋で読んでいる。

その剣豪ブック『魔像』の別冊で、平田弘史特集『復讐つんではくずし』『四十万石の執念』『我が剣の握れる迄』『士魂物語』の第一〇、一二巻として、やはり平田の『侍』『刀匠』が手元にある。もちろん当時の貸本そのものではなく、一九九八年にサリュートから刊行された「日の丸文庫『魔像別冊単行本』完全復刻板」の『平田弘史劇画創世期傑作選』全五巻、これも浜松の時代舎で入手したことによっている。

これらも貸本屋で読んでいたかといえば、確たる記憶はないのだけれど、当時の少年マンガとしての武内つなよし『赤胴鈴之助』などに比べ、まったく異なるマンガだという印象は貸本屋を通じてのものだったはずだ。この少年画報社版『赤胴鈴之助』も小学館クリエイティブによって復刻されている。その頃は当然のことながら、劇画という言葉も知らなかったが、それは平田の貸本マンガに最もふさわしかったのではないかと思える。ちなみに今回の復刻に付されたキャプションによって、『魔像』の別冊の三冊が一九六〇、六一年の刊行で、広田が二十三、二十四歳の作品、『士魂物語』の二冊がいずれも六四年、二十六歳のものだと知り、その若さにも驚きを覚えた。

そして『平田弘史劇画創世期傑作選』解説に寄せられた少年画報社の戸田利吉郎の「孤高の作家・平田弘史」における次のような一節に納得した次第だ。

平田弘史ほど短期間のうちに上達し、自分の画風を確立した漫画家は他に見当たらない。デッサンをはじめ、書や日本画の特別の素養もない彼が何故、短期間のうちに巧くなったのかは知る由もないが、デビュー後二年足らずのうちに貸本屋の人気を独占する勢いとなった。そして昭和三五年四月に短編集『魔像』の別冊として、初めての長編である平田弘史特集『四十万石の執念』が刊行された。

平田弘史の作品の魅力は何かと問われると、何より作中の登場人物たちのひたむきさが挙げられる。下級武士や差別された主人公たちが、がんじがらめの状況から這い上がる姿を好んでリアルに描き、時として、いさぎよく美しく描いてみせた。創作の原点にあるものは、作中の作者の狂気とも思える思い入れだ。

　確かに平田の貸本マンガがもたらしたイメージはそのようなものであるゆえに、私などの年少の読者にとって、その絵柄と文法から平田はかなり年配の人物だとばかり思いこんでいた。それに戸田がいうように、平田のデビューが一九五八年で、『魔像』の別冊刊行の頃に不動の人気を誇っていたことはまったく知らずにいた。それからこれも戸田が述べているように、三島由紀夫が平田のファンで、上野のガード下の貸本屋取次に出かけ、平田の作品を買い求めていたのであり、これも後に知った事実だった。

　そうした貸本マンガにおける平田の人気や受容史ゆえに、一九七八年の双葉社の「現代コミック」11として、一巻本の『平田弘史集』、七二年には青林堂の「現代漫画家自選シリーズ」の『始末妻』が編纂刊行されていったことになろう。また平成に入って、日本文芸社から『平田弘史傑作集』全一〇巻も刊行されるに至っている。だがその一方で、石子順造『戦後マンガ史ノート』（紀伊國屋新書）の「戦後マンガ史年表」にあるように、六一年には『復讐つんではくずし』で部落民を描き問題を起こし、六二年には『血だるま剣法』に対し、民科、部落解放同盟が抗議している。復刻の『復讐つんではくずし』にそれはうかがわれないけれど、ネームの打ち直しに際して修正削除されたとも考えられる。

　それらのことはひとまずおくにしても、石子の「同年表」で重要なのは一九六六年六月のところに「青年劇画誌のはしり」として『コミックmagazine』（芳文社）の創刊が示され、八月からは「武士道無惨伝」が始まっている。先の双葉社の『平田弘史集』収録作品は「武士道無惨伝」連作で、八編のうちの七作は『コミックmagazine』に掲載されたものである。つまり言い換えれば、この『平田弘史集』は日の丸文庫（光伸書房）の短編誌『魔像』の平田特集の貸本屋マンガではなく、一般書店のための単行本化という色彩を伴っている。それは掲載誌の『コミックmagazine』にしても同様だったのである。そのように考えてみると、同時代に企画刊行された筑摩書房の「現代漫画」が戦後の広範なマンガ全集の試みであることに対して、双葉社の「現代コミック」はその一三人のマンガ家のラインナップからして、貸本マンガの集成とも見なせるのである。

そのキーパーソンは平田昌平（兵）だと考えられる。平田は少年画報社や秋田書店を経て、芳文社に入り、一九六六年に『コミックmagazine』を創刊し、平田弘史を中心として、貸本マンガ家たちを召喚している。この『コミックmagazine』の成功を受け、六七年には『COM』（虫プロ商事）、『週刊漫画アクション』（双葉社）、『月刊ヤングコミック』（少年画報社）、『月刊ビッグコミック』（小学館）、『プレイコミック』（秋田書店）が続々と創刊されていったのである。

その一方で、平田昌兵はさらにKKベストセラーズに移り、一九七三年にはワニマガジンを設立し、『漫画エロトピア』などを創刊し、貸本マンガの系譜を引き継いでいくことになる。『平田弘史劇画創世期傑作選』の出版にしても、彼が関係しているのかもしれない。

101　楳図かずお「傑作漫画文庫」、松本正彦『劇画バカたち!!』、三島書房『鍵』

またしても小学館クリエイティブの復刻になってしまうが、「デビュー50周年記念出版」として「楳図かずお復刻シリーズ」が出され、個人の単行本として最も多い点数に達している。そのうちの『森の兄妹・底のない町』『姿なき招待・続姿なき招待』『別世界・幽霊を呼ぶ少女』はセット箱入りで刊行され、楳図のデビュー作といっていい『底のない町』、それから『幽霊を呼ぶ少女』『姿なき招待』『続姿なき招待』は三島書房から出されている。

『底のない町』は未見だが、他の三冊はB6判上製、丸背一二八ページの「傑作漫画文庫」シリーズで、「三島書房発行の漫画各巻は優良なる漫画構成で安心してお子達に、おすすめ願える楽しい本であります」「ミシマのマンガ」とも謳われ、定価は一三〇円である。本書93の若木書房の「傑作漫画全集」シリーズと同じ貸本マンガのアイテムに則り、三島書房「傑作漫画文庫」シリーズもかなりの点数を刊行していたと推測される。『幽霊を呼ぶ少女』の奥付発行者は三島源治郎、発行所は大阪市南区順慶町の三島書房、正・続『姿なき招待』は一九五六年の刊行で、発行者は長岡博、発行住所は大阪の他に千代田区神田錦町も加わり、その後、東京支店を設けているとわかる。

やはり付録の「姿なき招待・続姿なき招待読本」の「楳図かずおインタビュー」によれば、三島書房は大阪心斎橋のごみごみした問屋街の倉庫のような建物の二階にあり、作品を持ちこむと、その事務所に編集者らしき人が床に座って仕事をしていた。それが長岡博で、社長の三島源治郎とも相性がよく、返品が少なかったようなので、「描いて持っていけば出してくれるといった感じ」だったという。

そのようにしてデビューできたのは『姿なき招待』の最初のカラーの「大都会の夜……」とのキャプションの付された見開きページ、そして続いて起きる事件と怪人出現からわかる気がする。それらは貸本マンガが読者をたちまち物語へと引きずりこむイントロダクションとなっていて、低返品率だったことをうかがわせている。そうした楳図ならではの卓抜な構成は『幽霊を呼ぶ少女』にしても同様である。

だが高野肇『貸本屋、古本屋、高野書店』(「出版人に聞く」8)で参照した、一九六〇年の『全国貸本新聞』の貸本マンガ出版社と取次の共同年賀広告には三島書房は見当たらず、代わりに大阪市浪速区のわかば書房、三島源治郎が認められる。そうした事情は松本正彦の『劇画バカたち!!』(青林工芸舎、二〇〇九年)を読むことで、了解するに至った。それは同時代の同じ物語でありながらも、辰巳ヨシヒロの『劇画漂流』には描かれていなかったものだ。

日の丸文庫による短編集『影』の創刊は人気を呼び、大阪の貸本マンガ出版社にも刺激と波紋を生じさせていた。だが日の丸文庫は倒産してしまった。そこに三島書房から松本、辰巳、さいとう・たかをへのオファーが出されてきた。そして三人は南区順慶町の「マンガを出版している三島書房」を訪ねていく。紙屑屋の建物の長い廊下の奥にあり、そこには座り仕事をしている編集者の中岡（楳図のいう長岡）と三島社長がいて、三万五千円の原稿料を提示し、そこで新たな短編誌『鍵』を創刊することになった。

松本の『劇画バカたち!!』で描かれている大量の返品在庫の中に鎮座する中岡と三島社長のプロフィルは、表紙における大阪の町の風景と松本たち三人の姿と相まって、一九五〇年代の貸本マンガ出版社の実相を伝えているかのようだ。それもあってか、松本は細心に注釈を加えている。〝ひところラジオ（NHKしかなかった）で人気のあったアチャコの「お父さんはおひと好し」や「アチャコ青春手帖」（作・長沖一（まこと））のマンガを出していた三島書房もこの頃になるとパッとしなかった。〟

そして松本は続けている。

三島書房の出現は彼らにとって「地獄で仏」であった。あふれる創作意欲に経済的ピンチも加わって、いっきに描きあげたのである。

そのような落ち目の版元と希望に燃える劇画家たちとの出会いに他ならなかった。ところが新しい短編誌『街』が創刊され、『影』も辰巳ヨシヒロの編集で続刊となり、三島書房の『鍵』は辰巳に代わって、棅図かずおが加わり、棅図、さいとうと松本によって、一九五七年に創刊されたのである。もちろん『劇画バカたち!!』にその書影は描かれているけれど、『子どもの昭和史 昭和二十年―三十五年』(「別冊太陽」、平凡社)には「スリラーシリーズ」と銘打たれ、三人の名前と作品の一コマが見てとれる創刊号の書影が見出される。

だが「短編誌はまさに乱世の時代」を迎えつつあり、「あまり成績のよくなかった三島書房にとって、この短編誌の最後の切り札となったのだが……この三か月後、彼ら三人はまたも三島書房倒産の憂き目にあうのである」。そして日の丸文庫が手形の不渡りで倒産し、金策に追われているように、『鍵』の創刊後、松本、辰巳、さいとうの三人が三島書房を訪ねていくと、「三島書房はつぶれたで、倒産や。社長が雲がくれしてしまいよったわ」という紙屑屋の声に応じるように、「おれ原稿料もろてない」というセリフが重なっているのである。

それで一九六〇年時点における三島書房のわかば書房への社名と住所変更が了解される。その後、三島書房はわかば書房として再出発したことを意味していよう。しかし松本正彦が『劇画バカたち!!』で語らせている「ぜったいにマンガにも光があたる時がくるで」の実現はまだ先のことであった。

102 棋図かずおとトモブック社「傑作面白文庫」

一九五五年に棋図かずおはトモブック社の『森の兄妹』と『別世界』で実質的にデビューして

いる（前者は山路一雄名義）。

「『別世界』『幽霊を呼ぶ少女』読本」所収の「棋図インタビュー――出発点を刻んだ二作」などによれば、『森の兄妹』は十四歳、『別世界』は十七歳で描き、漫画サークル改漫クラブ主宰者で神戸在住の西岡務のところに一緒に預けておいたという。その西岡がトモブック社に売りこんでくれたことで、何と二冊が出され、棋図の知らない間に高校生でデビューしたことになる。それを知らせてくれたのは、棋図の車酔いがひどいので行かなかった修学旅行から帰ってきた同級生で、熱海駅の売店で売られていたのを目にしたからだった。貸本マンガが鉄道弘済会売店で販売されていたのは、本書93の若木書房の証言から明らかだし、私も出版社は記憶にないけれど、B6判のマンガを買ったことがある。それは都会の下水道を逃げ回る若き犯罪者の物語で印象深く、後に一九五七年のアンジェイ・ワイダの映画『地下水道』の影響下に描かれたのではないかと思い、再読したいと願っているのだが、作者もタイトルも思い出せず、それは実現していない。読者のご教示を乞う。

このマンガはミステリー仕立てであり、私の記憶に残された。棋図の『別世界』は「大むかしの物語」とされているが、こちらも映画『猿の惑星』的なシーンもあり、SFファンであれば、同じように独特の余韻を生じさせると思われる。戦後の貸本マンガの隆盛はそうした思いがけない感銘を与えるものが多かったように考えられるが、それらの全貌や物語のメカニズムとその時代作用を確認することはできない。それは当時の読書年齢、及び一九五〇年代へとタイムスリップしなければ不可能であるからだ。

そうした事柄は貸本マンガ家も同様であろう。ところが楳図の場合、トモブック社から「あまり商業的でないのでもう出しません」と宣言されてしまったのである。そこで彼は前回の三島書房へと売り込みにいくことになったのだ。それならば、トモブック社とはどのような版元なのかということになるのだが、高野肇『貸本屋、古本屋、高野書店』(「出版人に聞く」8)において、トモブック社と佐藤昂蔵は中央区銀座東とあり、貸本マンガ出版社としてはめずらしく、銀座にあったことになる。

『別世界』の奥付も同様で、そこには編集者名も記載され、大畑藤男とあり、彼が本書95の熊藤男と同一人物かもしれないという思いも生じてしまうけれど、この人物が三島書房の長岡博のような立場の編集者だったのであろう。また巻末には「常にマンガ界のトップを行く!! トモブック社の漫画　お子様には是非トモブック社の漫画を」とのキャプションの下には「長編漫画」四冊と「傑作面白漫画」五九冊のラインナップが掲載されている。『森の兄妹』は前者、『別世界』は後者の52となっていて、B6判上製、丸背、一二八ページ、定価一三〇円のアイテムは、若木書房の「傑作漫画全集」、三島書房の「傑作漫画文庫」と同じ貸本マンガフォーマットを踏襲している。

先の高野著の巻末に収録の「貸本屋『しらかば文庫』(小田原市)旧蔵書目録」を確認してみると、時代もあってか、「傑作面白漫画」は見つからない。その代わりに、小坂靖博『ジャングル・

ジム』3、『ルパン全集』2、藤田茂『少年Gメン Z5号』1、白路徹『デン助の長屋も天国』4などのシリーズ物が挙がっている。それはトモブック社が「長編漫画」や「傑作面白漫画」以後、これらのシリーズ物を手がけていたことを示している。それに加えて、『ガン』3集も見出され、トモブック社も短編誌を出していたとわかる。

その他にもここで初めて目にする『どくろ』(太平洋文庫)、『魔剣』(あかしや書房)、『武芸』(文洋社)、『一文字』(セントラル出版社)、『無双』(三洋社)、『闘魂』(東京トップ社)、『忍剣』(ひばり書房)、『鬼』(金竜出版社)、『兵法』(日光社)などがある。これらに楳図も描いている少女短編誌『虹』(金竜出版社)を始めとする少女短編誌も含めれば、貸本マンガ出版社が短編誌の時代を迎えていたことが歴然となる。少女短編誌に関しては『子どもの昭和史 少女マンガの世界I 昭和二十年―三十七年』(「別冊太陽」、平凡社)を参照されたい。

また高野の著書で、『全国貸本新聞』の記事から兎月書房が引かれ、次のような紹介がなされている。一九五七年にトモブック社から独立して創業、さいとう・たかを『台風五郎』、水木しげる『墓場鬼太郎』などが当たり、売れている。執筆陣は二〇名で、スリラー、アクション、時代、怪奇、戦記物を毎月六、七点刊行し、辰巳ヨシヒロ編集の短編誌『摩天楼』も創刊とある。

しかし六〇年代の貸本屋の衰退につれ、ひばり書房、若木書房、東京漫画出版社、曙出版、東京トップ社の五社しか残らなかったと伝えられている。

103　島村出版社と永島慎二『ひな子ちゃん「旅路」』

島村出版社の後身としての東京トップ社はすでに本書95で取り上げているが、二〇〇七年に小学館クリエイティブから島村出版社の永島慎二『ひな子ちゃん「旅路」』も復刻されている。

これは一九五八年に「シマムラ漫画シリーズ」の一冊として、やはりB6判上製、丸背、一二八ページ、定価一三〇円の貸本マンガフォーマットで出されている。巻末には「みなさんのお友達シマムラ漫画シリーズがつぎつぎに出ます。楽しみにお待ち下さい」とのフレーズを添え、近刊予告も含め、128までがラインナップされ、『ひな子ちゃん「旅路」』は125である。

この少女マンガタイトルに示されているように、ひな子ちゃんという少女が父を訪ね、旅を重ねていく物語である。それはまた巻頭ページにも「読者の皆さん!」として、「もし?あなたがお母さんに死なれ、お父さんが、とおくはなれて生きているとしたらただ一人ぽっちの身でそのお父さんをたずねていきますか?」という問いを発し、続けて「この物語は漫画らしくかきかえてはありますが、ほんとうにあった話なのです……」と謳われている。

ひな子ちゃんは大阪生まれだが、建築家らしき父の仕事の関係で、母の実家のある四国の高知県に移っていた。そして祖父母にかわいがられて育ち、父も数ヵ月に一度は会いにきてくれた。ところが祖父母が続けて亡くなり、母もそれが原因で病に伏し、その上、父からの送金もなく、音信不通となり、母も死んでしまったのである。そこで小学五年生のひな子は都会に一人で向かうのは危ないので、男装して大阪へ父を訪ねていくことになり、ひな子ちゃんの「旅路」が始まっていく。ところが大阪で、父は東京へいったと聞き、彼女は東京へと向かうしかなかった。

しかしそれは苦難の「旅路」で、木枯らしの吹く中を歩んでいくひな子の姿が三コマ一ページに描かれ、次のような言葉が添えられている。「こうしてひな子ちゃんは一人ぽっちで悲しい苦しい旅をつづけるのでした／さむい冬の木枯にふかれながら……／ひな子ちゃんは一体どこへゆくのでしょう……」。そして次のページにはさまよえるひな子が大きく一コマ描かれ、その下には「幾山河――越え去りゆかばさびしさのはてなむ国ぞ今日もたびゆく」の若山牧水の歌が引かれている。それは貸本マンガの中にあっても、戦後の時代は近代文学の世界と通底していたことを表象していよう。かつて私は「西村陽吉と東雲堂書店」（『古本探究』所収）で牧水のその歌、及び第三歌集『別離』にふれ、「近代人の孤独」をコアとして、作者と読者の共同体が形成されていったという仮説を提出しておいた。それは戦後のマンガにも引き継がれていったことになる。

そればかりか、『ひな子ちゃん「旅路」』はこの時代の貸本マンガ定番の「母物」物語の「父物」版と見なすことができる。「母物」物語に関しては『近代出版史探索Ⅲ』440「城夏子、『母もの』少女小説、ポプラ社」を参照されたい。またそこではエクトール・アンリ・マローの『家なき子』が物語祖型となっているように思われる。これもかつて「菊池幽芳と『家なき児』」（『古本探究Ⅲ』所収）において、明治の家庭小説の第一人者である菊池がフランス語から『家なき児』を翻訳し、後に改造社の『世界大衆文学全集』2に収録されていること、それが人名などを日本人名とした達意の翻訳、翻案であることに言及している。

そして原文、及び菊池訳の実際と章立ても示し、フランス語の原文の妙、それに明治時代の語り物の口調、漢語文脈の導入、家庭小説家としての手法などが見事に混交した名訳だと指摘しておいた。それゆえに多くの再話を誕生させ、日本の近代児童文学や大衆文学に影響を与えたのではないか、またさらに劇や映画、テレビやコミック、とりわけコミックには無数の再話があるにちがいないとの推測も述べておいた。それは貸本マンガにしても同様であり、そのひとつが永島の『ひな子ちゃん「旅路」』だったことになり、ひょっとすると、「母物」物語にしても、『家なき子』に端を発しているのかもしれない。

それこそ「シマムラ漫画シリーズ」には作者は不明だけれど、『忘れじの母』『母待つ小鳥』『遥かなる母の国』『母の調べ』『母の生涯』といったタイトルが見出せる。その他にも「母」は含まれていないにしても、それらしき「母物」作品も多く挙げられるのである。それが功を奏したのかはわからないが、島村出版社はトップ社＝東京トップ社以後もサバイバルしていたようで、『全国出版物卸商業協同組合三十年の歩み』（一九八一年）に島村出版として掲載されている。

それによれば、一九五二年に島村出版社は『ひな子ちゃん「旅路」』の奥付発行名の島村庄一によって設立され、六〇年頃は貸本マンガが主流となり、貸本屋との取引が盛んであったという。五九年には島村庄一が死去し、島村宏が社長に就任したようだ。八〇年代はペン字関係教本と実用書が主で、取引先は全国の高校と各種学校とされている。しかしその後の消息は伝わっていない。

104 白土三平『こがらし剣士』と巴出版

これも二〇〇七年に小学館クリエイティブから白土三平の『こがらし剣士』が復刻されている。この作品は一九五七年に巴出版から刊行された彼のデビュー作である。同年に日本漫画社から出された『嵐の忍者』は、一九七〇年にいち早く小学館から復刻刊行された三洋社版『忍者武芸帳』の『白土三平研究』に抄録されていたので、目を通していたけれど、『こがらし剣士』は帯に謳われているように、「幻のデビュー作」ということもあって、ずっと読むことができない作品だった。

『こがらし剣士』も貸本マンガのフォーマットのB6判上製丸背一二八ページ、定価一三〇円で、それこそ忍者、剣士マンガとして、後の『忍者武芸帳』の原点とも見なせようが、意外なことに「母をたずねて」という章もあり、前回ふれた「母物」物語のファクターも導入されている。永島慎二『ひな子ちゃん「旅路」』ではないけれど、少女マンガだけでなく、「母物」は当時の物語の文法と化していたのであろう。

それはひとまずおいて、ここで言及したいのは巴出版のことで、この『こがらし剣士』の出版が白土と長井勝一を結びつけ、後者による日本漫画社、三洋社、青林堂へとつながっていくのである。その一端は『近代出版史探索Ⅱ』292「貸本屋、白土三平『忍者武芸帳』、長井勝一『ガロ』編集長」でふれている。だがここでは巴出版を取り上げてみたいし、その前に長井の回想を引いておこう。彼の著書『「ガロ」編集長　私の戦後マンガ出版史』（筑摩書房）は出版社・取次・書店という通常ルートで流通販売され、読者に広く読まれたわけだが、かつての自らの出版物＝貸本マンガはそうではなかったのである。

一九六二、三年ぐらいまでは、これとはまったく別の、もうひとつのルートがあったのだ。それは一九五六、七年ごろを頂点として、やがて消滅していった貸本店を中心とするものである。いまでも、わずかに貸本店は残っているが、そこにある本は、書店にあるものと同じである。ところが、当時は、貸本屋の棚は、特価本と、貸本専門の零細な出版社が作った本で、その大部分が占められていたのである。そして、わたしがやってきた日本漫画社にしても三洋社にしても、そのような貸本専門のマンガ単行本を作る時代だったのだ。

その特価本や貸本マンガの取次が上野から御徒町にかけてのガード下にあり、そこで長井は赤本マンガの出版と取次の足立文庫を始め、それから貸本マンガの日本漫画社を立ち上げていた。その頃貸本屋に卸すために仕入れたマンガが『こがらし剣士』で、長井はストーリーもおもしろいし、絵もいいと思ったが、白土の名前は聞いたことがなかった。ところがそこに訪ねてきたのは白土で、新しい作品をもって巴出版に立ち寄ったのだが、つぶれてしまっていて売れる当てが外れてしまい、日本漫画社に売り込みにきたのである。それは『嵐の忍者』の原稿で、『こがらし剣士』に続く一九五九年の出版となった。それから『忍者街道』『死神剣士』『甲賀武芸帳』、同年には少女マンガ『消え行く少女』なども刊行されていったのである。

だが毛利甚八『白土三平伝　カムイ伝の真実』（小学館）における白土の証言によれば、巴出版はつぶれて日本漫画社になったとされる。それは『こがらし剣士』の奥付に示された発行者の木島泰司と東江堂書店の関係に起因しているのではないだろうか。その奥付のところに「東江堂書店取扱分」とある。これは初版の一定部数を巴出版が東江堂へ金利、もしくは借入金返済のかたちで渡したことを意味しているようにも思われる。ちなみに巴出版の住所は渋谷区千駄ヶ谷である。

それならば東江堂とは何かということになるが、創業者の渡辺勝衛は春江堂出身で、一九三一年頃に東江堂を設立している。彼は『全国出版物卸商業協同組合三十年の歩み』に写真入りで紹介され、一九五六年から六〇年にかけて、理事長を務め、次のように紹介されている。

渡辺理事長の時代は、貸本屋の最盛期で、山手樹一郎の本が貸本店に軒並み並んだ時である。また、マンガ本は大取次が取り扱わなかったので、その大半は組合の市会を通じて、全国へ流れていった時代であった。いわば貸本マンガ文化を、流通面で支えた時期といっていいでしょう。

そのため組合の売上げも雑誌に比して書籍が圧倒的に高く、売上高も好調に上伸した時期であった。自らもマンガ出版を行った渡辺理事長は、突撃ラッパを高らかに吹き鳴らしながら、組合発展のために率先して、出版に販売に邁進した。

おそらく渡辺は出版金融も手がけていたはずで、巴出版の在庫も、その相殺のために彼の手で特価本として流通販売されたのだろう。それに加えて『「ガロ」編集長』でも語られているように、一九五八年に長井は日本漫画社を辞めてしまうのである。その際に白土を東邦漫画出版社に引き継がせ、中断した『忍者武芸帳』を完結させ、長井としては白土に「義理が立った」つもりでいたが、白土のほうは「落胆」しただけでなく、長井がいきなり出版社を辞めたことに対し、「よほど腹にすえかねていた」という。

そうした状況の中で、白土も貸本マンガ出版界の事情を知るにつけ、巴出版、日本漫画社、三洋社、東邦漫画出版の内実も知り、巴出版が日本漫画社になったという話も出されたのではないだろうか。

それらのことに関して、もう一編続けてみるつもりだが、白土の父親に関しては、『近代出版史探索Ⅶ』１２６０で『岡本唐貴自傳的回想画集・岡本唐貴自選画集』に言及していることを付記しておく。

105　東邦漫画出版社と横山光輝『夜光島魔人』

東邦漫画出版社からは白土三平の『忍者旋風』『仇討無惨帳』『大上段絶命』『剣風記』『蜘蛛丸』『忍法くノ一の術』『伝火矢才蔵』『二人小僧』が刊行に至っている。これらは『子どもの昭和史　昭和二十年―三十五年』（「別冊太陽」、平凡社）で書影を見ることができるし、『忍者旋風』などは小学館クリエイティブから復刻されてもいる。

だがここでは白土ではなく、横山光輝の『夜光島魔人』を取り上げてみたい。これは一九六一年に東邦漫画出版社から「長篇科学冒険漫画」として刊行され、発行者は渡辺邦雄、その住所は台東区浅草三筋町である。もちろん復刻で、奥付には限定四〇部のうちの三番とあるけれど、「このシリーズは古本価格が高い、復刻される可能性が少ない、読んでみたい、今後残して置きたい作品との思いにより企画したシリーズです。少部数必要な方のみに作ったものです」との断わり書きが付されている。高橋誓が発行するアップルＢＯＸクリエートから平成十年に復刻され、ここからは今でも貴重なマンガが復刊されている。この復刻はたまたまブックオフで見つけ、確か千円ほどの売価であったので買い求めている。こうした少部数のコミック復刻は他にもいくつもあるのだろうし、私などが知ることのない、その分野の奥深さを教えられる気がする。

ちなみに復刻から見ると、『夜光島魔人』はB6判並製、二四六ページ、定価一八〇円で、これまで見てきたB6判上製、丸背一二八ページ、定価一三〇円のフォーマットとは異なるものだが、それが東邦漫画出版社が開発した貸本マンガの新しい形式だったのかもしれない。この版元に関しては高野肇『貸本屋、古本屋、高野書店』（「出版人に聞く」8）で、東邦漫画出版社は一九五八年設立、堀江卓『つばくろ頭巾』を処女出版とし、毎月八点刊行し、編集顧問は高橋真琴、白土三平、斉藤タカオ、社長の渡辺邦夫の岳父は、取次東江堂の経営者にして全国出版物卸商業協同組合理事長の渡辺勝衛と紹介している。

つまり東邦漫画出版社は東江堂の貸本マンガ出版部門ということになり、この事実によって、前回既述しておいたように、全版理事長の渡辺勝衛も貸本マンガ出版にも携わっていたことが明らかになる。先の紹介に際しては私も『全国貸本新聞』の記事によっていたのだが、『貸本マンガ史研究』において、三宅秀典がやはり同紙により、「広告に見る貸本マンガ（四）東邦漫画出版社」をレポートしている。それは二二ページに及び、しかも資料「東邦漫画（図書）出版社の広告に登場するマンガ家リスト」も掲載され、高橋真琴は『白樺』（一九五九年）、斉藤タカオ＝さいとう・たかをは『剣豪伝』（一九六〇年）が見え、いずれも短編集のようなので、『影』と同じ短編誌のコンセプトで出されていたのであろう。

三宅は『全国貸本新聞』一九五九年十一月の東邦漫画出版社の全面広告を転載しているが、そこには「貸本店の少女雑誌」として『しらかば』とその増刊の『三つの花びら(2)』、入江修、白土三平、青木末雄の時代劇傑作集『影法師』が転載されている。またこれらの他にも多くの短編誌が刊行されていたことも挙げられている。東邦漫画出版社の創業が五八年で、貸本マンガの老舗の東京漫画出版社や若木書房が四八年創業であることからすれば、やはり大阪の八興・日の丸文庫の『影』に始まる短編誌の乱世の時代を背景として設立されたことになる。

しかし六〇年代に入ると、東邦漫画出版社は横山光輝の『夜光島魔人』もそうだと思われるが、大手出版社の連載マンガを単行本化していく。三宅の指摘によれば、『夜光島魔人』2と『五郎の冒険』1も『横山光輝全集』2、3として刊行されていて、復刻の奥付に記載された『横山光輝漫画全集』表記は復刻に際してのものではなく、東邦漫画出版社版に記載されていたのである。

また三宅は東京漫画出版社が六二年に東邦図書出版社と社名を変えた時期とパラレルに、手塚治虫『ふしぎな少年』、関谷ひさし『ストップ！にいちゃん』、寺田ヒロオ『背番号0』、ちばてつや『ユキの太陽』、桑田次郎『8マン』などの大手出版社の雑誌連載マンガが東邦図書出版社から刊行されたことをレポートし、六三年刊行の『8マン』の書影を挙げている。この時代に私なども『8マン』を『週刊少年マガジン』で読んでいた記憶があるけれど、東邦図書出版社から単行本化されたことに気づかなかったし、それは横山の『伊賀の影丸』にしても同様である。

三宅は『貸本マンガ史研究』12の権藤晋の「貸本マンガに奥付はなかったか？」を引き、横山の『夜光島魔人』は貸本屋だけでなく、新刊書店にも配本されていたという事実にも言及している。それとともに長井勝一の三洋社の『忍者武芸帳』が廃業によって一五巻で中絶後、一六巻からは東邦漫画出版社に引き継がれ完結に至ったことも、白土人気にあやかって東邦漫画出版社＝東邦図書出版社が貸本屋だけでなく、通常ルートとしての出版社・取次・書店という流通販売を試みていった証左となろう。

106 東光堂、手塚治虫、丸山俊郎

前回の横山光輝だが、小学館クリエイティブに先駆けて、二〇〇三年に講談社から『横山光輝愛蔵版初期作品集』三冊が復刻刊行されている。

その第一集は『音無しの剣・竜車の剣・白竜剣士』、第二集は『颪の天兵』、第三集は『魔剣烈剣』で、『颪の天兵』以外は大阪の東光堂から出版されていて、『音無しの剣』は一九五五年、『竜車の剣』と『白竜剣士』は『剣竜』として五六年、『魔剣烈剣』は正続としてやはり一九五五年に刊行されている。

辰巳ヨシヒロが『劇画暮らし』で語っているように、一九五三年に『南海のQ島』という九六ページの作品を描き上げ、出版社に持ちこもうとしていた。しかし東光堂は手塚治虫作品を中心としていて格式があり、敷居が高そうだったので、まずは大阪駅から最も近く、時代劇を主とする研文社を訪ねた。すると、『南海のQ島』は断わられたものの、今度刊行する「探偵シリーズ」として、ルパンのような怪盗が出る作品の描き下しを依頼された。原稿料は一二八ページで一万二

千円だった。それに気をよくして、辰巳は東光堂へも出向いた。そのシーンを引いてみる。

オモチャ問屋が軒を連ねている中央区の松屋町（まっちまち）筋を過ぎた左側、急な石段を登ったところに東光堂があった。

小ぢんまりとしたモルタル二階建てで、入口の観音開きのガラス戸には、鮮やかな金文字で「図書出版・丸山東光堂」と書かれていた。（中略）

「うちに、何かご用でっか？」

青色のシャツを着た、大柄の中年男が立っていた。東光堂の社長丸山俊郎だった。ぼくが自作を見てもらうために、訪れたことを告げると、丸山は快く中に招き入れてくれた。（中略）

事務所は六畳足らずの土間で、正面の右側に銭湯の番台のような机が一つ。その横は一段高い板張りの廊下になっていて、奥にも部屋があった。ソファが二つ、小さなテーブル。あとは何もない、殺風景な事務所だった。

丸山俊郎は、ぼくが持参した例の二冊の本（鶴書房既刊の『よいまんが一年生 こどもじま』と『よいまんが二年生 はな子とちゃめぼう』のこと――引用者注）と未完成の作品を、丁寧に時間を掛けて読んだ。

『怪盗黄金バット』（昭和二十二年）、『仮面の冒険児』『妖怪探偵団』『ジャングル魔境』『一千年后の世界』『ターザンの秘密基地』『吸血魔団』（同二十三年）、『拳銃天使』『奇蹟の森のものがたり』（同二十四年）、『漫画大学』『平原太平記』『（同二十五年）、『珍アラビアンナイト』『化石島』（同二十六年）、『ピノキオ』『太平洋の火柱』（同二十七年）、『罪と罰』（同二十八年）、東光堂はこれまで数多くの手塚作品を出版していた。

手塚治虫は、ここにも来たはずだ。ここで、この丸山俊郎とどんな話をしたのだろうか？

（後略）

省略したけれども長い引用になってしまったのは管見の限り、東光堂と丸山俊郎と手塚の出版に関して、これほどまとまった言及は他に見ていないからだ。辰巳は続けてこれらの手塚の著書の書影をそのまま一ページを使い、掲載している。またそれらは『子どもの昭和史 昭和二十年—三十五年』（「別冊太陽」、平凡社）にも見ることができるし、この時代の東光堂の栄光と手塚の蜜月を象徴しているようでもある。

しかし丸山が語るところによれば、すでに一年前から手塚作品は出されておらず、「手塚さんは東京に行ってからは超多忙で、もう描き下しは期待できない」ので、「これからは有望な新人作品を出そうと考えていたところ」であった。辰巳のほうは丸山から次の作品を描き上げたら見せて下さいといわれ、「雲の上の存在だった東光堂が、丸山俊郎という人格者によって、今は身近なものに感じられた」のだった。だがそれはその次に売りこみにいった八興・日の丸文庫との関係で、大和義郎というペンネームでの『鉄腕げん太』（一九五四年）として上梓されたのである。

辰巳のことに絡んで長くなってしまったが、横山光輝に戻らなければならない。横山の作品は『鉄腕げん太』の翌年の発売であるので、同じ「新作漫画双書」として刊行されたように思われる。少なくとも『魔剣烈剣』の書影にはそれが読みとれるし、丸山によって横山の作品も「有望な新人作品」として続けて刊行されていったのではないだろうか。

清水勲の『大阪漫画史――漫画文化発信都市の300年』（ニュートンプレス）の東光堂の同時代の刊行物として、横山の外に、牧美也子『母恋ワルツ』、大竹昌夫『赤い髑髏』、社領系明『竜虎の秘剣』、生田一郎『剣流乱流』などが並んでいる。牧の『母恋ワルツ』はデビュー作品であり、『子どもの昭和史　少女マンガの世界I　昭和二十年―三十七年』（「別冊太陽」）にその書影は見出せないが、その代わりに横山の『白百合物語』『白百合日記』は掲載され、それらはいずれも「新作漫画双書」であり、横山が時代劇マンガだけでなく、少女マンガ家としても、東光堂からデビューしていたことがわかる。

しかしこのような大阪マンガ出版界の雄としてのその後の東光堂はどうなったのだろうか。高野肇『貸本屋、古本屋、高野書店』（「出版人に聞く」8）で、『全国貸本新聞』の共同年賀広告による一九六〇年の貸本マンガ出版社リストを示しておいたが、そこでは東光堂の代表は丸山俊郎ではなく、丸山政枝となっている。おそらく丸山は病に伏したか、もしくは亡くなり、その夫人が引き継いでいることを示していよう。六〇年代に入ってからの東光堂のマンガは目にしていない。

107 「虫コミック」とちばてつや『テレビ天使』

東邦漫画出版社＝東邦図書出版社から、ちばてつやの『ユキの太陽』が刊行されていることにふれた。この一九六三年の貸本マンガ版と見なせる東邦図書出版社のものは入手していないけれど、草の根出版会版のほうを読んでいる。これは一九八〇年代後半に出された「母と娘でみる漫画名作館」の「ちばてつやシリーズ」全二二巻に収録されていたことによっている。

いつ頃読んだのかは記憶にないのだが、私はちばてつやの少女マンガとそこに描かれた少女たちのファンであり、その後の『あしたのジョー』から『おれは鉄平』に至るまで、いつまでもその少女たちのイメージが揺曳しているように思われた。それは私だけでなく、その帯文に「愛蔵版」として、「昭和30年代に描かれた不朽の名作が今よみがえります」と謳われていた。版元の草の根出版会は一九八六年に梅津勝恵によって創業されているので、それは彼女の言葉であり、「母と娘にみる漫画名作選」の企画もそうであったかもしれないし、創業の目玉企画だったとも考えられる。

「ちばてつやシリーズ」は『ユキの太陽』の他に、『島っ子』『1・2・3と4・5・ロク』『みそっかす』『ユカをよぶ海』『ママのバイオリン』などで、私の場合は「母娘」ならぬ「父と息子」で読んだわけだが、本当に楽しませてもらったのである。それから二十年後に、知多半島の南に位置する日間賀島が気に入り、よく通うようになるのだが、その際にはいつも『島っ子』のことを思い出したりしてもいた。

それに加えて、『子どもの昭和史 少女マンガの世界Ⅰ 昭和二十年―三十七年』（「別冊太陽」）において、「ちばてつや たくましき少女たち――生活のリアルなリズム」という見開きページがあり、先に挙げた作品が一九五〇年代後半から六〇年代前半にかけて、講談社の『少女フレンド』や光文社の『少女クラブ』などに連載されたことを知った。そして当時のマンガが出版の通例として、それらも東邦漫画出版社を始めとする貸本マンガ版元から刊行されていたのであろう。それはちばてつやにしても同様だったのである。

ところが最近になって浜松の時代舎に出かけたところ、草の根出版会版は所持していないので、先に挙げなかったが、ちばの『テレビ天使』全三巻を見つけ、購入してきた。それは虫プロの小B6判「MUSHI COMICS」＝「虫コミックス」としてで、一九七〇年に刊行されている。本書86で、朝日ソノラマの「サンコミックス」創刊が一九六六年だったことを既述しておいたが、「虫コミックス」もほぼ同時代に創刊されていたはずだ。ただ当時、書店で見かけることはなかったし、それに七三年には虫プロも倒産したので、流通販売も整備されず、『テレビ天使』を入手し、それを知った次第だ。だがそれでも久し振りにちばの少女マンガを読むことは楽しい。『テレビ天使』のヒロイン早坂亜希子は大女優の母の美保子の自殺によって、孤児同然となり、母の遺言によって、千住のおじいさんを訪ねていく。すると彼はなめくじ長屋に住んでいて、紙芝居の仕事に携わっていた。亜希子はその長屋で暮らし、名門の私立学校から転校し、隅田の小学校に通うことになる。ちばならではのお馴染みの少女マンガ文法に則った物語であり、そこには彼女を取り巻く長屋の住人たちを始めとする多彩な脇役たち、及び日常生活のリアリティのある描写によって、六〇年代後半に開花していたテレビと芸能の世界が重ね合わされていく。その一方で、おじいさんの営む紙芝居は変遷した貸本マンガの世界を象徴するようでもある。

その事実を示すのは『テレビ天使』の虫プロからの刊行である。この作品は一九六八年に『少女フレンド』に連載されたものであり、それがそのまま小学館の「ゴールデン・コミックス」や朝日ソノラマの「サンコミックス」と同じ、主として新刊書店で売られる出版社・取次・書店という通常の出版流通販売システムによって刊行されたのである。それは現在と異なり、まだ雑誌のコードは付されていなかったが、手塚が設立し、六七年に『COM』を創刊していた虫プロから刊行されたことは、ちばにとってもひとつの転機だったのではないだろうか。『テレビ天使』1の巻末の「虫コミックス」リストには『ユキの太陽』『1・2・3と4・5・ロク』『アリンコの歌』も並んでいる。それは貸本マンガから書店で買われるマンガへと移行した事実を物語っているようでもある。

草の根出版会の「ちばてつやシリーズ」はこれらの貸本マンガ出版社と「虫コミックス」を引き継いで企画刊行されたとも考えられるし、草の根出版会の梅津などの設立メンバーは虫プロなどを出自としていたか、もしくは関係者だったのかもしれない。だが『出版状況クロニクルⅥ』（論創社）でふれておいたように、二〇〇九年草の根出版会は倒産に至り、その後の出版物の消息も定かではない。それは虫プロの出版物も同じだ。

また浜松の時代舎で『テレビ天使』と一緒に、中国引揚げ漫画家の会著『もう10年もすれば…消えてゆく戦争の記憶─漫画家たちの証言』（今人社）も購入してきた。それを読んで、あらためてちばも中国から帰ってきた漫画家の一人であることを認識した。それとともに「もう10年もすれば」というこのタイトルも象徴的で、ちばも含め、誰もウクライナ戦争が起きるとは思ってもみなかったであろう。

108 二見書房「昭和漫画傑作集」と水木しげる『河童の三平』

一九七〇年代後半において、一九七七年の岩波文庫創刊五〇周年を迎える中で、七三年の中公文庫に始まる文庫創刊ブームが続いていた。その一方では、七六年のメディアミックス化された横溝正史フェアに象徴される角川商法が出版業界をにぎわしていたのである。

そうしたトレンドと比べればささやかなものだったにしても、コミック出版も文庫創刊の動きが各社で起きていた。手元に残されているものを挙げてみる。それらは小学館文庫、講談社漫画文庫、立風漫画文庫、二見書房の「昭和漫画傑作集」、朝日ソノラマの「ソノラマ漫画文庫」、ペップ出版の「ペップコミック文庫」などである。講談社漫画文庫のキャッチコピーは「漫画文学史を目指す初めての文庫です」とあった。

もちろんこの他にも創刊されただろうが、その寿命は短く、トータルすれば、かなりの点数が刊行されたはずだが、もはやほとんど忘れ去られてしまったと思われる。岡崎武志、茂原幸弘編『ニッポン文庫大全』(ダイヤモンド社、一九九七年)においても、まったく取り上げられていない。それでもかろうじて、その創刊に携わった編集者の証言が見出される。しかもそれは貸本屋の記録の中においてで、長谷川裕の『貸本屋のぼくはマンガに夢中だった』(草思社、一九九九年)で言及されていたのである。

その前に長谷川の著書の内容を紹介しておこう。それは私が要約するよりも、表の見返しカバーに記された文言に尽きるし、長谷川自身によると思われるので、それを引くべきであろう。


昭和30年代、東京で貸本屋をやっていた一家と「ぼく」の物語。まだ貧しい町並みの片隅に開いた店がどのように運営されていたか。貸本屋の息子の著者がそのころ浴びるように読んでいた貸本マンガがどんなに輝いていたか。つげ義春、水木しげる、白土三平などの貸本マンガはえぬきのマンガ家たちの初期作品はどうだったのか。アナーキーな面白さに満ちたあの時代のマンガの思い出をつづる。

それは一九五七年に開店した練馬区のゆたか書房で、その店名は著者の名前からとられたものであり、彼は小学校に上がろうとしていた。そのために同書は戦後貸本屋史、貸本マンガ出版史で、また彼の貸本マンガ読書史ともなっていて、私も同世代であるので、とても興味深い。私がインタビューした高野肇『貸本屋、古本屋、高野書店』(「出版人に聞く」8)と合わせれば、多面的な戦後貸本屋史となるだろう。さらに彼は長じて、何とマンガ編集長となり、次のように書いている。

大学卒業後、私はある出版社でこの『生きていた幽霊』と『四つの犯罪』に携わった。復刻といっても、すでに元の原稿は存在しないので、若木書房版の単行本を原本として、そこから複写した版を作るのである。『生きていた幽霊』は一九五六年十一月に東京の若木書房から発行された、A5判、上製の短編集である。

この「ある出版社」とは二見書房で、『生きていた幽霊』と『四つの犯罪』は本書93でふれているので、作者がつげ義春であることはいうまでもないだろう。小学館クリエイティブの復刻は二〇〇八年であり、当時も稀覯本だった。ところが少しややこしいのだが、これは「昭和漫画傑作集」のことで、しかも二冊が復刻されたのではなく、『生きていた幽霊』と『四つの犯罪』からそれぞれ四編と五編が選ばれ、文庫版『四つの犯罪』として刊行されたのである。その他にもつげの『おばけ煙突』『懐かしいひと』も刊行されている。

つげだけでなく、本書97の水木しげるの『悪魔くん』『墓場鬼太郎』『河童の三平』も刊行され、長谷川は『河童の三平』と『悪魔くん』を貸本マンガの最高傑作と呼んでいるにもかかわらず、その著書では文庫化に関して語っていない。

それを目にしたのは『貸本マンガ史研究』13の特集「追悼・桜井昌一」における長谷川の「文庫版『河童の三平』のこと」においてだった。そこで長谷川は二見書房が劇画誌を創刊するということで採用されたが、それが流れてしまい、代わりにサラ文庫としての「昭和漫画傑作集」の編集を命じられたと述べている。それは社長が小学館や講談社のマンガ文庫創刊情報をいち早く知ったことによっている。

その企画として、長谷川はつげや水木の貸本マンガの出版を考え、交渉すると、文庫の『河童の三平』を見せられたので、その東光社版がマンガマニアの私家版だと思い、水木も応諾したこともあって、二見書房から刊行してしまったのである。それは『悪魔くん』も同様だった。やはり本書97で書いているように、一九六一年に『河童の三平』は兎月書房から刊行され、後に東考社によって文庫化され、『悪魔くん』のほうは六四年にA5判の東考社版が描き下ろし出版されていたのである。

すると、これも東考社の『戦後の貸本文化』を刊行した梶井純から連絡が入り、東考社版を勝手に二見書房が出すことは筋が通らないではないかという抗議がなされた。桜井からの抗議も連絡もなかったが、二見書房の社長に二重契約の話をすると、「東日販《トーニッパン》のコードもとっていない」、つまり貸本マンガ出版社で取次口座もないはずだから「放っておけ」との返事が戻ってきた。しかし長谷川としては無視するわけにはいかず、二見書房から出されてしまい、大量の在庫を抱えているという東考社の桜井を訪ね、二見書房には内緒で、『河童の三平』全八巻の各五〇部ずつ、計四百部を自分の三〇万ほどの貯金で買い取ることにしたのである。

長谷川はそれを友人や知人に配り、その中には江戸の化け物や河童の研究で知られるアダム・カバットもいて、彼の研究のきっかけもそれによっているようで、長谷川は桜井への「せめてもの功徳になったのだろうか」と述べている。そこには「『河童の三平』が貸本マンガの最高傑作だ」と少年時代に思った記憶が息づいているといえよう。

109　松本正彦「駒画」作品集『隣室の男』

これも思いがけないことであったが、二〇〇九年にやはり小学館クリエイティブから松本正彦「駒画」作品集『隣室の男』が刊行された。

タイトルの『隣室の男』はいうまでもなく、本書92と同じく小学館クリエイティブで復刻の『影』1号に発表された作品で、松本の記念すべき一作といえよう。その付録の「影・街読本」において、辰巳ヨシヒロは「構図の取り方とか、ストーリーの持っていき方とか、今まで僕らが狙っていても描けなかったものを、短編でピシャッと描いてきた」と語っている。

それはまず最初の見開きページにも明らかで、右のページはハイアングルでアパートの隣家の住人と黒猫、左のページはローアングルで踏切を渡ってくるマンガ家の主人公が描かれるという構図、そしてマンガ家が事件を想像していくストーリー、そのことによって主人公の内面を浮かび上がらせる描写を提示していた。この作品を実現させたのは従来の貸本マンガがB6判の長編であったことに対し、『影』がひと回り大きいA5判の短編誌だったことも影響していよう。

そうした出版フォーマットの成立によって、三〇ページの「隣室の男」も描かれたのである。この時松本は二十一歳であり、ひとつ年下の辰巳だけでなく、『影』に続く短編誌によったマンガ家たちにも、驚きを与えたことは想像に難くない。

私が最初に『隣室の男』を読んだのは文藝春秋編『幻の貸本マンガ大全集』（文春文庫）においてだったが、その際には文庫版ゆえに、そこまで読み取っていなかった。一九五六年の『影』のA5判での創刊は単なる判型の変化だけと看過すべきではないし、それに続く貸本マンガ短編誌の林立、五九年の『週刊少年マガジン』『週刊少年サンデー』、六四年の『ガロ』の創刊などともリンクしているはずだ。

それらの戦後マンガ史において、辰巳はトータルな意味をこめ、松本の『隣室の男』に、自筆による次のような言葉を寄せていると思われる。

松本正彦氏の「駒画」があったからこそ、「劇画」が生まれた。この事実は貸本マンガ史を語る時には、避けて通れない事象である。そんな松本氏を劇画工房が無理矢理「劇画」に転ばさせた罪は大きい。もはや、「劇画」という呼称が死語になりつつある現在、もう一度「駒画」についてしっかりと検証しておく必要がある。

まさにそのために「松本正彦「駒画」作品集」が編まれたことになろう。それならば「駒画」はどこで提唱されていたのか。松本は『劇画バカたち!!』で、自分たちのマンガは「もはや〝マンガ〟ではない」と考え、「32年6月に三島書房から発刊された『鍵』1号掲載の「燈台島の怪」から、自分の作品には〝駒画〟と表記した」と述べている。この「燈台島の怪」も同作品集に収録され、やはり三〇ページの作品で、正確には「怪奇スリラー・コマ画」とある。

しかし『隣室の男』の編纂によって、「燈台島の怪」の前半に発表されていた「不知火村事件」で、すでに「本格探偵駒画」として使われていたことが判明した。松本が八興・日の丸文庫の『坊ちゃん先生』でデビューとあるのは一九五三年、続けて『続坊ちゃん先生』、五四年にはヒット作『サボテンくん』を刊行し、五五年には日の丸文庫で初めてのA5判の『快男児』を上梓している。さらに五六年には『影』の原点とされるオムニバスの長編『都会の虹』、また「不知火村事件」も収録され、「駒画」という名称が使われた『吸血獣』、五七年には自選短編集『隣室の男』も刊行に至っている。

これらの松本の初期の単行本は残念ながら復刻されておらず、未見だが、幸いにして「松本正彦「駒画」作品集」の口絵写真の「単行本ギャラリー」に書影を見ることができる。それらに一九五六年の『影』の創刊を置いてみれば、辰巳が「劇画」という名称を使い出すのは五七年、劇画工房が結成されるのは五八年であり、松本と「駒画」が先行し、短いながらも「駒画」の時代があったことをうかがわせてくれる。

それは「不知火村事件」と同じく『影』掲載の「濃霧」「猫と機関車」、『街』に収録の「天狗岩の怪」「夕立」「指紋」などにも明らかで、これらの「駒画」にしても、一九五六年から五八年に発表されている。いずれも同時代の外国映画を彷彿とさせる構図やシーンを表出させ、松本の「駒画」にしても、それらの映画と翻訳ミステリーの影響が顕著だとわかる。そうした事実から考えると、戦後の貸本マンガの隆盛は貸本屋と貸本マンガ出版社のコラボレーション、従来のマンガと異なる「駒画」や「劇画」を志向した若きマンガ家たちの出現、東映時代劇や日活アクション映画の全盛期というバックヤードも重なってくる。

そして私がいうところの二千万人に及ぶ「オキュパイド・ジャパン・ベイビーズ」を中心とする読者たちの登場が加わり、一九五〇年代後半から六〇年代前半にかけて、貸本マンガのエフェメラの時代を形成したといえるであろう。

110　草森紳一『マンガ考』とコダマプレス「ダイヤモンドコミックス」

長谷川裕『貸本屋のぼくはマンガに夢中だった』（草思社）で、「虫コミックス」とは呼んでいないのだが、虫プロ商事のコミックス版は上田としこ『フイチンさん』、関谷ひさし『ストップ！にいちゃん』、ちばてつや『１・２・３と４・５・ロク』などは貸本屋の人気商品だったとし、次のように続けている。

このころから虫プロ商事以外にもコダマプレスや朝日ソノラマといった出版社から、コミックス版のマンガがぼつぼつ登場しはじめた。これらのマンガは二百四十円と、Ａ５判の貸本マンガとほぼ同じ価格だが、Ａ５判の貸本マンガよりはるかにページが厚く、出る率が高いので、ゆたか書房では、これらのコミックス版を順次、積極的に仕入れていくようになる。

ちなみに一九六六年に小学館「ゴールデン・コミックス」、コダマプレス「ダイヤモンドコミックス」、朝日ソノラマ「サンコミックス」が続けて創刊され、「虫コミックス」も一九六八年に創刊されている。そうした東京の出版社による新たなコミックスレーベルの創刊と交錯するように、短編誌『影』は一二〇号で休刊となっているし、長谷川もふれているように、貸本屋も衰退の一途をたどったのである。また六六年は『週刊少年マガジン』が百万部を突破していた。いってみれば、マンガの世界にも高度成長期が訪れていたのである。それは大阪の零細出版社、貸本屋から東京の大手出版社への移行で、それはマンガとマンガ家の位相の大転換でもあった。

そうしたマンガ状況の中で、小学館は『忍者武芸帳』を始めとする「ゴールデン・コミックス」を創刊するわけだが、A5判の単行本マンガ全集の試みとして、一九六九年には筑摩書房の「現代漫画」、双葉社の「現代コミック」も創刊されるに至る。六二年に『週刊漫画アクション』を創刊していた双葉社はともかく、筑摩書房は漫画とは関係のない版元と考えられていただけに、その企画は取次や書店にも驚きを与えたにちがいない。しかしその漫画へのアプローチは筑摩書房固有のものだったのではなく、有斐閣も同様であった。

コダマプレスの「ダイヤモンドコミックス」は有斐閣が試みた子会社での漫画出版であった。もっとも出版社史として名著とされる矢作勝美編著『有斐閣百年史』(有斐閣、一九八〇年)にそのことはいささかもふれられていない。法経書の専門版元として言及すべき出版ではないのだろうし、そこに六〇年代の出版業界におけるマンガのポジションもうかがえるのであろう。ただ私にしても、その事実を知ったのは一〇年ほど前で、それは神保町界隈では周知の事実だったようだ。

私がコダマプレスを知ったのは「追悼／草森紳一」（『古本屋散策』74・75）で既述しておいたように、草森の処女作『マンガ考』（一九六七年）がこの版元から出されていたことによっている。同書は新書判の「Q　コレクションズ21」とあるので、このシリーズでは一九六七年時点で二〇冊が出されていたはずだが、現在に至るまで、古本屋でそれらを見かけていない。草森のこの半世紀前の一冊にしても、稀覯本と化しているのかもしれない。

それゆえに簡略に紹介してみると、「マンガ家との対話」、「〝時評〟現代のマンガ」、「〝奇妙〟なマンガについて」、「外国マンガの見方　マンガ分類学」、「白土三平のマンガ」の五章立てで、六〇年代半ばにおける東西マンガクロニクルということになろう。

いずれも草森のマンガ考として興味深いが、やはり白土マンガにおける「女性観」が論じられている章であり、それは年代からして、貸本マンガの三洋社版『忍者武芸帳』をテキストとし、そのコマの引用にも及んでいる。実際に「対話」においては白土へのインタビューも収録されているのである。誰ももはやコダマプレスの『マンガ考』を挙げないけれど、石子順造『戦後マンガ史ノート』（紀國屋書店、一九七五年）の「戦後マンガ史年表」には見出されるので、少しばかり安堵する。

さて肝心の「ダイヤモンドコミックス」のことになるのだが、『マンガ考』の裏見返しには「50点突破!!」としてまず加藤芳郎『オンボロ人生』、鈴木義司『コーフン・カンゲキ全集』、小島功『OH！大先輩』、岡部冬彦『ベビーギャング』、富永一朗『せっかちネエヤ』などが挙がっている。彼らは大手出版社の週刊誌、月刊誌に常連の漫画家たちであり、それに続いて貸本マンガ家たちが列挙されている。手塚治虫、白土三平、水木しげる、石森章太郎（当時）、赤塚不二夫、ちばてつやたちで、「ダイヤモンドコミックス」が筑摩書房の「現代漫画」と同様の新旧マンガ家たちの混交レーベルだとわかる。

このラインナップは小学館の「ゴールデン・コミックス」、朝日ソノラマの「サンコミックス」、虫プロの「虫コミックス」に比べ、書店向けにしても貸本屋向けにしても、中途半端であることが歴然としていよう。一九六七年時点で、五〇点よりは出されたにしても、またその最後までの行方はたどっていないけれど、このラインナップからすれば、それほど先ではない退場を宿命づけられていたように思える。

それは貸本マンガをコアとして成長してきた一九五〇年代から六〇年代にかけての戦後マンガの出自と性格をまったく理解することなく、「ダイヤモンドコミックス」を立ち上げた有斐閣の秘められた事情も絡んでいるのではないだろうか。

なお上田としこ『フイチンさん』も小学館クリエイティブから復刻され、上田のマンガ家としての物語も、村上もとか『フイチン再見《ツァイチェン》！』としてお目見えし、もうひとつの戦後マンガ史を提出している。

111　生田蝶介『原城天帝旗　島原大秘録3』解説　歌人生田蝶介

生田蝶介の伝奇小説「島原大秘録」（第一部『聖火燃ゆ』、第二部『妖説天草丸』、第三部『原城天帝旗』）において、なぜ物語の中核に切支丹伴天連たちがすえられているのか。あるいはまた万葉調と抒情的生活短歌の歌人であった生田蝶介が、初めて過去の世界に向かい、伝奇小説へとおもむいた時、どうして宗教一揆というパトスの叛乱の物語である島原の乱へと引き寄せられていったのか。

戦後の日本史学の叙述によれば、島原の乱とは、寛永十四（一六三七）年、苛酷な年貢の取り立てに端を発した農民一揆が島原の城下を襲い、これに呼応して天草の農民たちが蜂起、島原、天草はキリシタン信仰の盛んな土地であり、その蜂起は関が原の敗戦の将であるキリシタン大名小西行長に仕えていた浪人益田甚兵衛とその子天草四郎時貞によって指揮された。翌年一揆側は島原半島の古城原城に籠り、幕府軍十二万四千人に対して、一揆側三万七千人。激烈な攻防の後二月落城。その落城について、和辻哲郎は『鎖国　日本の悲劇』の中で「女子供を合せて三万七千といわれた籠城のキリシタンは、全部殺戮された」（傍点和辻）と書いている。

幕府軍による一揆側へのこの徹底した皆殺《ジェノサイド》しは、島原の乱が幕府に与えた強烈なインパクトを物語るものである。そして鎖国令はこの一揆によって一層強化され、以後二百年あまり続く幕府の鎖国政策を完成させる決定的原因となったばかりでなく、幕府の支配体制を確立、安定させる要因ともいうべき最後の叛乱であったとされる。

島原の乱の年、領主の圧政と凶作による不安の中で、二十三年前に天草から追放された宣教師ママコスの予言が、叛乱を誘うメロディのように流れ出たという。それは次のような予言だ。

今から二十五年目に、十六歳の天童が世に出現する。その少年は生まれながらに諸道を知り、やすやすと不思議なしるしをあらわす。天は東西の雲をこがし、地は不時の花を開く。国土は鳴動し、民家草木は焼け亡びる。人は首にクルスをいただき、山野にはたちまち白旗がなびき、キリスト教の宗威は異教を呑みこみ、天帝はあまねく万民を救う。

（辻達也『日本の歴史13　江戸開府』）

かくして島原の乱は、農民一揆であると同時にキリシタン一揆という色彩を帯び、さらに一揆の中心人物たちが関が原の戦いに参加した旧豊臣家――小西行長の家臣であったことが、この叛乱をして、物語素の盛んな理由にしていると考えられる。

そうした島原の乱にこめられた叛乱の重層的イメージと夥しい殉教者たちの数の衝撃は、鎖国とキリシタン禁教の徳川時代にあって、エキゾチズムを伴って神話化され、民間伝承として流布し、講談における『天草軍記』や明治期における塚原渋柿園の『天草一揆』として継承され、それらのすべての物語素の水脈が「島原大秘録」に流れ込むことでこの伝奇小説は成立していると思われる。

生田蝶介は島原の乱の叛乱の重層的イメージの中から、「きりしたん」「でうす」「ばてれん」を抽出し、「神を見る人たちの輝き」を表出させようとして、「島原大秘録」の第一部『聖火燃ゆ』を大正十五年に『主婦之友』へ連載を開始する。そして昭和三年に単行本化された時、生田蝶介は『聖火燃ゆ』のモチーフを次のように書いている。

三百年以前の、それは徳川時代の初期である。漸く徳川家の礎が成ろうとする時、彼等を戦慄させたものは、伊達の剛でもなく島津の鋭でもなく、実に邪宗切支丹伴天連であった。残虐の限りをつくしての禁圧も甲斐なく、まこと魔のように、妖術のように、平民の頭に「光」を、そして「いのち」を、植え、点じ、吹き込んで行った「きりしたん」「でうす」「ばてれん」の道は驚異でなくて何であろう。焚かれ、斬られ、刺されても、日本の土地に渡って来た「ばてれん」達は、神のいのちを持して、自分の生命を棄てていた。彼等は殺されても死ななかった。忍び、潜み、隠れ、網の目をのがれて、血の伝道をつづけた。そして不思議にも役人たちの目の前でその「光」をひろめ点じて行った。

私はその世界の中から一人の美しい殉教者を拾った。日本の地上を歩く基督を見た。そしてそこに私を感動させたものは罪の世界を序説とした繊悔の生活、奉仕の生活であった。神を見る人たちの輝きであった。

ここで「一人の美しい殉教者」「日本の地上を歩く基督」として、「島原大秘録」に召換されるのは森宗意軒である。

森宗意軒は戦後の歴史事典においては、島原の乱の参謀のひとりとして簡単な紹介しかなされておらず、由井正雪と交流があり、共に天下を覆えさんと約したというエピソードは俗説であると否定されている。したがって現在の歴史学の視点から見るならば、森宗意軒の物語のヒーロー的色彩は後退し、「日本の地上を歩く基督」というイメージは造型することができない。

だが「島原大秘録」三部作が収録されている『現代大衆文学全集』の発売元である平凡社から昭和十二年に刊行を開始した戦前における最大の人名辞典『新撰大人名辞典』では、四段組の一段以上が森宗意軒の項にあてられ、伝奇小説の主人公たるべき内容で紹介されている。紙幅の関係で引用することはできないが、島原の乱の神話化、民間伝承、物語作用の結晶とも言える記述となっていて、長い年月をかけて集積された森宗意軒の伝説をうかがわせている。

あるいはまたすでに完結をみていた「島原大秘録」における森宗意軒のイメージが逆流して、この辞典の記述の中に溶かし込まれているのではないかと推測することもできる。

歌人として短歌結社誌『吾妹』を創刊し、すでに六冊の歌集を出版していた生田蝶介が、キリシタンと森宗意軒へ傾斜し、伝奇小説を構想するに至ったのはそこにどのような理由が秘められていたのだろうか。もちろん文学史をたぐってみれば、高浜虚子、伊藤左千夫、長塚節といった俳人、歌人たちが散文の世界へと転回しているが、生田蝶介のように短歌から伝奇小説へと移行した文学者はいないように思われる。そしてこれは特筆しておかなければならないのだが、先にあげた俳人、歌人たちの散文世界が写生文という技法を媒介として、俳句や短歌の世界と地続きであることに比して、生田蝶介の短歌と伝奇小説はまったく切断されている。死後まとめられた『生田蝶介全歌集』における万葉調と平明、あるいは抒情主義的作品からは「島原大秘録」を彷彿とさせるものはほとんどないと言っていいだろう。例えば北原白秋のように、「われは思ふ。末世の邪宗、切支丹でうすの魔法。」(「邪宗門秘曲」)といった直截的な切支丹表現は皆無である。ただ一句、「島原大秘録」のために建てられた第二歌碑の「今もなほ赤きつつじの山こめて/聖き血潮の燃ゆるなりけり」を除いては。

大正十五年の『聖火燃ゆ』の史跡調査のための九州旅行については、「序文」の中で一ヶ月に及ぶ調査や発見の感動、あるいは精力的な移動を告白しているのだが、その時詠まれた短歌からは、そうしたものの投影は見られず、静謐なたたずまいの短歌でしかない。第七歌集『洋玉蘭』に収録されている大浦天主堂における短歌二首を示そう。

いのりつづけて石とやならむ姿よし
　讃むるこころに鐘なりひびく

天主堂いでてくだりくる石敷の
　おらんだ坂に鐘たそがるる

大浦天主堂は「日本の聖母の寺」とよばれているという。「序文」において、生田蝶介は「私は千古に生きている『聖なる魂』を描きたかった。生きている彼女を描きたかった」と書いているのに、短歌の世界にはそのような情熱はいささかもうかがわれない。生田蝶介の短歌という詩的言語の世界にあっては、凶々しい島原の乱の叛乱のイメージや切支丹伴天連たちの殉教は注意深く回避され、自足し、完成した閉じた宇宙を形成していると思われる。

しかしこの自足し、完成した閉じた詩的言語によっては不可能な表出意識に襲われた時、その言語表現は定型から最も離脱したアモルフな様式である伝奇小説へと接近したのではなかったか。その発条となったのは大正末期に生田蝶介を訪れていた二つの危機であった。第七歌集『洋玉蘭』の冒頭、「枕頭哀歌」の添え書きに、「関東大震災とこれにひきつづいての妻峯子の死はわが生涯における大いなるエポックを成すものであった――」とあり、「枕頭哀歌」に続いて、「遠ぞく魂」「峯子戀し」という妻の看病、その死が歌われており、「遠ぞく魂」の添え書きには、「そのときの心持を、そして死の前後の激動と静寂を、まだ歌にする道を知らない」と記している。

『生田蝶介全歌集』の年譜から「生涯における大いなるエポック」の二つの箇所を上げてみよう。

大正十二年九月浅草今戸の家が関東大震災にて罹災。無一物にて中野へ移る。

大正十四年十二月十三日妻峯子を失う。

「関東大震災」と「妻の死」という二つの危機が生田蝶介を襲っていた。関東大震災の心労が原因で妻が病床についたことが、『聖火燃ゆ』の「序文」で述べられている。一年半にわたり妻を看病しながら、妻を慰めるために、本を読みきかせたと書いている。それは『島原大秘録』成立前史を物語るものである。

読みきかせた本は『戦争と平和』『白痴』『即興詩人』『ミゼラブル』であった。それに『二葉亭全集』であった。

読んでいるうちに、私は、私の心の中に不思議な輝きをもって芽吹くものを感じた、じっとしていられない感動が来た。

妻のいのちが、次第に死に近づいてくることがはっきりとわかりはじめてからは、いろいろの宗教書を漁りはじめた。

しかし、そのころは、もう妻の耳は衰弱のために殆んど聞こえなくなりつつあったのだった。

私は歯を食いしばって読むことをやめた、そして、机に向かって何か頻りに書きつけた。絶望の苦悩をそうでもしなければまぎらすことが出来なかった。無論書いたものは断片的で意味を成していなかった。しかし意味を成して居る居ないは問題ではなかった。

妻への慰めとしての読み聞かせの読書は、癒しの伝授であると同時に、それが宗教的体験に類推されるものとして暗示される。そして妻の耳が聴こえなくなった時、読み聞かせはもはや不可能な行為となる。読むことから書くことへの必然的な転位。それは詠むという詩的言語としての短歌の行為から書くということへ、即ち物語世界＝伝奇小説へと向かうことを意味していた。まさに音読から黙読への転換が大衆文学の発生の起源ではなかったか。その時生田蝶介は、『聖書』の中の一節「喪の調べをわたしの竪琴は奏で、悲しみの歌をわたしの笛は歌う」（「ヨブ記」）という心境にあったのではないだろうか。

「関東大震災」とはだしぬけに襲ってきた大量死の体験であり、「妻の死」とは身近なものの固有の死であった。この二つの死の危機を克服するためには、永遠を司る「聖なる魂」に接近し、それは短歌という定型からはみ出してゆく。それは何よりも読み聞かせの西洋文学、特に『白痴』『ミゼラブル』によって喚起され、『聖書』も含めた「いろいろの宗教書」へと至る。それにキリスト教は生田蝶介にとって学生時代から身近なものであった。同級生であった坪田譲治も洗礼を受けているし、『聖火燃ゆ』の執筆中パトロンとなり、掲載雑誌『主婦之友』の社長である石川武美も海老名弾正から洗礼を受けたキリスト者であった。そしてまた「白樺」や「パンの会」にも出入りし、北原白秋や木下杢太郎とも親交があった。切支丹文学としては大正十二年に長与善郎の『青銅の基督』が発表され、研究書としては大正十四年に姉崎正治の『切支丹宗門の迫害と潜伏』が出版されていた。生田蝶介が『聖火燃ゆ』を連載中に、次のような文章を残して昭和二年に自殺した芥川龍之介もまた生田蝶介と同じような想いをいだいていたのかもしれない。

　こう云うわたしは北原白秋氏や木下杢太郎氏の播いた種をせっせと拾っていた鴉に過ぎない。それから又何年か前にはクリスト教の為に殉じたクリスト教徒たちに或興味を感じていた。殉教者の心理はわたしにはあらゆる狂信者の心理のように病的な興味を与えたのである。わたしはやっとこの頃になって四人の伝記作者のわたしたちに伝えたクリストと云う人を愛し出した。(中略)日本に生まれた「わたしのクリスト」は必しもガリラヤの湖を眺めていない。赤あかと実のった柿の木の下に長崎の入江も見えているのである。(中略)わたしの感じた通りに「わたしのクリスト」を記すのである。

(『西方の人』)

同時代に「わたしのクリスト」を描いた芥川龍之介は死へと赴き、「日本の地上を歩く基督」を森宗意軒に仮託した生田蝶介は歌人から伝奇小説家へと変貌することで再生の道を歩んでゆく。短歌という定型から離れて、物語世界を造型するにあたって、時代小説が選択されたのは必然であった。博文館の『講談雑誌』の編集責任者であり、白井喬二や国枝史郎をデビューさせた生田蝶介は、講談にその発生を見、欧米の翻訳文学と立川文庫を介在させることで発展をとげた時代小説＝新解釈歴史小説から伝奇小説への系譜を充分に承知していたことだろう。そしてキリシタンも確実にその影を伝奇小説にも落としていた。国枝史郎の『蔦葛木曽棧』や吉川英治の『鳴門秘帖』にその痕跡を見い出すことができる。

恐《おそ》らく妻の枕元で書かれた草稿は宗教的なるものの断片であり、それにプロの編集者という無意識的な力学が作用し、島原の乱へと結びつき、九州への取材旅行によって森宗意軒の存在が大きく浮上し、そして「断片的で意味をなしていなかった」草稿は、『聖火燃ゆ』『妖説天草丸』『原城天帝旗』という「島原大秘録」三部作へと蘇生していったのである。

したがって『聖火燃ゆ』は、必然的に「関東大震災」と「妻の死」という二つの危機から再生し、癒しを求める「罪の世界を序説とした懺悔の生活、奉仕の生活」から描かれなければならない。冒頭から始まるおきわと惣次郎の生活、故郷から長崎へと駈落ちし、病に倒れた惣次郎を看病するおきわの位相こそは紛れもなく生田蝶介と病妻の暮らしをそのまま再現していると思われる。死んでゆく惣次郎こそは妻であり、おきわは生田蝶介なのだ。第二歌集『寶玉』に収録されている妻を歌った「嬬」の添え書きに、「くしきえにしをもちてわがごときにおきふしを共にし、思ひかなしきこと多からむ――」と書かれた内実が物語に投影されている。

幕府による切支丹根絶しによって、「魔のように姿を消した伴天連や伊留満は、村へ、里へ、山へと潜入して行った」長崎で、おきわと惣次郎はリシャールと森宗意軒に出会うことで、切支丹に入信し、神の国を信じて惣次郎は安らかな死へと赴く。その死によっておきわは堕胎の罪を懺悔し、自らの過去を清算し、リシャールと共に布教伝道の旅に出る。そして故郷の村へとリシャールと共に帰還するのである。

故郷からの駈落→惣次郎の病→妖婦おぎんの誘惑→切支丹への受洗→惣次郎の死→過去の懺悔と清算→リシャールとの布教の旅→故郷への帰還と布教→捕われの身になるが助けられ逃亡、という物語の構図と進行は、おきわの視点から見れば切支丹と出会うことで、死から再生し、布教伝道を経て故郷へ帰還するという教養小説的道行を示している。

かくしておきわに投影された生田蝶介の再生もまたこの『聖火燃ゆ』を書くことによって果たされ、惣次郎＝妻の死を救済し、永遠に生きる神の国へと惣次郎＝妻を埋葬することによって野辺送りの儀式は完了したのである。

『妖説天草丸』と『原城天帝旗』においては、再生を果たしたおきわの存在は後退し、森宗意軒による島原の乱前史における叛乱のオルガナイザーとしての神出鬼没の活躍ぶりを経糸とする全面的な伝奇小説的展開となる。

森宗意軒に参じて来る小西行長の旧家臣たち、阿蘇ヶ巌の王者中頭羅紋次郎一族、妖狐の島にすむ謎の美女お妙、海蜘蛛とよばれる明火の五造、瀬戸詰犬太夫、築城師風谷、そして切支丹に魅せられて行く細川藩士須佐美半之丞（史実では天草四郎時貞は彼の小姓をしていたといわれる）、日光東照宮造営奉行秋元泰朝と彫物師甚五郎、そしてそのまわりを取り囲む陰陽師蟬丸、宮本武蔵、由井正雪。娘たちの神隠しといった奇怪な事件の数々、そうした事件の中で行われる天草四郎時貞の昇天、錯綜するストーリーの構成は明らかに国枝史郎の影響を見ることができるし、家屋構造、建築に関する多大な注視は白井喬二によっていると考えられ、『妖説天草丸』『原城天帝旗』は、癒しの物語である『聖火燃ゆ』から離脱して、手慣れた伝奇小説の物語世界となっているのである。

物語の構図は明らかだ。切支丹伴天連、関が原の敗者たち、山の民、海の民、虐げられた民衆、こうした徳川幕府のアウトサイダーとなった人々を結集して叛乱＝島原の乱へとなだれこませることだ。だがそれは回避される。

森宗意軒は『原城天帝旗』の最後の場面で、島原の乱の原城にひるがえることになる旗を見て、

「これこそ近く神の名によって『われらが城』の空高く、正義の風に翻る一大帝旗なのだ」

と宗意軒は呟いた。

というところで終わる。

なぜ生田蝶介は島原の乱の原城の落城のところまで書くことをしなかったのだろうか。恐《おそ》らくそれは『聖火燃ゆ』を書くことによって危機からの再生を果たし、個人史においても再婚し、子をなし、再び短歌という定型の世界へ回帰して行く過程で、叛乱や蜂起という凶々しい夢想は次第に詩的言語の中に回収され、殉教者たちの叛乱はすでに静謐な歌人へと戻りつつあった生田蝶介にとって、危機の非時《ときじく》に垣間見られた凶々しい夢想であり、距離のある物語となってしまったのではないだろうか。そう、天帝旗とは叛乱ではなく短歌のメタファーのようにひるがえる。

そして「島原大秘録」を沸騰点として、伝奇小説家としての生田蝶介は姿を消し、歌人として詩的言語の世界へと降りて行き、「島原大秘録」は大衆文学の世界でも忘れ去られた。

しかし生田蝶介が放った切支丹と島原の乱という大衆文学の題材は、戦後において柴田錬三郎によって造型された転び伴天連と幕臣の娘から生まれた混血児眠狂四郎へ、あるいはまた森宗意軒と天草四郎時貞の原城落城後の物語は山田風太郎の『おぼろ忍法帖』へと引き継がれ、「島原大秘録」の残映を示すのである。


（生田蝶介『原城天帝旗　島原大秘録3』未知谷、一九九六年）

112　新木正人『天使の誘惑』に寄せて　解説

ここに、ようやくというべき言葉をまずは記すしかないのだが、新木正人の作品集を提出することができて、とてもうれしい。

その解説者として、私がふさわしいと自認できる立場にはないけれど、それに至った簡略な経緯を先に述べておこう。

私は、『日本古書通信』で「古本屋散策」という長きにわたる連載をしていて、たまたま二〇〇四年に続けて『試行』の寄稿者だった矢島輝夫がポルノ小説家として亡くなったことに言及した（『古本屋散策』24・25）。そのことから矢島の追悼集を入手したところ、そこに二十歳の頃に愛読していた自費刊行物の哲学的散文、思索ノートといっていい『歩行に関する仮説的ノート』の著者、倉田良成の名前を見出したのである。

それに触発され、倉田についても書き、やはり同時代に読んでいた新木正人にもふれ、彼の作品集も編んでみたいと記しておいた。すると倉田から便りがあり、その後の消息などもしたためられ、新木の名前も懐かしいと書かれていた。また旧知の田谷満からも連絡があり、新木とは親しいので、一緒に一度会わないかという提案ももたらされた。そのような経緯で新木と会うことになり、作品集の刊行を具体化させていったわけだが、新たな書き下ろしを何編か加えるというコンセプトのために、新木の個人的事情も相俟って遅れてしまったことになる。その間に旧稿のデータ化は新木の長年の友人である金子知樹が進めてくれていて、今回の単行本化、その調整と進行は彼の助力に大きくよっている。このような始まりとプロセスを踏まえ、解説もどきの一文を書いてみる。

私たちの世代は擾乱に充ち、様々な倒錯の色彩に溢れている。ここでいう私たちの世代とは、新木正人や私なども含む戦後のアメリカ占領下に生まれた子どもたち、すなわちオキュパイド・ジャパン・ベイビーズを意味している。

この世代は、大東亜戦争下に生まれ、一九六〇年代を迎えた人々と異なり、母の胎内にあって、敗戦と占領のメロディを聴き、高度成長期とともに歩むことを宿命づけられた。それらの擾乱がもたらす戦後の状況の中で、オキュパイド・ジャパン・ベイビーズは風俗的にはアメリカニズム、観念的にはマルクシズムに引き裂かれて、六〇年代から七〇年代へと至り、かつて日本史上において経験したことのない高度資本主義消費社会と遭遇することになる。

それに学生運動と文学の時代が交錯し、併走していた。今になって思えば、何と多くのセクト系機関誌、同人誌、リトルマガジンなどが出されていたことだろうか。それらは全国各地に点在するインディーズ系雑誌流通販売網としての書店や古本屋に置かれ、読者へと届けられていた。新木正人にしても、いってみれば、そのようなリトルマガジン状況の中に措かれていたし、それは同時代の無数の貌も定かでない表現者たちも同様であった。

こうしたリトルマガジン刊行ムーブメントに関して、個人的なポジションを示しておけば、私はタイプ印刷の同人誌を経験した最後の世代に属している。実際にいくつもの同人誌に携わってきたし、また周辺からも多くの同人誌が刊行されていた。だがそのような時代はおそらく七〇年代で終焉したと考えられる。もちろん現在でも同人誌などは出されているけれども、ＩＴインフラの整備と普及によって、一部の短歌や俳句の結社誌を除き、それらを取り巻く社会環境と状況そのものがまったく変わってしまったのだ。

　現在のメールマガジンや電子雑誌の流通販売と異なり、当時の同人誌の発行部数は数百部、著名なリトルマガジンにしても、数千部にすぎず、取次も経由していなかったけれど、前述したように書店や古本屋の店頭に置かれていたのである。それゆえに同人たちとの直接的面識はなくても、作品や評論を通じて、同時代の新しい書き手、表現者に出会うことができた。彼ら／彼女らはほとんどが若く無名であったにもかかわらず、それぞれが固有の才能を表出させ、また感じさせ、それらの作品や評論には既存の文芸誌や総合誌には見られないきらめきがあり、六〇年代から七〇年代にかけての特有なアドレッサンスの息吹に充ちていた。しかし、現在の地点で、このようなニュ

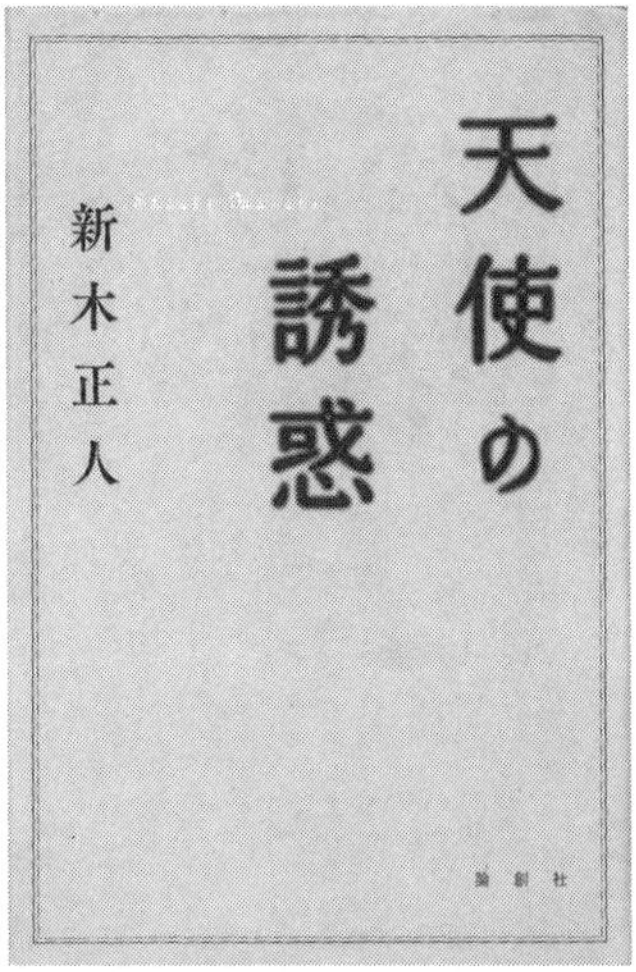

アンスをトータルに、しかも正確に伝えることは難しいし、できないであろう。

そしてまた彼ら／彼女らの中から文学者や評論家として、所謂世に出た人たちもかなりいるが、圧倒的に多くの人々が沈黙してしまったと思われる。その一方で、少なからずの自死も聞いているし、その遺稿集が編まれたことも知っている。だが生きながらも葬られたように沈黙してしまった人々、あの時代の紛れもない表現者であったにもかかわらず、作品集や著作集を残していない彼ら／彼女らは今どうしているのだろうか。それらの人たちの長い沈黙を畏れよう。それこそ同時代のスウェーデン映画のタイトルではないけれど、「みじかくも美しく燃え」ていたような、あの時代にしか開花しなかったのかもしれない固有の才能への畏怖の思いを忘れないようにしよう。

少しばかり前置きが長くなってしまったけれど、それはこの新木正人作品集の刊行も、こうした当時のリトルマガジンと新しい書き手の出現状況を抜きにして語れないからである。それらの人たちの筆頭に新木正人の名前を挙げることを躊躇しないし、それは擾乱の真っ只中で刊行されていたリトルマガジンの読者からすれば、多くの賛同を得るものだと確信できる。

そうした例を絓秀実の「「1968年の革命」史論」というサブタイトルを付した『革命的な、あまりに革命的な』（作品社、二〇〇三年）にも見出せる。その第1部「ニューレフトの誕生」において、絓はニューレフト的文脈と日本浪曼派と三島由紀夫問題にふれ、橋川文三が『日本浪曼派批判序説』（新生社、一九六八年）の中で、農本主義者と異なる保田與重郎たちの「『故郷喪失』

の感情」は「故郷というものがわからぬ」都市インテリゲンツィアと通底すると述べたことに対し、それは「ロマン的イロニー」というかたちをとると指摘している。そして絓はそれに文脈的には唐突といっていい一節をつなげていく。

ニューレフトが真に保田的（そして、ある意味では三島的）イロニーを思想的に自覚しえたのは、六八年革命のさなか新木正人という学生アクティヴィストの書き散らした見事な「雑文」を通してである。

これに続けて絓は、現在ニュースキャスター兼作家の亀和田武が『保田與重郎全集』（第二七巻所収、講談社）の「月報」に寄せた「ポップ文化世代の保田体験」における、新木の「見事な〝雑文〟」との出会いに関する部分を引いている。こちらも同様に示してみる。

橋川文三はかつて保田與重郎の文体を指して「それは確かに異様な文章であった」「それはまさに私たちが見たこともなく、これから見ることもないような文章であった」と形容したが、私の場合なら、この新木正人という当時もそしてその後もほとんどその名を知られることのなかった人物の書いたものこそ、まさにそうした美しさといかがわしさとあやしさとを兼ね備えた種類の文章であった。

この亀和田の新木との出会いは『遠くまで行くんだ……』創刊号（一九六八年）所収の「更級日記の少女　日本浪曼派についての試論」をめぐってのものである。そのようにして新木の「美しさといかがわしさとあやしさとを兼ね備えた種類の文章」を読んでいたのは亀和田だけではない。おそらく、かなり多くの読者を得ていて、あえて実名を挙げれば、『変蝕』によっていた加藤典洋たち、『情況』に黒木龍思名で文芸評論を書いていた笠井潔なども同様だったであろうし、それに橋本治や糸井重里の名前を挙げてもかまわないように思われる。

それらはともかく、このような絓と亀和田の証言からしても、当時の新木の一連の文章群の特異な位相の一端を垣間見ることができよう。なおその後『遠くまで行くんだ……』全六号は白順社から復刻に至り、そこには絓による「解説」が付されている。それに同誌の創刊に至る経緯と事情、発行人の小野田襄二の政治的スタンスと新木との関係、同誌に発表された作品や評論などの詳細はそちらに譲り、それ以上は立ち入らない。

ここでは一九七一年に『早稲田文学』二月号に発表された「天使の誘惑　南下不沈戦艦幻の大和」にふれてみたい。これも詳細は省くけれど、立松和平の慫慂によって『早稲田文学』に掲載されたものであり、私見によれば、この作品こそ新木が発表した最も完成度の高い「見事な〝雑文〟」だと思われる。それでいて、純然たるリトルマガジンの文芸誌に掲載されたこともあってか、『遠くまで行くんだ……』掲載のものと比して、ほとんど言及もなされず、転載、復刻もされてこなかった。したがって、この収録は半世紀近くを経てのものとなるし、初めて目にする読者も多いはずだ。ここには新木の「見事な〝雑文〟」と「〝美しさといかがわしさとあやしさとを兼ね備えた種類の文章〟」の特色のすべてが詰め込まれている。

「天使の誘惑」は、吉田満の『戦艦大和ノ最期』の記述と文体を模したゴチックのイントロダクション、「南下する幻の不沈戦艦を見たことがあります」と始められていく本文、メタファーに充ちた0からQへの呼び掛け、渋谷のミッションスクールの少女のイメージ、与謝野晶子の短歌の挿入、全学連第一七回大会のアジテーション、石原慎太郎の「処刑の部屋」と桶谷秀昭の「近代日本の反逆者」の引用、黛ジュンの「霧のかなたに」と「恋のハレルヤ」と続いていく。そして「日本はいま真夜中。日本の青春はもうとうに終わりました。食べているものは不安定です」とクロージングへと向かい、エピローグとして、「哀しく南下する不沈戦艦の幻」が召喚され、再びゴチック記述で「天皇陛下万歳」の言葉とともに、閃光と天地を揺るがす大音響に包まれ、沈んでいく戦艦のイメージが刻印され、「天使の誘惑」は閉じられている。

ここにはその前年に起きた様々な出来事や事件の投影や表出をうかがえるにしても、何よりも全文を覆っているのは「自意識はすべてイロニー。すべてに込める意味もイロニー。いくらでも扱き下ろせるが決して逃れられないイロニー」に他ならない。それが保田と日本浪曼派を経由して、新木正人へと流れ込んだ「ロマン的イロニー」であることはいうまでもないだろう。

しかし、その後、新木の「ロマン的イロニー」がどのような行方と回路をたどらなければならなかったのか。それは今回書き下ろし収録することになった「自由意志とは潜在意識の奴隷にすぎないのか」や「ただの浪漫とただの理性がそこにころがっている」を参照してもらうしかない。新木とすれば「昔の名前で出ています」的に、一九七〇年代までの文章群をまとめ、レトロスペクティブ的一冊として刊行することもできたのだが、あえてそれを志向しなかったことに彼の現在的イロニーを想像してほしいと思う。

妄言を重ねるという羞恥の念を覚えつつ、これにて拙き解説を終えることにしよう。

（新木正人『天使の誘惑』論創社、二〇〇〇年）

113 出版史における自販機雑誌と『Ｊａｍ』

戦前の、とりわけ大東亜戦争下の雑誌を読むと、思いがけない人物が登場し、これもまた戦後と異なる発言をしているシーンに出会ったりする。そのような例は一九七〇年代後半に誕生した自販機雑誌にも当てはまるもので、それはおそらく私も同様なのである。

実は一九八〇年代の『ＨＥＡＶＥＮ』（5号）に、その編集部を訪れた私の写真や名前が掲載されていて、それを本誌の慧眼な赤田祐一が見つけ、このタイトルでの原稿依頼が舞い込んだ。まずは当時の出版状況と自販機雑誌に関して回想してみる。

それは一九七〇年代末に古本屋で見慣れぬ雑誌の一束を見つけたのが発端だった。その中には『Ｊａｍ』（ジャム出版＝エルシー企画）を始めとして、『少女アリス』『フッカー』『スープX』『ボディ』『NOISE 1999』『The Butcher』（いずれもアリス出版）、『ギャル』『タンク』（同・ギャル出版）、『ダーティバイブル』『FLYING BODY PRESS』（同・土曜出版社）、『スノッブ』（アイフル出版＝エルシー企画）、『マガジン発情』（PicoPico 出版工房＝エルシー企画）、『ビッグガール』（創和）、『シティ・X』（ブルドン社＝アリス出版）などだった。

いずれも百円ほどで売られていたので、それらの一束をまとめて購入してきたのである。その古本屋がチリ紙交換業者から仕入れていた事実を考慮すると、それらの雑誌はそうしたルートから持ち込まれたものだと思われた。

これらの雑誌に共通するのは、出版社、発行人、住所、印刷所、発行年月日を記載した奥付表記がないこと、及び表紙の片隅に小さく「audit paid circulation」とある「流通認可済」ともいうべきタームを添えた、取次らしき「KYOHDO」なる会社名が記されていることだった。

それらを確認した後で、一冊ずつ読んでいったのだが、その一例として先述のうちの『ダーティバイブル』（5号）を挙げてみよう。この書名は目次のところに示されているように、「瀆約聖書」を意味し、内容はそれに見合うヌード写真、セックス記事、ポルノコミック、翻訳ポルノ小説などで、所謂「エロ雑誌」に他ならない構成となっていた。

ところがそうした構成から逸脱するようにして、巻頭論説、もしくはアジテーションともいっていい「この夏キミが犯す七つの大罪」のエピグラフに、塚本邦雄の「水に卵うむ蜉蝣よ われにまだ悪なさむための半生がある」（『装飾楽句』所収）の一首が引かれたりしていた。

さらにまた巻末ページには「もはや書店で文化を買う時代は終わった／今、自販機からキミの股間を直撃する」とのキャッチコピーが置かれていたのである。これはそれなりのリアリティをもって迫ってくるコピーのように思われた。

私はこの時代に地方の商店街の書店の店長を務めていたが、出版物における再販委託制の限界、新しい雑誌店としてのコンビニや郊外型書店の台頭によって、従来の出版業界にも閉塞感が漂い始めていたのである。それもあって、「もはや書店で文化を買う時代は終わった」というコピーは出版状況を穿《うが》っているように見えたし、実際に八〇年代を迎え、コンビニと郊外型書店の全盛になると、そうした現実が待ち構えていたことになる。出版ニュース社編『出版データブック1945～1996』で確認してみると、一九七六、七年は深刻な不況の只中にあり、七八年には筑摩書房が倒産している。

そのことに加えて、雑誌コードの付されていないこれらの一束の雑誌が、通常の取次を経由しない自販機本だとあらためて認識するに至ったのである。しかし当時、そうした自販機雑誌とその出版社、流通や販売状況と事情に関して、当然のことながら通じていたわけではなかった。その全体のアウトラインを初めて教示してくれたのは、ようやく二〇一二年になって出された川本耕次の『ポルノ雑誌の昭和史』（ちくま新書）であった。彼はやはり先に挙げた『少女アリス』の裏表紙に編集発行人として、その名前が記載され、また私が入手したその一冊が『少女アリス』の最盛期を伝えるものとして、同書に書影も掲載されている。

ここでようやく一九七〇年代後半から八〇年代前半にかけての自販機雑誌をめぐる見取図と出版状況が判明したことになろう。ただその現場の中心にいた川本ですらも、「自販機本と通販本、ビニ本に関しては出版業界でもゲリラ的な存在なので、奥付に発行年月日もなければ、誰が作っていたのかもよく判らなかったりする」と記しているのである。だから一束の自販機雑誌を入手したところで、それらの出版状況がただちにわかるはずもなかった。

しかし当時の出版業界が深刻な不況に見舞われている中で、新しい雑誌の時代が始まろうとしていたし、そのトレンドは肌で感じられるものだった。それは七〇年代後半からの日本の消費社会化、戦後生まれが過半数に達した戦後世代社会への移行を背景として創刊された、集英社の『月刊PLAYBOY』や平凡出版の『POPEYE』や『BRUTUS』などに象徴され、八〇年代はまさに最大の雑誌創刊ブームを迎えていたのである。

それはリトルマガジンも同様で、一九七六年に新しい取次として発足した地方・小出版流通センターは、『本の雑誌』や『広告批評』を書店市場へとデビューさせ、後続のリトルマガジンの流通販売の回路を開拓していた。

そうした大手出版社を中心とする雑誌創刊ブームとリトルマガジン状況の中にあって、自販機雑誌も生み出されてきたと考えるべきだろう。

川本によれば、その主体となったのは東京雑誌販売、大阪の日本雑誌販売、大阪特価、名古屋の三協社などの「スタンド業者」だった。スタンド業者とは書店ではなく、雑貨屋、煙草屋、駄菓子屋などにスタンドを設置し、雑誌を並べて売ることを専門とする業者をさす。出版物の流通販売は出版社─取次─書店が通常ルートであるので、このスタンド業者はアウトサイダーに位置づけられるし、販売環境と利益率からしてエロ雑誌の比重が高かった。一九七〇年代のエロ劇画誌の急成長はこのスタンド業者の存在に大きく依存していた。

そのスタンド業者が自販機でも雑誌を売り出したのは一九七〇年半ばと推定され、先の『出版データブック1945~1996』の七七年の「10大ニュース」のひとつに「雑誌ポルノ自販機に規制強まる」とあるのは、それを裏づけていよう。川本も七六年にスタンド業者が集まり、全国雑誌販売卸業者懇話会、全国雑誌自動販売機協議会が結成されたと述べているので、自販機とエロ雑誌が社会的問題になっていたことと呼応している。これも前述した「KYOHDO」=「共同」だが、やはり自販機雑誌専門の取次で、この時代に立ち上げられたのではないだろうか。またグラフ誌のほうの取次は東京出版が担っていたという。

さて、その自販機市場規模はどのようなものであったのか。これは川本の証言を直接引いてみよう。

一九七七年には全国の自販機が一万三〇〇〇台に達した。

東京に二八〇〇台、大阪に一一〇〇台という記録がある。一台が一日に二〇冊のグラフ誌を売るとして一日二六万部。毎月七八〇万部という計算になる。この時点で三〇〇種が出ていたとの記録もあるので、平均すると二・五万部という計算だ。また東京雑誌グループは一九八〇年には七〇〇〇台の自販機を持っていると、私自身が当時、経営者から聞いたので、ピーク時には全業者で二万台はあったのではないか？

（『ポルノ雑誌の昭和史』）

この二万台という自販機雑誌市場は一九五〇年代後半の貸本屋が三万店に及んだことを想起させるし、雑貨屋や駄菓子屋などが貸本屋を兼ねていた事実をも彷彿とさせる。そのように考えてみると、スタンド業者自体が貸本屋取次の系譜に属するのではないかとも推測できるのである。

ちなみに先述の『NOISE 1999』には東京雑誌販売グループ会長の中島規美敏が登場し、イラストレーターの黒田征太郎と「異色対談」している。この中島が自販機雑誌のキーパーソンで、彼がその自販機販売を思いつき、「七〇〇〇台の自販機を擁した日本最大の自販機エロ本業者」となるのである。

そのために自販機専門の出版社を抱えることになり、東京雑誌販売グループ傘下の出版社として、アリス出版、エルシー企画を始めとする多くの版元が誕生する。そして「自販機エロ本」の制作と編集のために、従来の出版とは異なる様々な分野から優れた人材が集まり始め、膨大なエロ雑誌群を乱発するかのように送り出し、「書店で文化を買う時代」を終わらせるようにしていたともいえるだろう。

『Ｊａｍ』の前身はやはりエルシー企画から刊行されていた『X-Magazine』で、エルシー企画は明石賢生によって設立され、Ｓがメインの編集者だった。この二人と学生運動、及び映画、演劇、写真と出版人脈は様々に交錯し、広く拡散していくわけだが、それらについてはここでは言及せず、いずれ稿をあらためたい。そのエルシー企画の自販機雑誌を読み、その編集部を訪ねたのが、日大芸術学部出身の高杉弾であり、『Ｊａｍ』が創刊に至るのである。

最初に偶然に入手した一束の自販機雑誌を列挙しておいたけれど、それらの中にあって、ひときわパンクにしてフェティシュな誌面を形成していたのが、『Ｊａｍ』に他ならなかった。これらについては今回の特集で詳細に論じられると思うので、創刊に関してだけふれておけば、爆弾企画「山口百恵のゴミ大公開」を目玉とし、巻頭カラーヌードは「邪夢」と題し、身体と股間にジャムをまぶし、クローズアップしたものだった。それに写真コラージュ、ピーター・ブルックの映画『サド侯爵の演出のもとにシャラントン精神病院患者によって演じられたジャン＝ポール・マラーの迫害と暗殺』の一場面が挿入され、ピアズリーのイラスト、ケネス・アンガーの『ハリウッド・バビロン』からの転載も続いていく。

他の自販機雑誌は一冊読めば十分だったが、『Ｊａｍ』はさらに読んでみたくなるエディトリアルの色彩にあふれていた。タイトルに添えられた「ＳＥＸと革命、両方とりたいキミのために」とか、「オナニー&メディテーション！」とか、あるいは「いま、世界でいちばんムチャクチャな雑誌」といった表紙のコピーは、これこそ自販機雑誌の乱調の在り方を伝えてくれるように思われた。しかしこれも表紙に謳われているような「SUPER CONCEPTUAL MAGAZINE」は、同じく表紙のヌード写真からして、当時の正規の取次ルートに乗せることはまず無理だったであろう。それゆえに『Ｊａｍ』は必然的に自販機を揺籃の地とするしかなかったし、そのようにして『Ｊａｍ』は出現してきたのである。

そうしたことから、『Ｊａｍ』だけはさらにバックナンバーを集めようと考え、古本屋を通じて十冊まで購入し、創刊2号には渡辺和博のコミック「パパとママのバスルーム」の掲載から青林堂（『ガロ』）との関係も見え、3号に至っては「この雑誌と何も関係ない」末井昭が巻末一ページに及ぶ「編集後記」を書いていた。しかもセルフ出版の『ウィークエンド・スーパー』と『ZOOM-UP』編集長として。

セルフ出版もエルシー企画と同年に設立され、後に白夜書房と改称し、一九八一年には末井によって『写真時代』が創刊されるのである。

そして5号に至って、フェイク（偽）広告に混じって、こちらは紛れもない『遊』も含んだ工作舎の書籍広告が掲載され、『Ｊａｍ』が自販機雑誌の世界から同時代の雑誌へと接近していったことがうかがわれた。それらのことから私は、まだ残部があった『Ｊａｍ』のバックナンバーを直接取引で書店で売ることになり、それが機縁で『Ｊａｍ』『ＨＥＡＶＥＮ』との関係ができ、『ＨＥＡＶＥＮ』の誌面に写真が掲載されてしまったのである。

この他にも様々なことが生じているのだが、もはや紙幅も尽きてしまったので、その後の出版史における自販機雑誌の行方に関してだけ記しておきたい。

一九八〇年代になって、出版業界は郊外型書店とコンビニの全盛へとシフトし、スタンドが置かれていた町の雑貨屋などもなくなっていく。この動向はポルノ自販機規制よりもはるかに自販機雑誌に対して影響を及ぼしたはずで、それまで自販機が設置されていた郊外にも書店やコンビニが開店し、しかも後者には「コンビニ誌」ともいうべきエロ雑誌コーナーが設けられ、つまりコンビニで自販機雑誌と同様なものがいつでも買えるようになったのだ。それに「ビニール本」の出現も挙げられるだろう。

これらが自販機雑誌に大きな影響を及ぼしたことは想像に難くない。おそらくそうした八〇年代の進行によって、自販機雑誌の世界は衰退していったと思われる。

（『スペクテイター』二〇一七年、vol.39「パンクマガジン『Ｊａｍ』の神話」）

追悼＝小田光雄　偉大な仕事の評価はまさにこれから

鹿島　茂

小田光雄さんが急逝されたと聞き、ほんとうに驚いている。最初にお会いしたのは二〇一九年のBunkamuraドゥマゴ文学賞の授賞式である。ひとりだけの選考委員の私が『古本屋散策』で受賞された小田さんに賞状と副賞を手渡したのだ。小田さんの著作は前々から注目し、ブログの隠れたファンであったのだが、接点がなく、じっさいにお目にかかったのはこれが初めてだった。

授賞式後に渋谷の中華料理店で開かれた二次会でようやく打ち解けて話すことができたが、その席で『古本屋散策』の版元である論創社社長森下紀夫氏から「受賞のおかげで、小田さんがブログに連載されていた『古本夜話』をうちから単行本として出すことが決まりました」と聞かされ、『古本屋散策』を選んでよかったと思った。

それからは、まさに怒濤の勢いで、小田さんは「近代出版史探索」シリーズ七巻と『近代出版史探索　外伝』を出版されたが、これは日本における出版史研究の金字塔だと思う。その根本のところにあったのは、昭和の初めに出来上がった書籍流通システムに対する根底的な問題意識であった。すなわち、この流通システムは人口増加を前提としているために、その前提が崩れれば崩壊するしかないという矛盾を抱えているのだが、システムとして完結しているため、部分的な修整の施しようがなく、できるのは内爆をひたすら待つだけなのだ。では、どうすればいいかといえば、システムが出来上がる前の状態を古本探索を介して復元していくこと、これしかない。『古本屋散策』と「近代出版史探索」シリーズはこうした意図のもとに書かれたのであり、一般のマニアによる古本本とは動機を異にしていたのである。私が『古本屋散策』を選んだのもこうした理由からであった。

では、小田さんのそうした問題意識はどこから来ていたのだろうか？　それは小田さんの著作のもう一つの柱である「出版状況クロニクル」シリーズ全七巻をひもとくのがベストである。これは一九九九年に出版された『出版社と書店はいかにして消えていくか　近代出版流通システムの終焉』を引き継いだ仕事だが、小田さんが二五年前に予言していた「出版社と書店の消滅」が、遺作となった『出版状況クロニクルⅦ』でついに実現されたことが報告されているのは皮肉である。警告としての予言が実現して喜ぶ予言者はいないからだ。

しからば、『出版社と書店はいかにして消えていくか　近代出版流通システムの終焉』（一九九九年）において展開される危機意識はどの時点で懐胎されたか？　いうまでもなく一九九七年の『〈郊外〉の誕生と死』においてである。

小田さんによれば、近代とは増加する人口の欲望を充たすために都市空間をひたすら郊外へと拡張していった時代と定義できるが、まさにこの定義により、近代は人口増がピークを打ったときに終焉を迎えることになるのだ。同時に郊外の荒廃とシュリンクという逆方向のベクトルが始まるのだが、『〈郊外〉の誕生と死』はこれらの集団の無意識を文学作品から予感的に読み取ろうとした先駆的な業績であった。そしてこれを受け継いだのがブログ連載をまとめた『郊外の果てへの旅／混住社会論』であり、『〈郊外〉の誕生と死』で予言された未来が実現してしまった日本の「現在」が文学作品やマンガから分析されている。

つまり、小田さんの仕事の柱となる三つのシリーズはいずれもパラレルな関係にあり、さながら近未来ＳＦとそのエピローグのような構造をなしているのである。

このように、小田さんは三つの連作で巨人的ともいえる業績を成し遂げたのだが、彼の巨人性を示す出版物はこれだけではない。あと二つ「出版人に聞く」シリーズと、ゾラ「ルーゴン・マッカール叢書」の翻訳がある。

「出版人に聞く」シリーズは日本の出版史にとってこれ以上に貴重なものはないと断言できる労作である。おそらく、小田さんは、小さな出版社を興した経験から出版社の内実に興味を持ち、どうしても解明できない出版史の謎（とりわけ人脈）を解き明かすには存命である出版人にインタビューで訊くしかないと結論して企画をスタートされたのだろう。オーラル・ヒストリーによる日本出版史の貴重なドキュメントと言っていい。

もう一つの「ルーゴン・マッカール叢書」の翻訳もじつは古本探索の過程で浮上してきた企画

にちがいない。すなわち、関東大震災まではあれほどたくさん翻訳された「ルーゴン・マッカール叢書」が戦後は『ナナ』と『居酒屋』しか翻訳されなくなった状況を嘆き、むしろ社会の変容を描く「ルーゴン・マッカール叢書」こそが読み返されなければならない作品だと判断して企画を立ち上げたのだろう。ところが、いざ翻訳者をそろえようとするがこれがうまくそろわない。ならば、自分で翻訳するしかないと、専門ではないフランス語の翻訳にあえてとりかかったと想像できる。で、結果はというと、これまた見事な達成であった。

いずれの分野でも巨人的な仕事を完成したにもかかわらず、小田さんの偉大さはまだまだ認識されていない。小田光雄が本当に評価されるのはまさにこれからである。あらためて、この時代に最も必要な人を亡くしたと思う。合掌。

（かしま・しげる＝作家・フランス文学者・明治大学名誉教授）

（二〇二四年八月一六日『週刊読書人』より転載）

あとがきにかえて

『近代出版史探索外伝Ⅱ』は一九八二年の『消費される書物』から数えてちょうど七〇冊目の著書に当たります。図らずも遺作となってしまいました。その著書は出版、古書、翻訳など多岐にわたっていますが、出発点は一九九七年の『〈郊外〉の誕生と死』の戦後社会論であり、そこからすべて派生したものでした。

小田光雄は静岡県西部の地方都市の二十数軒ほどの農村集落に生まれ、大学での在京期間を除き、七十年近くをそこで暮らしてきました。そして高度成長期に伴い、流入してきた新住民との混住の郊外消費社会が形成されていくなかに身を置いて、その変遷を見つめてきました。そうした視点からすべての著書は書かれていて、実はそれらはミステリ仕立てになっていると本人がよく申しておりました。

本書は論創社のホームページの連載コラム「本を読む」(二〇一六年二月〜二〇二四年六月)の一〇〇編に、未発表原稿一〇編と「解説」三編を加えて単行本化したものです。小田光雄の著書ではめずらしく、「本を読む」のタイトルどおり、少年期の農村の駄菓子屋兼貸本屋、町の商店街の貸本屋や書店、隣市の古本屋、そして中高生時代の学校図書室での読書体験などがふんだんに織りこまれています。

「売れない物書き」になるのが夢だった小田光雄ですが、鹿島茂氏の選考により、思いがけず、『古本屋散策』で第29回Bunkamuraドゥマゴ文学賞を受賞しました。長きにわたって書き続けてきたご褒美だと喜んでいました。

二〇二四年二月に体調を崩し、三月に入院した時にはすでにステージⅣの食道がんで、三カ月にも満たない闘病の末に力尽きてしまいました。正月には今後の出版計画を記していて、「幻の企画書」として、ブログ「出版・読書メモランダム」にも掲載しました。

地域の自治会長を務めた際に、新しい集会所建設を計画しながら、諸事情により頓挫した経緯を、地方における宗教や歴史の大きな文脈の中で綴った『自治会　宗教　地方史』を始めとして、『失われた新書を求めて』、「戦後の大手出版社のシリーズ物」、『出版状況クロニクルⅧ』総集編、『近代出版史探索Ⅷ』、『古本屋散策Ⅱ』、「出版人に聞くシリーズ」の再開など、貪欲に構想しておりました。『自治会　宗教　地方史』は完成に近づいていました。亡くなる直前まで病床で、本と老眼鏡とチェック用の赤鉛筆を離さず、どんなにか心残りだったろうと思います。

長らく出版を引き受けてくださった論創社の森下紀夫氏を始め、同社の皆さまに感謝いたしますとともに、全国の古本屋の皆さまにも御礼を申し上げます。古本屋の存在を抜きにしてはブログ「古本夜話」も成立しませんでした。またご愛読いただいた方々にもこの場をお借りして、心より御礼申し上げます。

二〇二五年一月　小田 啓子

小田 光雄（おだ・みつお）
1951年、静岡県生まれ。早稲田大学卒業。出版業に携わる。著書に『新版図書館逍遥』（論創社）、『書店の近代』（平凡社）、『〈郊外〉の誕生と死』、『郊外の果てへの旅／混住社会論』、『出版社と書店はいかにして消えていくか』などの出版状況論三部作、インタビュー集「出版人に聞く」シリーズ、『出版状況クロニクル』Ⅰ～Ⅷ、『古本探究』Ⅰ～Ⅲ、『古雑誌探究』、『近代出版史探索』Ⅰ～Ⅶ（いずれも論創社）。訳書『エマ・ゴールドマン自伝』（ぱる出版）、エミール・ゾラ「ルーゴン＝マッカール叢書」シリーズ（論創社）などがある。
『古本屋散策』（論創社）で第29回Bunkamuraドゥマゴ文学賞受賞。
2024年6月8日没。

近代出版史探索外伝Ⅱ

2025年5月 5日　初版第1刷印刷
2025年5月10日　初版第1刷発行

著　者　小田光雄
発行者　森下紀夫
発行所　論 創 社
東京都千代田区神田神保町 2-23　北井ビル
tel. 03（3264）5254　fax. 03（3264）5232　https://ronso.co.jp
振替口座　00160-1-155266
装幀／鳥井和昌
印刷・製本／中央精版印刷　組版／フレックスアート
ISBN978-4-8460-2394-2　